国家社科基金重大项目（13&ZD156）调研成果之一

中国分省经济发展方式转变

中部与东北省份的研究

邹璇 ◎ 著

中国社会科学出版社

图书在版编目（CIP）数据

中国分省经济发展方式转变：中部与东北省份的研究/邹璇著.—北京：中国社会科学出版社，2021.8
ISBN 978-7-5203-8762-0

Ⅰ.①中… Ⅱ.①邹… Ⅲ.①区域经济发展—发展方式—研究—中国 ②区域经济发展—发展方式—研究—东北地区 Ⅳ.①F127.3

中国版本图书馆 CIP 数据核字(2021)第 154651 号

出 版 人	赵剑英
策划编辑	周 佳
责任编辑	张冰洁
责任校对	韩天炜
责任印制	王 超

出 版	中国社会科学出版社
社 址	北京鼓楼西大街甲 158 号
邮 编	100720
网 址	http://www.csspw.cn
发 行 部	010-84083685
门 市 部	010-84029450
经 销	新华书店及其他书店
印 刷	北京君升印刷有限公司
装 订	廊坊市广阳区广增装订厂
版 次	2021 年 8 月第 1 版
印 次	2021 年 8 月第 1 次印刷
开 本	710×1000 1/16
印 张	22.5
插 页	2
字 数	346 千字
定 价	118.00 元

凡购买中国社会科学出版社图书，如有质量问题请与本社营销中心联系调换
电话：010-84083683
版权所有 侵权必究

前　言

经济发展方式转变是实现新时代高质量发展的根本途径。然而，不同地区的经济发展方式转变不同，尤其是省级之间差异性较大。为此，笔者在主持的国家社会科学基金重大项目"我国分省经济发展方式转变与产业、人口、教育、就业和迁移政策仿真模型及技术支撑平台构建研究"（13&ZD156）框架下展开省级调研，形成分省经济发展方式转变瓶颈及对策研究报告。限于篇幅，本书仅是我国中部与东北省份的调研报告，东部地区和西部地区的调研报告另行成书，有待分开出版。

该书第一章区域经济发展方式转变机理及评价体系研究，意在找到经济发展方式转变的主要影响因素，并从理论上探索主要影响因素对经济发展方式转变的内在机理，进而构建经济发展方式转变能力综合评价指标体系。该指标体系包括 5 个一级指标——要素系统、产业系统、人文社会系统、资源环境系统和科教信息系统；16 个二级指标——要素结构、要素空间、要素流动，产业结构、产业空间、产业效益，人的发展、民生保障、社会公平，资源条件、环境污染、环境治理、生态建设，教育、技术、信息化；38 个三级指标和 112 个四级指标。依据建立的经济发展方式评价指标体系定量计算出 2006—2018 年全国[①]和 31 个省、市、自治区的各个指标数值。第二章中国经济发展方式转变现状、瓶颈及对策研究，从三级指标数值层面分析全国要素系统优化能力、产业系统优化能力、人文社会系统优化能力、资源环境系统优化能力以及科教信息

---

① 暂不包括我国香港、澳门和台湾地区的数据。

系统优化能力现状，从中分别找到经济发展方式转变能力一级指标及其下的二级指标、三级指标和四级指标里面存在的瓶颈，最后以一级指标——要素系统、产业系统、资源环境系统、人文社会系统和科教信息系统统揽，提出消除各级各类经济发展方式转变瓶颈的对策建议。第三至第八章分别是山西省、河南省、湖北省、湖南省、江西省和安徽省经济发展方式转变现状、瓶颈及对策研究，在第一章测算的各省经济发展方式转变评价指标体系基础上，分别从三级指标数值层面分析中部地区的山西省、河南省、湖北省、湖南省、江西省和安徽省的要素系统优化能力、产业系统优化能力、人文社会系统优化能力、资源环境系统优化能力以及科教信息系统优化能力现状，从中分别找到山西省、河南省、湖北省、湖南省、江西省和安徽省的经济发展方式转变能力一级指标及其下的二级指标、三级指标和四级指标里面存在的瓶颈，最后以一级指标——要素系统、产业系统、资源环境系统、人文社会系统和科教信息系统统揽，分别针对山西省、河南省、湖北省、湖南省、江西省和安徽省提出消除各级各类经济发展方式转变瓶颈的对策建议。第九至第十一章分别是黑龙江省、吉林省和辽宁省经济发展方式转变现状、瓶颈及对策研究，基于第一章测算的各省经济发展方式转变评价指标，分别从三级指标数值层面分析东北地区的黑龙江省、吉林省和辽宁省的要素系统优化能力、产业系统优化能力、人文社会系统优化能力、资源环境系统优化能力以及科教信息系统优化能力现状，从中分别找到黑龙江省、吉林省和辽宁省的经济发展方式转变能力一级指标及其下的二级指标、三级指标和四级指标里面存在的瓶颈，最后以一级指标——要素系统、产业系统、资源环境系统、人文社会系统和科教信息系统统揽，分别针对黑龙江省、吉林省和辽宁省提出消除各级各类经济发展方式转变瓶颈的对策建议

该书的研究内容、调研范围、指标选取、结构框架由邹璇提出和最后确定，中国分省经济发展方式转变评价体系中的各级指标对应的基础数据的收集、整理、模型化处理是由2015—2018级的21位研究生接力完成的。其中许欢、肖薇、钟航、余苹、邹颖怡、黄芳、郝艳霞、姚亮、杨雪、林岚欣做了大量的基础数据搜集整理工作，雷璨、高可盈、葛乐、

王盼、张梦雨、于凤竹建立了评价模型并对全国各省做了初步测算评估，林岚欣、段夏磊、徐颖、朱威、张家辉补充了2016—2018年的数据并对各省做出最终测算、评价和部分章节的撰写。

该书是在调查研究中部地区和东北地区各省经济发展方式转变过程中形成的基础性研究报告，与待出版的东部地区和西部地区各省经济发展方式转变调研报告一起，从底层支撑国家社会科学基金重大项目"我国分省经济发展方式转变与产业、人口、教育、就业和迁移政策仿真模型及技术支撑平台构建"的庞大研究，该书仅是重大项目研究成果中的很小一部分，但该书涉及全国31个省、市、自治区，指标众多，年份跨度大，数据庞杂。在研究的过程中，我们虽然尽力做到系统性、差异化、一致性，但限于自身理论功底和定量分析能力，书中必然有不少的不足和疏漏，诚望读者提出宝贵意见。

目　　录

第一章　区域经济发展方式转变机理及评价体系研究 …………（1）
　第一节　研究现状 ……………………………………………（1）
　第二节　经济发展方式转变的影响因素及其作用机理 ………（6）
　第三节　发展方式转变能力评价方法 …………………………（9）
　　一　构建指标体系原则 ………………………………………（9）
　　二　经济发展方式转变能力的指标体系 ……………………（10）

第二章　中国经济发展方式转变现状、瓶颈及对策研究 ………（26）
　第一节　中国经济发展方式转变能力现状 ……………………（26）
　　一　要素系统优化能力 ………………………………………（27）
　　二　产业系统优化能力 ………………………………………（31）
　　三　人文社会系统优化能力 …………………………………（35）
　　四　资源环境系统优化能力 …………………………………（39）
　　五　科教信息系统优化能力 …………………………………（42）
　第二节　中国经济发展方式转变瓶颈 …………………………（45）
　　一　经济发展方式转变能力综合指标情况 …………………（45）
　　二　经济发展方式转变能力一级指标情况及瓶颈 …………（45）
　　三　经济发展方式转变能力二级指标情况及瓶颈 …………（46）
　　四　经济发展方式转变能力三级指标情况及瓶颈 …………（47）
　　五　经济发展方式转变能力四级指标情况及瓶颈 …………（48）
　　六　指标之外制约中国经济发展方式转变的瓶颈 …………（51）

第三节　对策建议 …………………………………………… (58)
  一　消除要素系统中瓶颈的举措 ……………………………… (58)
  二　消除产业系统中瓶颈的举措 ……………………………… (60)
  三　消除人文社会系统中瓶颈的举措 ………………………… (63)
  四　消除资源环境系统中瓶颈的举措 ………………………… (65)
  五　消除科教信息系统中瓶颈的举措 ………………………… (67)
  六　消除五大系统以外瓶颈的举措 …………………………… (68)

第三章　山西省经济发展方式转变现状、瓶颈及对策研究 ………… (74)

第一节　山西省经济发展方式转变能力测度及横向对比 ……… (74)
  一　山西省经济发展方式转变能力综合得分 ………………… (74)
  二　经济发展方式转变能力综合得分横向比较的瓶颈分析 …… (75)
第二节　山西省经济发展方式转变能力现状 …………………… (76)
  一　山西省要素系统优化能力 ………………………………… (78)
  二　山西省产业系统优化能力 ………………………………… (81)
  三　山西省人文社会系统优化能力 …………………………… (84)
  四　山西省资源环境系统优化能力 …………………………… (87)
  五　山西省科教信息系统优化能力 …………………………… (90)
第三节　山西省经济发展方式转变瓶颈 ………………………… (92)
  一　经济发展方式转变能力综合指标情况 …………………… (92)
  二　经济发展方式转变能力一级指标情况及瓶颈 …………… (93)
  三　经济发展方式转变能力二级指标情况及瓶颈 …………… (93)
  四　经济发展方式转变能力三级指标情况及瓶颈 …………… (93)
  五　经济发展方式转变能力四级指标情况及瓶颈 …………… (94)
第四节　对策建议 ………………………………………………… (96)
  一　消除要素系统中瓶颈的举措 ……………………………… (97)
  二　消除产业系统中瓶颈的举措 ……………………………… (98)
  三　消除人文社会系统中瓶颈的举措 ………………………… (100)
  四　消除资源环境系统中瓶颈的举措 ………………………… (102)
  五　消除科教信息系统中瓶颈的举措 ………………………… (103)

第四章 河南省经济发展方式转变现状、瓶颈及对策研究 ………（105）

第一节 河南省经济发展方式转变能力测度及横向对比 ………（106）
  一 河南省经济发展方式转变能力综合得分 ……………（106）
  二 经济发展方式转变能力综合得分横向比较的瓶颈分析 ……（106）

第二节 河南省经济发展方式转变能力现状 …………………（108）
  一 河南省要素系统优化能力 ……………………………（109）
  二 河南省产业系统优化能力 ……………………………（112）
  三 河南省人文社会系统优化能力 ………………………（115）
  四 河南省资源环境系统优化能力 ………………………（119）
  五 河南省科教信息系统优化能力 ………………………（121）

第三节 河南省经济发展方式转变瓶颈 ………………………（124）
  一 经济发展方式转变能力综合指标情况 ………………（124）
  二 经济发展方式转变能力一级指标情况及瓶颈 ………（124）
  三 经济发展方式转变能力二级指标情况及瓶颈 ………（125）
  四 经济发展方式转变能力三级指标情况及瓶颈 ………（125）
  五 经济发展方式转变能力四级指标情况及瓶颈 ………（126）

第四节 对策建议 ………………………………………………（127）
  一 消除要素系统中瓶颈的举措 …………………………（128）
  二 消除产业系统中瓶颈的举措 …………………………（129）
  三 消除人文社会系统中瓶颈的举措 ……………………（130）
  四 消除资源环境系统中瓶颈的举措 ……………………（132）
  五 消除科教信息系统中瓶颈的举措 ……………………（133）

第五章 湖北省经济发展方式转变现状、瓶颈及对策研究 ………（135）

第一节 湖北省经济发展方式转变能力测度及横向对比 ………（135）
  一 湖北省经济发展方式转变能力综合得分 ……………（135）
  二 经济发展方式转变能力综合得分横向比较的瓶颈分析 ……（136）

第二节 湖北省经济发展方式转变能力现状 …………………（137）
  一 湖北省要素系统优化能力 ……………………………（139）
  二 湖北省产业系统优化能力 ……………………………（142）

三　湖北省人文社会系统优化能力 …………………………（145）
　　四　湖北省资源环境系统优化能力 …………………………（149）
　　五　湖北省科教信息系统优化能力 …………………………（151）
第三节　湖北省经济发展方式转变瓶颈 ……………………………（154）
　　一　经济发展方式转变能力综合指标情况 …………………（154）
　　二　经济发展方式转变能力一级指标情况及瓶颈 …………（154）
　　三　经济发展方式转变能力二级指标情况及瓶颈 …………（155）
　　四　经济发展方式转变能力三级指标情况及瓶颈 …………（155）
　　五　经济发展方式转变能力四级指标情况及瓶颈 …………（155）
第四节　对策建议 ……………………………………………………（157）
　　一　消除要素系统瓶颈的举措 ………………………………（157）
　　二　消除产业系统瓶颈的举措 ………………………………（158）
　　三　消除人文社会系统瓶颈的举措 …………………………（160）
　　四　消除资源环境系统瓶颈的举措 …………………………（160）
　　五　消除科教信息系统瓶颈的举措 …………………………（161）
　　六　消除五大系统以外瓶颈的举措 …………………………（163）

第六章　湖南省经济发展方式转变现状、瓶颈及对策研究 ………（164）
第一节　湖南省经济发展方式转变能力测度及横向对比 ………（164）
　　一　湖南省经济发展方式转变能力综合得分 ………………（164）
　　二　经济发展方式转变能力综合得分横向比较的瓶颈分析 ……（165）
第二节　湖南省经济发展方式转变能力现状 ……………………（166）
　　一　湖南省要素系统优化能力 ………………………………（168）
　　二　湖南省产业系统优化能力 ………………………………（171）
　　三　湖南省人文社会系统优化能力 …………………………（174）
　　四　湖南省资源环境系统优化能力 …………………………（177）
　　五　湖南省科教信息系统优化能力 …………………………（180）
第三节　湖南省经济发展方式转变瓶颈 ……………………………（183）
　　一　经济发展方式转变能力综合指标情况 …………………（183）
　　二　经济发展方式转变能力一级指标情况及瓶颈 …………（183）

  三 经济发展方式转变能力二级指标情况及瓶颈 …………… (183)
  四 经济发展方式转变能力三级指标情况及瓶颈 …………… (184)
  五 经济发展方式转变能力四级指标情况及瓶颈 …………… (184)
 第四节 对策建议 ……………………………………………………… (186)
  一 消除要素系统中瓶颈的举措 ……………………………… (186)
  二 消除产业系统中瓶颈的举措 ……………………………… (187)
  三 消除人文社会系统中瓶颈的举措 ………………………… (190)
  四 消除资源环境系统中瓶颈的举措 ………………………… (190)
  五 消除科教信息系统中瓶颈的举措 ………………………… (192)

第七章 江西省经济发展方式转变现状、瓶颈及对策研究 ……… (194)
 第一节 江西省经济发展方式转变能力测度及横向对比 ………… (195)
  一 江西省经济发展方式转变能力综合得分 ………………… (195)
  二 经济发展方式转变能力综合得分横向比较的瓶颈分析 …… (195)
 第二节 江西省经济发展方式转变能力现状 ……………………… (197)
  一 江西省要素系统优化能力 ………………………………… (198)
  二 江西省产业系统优化能力 ………………………………… (201)
  三 江西省人文社会系统优化能力 …………………………… (204)
  四 江西省资源环境系统优化能力 …………………………… (208)
  五 江西省科教信息系统优化能力 …………………………… (210)
 第三节 江西省经济发展方式转变瓶颈 …………………………… (213)
  一 经济发展方式转变能力综合指标情况 …………………… (213)
  二 经济发展方式转变能力一级指标情况及瓶颈 …………… (213)
  三 经济发展方式转变能力二级指标情况及瓶颈 …………… (213)
  四 经济发展方式转变能力三级指标情况及瓶颈 …………… (214)
  五 经济发展方式转变能力四级指标情况及瓶颈 …………… (214)
 第四节 对策建议 ……………………………………………………… (216)
  一 提升要素优化配置能力的举措 …………………………… (217)
  二 提升产业优化配置能力的举措 …………………………… (218)
  三 提升人文社会支撑力的举措 ……………………………… (219)

四　提升资源环境承载力的举措 …………………………………… (220)
五　增强科教信息驱动力的举措 …………………………………… (221)
六　消除五大系统以外瓶颈的举措 ………………………………… (222)

第八章　安徽省经济发展方式转变现状、瓶颈及对策研究 ……… (224)
第一节　安徽省经济发展方式转变能力测度及横向对比 ………… (224)
一　安徽省经济发展方式转变能力综合得分 ……………………… (224)
二　经济发展方式转变能力综合得分横向比较的瓶颈分析 …… (225)
第二节　安徽省经济发展方式转变能力现状 ……………………… (227)
一　安徽省要素系统优化能力 ……………………………………… (228)
二　安徽省产业系统优化能力 ……………………………………… (231)
三　安徽省人文社会系统优化能力 ………………………………… (234)
四　安徽省资源环境系统优化能力 ………………………………… (238)
五　安徽省科教信息系统优化能力 ………………………………… (240)
第三节　安徽省经济发展方式转变瓶颈 …………………………… (243)
一　经济发展方式转变能力综合指标情况 ………………………… (243)
二　经济发展方式转变能力一级指标情况及瓶颈 ………………… (243)
三　经济发展方式转变能力二级指标情况及瓶颈 ………………… (244)
四　经济发展方式转变能力三级指标情况及瓶颈 ………………… (244)
五　经济发展方式转变能力四级指标情况及瓶颈 ………………… (244)
第四节　对策建议 …………………………………………………… (246)
一　提升要素优化配置能力的举措 ………………………………… (246)
二　提升产业优化配置能力的举措 ………………………………… (248)
三　提升人文社会支撑力的举措 …………………………………… (249)
四　提升资源环境承载力的举措 …………………………………… (250)
五　增强科教信息驱动力的举措 …………………………………… (251)
六　消除五大系统以外瓶颈的举措 ………………………………… (252)

第九章　黑龙江省经济发展方式转变现状、瓶颈及对策研究 …… (254)
第一节　黑龙江省经济发展方式转变能力测度及横向对比 …… (255)

一　黑龙江省经济发展方式转变能力综合得分 …………………（255）
　　二　经济发展方式转变能力综合得分横向比较的瓶颈分析 ……（255）
第二节　黑龙江省经济发展方式转变能力现状 …………………（257）
　　一　黑龙江省要素系统优化能力 …………………………………（258）
　　二　黑龙江省产业系统优化能力 …………………………………（261）
　　三　黑龙江省人文社会系统优化能力 ……………………………（264）
　　四　黑龙江省资源环境系统优化能力 ……………………………（268）
　　五　黑龙江省科教信息系统优化能力 ……………………………（270）
第三节　黑龙江省经济发展方式转变瓶颈 ………………………（273）
　　一　经济发展方式转变能力综合指标情况 ………………………（273）
　　二　经济发展方式转变能力一级指标情况及瓶颈 ………………（273）
　　三　经济发展方式转变能力二级指标情况及瓶颈 ………………（274）
　　四　经济发展方式转变能力三级指标情况及瓶颈 ………………（274）
　　五　经济发展方式转变能力四级指标情况及瓶颈 ………………（274）
第四节　对策建议 …………………………………………………（276）
　　一　消除要素系统中瓶颈的举措 …………………………………（277）
　　二　消除产业系统中瓶颈的举措 …………………………………（278）
　　三　消除人文社会系统中瓶颈的举措 ……………………………（280）
　　四　消除资源环境系统中瓶颈的举措 ……………………………（280）
　　五　消除科教信息系统中瓶颈的举措 ……………………………（282）

第十章　吉林省经济发展方式转变现状、瓶颈及对策研究 ………（284）
第一节　吉林省经济发展方式转变能力测度及横向对比 ………（284）
　　一　吉林省经济发展方式转变能力综合得分 ……………………（284）
　　二　经济发展方式转变能力综合得分横向比较的瓶颈分析 ……（285）
第二节　吉林省经济发展方式转变能力现状 ……………………（286）
　　一　吉林省要素系统优化能力 ……………………………………（287）
　　二　吉林省产业系统优化能力 ……………………………………（291）
　　三　吉林省人文社会系统优化能力 ………………………………（294）
　　四　吉林省资源环境系统优化能力 ………………………………（297）

五　吉林省科教信息系统优化能力 …………………………（299）
第三节　吉林省经济发展方式转变瓶颈 ……………………………（302）
　　一　经济发展方式转变能力综合指标情况 …………………（302）
　　二　经济发展方式转变能力一级指标情况及瓶颈 …………（302）
　　三　经济发展方式转变能力二级指标情况及瓶颈 …………（302）
　　四　经济发展方式转变能力三级指标情况及瓶颈 …………（303）
　　五　经济发展方式转变能力四级指标情况及瓶颈 …………（303）
第四节　对策建议 ……………………………………………………（305）
　　一　消除要素系统中瓶颈的举措 ……………………………（305）
　　二　消除产业系统中瓶颈的举措 ……………………………（307）
　　三　消除人文社会系统中瓶颈的举措 ………………………（309）
　　四　消除资源环境系统中瓶颈的举措 ………………………（309）
　　五　消除科教信息系统中瓶颈的举措 ………………………（310）

第十一章　辽宁省经济发展方式转变现状、瓶颈及对策研究 ……（312）
第一节　辽宁省经济发展方式转变能力测度及横向对比 …………（313）
　　一　辽宁省经济发展方式转变能力综合得分 ………………（313）
　　二　经济发展方式转变能力综合得分横向比较的瓶颈分析 …（314）
第二节　辽宁省经济发展方式转变能力现状 ………………………（314）
　　一　辽宁省要素系统优化能力 ………………………………（316）
　　二　辽宁省产业系统优化能力 ………………………………（319）
　　三　辽宁省人文社会系统优化能力 …………………………（322）
　　四　辽宁省资源环境系统优化能力 …………………………（325）
　　五　辽宁省科教信息系统优化能力 …………………………（328）
第三节　辽宁省经济发展方式转变瓶颈 ……………………………（331）
　　一　经济发展方式转变能力综合指标情况 …………………（331）
　　二　经济发展方式转变能力一级指标情况及瓶颈 …………（331）
　　三　经济发展方式转变能力二级指标情况及瓶颈 …………（331）
　　四　经济发展方式转变能力三级指标情况及瓶颈 …………（332）
　　五　经济发展方式转变能力四级指标情况及瓶颈 …………（332）

第四节　对策建议 ……………………………………………… (334)
　　一　消除要素系统中瓶颈的举措 ………………………………… (334)
　　二　消除产业系统中瓶颈的举措 ………………………………… (335)
　　三　消除人文社会系统中瓶颈的举措 …………………………… (338)
　　四　消除资源环境系统中瓶颈的举措 …………………………… (338)
　　五　消除科教信息系统中瓶颈的举措 …………………………… (339)

主要参考文献 ………………………………………………… (341)

第一章

区域经济发展方式转变机理及评价体系研究

第一节 研究现状

关于经济发展方式转变的研究，国外学者的早期研究多集中在经济增长理论、发展阶段以及发展模式上。经济增长的代表性理论有古典增长理论、哈多模型、索洛斯旺模型、新古典增长理论等；发展阶段的代表性研究是罗斯托的人类社会发展"六阶段"理论；发展模式有以纳克斯为代表的平衡增长理论和以赫希曼为代表的不平衡增长理论、刘易斯的二元经济理论和布哈林的工业化发展理论。国外学者当前的研究集中在阶段性停滞和转型动力等方面。对阶段性停滞的研究是关于跨越"中等收入陷阱"的讨论。Zhuang等[1]实证得出跨越"中等收入陷阱"要加强企业创新，增加人力资本投资，深化制度改革。Im 和 Rosenblatt[2]认为"中等收入陷阱"是对经济增长减速的误称，该发展阶段的出现表明中等收入国家向高收入国家趋同的时间更长。通过收入分配政策调整和包容性增长有利于跨越"中等收入陷阱"。Eichengreen 等[3]研究得出：当人均

---

[1] Juzhong Zhuang et al., "Growing Beyond the Low–Cost Advantage: How the People's Republic of China Can Avoid the Middle–Income Trap?", Asian Development Bank (ADB), No. PT125023, 2012.

[2] Fernando Gabriel Im, David Rosenblatt, "Middle–Income Traps: A Conceptual and Empirical Survey", World Bank Policy Research Working Paper No. 6594, 2013.

[3] Barry Eichengreen, Donghyun Park, Kwanho Shin, "Growth Slowdowns Redux: New Evidence on the Middle–Income Trap", NBER Working Papers, No. 18673, 2013.

收入达到 11000—16000 美元时，经济增长会出现减速，而接受中高等教育人口比例较高和高科技出口产品比重较高的国家容易避免"中等收入陷阱"，中国在这两方面做得不错。经济发展转型的动力和影响因素主要有技术创新、效率提高、结构升级、人力资本积累等。Krugman[1] 认为"东亚奇迹"是劳动力、资本等要素大量投入的结果，若没有技术效率的提高，这种高速增长是不可持续的。Huang 等[2]认为中国的技术进步主要依靠 FDI 的技术外溢，而印度的技术进步则注重自主创新，长期来看印度的经济发展模式优于中国。Lo 和 Zhang[3]认为改革开放至 1990 年以前中国经济增长的动力来自要素再配置和生产率提高；1990 年以后，中国经济增长与资本深化紧密相关。Asian Development Bank（ADB）认为中国和亚洲其他新兴国家存在人力资本短缺，这导致低附加值服务业比重高。Poças[4]认为健康因素能够提高生产效率，延长寿命，提高学习能力和创造力，缩减不平等，进而促进经济持续增长。教育能促进个人的人力资本积累，而创造良好的工作和生活环境则有利于组织的人力资本积累。Gradus 和 Smulders[5]认为环境关注度、最优技术选择和长期增长率的关系与模型假设有关。在标准新古典生产结构下，当资本密集度较低时，长期经济增长率不受环境关注度提高的影响。在拓展的卢卡斯内生增长模型下，当物质资本收益不变时，减排活动会挤出投资并导致较低的增长率；当人力资本是经济增长动力时，资本密集度的下降和最优增长率是不受环境关注度提高影响的，最优增长率是否会更高取决于污染是否影

---

[1] P. Krugman, "The Myth of Asia's Miracle", *Foreign Affairs*, Vol. 73, No. 6, 1994, pp. 62 – 78.

[2] Yasheng Huang, Tarun Khanna, "Can India Overtake China", *Foreign Policy*, No. 137, 2003, pp. 74 – 81.

[3] Dic Lo, Yu Zhang, "Making Sense of China's Economic Transformation", *Review of Radical Political Economics*, Vol. 43, No. 1, 2011, pp. 33 – 55.

[4] A. Poças, "Human Capital Dimensions Education and Health and Economic Growth", *Advances in Business – Related Scientific Research Journal*, Vol. 5, No. 2, 2014, pp. 111 – 120.

[5] Raymond Gradus, Sjak Smulders, "The Trade – Off between Environmental Care and Long Term Growth: Pollution in Three Proto – type Growth Models", *Journal of Economics*, Vol. 58, No. 1, 1993, pp. 25 – 51.

响人们的学习能力。Noseleit[1]研究发现，企业家精神有利于促进经济结构的转型。

国内学者关于经济发展方式转变的研究成果较为丰富，主要有经济发展方式转变的内涵、进程和阶段、困境和影响因素以及评价指标体系等方面的研究。对经济发展方式转变内涵，学者们从结构变化、系统论和要素投入等角度进行阐释。党的十七大报告指出，要推动经济发展方式实现需求结构、要素结构和产业结构的转变。吴树青[2]、许端阳等[3]、陈志刚等[4]在"三个转变"的基础上认为经济发展方式转变还需要城乡协调、区域协调，以及人口资源环境的协调。厉无畏等[5]、吴晓旭等[6]、白雪飞[7]认为经济发展涉及经济、社会、自然和科技等系统，发展方式转变取决于各系统的发展度和协调度。蔡昉[8]、彭宜钟等[9]、李福柱等[10]则认为经济增长方式转变是由要素投入驱动转向全要素生产率增长驱动，全要素生产率和生产要素产出弹性的时变性体现了发展方式转变。对发展方式转变阶段的研究，学者们认为发展阶段影响发展方式转变的质量。

---

[1] F. Noseleit, "Entrepreneurship, Structural Change, and Economic Growth", *Journal of Evolutionary Economics*, Vol. 23, No. 4, 2013, pp. 735–766.

[2] 吴树青：《转变经济发展方式是实现国民经济又好又快发展的关键》，《前线》2008年第1期，第17—19页。

[3] 许端阳、陈刚、赵志耘：《2001—2010年我国科技支撑经济发展方式转变的效果评价》，《科技管理研究》2015年第1期，第44—48页。

[4] 陈志刚、郭帅：《中国经济发展方式转变的阶段划分与测度》，《中南民族大学学报》（人文社会科学版）2016年第2期，第89—95页。

[5] 厉无畏、王慧敏：《创意产业促进经济增长方式转变——机理·模式·路径》，《中国工业经济》2006年第11期，第5—13页。

[6] 吴晓旭、许正中：《基于复杂系统视角的经济发展方式转型评价研究——以上海市为例》，《华东经济管理》2010年第9期，第1—6页。

[7] 白雪飞：《我国经济发展方式转变协调度研究——基于1995—2010年的数据》，《辽宁大学学报》（哲学社会科学版）2013年第5期，第77—83页。

[8] 蔡昉：《中国经济增长如何转向全要素生产率驱动型》，《中国社会科学》2013年第1期，第56—71页。

[9] 彭宜钟、童健、吴敏：《究竟是什么推动了我国经济增长方式转变》，《数量经济技术经济研究》2014年第6期，第20—35页。

[10] 李福柱、赵长林：《中国经济发展方式的转变动力及其作用途径》，《中国人口·资源与环境》2016年第2期，第152—162页。

张德荣[①]利用统计数据证明"中等收入陷阱"确实存在，低收入和中低收入阶段经济增长动力是固定资产投入、人力资本和对外开放，中高收入和高收入阶段经济增长动力则是制度和技术创新，发展阶段转换使得发展质量不同。关皓明等[②]认为区域发展方式转变质量主要取决于区域发展阶段。发展阶段较高的区域，发展方式转变质量出现分化；而发展阶段较低的区域，发展方式转变质量呈现均衡化趋势。陈志刚等[③]认为我国经济发展方式转变程度已从准备转变阶段跨入中度转变阶段，但各省之间的差距较大。对经济发展方式转变困境的研究，学者们的观点主要集中于市场体制扭曲、路径依赖、发展范式困境以及资源环境约束等。林毅夫等[④]、卫兴华等[⑤]、伍开群[⑥]认为要素定价机制、市场运行机制、政绩考核机制和财税激励机制等市场制度扭曲造成粗放式经济发展方式。任保平等[⑦]认为经济发展方式转变的困境在于以往经济增长对高投资、外需、廉价劳动力、房地产和资源环境形成了路径依赖和锁定效应。认为传统经济增长方式存在范式困境，经济增长方式转型难在发展范式的根本性转换。林卫斌等[⑧]认为经济发展方式绿色转型的困难表面上是资源支撑力和环境承载力的下降，实际上是能源定价机制和价格体系不合理。对于推动经济发展方式转变的因素，学者们多认为是技术创新和经济效

---

① 张德荣：《"中等收入陷阱"发生机理与中国经济增长的阶段性动力》，《经济研究》2013年第9期，第17—29页。

② 关皓明、翟明伟、刘大平、王士君：《中国区域经济发展方式转变过程测度及特征分析》，《经济地理》2014年第6期，第16—24页。

③ 陈志刚、郭帅：《中国经济发展方式转变的阶段划分与测度》，《中南民族大学学报》（人文社会科学版）2016年第2期，第89—95页。

④ 林毅夫、苏剑：《论我国经济增长方式的转换》，《管理世界》2007年第11期，第5—13页。

⑤ 卫兴华、侯为民：《中国经济增长方式的选择与转换途径》，《经济研究》2007年第7期，第48—55页。

⑥ 伍开群：《经济发展方式：政府、市场与制度》，《经济问题探索》2016年第6期，第185—190页。

⑦ 任保平、郭晗：《经济发展方式转变的创新驱动机制》，《学术研究》2013年第2期，第69—75页。

⑧ 林卫斌、苏剑、周晔馨：《经济发展方式转变：加快还是减缓——基于能源环境视角的测度与分析》，《经济学家》2016年第2期，第33—41页。

益提升等因素导致的。唐未兵等①、彭宜钟等②、李福柱等③认为技术创新是经济发展方式转变的动力。李树等④认为经济结构和经济效益在很大程度上决定省域经济发展方式的转变。对经济发展方式转变评价指标体系的设计，学者们根据研究目的和对象的不同，指标体系设计有所区别，但指标选取涵盖经济、社会、自然和科技等系统。

经济增长方式是一个国家或地区实现经济增长的方式方法，即通过生产要素的高效配置和合理组合，实现经济高速增长的方式方法。通常把主要通过增加生产要素的投入来实现生产规模扩大和经济增长的方式，称为外延式或粗放式的经济增长方式；而把主要通过技术进步与科学管理来提高生产要素质量和使用效益并实现生产规模扩大与产出水平提高的方式，称为内涵式或集约式的经济增长方式。经济增长方式转变，主要是指经济增长方式由外延式向内涵式、由粗放式向集约式的转变，其中的关键是提高要素投入产出效率和全要素生产率。

经济发展主要包括三层含义：（1）经济数量的增长，即一个国家或地区产品和劳务的增加，是经济发展的物质基础；（2）经济结构的改进与优化，即一个国家或地区的消费结构、产业结构、收入分配结构、城市化水平结构以及技术结构等经济结构的变化；（3）经济质量的改善和提高，即一个国家或地区经济效益的提高、经济稳定的程度、资源环境的美化以及社会民生的改善等。因此经济发展是在经济增长的基础上进行深化的。

经济发展方式则是一个国家或地区实现经济发展的方式方法，是在一定的经济发展阶段表现出来的，既要求经济结构、效率和动力优化，又保证资源有效利用与环境持续改善，按照人与社会、人与自然协调发展的原则，实现全面、协调、可持续的经济增长的方式和途径。即通过

---

① 唐未兵、傅元海、王展祥：《技术创新、技术引进与经济增长方式转变》，《经济研究》2014年第7期，第32—43页。
② 彭宜钟、童健、吴敏：《究竟是什么推动了我国经济增长方式转变》，《数量经济技术经济研究》2014年第6期，第20—35页。
③ 李福柱、赵长林：《中国经济发展方式的转变动力及其作用途径》，《中国人口·资源与环境》2016年第2期，第152—162页。
④ 李树、鲁钊阳：《省域经济发展方式转变的测度及影响因素研究》，《云南财经大学学报》2015年第3期，第62—72页。

生产要素系统（下文简称"要素系统"）内部要素的高效配置和合理组合、产业系统内部的产业协调发展、人文社会系统的支撑、资源环境系统的约束、科教信息系统的创新引领，以及这五个系统之间的协调互动发展，实现经济平稳、协调、持续、健康发展的方式。

第二节 经济发展方式转变的影响因素及其作用机理

在经济系统中，要素结构的优化、产业结构的演进、科技创新的引领、资源环境的约束和人文社会的支撑共同促进经济发展方式转变。（1）经济发展离不开劳动力和资本等要素。当劳动力丰富而资本短缺时，发展劳动密集型产业或引进外资成为现实选择；当资本得到积累、劳动力结构变化时，增加人力资本积累成为必然选择，高附加值产业得到发展；当资本不断积累时，资本密集型产业会因为高资本回报率得到发展；当资本过剩时，生产投资的回报率会下降，而研发投入的预期收益则可能达到甚至超过生产投资的回报率，技术或知识密集型产业得到发展。此外，要素禀赋变化还导致要素产出弹性系数的逆转，社会分配方式与发达国家趋同。因此经济发展方式会随要素禀赋的变化而转变。（2）产业结构变动直接促使发展方式转变。产业结构是要素结构的镜像反映，并滞后于要素结构的改变。当劳动力具有成本优势时，产业结构偏向劳动密集型；当劳动力成本上升时，用资本或技术替代劳动力成为最优选择，产业结构转向资本密集型或技术密集型；当资本回报率不断下降时，追求技术创新带来的超额报酬成为必然选择，产业结构转向技术或知识密集型，产业发展方式与发达国家趋同。（3）科技创新的发展驱动经济发展方式转变。进入知识经济时代，连续性的颠覆式创新代表了新的发展方式。科技创新不仅能提高劳动力、资本和资源的利用效率，还能创造出新产品和新服务，进而形成新的产业形态，不断向集约型和创新型的发展方式转变。（4）资源短缺和环境破坏倒逼经济发展方式转变。资源和环境的供给不是无限的。资源不断减少迫使生产活动改进技术提高现有资源的利用效率或者进行资源替代，高效率生产方式和新业态就会形成。政府加强环境治理迫使生产方式落后的企业退出市场，促使企业追求更先进的生产方式。社会对环境污染的关注度提高，迫使政府加强环境治理，同时也促使企业选择更环保的生产方式。此外，环境质量改善还可以减少健康危害，有利于人力资本积累。

(5) 人文社会的发展有力促进经济发展方式转变。当教育、医疗、住房和社会保障的水平大幅提高时，居民的预期寿命更长，这有利于人力资本的积累和劳动生产率的提高。当居民收入水平提高，消费从物质消费为主转向以文化和知识等消费为主，需求也更个性化和多元化，需求结构变动反作用于生产结构。区域发展不协调、城乡二元结构、收入分配两极分化等矛盾抑制消费需求增长，削弱社会发展的正外部性，不利于生产活动高效有序进行。发展成果共享，社会和谐发展为发展方式转变提供有力支撑。

下文试图将以上机理分析模型化，建模思路是：借鉴Gradus, Smulders[1]和袁富华[2]的思想，将资源环境承载力、人文社会水平和发展方式转变程度等因素纳入拓展的C-D生产函数中，在假设各因素的成本函数后利用利润最大化原理求解最优发展方式转变程度。

假设经济发展不受其他因素影响时可表示为C-D生产函数：

$$Q_i = A_i^\tau L_i^\alpha K_i^\beta \qquad (1.1)$$

其中，Q_i为i地区的产量；A_i为i地区的技术水平；L_i为i地区的劳动力投入量；K_i为i地区的资本投入量；α, β, τ分别为劳动力、资本和技术的产出弹性系数，且$\alpha \in (0,1), \beta \in (0,1), \tau \in (0,1)$。

经济发展方式转变不仅要求生产大发展，而且要求资源环境可持续，人文社会和谐。因此，将资源环境承载力和人文社会水平作为生产要素纳入生产函数中并拓展为：

$$Q_i = A_i^\tau (S_i L_i)^\alpha K_i^\beta E_i^\gamma \qquad (1.2)$$

---

[1] Raymond Gradus, Sjak Smulders, "The Trade-Off between Environmental Care and Long Term Growth: Pollution in Three Proto-type Growth Models", Vol. 58, No. 1, 1993, pp. 25-51.

[2] 袁富华：《低碳经济约束下的中国潜在经济增长》，《经济研究》2010年第8期，第79—89页。

其中，S_i 为 i 地区的人文社会水平；E_i 为 i 地区的资源环境承载力；$E_i \in (0,1)$；γ 为资源环境承载力的产出弹性系数，$\gamma \in (0,1)$。

发展方式转变是为了更好地发展。转变程度越高，产品供给也会越多。把发展方式转变程度纳入生产函数中为：

$$Q_i = A_i^{\tau} (S_i L_i)^{\alpha} K_i^{\beta} E_i^{\gamma} T_i^{\sigma} \tag{1.3}$$

其中，T_i 为 i 地区的发展方式转变程度，$T_i \in (0,1)$；σ 为发展方式转变程度的产出弹性系数，$\sigma \in (0,1)$。

用式（1.3）表示经济发展，各要素的使用是有成本的。现假定劳动力、资本和技术的价格由市场决定并已知，要素成本为：

$$C(A, L, K) = t_i A_i + w_i L_i + r_i K_i \tag{1.4}$$

其中，t_i，w_i，r_i 分别为 i 地区的技术使用价格、劳动力价格和资本价格。

资源环境承载力的改善在前期需要投入大量的环境治理费用和生态建设费用，后期主要是将资源环境承载力维持在一定水平，成本较小。假定成本函数为：

$$C(E_i) = a E_i^{\theta}, a \in R^+, \theta \in (0,1) \tag{1.5}$$

$$C(S_i) = b S_i, b \in R^+ \tag{1.6}$$

发展方式转变程度越高，转变难度就越大，支付的成本也就越高。假定成本函数为：

$$C(T_i) = c T_i^{\rho}, c \in R^+, \rho \in (1, \infty) \tag{1.7}$$

经济发展方式转变也是追求净收益最大化的过程。假定各地区的产品价格已知，由经济发展的生产函数和各要素成本函数，可得到经济发展方式转变的净收益函数：

$$\begin{aligned} \text{Max} \quad NR_{Dep} &= P_i Q_i - C(A, L, K) - C(E_i) - C(S_i) - C(T_i) \\ &= P_i A_i^{\tau} (S_i L_i)^{\alpha} K_i^{\beta} E_i^{\gamma} T_i^{\sigma} \\ &\quad - (t_i A_i + w_i L_i + r_i K_i + a E_i^{\theta} + b S_i + c T_i^{\rho}) \end{aligned} \tag{1.8}$$

其中，NR_{Dep} 为经济发展方式转变的净收益，P_i 为 i 地区的产品价格。

对式（1.8）进行一阶求导，经过计算得到经济发展方式转变程度 T_i 的函数为：

$$T_i = \left(\frac{\sigma}{5c\rho}\right)^{\frac{1}{\rho}} \left(\frac{t_i}{\tau}A_i + \frac{w_i}{\alpha}L_i + \frac{r_i}{\beta}K_i + \frac{a\theta}{\gamma}E_i^{\theta} + \frac{b}{\alpha}S_i\right)^{\frac{1}{\rho}} \quad (1.9)$$

对式（1.9）求导可知，$\frac{dT_i}{dA_i} > 0, \frac{dT_i}{dL_i} > 0, \frac{dT_i}{dK_i} > 0, \frac{dT_i}{dE_i} > 0, \frac{dT_i}{dS_i} > 0$。因此，当技术水平、劳动力投入量、资本投入量、资源环境承载力以及人文社会水平中的任意一个变得更好时，经济发展方式转变程度就会得到相应程度的提高。此式是下文构建指标体系的理论依据。

第三节　发展方式转变能力评价方法

一　构建指标体系原则

经济发展方式转变的评价要遵循客观性、科学性、准确性、全面性的基本原则。

（一）客观性原则

对省域经济发展方式转变的评价要以客观的标准为依据，不能带有主观的偏见和个人的喜好。在指标的选择上，要选择最能真实反映经济发展方式转变的统计指标，尽量避免指标的片面性、分散性及复杂化；在权重的分配上，要采用科学的数学方法进行赋值，尽量避免人为因素的影响和个人的主观判断；在数据的处理上，要尽量以客观真实、权威部门统计公布的数据为主体，避免采用模棱两可、无法考证的数据资料；在评价方法的选择上要尽可能按照实际评价的需要，选择最符合实际要求的评价方法。

（二）科学性原则

省域经济发展方式转变的评价的科学性要求在指标选择、权重分配、数据处理及方法选择等方面严格按照科学规范进行操作。评价的科学性是评价结果准确与否的重要保证，因此评价过程中既要有科学的态度，又要采用科学的方法和手段。所以，科学掌握计算机数据处理与分析方法也是进行经济发展方式转变评价的必备条件。

(三) 准确性原则

省域经济发展方式转变的评价也要力求在数据收集、处理、计算等方面保证数据的真实、准确和完整，只有这样才能使经济发展方式转变的评价结果准确可信。评价指标的选择要能准确反映经济发展方式的转变；指标权重的分配要能准确衡量各种因素的重要程度；数据的计算结果要能准确反映经济发展方式转变的实际情况等。所以，在经济发展方式转变的评价过程中要牢牢把握准确性原则。

(四) 全面性原则

综合指标评价法的一个突出优点就是把多个指标加权合成一个综合的指数，以这个指数来衡量所分析的对象。通常情况下，我们用综合指标法来度量的是不能用某一个单一指标来说明的经济现象或状态。经济发展方式的转变不仅包括对经济增长的速度、质量和效率等因素的度量，而且要兼顾社会产品的公平分配、能源资源的有效利用、生态环境的可持续发展等，所以，对经济发展方式转变的评价要兼顾多个不同的方面，指标体系选择的全面性就成为关键的因素，在省域经济发展方式转变的评价过程中要遵循全面性原则。

二 经济发展方式转变能力的指标体系

根据经济发展方式转变机理，参考上述经济发展方式转变程度评级指标体系的构建逻辑和借鉴学者们的研究成果，如李玲玲等[1]、何菊莲等[2]、白雪飞[3]、关皓明等[4]、陈志刚等[5]，本书设计如表1-1所示的经济发展方

---

[1] 李玲玲、张耀辉：《我国经济发展方式转变测评指标体系构建及初步测评》，《中国工业经济》2011年第4期，第54—63页。

[2] 何菊莲、张轲、唐未兵：《我国经济发展方式转变进程测评》，《经济学动态》2012年第10期，第17—26页。

[3] 白雪飞：《我国经济发展方式转变协调度研究——基于1995—2010年的数据》，《辽宁大学学报》(哲学社会科学版) 2013年第5期，第77—83页。

[4] 关皓明、翟明伟、刘大平、王士君：《中国区域经济发展方式转变过程测度及特征分析》，《经济地理》2014年第6期，第16—24页。

[5] 陈志刚、郭帅：《中国经济发展方式转变的阶段划分与测度》，《中南民族大学学报》(人文社会科学版) 2016年第2期，第89—95页。

式转变能力指标体系。指标体系共 5 个层级，第一层级为经济发展方式转变能力；第二层级分为要素系统、产业系统、人文社会系统、资源环境系统和科教信息系统 5 个一级指标，反映发展方式转变的不同方面；第三层级将要素系统分为结构、空间和流动，将产业系统分为结构、空间和效益，将人文社会系统分为人的发展、民生保障和社会公平，将资源环境系统分为资源条件、环境污染、环境治理和生态建设，将科教信息系统分为教育、技术和信息化，共 16 个二级指标；第四层级在二级指标基础上，从不同侧面衡量，共 38 个三级指标；第五层级为各三级指标的衡量方式，共 112 个四级指标。

（一）基于熵值法确权的发展方式转变能力评价模型

1. 选取 n 个地区，m 个指标，x_{ij} 为第 i 个地区第 j 个指标的数值，其中 $i = 1, 2, \cdots, n; j = 1, 2, \cdots, m$。

2. 指标的标准化处理。

正向指标标准化公式为：

$$X_{ij} = \frac{x_{ij} - \min(x_{1j}, x_{2j}, \cdots, x_{ij})}{\max(x_{1j}, x_{2j}, \cdots, x_{ij}) - \min(x_{1j}, x_{2j}, \cdots, x_{ij})} \quad (1.10)$$

负向指标标准化公式为：

$$X_{ij} = \frac{\max(x_{1j}, x_{2j}, \cdots, x_{ij}) - x_{ij}}{\max(x_{1j}, x_{2j}, \cdots, x_{ij}) - \min(x_{1j}, x_{2j}, \cdots, x_{ij})} \quad (1.11)$$

其中，正向指标越大越好，负向指标越小越好。

3. 计算第 j 个指标的信息熵：

$$e_j = -k \sum_{i=1}^{n} p_{ij} \ln(p_{ij}) \quad (1.12)$$

其中，$k > 0, k = 1/\ln(n)$，$\ln$ 为自然对数；$p_{ij} = X_{ij} / \sum_{i=1}^{n} X_{ij}$，假定 $p_{ij} = 0$ 时，$p_{ij} \ln(p_{ij}) = 0$。

4. 计算第 j 个指标的差异系数：

$$d_j = 1 - e_j \quad (1.13)$$

5. 计算各指标的权重：

$$W_j = d_j \Big/ \sum_{j=1}^{m} d_j (1 \leq j \leq m) \quad (1.14)$$

6. 计算各地区经济发展方式转变能力综合得分：

$$S_j = \sum_{j=1}^{m} W_j X_{ij} (i = 1, 2, \cdots, n) \quad (1.15)$$

计算得到的权重如表1-1所示。

（二）数据来源及处理

本章数据来源于2006—2019年的《中国统计年鉴》《中国教育统计年鉴》《中国人口与就业统计年鉴》《中国科技统计年鉴》《中国劳动统计年鉴》《中国农村统计年鉴》《中国教育经费统计年鉴》《中国能源统计年鉴》《中国环境统计年鉴》《中国信息产业统计年鉴》《中国民政统计年鉴》《新中国六十年统计资料汇编》以及各地区统计年鉴。地区基尼系数参照田为民[①]计算方法计算。缺失数据采用移动平均、插值法、趋势预测和地区类比等方式补齐。根据熵值法计算各指标权重及综合得分。

表1-1　　　　经济发展方式转变能力指标体系及指标权重值

综合指标	一级指标	二级指标	三级指标	四级指标
经济发展方式转变能力	要素系统 (0.154)	要素结构 (0.074)	投入结构	单位GDP中资本劳动比；单位GDP中土地劳动比；单位GDP中能源劳动比；单位GDP中技术劳动比
			动力结构	劳动力贡献率；资本贡献率；技术贡献率；投资率；消费率

---

① 田为民：《省域居民收入基尼系数测算及其变动趋势分析》，《经济科学》2012年第4期，第48—59页。

续表

综合指标	一级指标	二级指标	三级指标	四级指标
经济发展方式转变能力	要素系统（0.154）	要素空间（0.074）	城乡分布	城镇就业人数占比；城镇全社会固定资产投资占比；城市建设用地面积/（农作物总播种面积+城市建设用地面积）
			区域分布	各省就业人数占全国的比重；各省全社会固定资产投资占全国的比重；各省土地利用总面积占全国的比重；各省DEA技术效率占全国的比重
		要素流动（0.006）	部门流动	本年第一产业城镇单位就业人员比重-上年比重；本年第二产业全社会固定资产投资比重-上年比重
			城乡流动	城镇就业人数增长率-人口自然增长率；本年城镇全社会固定资产投资比重-上年比重
			区域流动	本年各省就业人数占全国比重-上年比重；本年各省资本存量占全国比重-上年比重；各省国内三种专利申请受理量增长率
	产业系统（0.205）	产业结构（0.131）	三次产业结构	第二产业城镇单位就业人员比重；第三产业城镇单位就业人员比重；第二产业全社会固定资产投资比重；第三产业全社会固定资产投资比重；第二产业土地利用面积比重；第三产业土地利用面积比重；第一产业DEA技术效率；第二产业DEA技术效率；第三产业DEA技术效率；第三产业产值增长率；第三产业增加值/GDP
		产业空间（0.053）	区域分布	各省GDP占全国的比重；各省第一产业增加值占全国的比重；各省第二产业增加值占全国的比重；各省第三产业增加值占全国的比重
			城乡分布	第一产业增加值/GDP
			产品市场结构	外贸依存度；外资依存度
		产业效益（0.021）	物质消耗效益	能源产出率
			劳动消耗效益	劳动生产率
			资本消耗效益	资本产出率

续表

综合指标	一级指标	二级指标	三级指标	四级指标
经济发展方式转变能力	人文社会系统（0.130）	人的发展（0.034）	生存条件	人口自然增长率；人口平均预期寿命
			生活水平	个人消费水平；城镇恩格尔系数；农村恩格尔系数
			素质修养	识字率；每十万人口高等教育在校学生数；每十万人口高中阶段在校学生数
			自由发展	广播节目综合人口覆盖率；电视节目综合人口覆盖率
		民生保障（0.078）	就业保障	失业率；工资增长弹性
			医疗保障	每万人口拥有的医生数；每万人口拥有的床位数
			住房保障	城镇居民人均住房面积；农村居民人均住房面积
			社会保障	城镇职工基本养老保险水平；城镇基本医疗保险水平；失业保险保障水平；工伤保险保障水平；生育保险保障水平；城镇居民最低生活保障水平；农村居民最低生活保障水平
		社会公平（0.018）	分配差别	基尼系数
			城乡差距	城乡收入差距
			贫富差异	相对贫困程度
	资源环境系统（0.223）	资源条件（0.158）	资源禀赋	采矿业城镇单位就业人员比重；采矿业全社会固定资产投资比重；能源产量＝原煤产量×0.714t/t＋原油产量×1.43t/t＋天然气产量×1.33t/1000m³
			资源消耗	人均用水量；工业用水量/用水总量；农用地面积；建设用地面积
			资源利用	碳排放率
		环境污染（0.003）	环境污染	工业废水排放量；工业废气排放量；工业固体废弃物产生量；人均生活垃圾清运量
		环境治理（0.026）	环境治理	环境治理投资强度；工业污染治理；工业废水排放减少率；工业废气排放减少率；工业固体废弃物综合利用率；生活垃圾无害化处理率
		生态建设（0.046）	生态建设	人均公共绿地面积；建成区绿化覆盖率；森林覆盖率；湿地面积占辖区面积比重；自然保护区面积占辖区面积比重

续表

综合指标	一级指标	二级指标	三级指标	四级指标
经济发展方式转变能力	科教信息系统（0.286）	教育（0.039）	教育投入	教育财政投入强度；普通高等学校生师比；普通高中学校生师比；中等职业学校生师比；普通初中学校生师比；普通小学学校生师比
			教育产出	大学升学率；高中升学率
		技术（0.127）	技术创新资源	科技人员投入
			技术创新投入	研发投入强度
			技术创新产出	国内三种专利授权数；技术市场成交额
		信息化（0.112）	信息技术应用	城镇电脑拥有量；农村电脑拥有量；电话普及率；网络覆盖率
			信息产业发展	信息产业劳动力投入比重；信息产业资本投入比重；信息产业产值比重

（三）我国经济发展方式转变能力综合得分

利用公式（1.15）计算出2006—2018年全国和31个省、市、自治区经济发展方式转变能力的综合得分，结果见图1-1和表1-2。

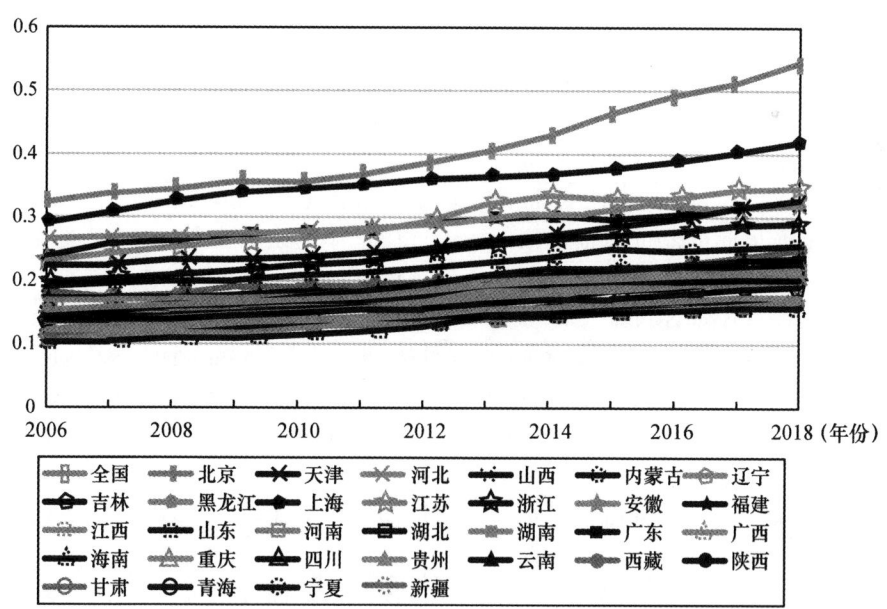

图1-1　全国经济发展方式转变能力综合得分

表1-2　　2006—2018全国经济发展方式转变能力综合得分情况

	2006年	2007年	2008年	2009年	2010年	2011年	2012年	2013年	2014年	2015年	2016年	2017年	2018年	增幅
全国	0.153	0.158	0.162	0.166	0.171	0.175	0.184	0.194	0.200	0.204	0.208	0.214	0.218	0.066
北京	0.323	0.337	0.344	0.356	0.355	0.367	0.385	0.404	0.429	0.464	0.492	0.512	0.544	0.221
天津	0.224	0.225	0.233	0.234	0.237	0.243	0.250	0.264	0.271	0.285	0.297	0.315	0.327	0.103
河北	0.145	0.150	0.152	0.155	0.159	0.164	0.172	0.184	0.185	0.199	0.193	0.196	0.198	0.054
山西	0.147	0.158	0.163	0.164	0.168	0.169	0.177	0.195	0.196	0.200	0.199	0.202	0.200	0.053
内蒙古	0.142	0.151	0.160	0.163	0.175	0.184	0.195	0.209	0.220	0.222	0.223	0.221	0.221	0.079
辽宁	0.170	0.171	0.173	0.173	0.176	0.184	0.192	0.199	0.205	0.208	0.213	0.218	0.214	0.044
吉林	0.138	0.139	0.140	0.145	0.149	0.155	0.157	0.165	0.171	0.173	0.179	0.187	0.191	0.053
黑龙江	0.154	0.158	0.159	0.165	0.168	0.171	0.175	0.183	0.187	0.192	0.195	0.197	0.199	0.045
上海	0.291	0.307	0.324	0.339	0.344	0.351	0.360	0.364	0.368	0.377	0.388	0.403	0.419	0.128
江苏	0.231	0.243	0.252	0.262	0.267	0.276	0.292	0.320	0.334	0.329	0.330	0.343	0.346	0.115
浙江	0.198	0.203	0.209	0.216	0.225	0.229	0.244	0.256	0.265	0.272	0.277	0.287	0.290	0.093
安徽	0.136	0.137	0.142	0.147	0.152	0.157	0.167	0.181	0.187	0.192	0.199	0.207	0.216	0.080
福建	0.173	0.174	0.173	0.178	0.183	0.183	0.193	0.205	0.209	0.216	0.225	0.231	0.236	0.064
江西	0.136	0.135	0.137	0.139	0.148	0.157	0.164	0.175	0.183	0.185	0.192	0.201	0.202	0.066
山东	0.191	0.196	0.200	0.201	0.209	0.212	0.220	0.229	0.237	0.250	0.247	0.251	0.256	0.065
河南	0.150	0.156	0.159	0.162	0.165	0.168	0.172	0.184	0.191	0.196	0.204	0.211	0.218	0.067
湖北	0.144	0.144	0.146	0.150	0.156	0.165	0.173	0.185	0.192	0.199	0.211	0.220	0.229	0.085
湖南	0.142	0.148	0.149	0.152	0.155	0.162	0.169	0.179	0.190	0.194	0.200	0.206	0.206	0.064
广东	0.238	0.258	0.263	0.272	0.278	0.278	0.291	0.297	0.303	0.297	0.304	0.315	0.321	0.083
广西	0.122	0.131	0.132	0.134	0.137	0.140	0.147	0.156	0.159	0.164	0.169	0.175	0.177	0.054
海南	0.103	0.105	0.109	0.109	0.114	0.119	0.127	0.145	0.144	0.150	0.153	0.158	0.159	0.056
重庆	0.122	0.123	0.126	0.133	0.139	0.143	0.152	0.166	0.173	0.195	0.193	0.201	0.206	0.084
四川	0.152	0.156	0.158	0.162	0.166	0.176	0.183	0.195	0.198	0.202	0.210	0.220	0.216	0.064
贵州	0.104	0.113	0.118	0.116	0.125	0.132	0.133	0.140	0.143	0.151	0.156	0.161	0.168	0.064
云南	0.122	0.124	0.125	0.127	0.129	0.132	0.135	0.145	0.150	0.154	0.157	0.159	0.163	0.041
西藏	0.183	0.174	0.178	0.191	0.192	0.194	0.197	0.206	0.207	0.214	0.225	0.237	0.249	0.066
陕西	0.135	0.139	0.139	0.143	0.151	0.162	0.173	0.187	0.195	0.205	0.207	0.215	0.221	0.086
甘肃	0.113	0.122	0.126	0.126	0.127	0.130	0.132	0.141	0.148	0.153	0.157	0.158	0.165	0.051
青海	0.141	0.144	0.148	0.152	0.158	0.157	0.160	0.171	0.172	0.185	0.189	0.201	0.205	0.065
宁夏	0.113	0.116	0.120	0.123	0.129	0.135	0.139	0.152	0.160	0.161	0.168	0.169	0.173	0.060
新疆	0.151	0.153	0.158	0.162	0.166	0.167	0.171	0.180	0.186	0.190	0.196	0.193	0.192	0.041

由图 1-1 和表 1-2 可知,2006—2018 年全国和 31 个省、市、自治区经济发展方式转变能力都处在上升阶段。同时,我国经济发展方式转变能力总体得分在 2006—2018 年全国整体增幅为 0.066。

(四) 经济发展方式转变瓶颈

根据经济发展方式转变能力综合得分(见表 1-3)情况可知,我国经济发展方式转变能力呈现逐年上升的趋势,为进一步了解经济发展转变方式情况,对一级指标展开分析,深入剖析我国经济发展方式转变能力瓶颈。

表 1-3　　2006 年和 2018 年各地区一级指标转变能力综合得分

	2006 年					2018 年				
	要素系统	产业系统	人文社会系统	资源环境系统	科教信息系统	要素系统	产业系统	人文社会系统	资源环境系统	科教信息系统
全国	0.025	0.041	0.021	0.036	0.030	0.028	0.041	0.043	0.036	0.069
北京	0.073	0.070	0.052	0.023	0.105	0.115	0.128	0.084	0.024	0.193
天津	0.033	0.045	0.037	0.038	0.071	0.046	0.068	0.070	0.032	0.112
河北	0.029	0.050	0.024	0.028	0.013	0.032	0.043	0.046	0.028	0.048
山西	0.021	0.032	0.021	0.056	0.016	0.024	0.028	0.042	0.062	0.045
内蒙古	0.024	0.028	0.017	0.057	0.016	0.026	0.035	0.043	0.078	0.039
辽宁	0.029	0.048	0.025	0.041	0.027	0.027	0.045	0.046	0.039	0.057
吉林	0.024	0.031	0.022	0.040	0.021	0.026	0.034	0.043	0.040	0.048
黑龙江	0.029	0.037	0.021	0.048	0.018	0.029	0.037	0.040	0.051	0.042
上海	0.039	0.086	0.049	0.040	0.076	0.057	0.117	0.079	0.047	0.119
江苏	0.036	0.074	0.033	0.030	0.058	0.042	0.083	0.059	0.035	0.127
浙江	0.030	0.066	0.038	0.028	0.036	0.036	0.073	0.058	0.030	0.094
安徽	0.028	0.044	0.020	0.033	0.011	0.033	0.040	0.052	0.034	0.057
福建	0.022	0.050	0.027	0.037	0.037	0.027	0.052	0.048	0.035	0.074
江西	0.023	0.037	0.020	0.038	0.017	0.027	0.036	0.045	0.038	0.055
山东	0.040	0.071	0.025	0.033	0.023	0.042	0.073	0.048	0.030	0.062
河南	0.037	0.054	0.018	0.032	0.010	0.040	0.049	0.042	0.029	0.057
湖北	0.029	0.047	0.022	0.030	0.017	0.034	0.050	0.049	0.034	0.062

续表

	2006 年					2018 年				
	要素系统	产业系统	人文社会系统	资源环境系统	科教信息系统	要素系统	产业系统	人文社会系统	资源环境系统	科教信息系统
湖南	0.029	0.048	0.019	0.032	0.014	0.033	0.050	0.045	0.032	0.046
广东	0.037	0.074	0.029	0.030	0.068	0.044	0.088	0.046	0.030	0.113
广西	0.025	0.039	0.019	0.028	0.010	0.026	0.036	0.044	0.033	0.036
海南	0.015	0.023	0.018	0.032	0.015	0.019	0.035	0.039	0.034	0.034
重庆	0.024	0.034	0.019	0.028	0.017	0.026	0.039	0.044	0.031	0.066
四川	0.031	0.047	0.020	0.037	0.018	0.034	0.050	0.043	0.036	0.053
贵州	0.021	0.025	0.013	0.032	0.013	0.025	0.035	0.042	0.035	0.030
云南	0.024	0.031	0.019	0.035	0.014	0.026	0.034	0.041	0.034	0.028
西藏	0.016	0.033	0.027	0.092	0.016	0.023	0.033	0.059	0.102	0.032
陕西	0.021	0.031	0.019	0.038	0.027	0.032	0.035	0.043	0.046	0.065
甘肃	0.020	0.025	0.014	0.041	0.013	0.026	0.025	0.040	0.037	0.037
青海	0.017	0.020	0.020	0.068	0.015	0.038	0.021	0.041	0.065	0.040
宁夏	0.017	0.016	0.022	0.045	0.014	0.018	0.021	0.045	0.050	0.040
新疆	0.022	0.023	0.023	0.069	0.014	0.023	0.026	0.046	0.064	0.034
全国	0.030	0.049	0.037	0.047	0.045	0.035	0.051	0.047	0.047	0.068
东部	0.039	0.074	0.046	0.037	0.078	0.048	0.082	0.058	0.039	0.106
东北	0.029	0.037	0.033	0.057	0.030	0.029	0.038	0.043	0.056	0.046
中部	0.030	0.045	0.033	0.049	0.033	0.033	0.046	0.048	0.048	0.062
西南	0.024	0.036	0.031	0.048	0.027	0.028	0.041	0.048	0.046	0.045
西北	0.022	0.029	0.033	0.061	0.025	0.028	0.029	0.046	0.059	0.043
京津冀	0.051	0.068	0.054	0.033	0.071	0.066	0.085	0.054	0.032	0.104
长江经济带	0.028	0.051	0.034	0.040	0.047	0.032	0.054	0.050	0.040	0.070

根据表 1-3 可知，2006—2018 年经济发展方式转变能力提升的主要贡献是科教信息系统。要素系统、产业系统、资源环境系统、人文社会系统和科教信息系统的提高幅度分别为 0.003、0.0003、0.022、0.0008 和 0.040，可见要素系统、产业系统和资源环境能力是制约我国经济发展方式转变能力提升的主要因素。

根据表 1-4 可知，2006—2018 年我国要素流动、产业结构、资源条件、环境污染、环境治理增长为负。因此，我国要素流动、产业结构、资源条件、环境污染、环境治理等方面存在转变瓶颈，需要进一步调整。

表 1-4　　2006—2018 年我国二级指标得分情况

	要素结构	要素空间	要素流动	产业结构	产业空间	产业效益	人的发展	民生保障
2006 年	0.007703	0.015011	0.002713	0.019436	0.016073	0.005454	0.010427	0.006378
2007 年	0.007654	0.015414	0.002767	0.018486	0.016808	0.005312	0.011148	0.008348
2008 年	0.007500	0.015740	0.002511	0.018075	0.016791	0.005332	0.011739	0.009146
2009 年	0.007316	0.015805	0.002540	0.018989	0.016389	0.005483	0.012018	0.009994
2010 年	0.007360	0.016061	0.002488	0.019190	0.016538	0.005534	0.012150	0.011590
2011 年	0.007418	0.016451	0.002403	0.018706	0.017055	0.005463	0.012690	0.011814
2012 年	0.007157	0.017613	0.002734	0.018874	0.017121	0.005540	0.013729	0.012588
2013 年	0.007319	0.017235	0.002534	0.018961	0.017252	0.005484	0.014078	0.015228
2014 年	0.007491	0.017447	0.002488	0.018464	0.017349	0.005503	0.014621	0.016133
2015 年	0.007519	0.017636	0.002401	0.017935	0.017342	0.005541	0.014869	0.017444
2016 年	0.007551	0.017858	0.002242	0.017734	0.017355	0.005661	0.015705	0.018918
2017 年	0.007563	0.018073	0.002405	0.017933	0.017242	0.005857	0.016191	0.020159
2018 年	0.007707	0.018167	0.002394	0.018076	0.017127	0.006074	0.016864	0.021696
	社会公平	资源条件	环境污染	环境治理	生态建设	教育	技术	信息化
2006 年	0.004152	0.014655	0.002552	0.009343	0.009083	0.008622	0.003978	0.017188
2007 年	0.003731	0.015304	0.002491	0.009666	0.009208	0.008378	0.004527	0.019062
2008 年	0.003609	0.015727	0.002501	0.009176	0.009557	0.008563	0.005113	0.020961
2009 年	0.003722	0.015928	0.002474	0.009107	0.009412	0.008788	0.005865	0.021768
2010 年	0.003481	0.016213	0.002485	0.008529	0.009488	0.009202	0.006556	0.023831
2011 年	0.003535	0.016008	0.002499	0.007908	0.009908	0.009695	0.008101	0.025153
2012 年	0.003832	0.016123	0.002478	0.007924	0.009883	0.010102	0.009801	0.028126
2013 年	0.003943	0.016113	0.002462	0.008396	0.009949	0.010608	0.011117	0.033222
2014 年	0.004010	0.015902	0.002487	0.008535	0.010002	0.011083	0.013390	0.035186
2015 年	0.004253	0.015319	0.002516	0.009124	0.010672	0.011692	0.014348	0.035008
2016 年	0.004350	0.015307	0.002522	0.009263	0.010750	0.012030	0.014592	0.036416
2017 年	0.004659	0.014733	0.002528	0.009004	0.010779	0.012436	0.016669	0.038080
2018 年	0.004563	0.013943	0.002538	0.009150	0.010819	0.012807	0.017896	0.038596

表 1-5　　2018 年各地区经济发展方式转变能力二级指标

	要素结构	要素空间	要素流动	产业结构	产业空间	产业效益	人的发展	民生保障
北京	0.06770	0.04707	0.00258	0.11004	0.01430	0.01116	0.02940	0.04961
天津	0.02027	0.02386	0.00237	0.04212	0.01203	0.01796	0.02336	0.03498
河北	0.00593	0.02470	0.00286	0.01542	0.02451	0.00638	0.01834	0.01937
山西	0.00767	0.01400	0.00260	0.01503	0.01110	0.00335	0.01885	0.02142
内蒙古	0.00535	0.01869	0.00223	0.01576	0.01525	0.00649	0.01835	0.02355
辽宁	0.00867	0.01728	0.00147	0.02156	0.01691	0.00988	0.01889	0.02361
吉林	0.00661	0.01727	0.00251	0.01435	0.01320	0.00900	0.01647	0.02001
黑龙江	0.00800	0.01946	0.00251	0.01450	0.01513	0.01030	0.01656	0.01983
上海	0.01372	0.04212	0.00254	0.09013	0.01473	0.01911	0.02631	0.04805
江苏	0.00707	0.03443	0.00259	0.02991	0.04535	0.01321	0.02239	0.02879
浙江	0.00654	0.02814	0.00264	0.03823	0.02809	0.01103	0.02228	0.03023
安徽	0.00691	0.02380	0.00279	0.01663	0.01935	0.00731	0.01841	0.02663
福建	0.00547	0.01951	0.00289	0.02279	0.02069	0.01254	0.02058	0.02583
江西	0.00694	0.01787	0.00309	0.01498	0.01542	0.00776	0.01879	0.02058
山东	0.00644	0.03491	0.00262	0.02468	0.04315	0.01034	0.02325	0.02331
河南	0.00630	0.03304	0.00269	0.01573	0.02981	0.00715	0.01892	0.01873
湖北	0.00840	0.02408	0.00267	0.01856	0.02472	0.01050	0.01880	0.02710
湖南	0.00668	0.02496	0.00259	0.02059	0.02438	0.00869	0.01821	0.02382
广东	0.00690	0.03568	0.00281	0.03602	0.04567	0.01272	0.02197	0.02210
广西	0.00672	0.01751	0.00255	0.01553	0.01672	0.00654	0.01858	0.02066
海南	0.00730	0.00917	0.00244	0.02279	0.00624	0.00794	0.01840	0.01775
重庆	0.00731	0.01656	0.00216	0.02031	0.01379	0.00753	0.01950	0.02159
四川	0.00702	0.02607	0.00244	0.02022	0.02555	0.00755	0.01619	0.02143
贵州	0.00698	0.01493	0.00361	0.02169	0.01221	0.00340	0.01736	0.02317
云南	0.00757	0.01684	0.00280	0.01655	0.01423	0.00523	0.01605	0.02193
西藏	0.00740	0.01243	0.00360	0.02447	0.00454	0.00605	0.01235	0.03908
陕西	0.01366	0.01680	0.00225	0.01571	0.01564	0.00587	0.01963	0.02225
甘肃	0.01146	0.01211	0.00270	0.01440	0.00863	0.00405	0.01696	0.02069
青海	0.02702	0.00932	0.00251	0.01348	0.00541	0.00383	0.01729	0.02159
宁夏	0.00665	0.00914	0.00243	0.01421	0.00561	0.00222	0.02034	0.02245
新疆	0.00690	0.01428	0.00213	0.01268	0.01076	0.00426	0.01904	0.02324

续表

	社会公平	资源条件	环境污染	环境治理	生态建设	教育	技术	信息化
北京	0.01608	0.00417	0.00413	0.00781	0.01074	0.02697	0.08777	0.04642
天津	0.01160	0.00855	0.00436	0.00689	0.01272	0.02101	0.02256	0.04961
河北	0.00590	0.01751	0.00238	0.00947	0.00751	0.01406	0.01135	0.03017
山西	0.00427	0.05153	0.00341	0.01325	0.00631	0.01504	0.00517	0.02678
内蒙古	0.00533	0.05950	0.00345	0.01251	0.01033	0.01418	0.00358	0.02157
辽宁	0.00610	0.01673	0.00311	0.01119	0.01456	0.01597	0.01394	0.03179
吉林	0.00645	0.01739	0.00411	0.00949	0.01377	0.01735	0.00619	0.02512
黑龙江	0.00608	0.03022	0.00419	0.01000	0.01728	0.01592	0.00780	0.02020
上海	0.01607	0.01158	0.00396	0.00887	0.02801	0.02305	0.03301	0.05415
江苏	0.00794	0.01943	0.00225	0.00692	0.01387	0.01582	0.06651	0.08204
浙江	0.00832	0.01110	0.00310	0.00715	0.01416	0.01376	0.05235	0.04258
安徽	0.00589	0.02229	0.00358	0.00839	0.00894	0.01434	0.01987	0.03195
福建	0.00629	0.01364	0.00380	0.00879	0.01459	0.01389	0.01758	0.04454
江西	0.00601	0.01556	0.00366	0.01128	0.01475	0.01144	0.00912	0.03940
山东	0.00657	0.02257	0.00210	0.00883	0.00930	0.01200	0.03457	0.03756
河南	0.00466	0.02163	0.00314	0.00979	0.00675	0.01097	0.01596	0.04131
湖北	0.00629	0.01689	0.00362	0.01001	0.01113	0.01498	0.02643	0.03383
湖南	0.00506	0.01786	0.00396	0.00740	0.01180	0.01178	0.01311	0.02801
广东	0.00698	0.01645	0.00307	0.00608	0.01509	0.01055	0.07092	0.08049
广西	0.00445	0.01527	0.00406	0.00880	0.01245	0.01017	0.00494	0.02432
海南	0.00545	0.00629	0.00450	0.00832	0.01483	0.01418	0.00127	0.01804
重庆	0.00641	0.01257	0.00421	0.00666	0.01165	0.01273	0.01330	0.04054
四川	0.00638	0.02397	0.00380	0.01054	0.01372	0.01253	0.02036	0.03271
贵州	0.00442	0.02019	0.00425	0.00887	0.00892	0.01229	0.00348	0.01601
云南	0.00498	0.01813	0.00393	0.01022	0.01149	0.01345	0.00532	0.01172
西藏	0.01037	0.02611	0.00466	0.01340	0.01633	0.02376	0.00014	0.00944
陕西	0.00509	0.03586	0.00399	0.00833	0.00962	0.01650	0.02492	0.02856
甘肃	0.00354	0.01543	0.00432	0.01022	0.01148	0.01593	0.00597	0.01554
青海	0.00474	0.01943	0.00423	0.01312	0.01622	0.01504	0.00178	0.02106
宁夏	0.00553	0.01647	0.00435	0.01526	0.00738	0.01283	0.00211	0.02337
新疆	0.00569	0.04652	0.00406	0.01182	0.00643	0.01539	0.00245	0.01675

表 1-6　　2018 年各地区经济发展方式转变能力三级指标

	要素投入结构	要素动力结构	要素城乡分布	要素区域分布	要素部门流动	要素城乡流动	要素区域流动	三次产业结构	产业区域分布	产业城乡分布
北京	0.06291	0.00479	0.04162	0.00546	0.00084	0.00062	0.00112	0.11004	0.01072	0.00133
天津	0.01684	0.00343	0.01795	0.00590	0.00051	0.00060	0.00127	0.04212	0.00800	0.00131
河北	0.00237	0.00356	0.00450	0.02020	0.00082	0.00084	0.00120	0.01542	0.02034	0.00094
山西	0.00275	0.00492	0.00574	0.00826	0.00068	0.00064	0.00128	0.01503	0.00670	0.00112
内蒙古	0.00226	0.00310	0.00545	0.01324	0.00058	0.00055	0.00111	0.01576	0.01085	0.00102
辽宁	0.00365	0.00502	0.00878	0.00849	0.00031	0.00044	0.00072	0.02156	0.01334	0.00098
吉林	0.00378	0.00283	0.00730	0.00996	0.00063	0.00066	0.00122	0.01435	0.00894	0.00097
黑龙江	0.00310	0.00490	0.00460	0.01486	0.00086	0.00067	0.00097	0.01450	0.01109	0.00070
上海	0.00927	0.00444	0.03617	0.00595	0.00080	0.00065	0.00109	0.09013	0.01199	0.00134
江苏	0.00285	0.00422	0.01086	0.02356	0.00084	0.00061	0.00114	0.02991	0.04172	0.00115
浙江	0.00261	0.00393	0.01352	0.01462	0.00071	0.00070	0.00123	0.03823	0.02430	0.00119
安徽	0.00289	0.00402	0.00454	0.01926	0.00082	0.00065	0.00133	0.01663	0.01517	0.00095
福建	0.00240	0.00306	0.00838	0.01113	0.00076	0.00061	0.00151	0.02279	0.01685	0.00104
江西	0.00277	0.00417	0.00573	0.01213	0.00086	0.00068	0.00155	0.01498	0.01132	0.00096
山东	0.00257	0.00387	0.00621	0.02870	0.00092	0.00059	0.00111	0.02468	0.03910	0.00108
河南	0.00234	0.00396	0.00385	0.02919	0.00072	0.00064	0.00133	0.01573	0.02561	0.00095
湖北	0.00465	0.00375	0.00690	0.01717	0.00072	0.00066	0.00129	0.01856	0.02053	0.00094
湖南	0.00253	0.00415	0.00543	0.01953	0.00060	0.00077	0.00123	0.02059	0.02013	0.00092
广东	0.00279	0.00411	0.01400	0.02168	0.00081	0.00069	0.00131	0.03602	0.04253	0.00118
广西	0.00243	0.00429	0.00403	0.01348	0.00060	0.00062	0.00134	0.01553	0.01281	0.00077
海南	0.00237	0.00493	0.00631	0.00286	0.00075	0.00054	0.00115	0.02279	0.00296	0.00045
重庆	0.00361	0.00370	0.00674	0.00981	0.00088	0.00047	0.00081	0.02031	0.00981	0.00107
四川	0.00277	0.00426	0.00465	0.02142	0.00079	0.00040	0.00124	0.02022	0.02141	0.00090
贵州	0.00248	0.00449	0.00453	0.01039	0.00099	0.00124	0.00139	0.02169	0.00807	0.00076
云南	0.00262	0.00495	0.00341	0.01343	0.00054	0.00092	0.00134	0.01655	0.01010	0.00080
西藏	0.00169	0.00570	0.00904	0.00339	0.00078	0.00079	0.00204	0.02447	0.00013	0.00101
陕西	0.01009	0.00356	0.00632	0.01048	0.00064	0.00064	0.00097	0.01571	0.01139	0.00102
甘肃	0.00603	0.00543	0.00511	0.00700	0.00050	0.00086	0.00134	0.01440	0.00440	0.00084
青海	0.02249	0.00453	0.00711	0.00221	0.00032	0.00096	0.00123	0.01348	0.00100	0.00103
宁夏	0.00254	0.00412	0.00593	0.00321	0.00061	0.00050	0.00133	0.01421	0.00130	0.00107
新疆	0.00215	0.00474	0.00608	0.00820	0.00034	0.00065	0.00114	0.01268	0.00674	0.00071

续表

	产品市场结构	物质消耗效益	劳动消耗效益	资本消耗效益	生存条件	生活水平	素质修养	自由发展	就业保障
北京	0.00224	0.00610	0.00358	0.00147	0.00547	0.01558	0.00556	0.00279	0.00049
天津	0.00273	0.00594	0.01064	0.00138	0.00433	0.01127	0.00496	0.00279	0.00046
河北	0.00323	0.00279	0.00280	0.00079	0.00510	0.00692	0.00363	0.00268	0.00045
山西	0.00327	0.00110	0.00186	0.00039	0.00461	0.00728	0.00435	0.00262	0.00047
内蒙古	0.00338	0.00191	0.00391	0.00067	0.00396	0.00836	0.00338	0.00265	0.00045
辽宁	0.00258	0.00371	0.00505	0.00112	0.00305	0.00912	0.00408	0.00264	0.00043
吉林	0.00328	0.00463	0.00371	0.00066	0.00305	0.00675	0.00408	0.00258	0.00046
黑龙江	0.00333	0.00449	0.00393	0.00188	0.00284	0.00752	0.00355	0.00264	0.00045
上海	0.00141	0.00664	0.00864	0.00383	0.00544	0.01438	0.00370	0.00279	0.00045
江苏	0.00248	0.00615	0.00547	0.00158	0.00420	0.01131	0.00410	0.00279	0.00046
浙江	0.00259	0.00572	0.00386	0.00145	0.00555	0.01029	0.00371	0.00274	0.00046
安徽	0.00323	0.00483	0.00184	0.00064	0.00550	0.00630	0.00399	0.00262	0.00046
福建	0.00279	0.00701	0.00409	0.00144	0.00611	0.00791	0.00393	0.00263	0.00045
江西	0.00315	0.00489	0.00223	0.00064	0.00543	0.00638	0.00446	0.00252	0.00046
山东	0.00298	0.00469	0.00429	0.00135	0.00722	0.00929	0.00414	0.00260	0.00045
河南	0.00325	0.00439	0.00188	0.00087	0.00505	0.00700	0.00433	0.00255	0.00046
湖北	0.00324	0.00531	0.00385	0.00134	0.00471	0.00736	0.00406	0.00267	0.00046
湖南	0.00332	0.00482	0.00258	0.00129	0.00523	0.00702	0.00380	0.00216	0.00044
广东	0.00196	0.00616	0.00405	0.00251	0.00594	0.00886	0.00439	0.00277	0.00047
广西	0.00314	0.00409	0.00181	0.00064	0.00581	0.00598	0.00440	0.00238	0.00046
海南	0.00284	0.00485	0.00217	0.00091	0.00633	0.00568	0.00420	0.00219	0.00047
重庆	0.00290	0.00430	0.00241	0.00081	0.00468	0.00713	0.00507	0.00262	0.00045
四川	0.00324	0.00420	0.00215	0.00119	0.00409	0.00577	0.00393	0.00240	0.00045
贵州	0.00338	0.00184	0.00117	0.00039	0.00445	0.00640	0.00465	0.00185	0.00046
云南	0.00334	0.00314	0.00135	0.00073	0.00416	0.00602	0.00345	0.00242	0.00045
西藏	0.00340	0.00021	0.00121	0.00464	0.00541	0.00270	0.00216	0.00208	0.00052
陕西	0.00322	0.00296	0.00248	0.00044	0.00442	0.00740	0.00527	0.00255	0.00047
甘肃	0.00339	0.00219	0.00144	0.00041	0.00450	0.00596	0.00398	0.00251	0.00047
青海	0.00338	0.00104	0.00247	0.00031	0.00497	0.00656	0.00326	0.00250	0.00046
宁夏	0.00324	0.00051	0.00171	0.00000	0.00586	0.00785	0.00420	0.00243	0.00045
新疆	0.00331	0.00110	0.00252	0.00064	0.00644	0.00642	0.00388	0.00230	0.00049

续表

	医疗保障	住房保障	社会保障	分配差别	城乡差距	贫富差异	资源禀赋	资源消耗	资源利用
北京	0.00403	0.00343	0.04166	0.00495	0.00154	0.00959	0.00059	0.00224	0.00134
天津	0.00271	0.00251	0.02931	0.00432	0.00201	0.00527	0.00362	0.00358	0.00134
河北	0.00292	0.00357	0.01243	0.00295	0.00167	0.00129	0.00552	0.01076	0.00123
山西	0.00310	0.00274	0.01511	0.00175	0.00144	0.00108	0.04354	0.00700	0.00099
内蒙古	0.00331	0.00158	0.01820	0.00195	0.00135	0.00203	0.03296	0.02539	0.00115
辽宁	0.00362	0.00284	0.01673	0.00318	0.00155	0.00138	0.00596	0.00950	0.00128
吉林	0.00327	0.00243	0.01385	0.00328	0.00179	0.00139	0.00580	0.01028	0.00131
黑龙江	0.00320	0.00159	0.01459	0.00337	0.00179	0.00092	0.01070	0.01821	0.00131
上海	0.00328	0.00743	0.03689	0.00474	0.00174	0.00959	0.00002	0.01021	0.00135
江苏	0.00328	0.00619	0.01886	0.00284	0.00172	0.00338	0.00096	0.01712	0.00134
浙江	0.00338	0.00697	0.01942	0.00285	0.00187	0.00360	0.00016	0.00961	0.00133
安徽	0.00253	0.00771	0.01593	0.00253	0.00159	0.00177	0.00708	0.01389	0.00131
福建	0.00263	0.00586	0.01688	0.00250	0.00165	0.00214	0.00126	0.01103	0.00136
江西	0.00247	0.00551	0.01214	0.00295	0.00167	0.00139	0.00230	0.01194	0.00132
山东	0.00319	0.00470	0.01497	0.00274	0.00162	0.00221	0.00884	0.01242	0.00131
河南	0.00305	0.00435	0.01087	0.00243	0.00169	0.00054	0.00723	0.01309	0.00130
湖北	0.00343	0.00945	0.01376	0.00272	0.00171	0.00187	0.00155	0.01402	0.00133
湖南	0.00344	0.00737	0.01257	0.00190	0.00150	0.00166	0.00295	0.01359	0.00131
广东	0.00261	0.00328	0.01575	0.00199	0.00152	0.00347	0.00179	0.01332	0.00134
广西	0.00265	0.00364	0.01391	0.00141	0.00143	0.00162	0.00170	0.01228	0.00129
海南	0.00265	0.00205	0.01258	0.00170	0.00164	0.00210	0.00050	0.00447	0.00132
重庆	0.00333	0.00414	0.01367	0.00227	0.00154	0.00260	0.00273	0.00854	0.00130
四川	0.00340	0.00376	0.01383	0.00243	0.00156	0.00239	0.00599	0.01668	0.00130
贵州	0.00310	0.00591	0.01370	0.00068	0.00105	0.00269	0.01054	0.00851	0.00114
云南	0.00280	0.00319	0.01549	0.00190	0.00114	0.00195	0.00505	0.01183	0.00125
西藏	0.00254	0.00313	0.03289	0.00171	0.00121	0.00744	0.00310	0.02258	0.00042
陕西	0.00326	0.00415	0.01438	0.00202	0.00123	0.00184	0.02629	0.00833	0.00124
甘肃	0.00286	0.00316	0.01421	0.00101	0.00096	0.00158	0.00517	0.00908	0.00118
青海	0.00327	0.00277	0.01509	0.00081	0.00119	0.00273	0.00613	0.01232	0.00097
宁夏	0.00321	0.00372	0.01507	0.00152	0.00141	0.00260	0.00772	0.00803	0.00072
新疆	0.00363	0.00251	0.01660	0.00194	0.00138	0.00237	0.01501	0.03051	0.00099

续表

	环境污染	环境治理	生态建设	教育投入	教育产出	技术创新资源	技术创新投入	技术创新产出	信息技术应用	信息产业发展
北京	0.00413	0.00781	0.01074	0.01508	0.01190	0.00974	0.00972	0.06832	0.03944	0.00697
天津	0.00436	0.00689	0.01272	0.00986	0.01115	0.00458	0.00478	0.01320	0.02650	0.02312
河北	0.00238	0.00947	0.00751	0.00921	0.00485	0.00427	0.00177	0.00531	0.02246	0.00770
山西	0.00341	0.01325	0.00631	0.01220	0.00284	0.00168	0.00149	0.00200	0.02021	0.00658
内蒙古	0.00345	0.01251	0.01033	0.01051	0.00367	0.00150	0.00109	0.00099	0.01709	0.00448
辽宁	0.00311	0.01119	0.01456	0.01074	0.00524	0.00337	0.00259	0.00798	0.02249	0.00931
吉林	0.00411	0.00949	0.01377	0.01142	0.00593	0.00184	0.00134	0.00301	0.02047	0.00465
黑龙江	0.00419	0.01000	0.01728	0.01163	0.00428	0.00210	0.00142	0.00428	0.01718	0.00302
上海	0.00396	0.00887	0.02801	0.01239	0.01066	0.00707	0.00614	0.01980	0.03230	0.02185
江苏	0.00225	0.00692	0.01387	0.00976	0.00606	0.02091	0.00421	0.04139	0.02566	0.05638
浙江	0.00310	0.00715	0.01416	0.00942	0.00433	0.01449	0.00382	0.03404	0.02879	0.01378
安徽	0.00358	0.00839	0.00894	0.00790	0.00644	0.00522	0.00306	0.01160	0.01487	0.01708
福建	0.00380	0.00879	0.01459	0.00877	0.00512	0.00507	0.00242	0.01008	0.02416	0.02038
江西	0.00366	0.01128	0.01475	0.00738	0.00406	0.00193	0.00165	0.00553	0.01510	0.02430
山东	0.00210	0.00883	0.00930	0.00838	0.00362	0.01160	0.00367	0.01930	0.02204	0.01552
河南	0.00314	0.00979	0.00675	0.00726	0.00371	0.00639	0.00182	0.00775	0.01836	0.02295
湖北	0.00362	0.01001	0.01113	0.00934	0.00564	0.00525	0.00287	0.01832	0.01817	0.01566
湖南	0.00396	0.00740	0.01180	0.00728	0.00450	0.00458	0.00227	0.00626	0.01532	0.01269
广东	0.00307	0.00608	0.01509	0.00768	0.00287	0.01984	0.00404	0.04703	0.02627	0.05422
广西	0.00406	0.00880	0.01245	0.00664	0.00353	0.00152	0.00085	0.00256	0.01579	0.00853
海南	0.00450	0.00832	0.01483	0.00975	0.00443	0.00029	0.00067	0.00032	0.01456	0.00348
重庆	0.00421	0.00666	0.01165	0.00855	0.00418	0.00260	0.00264	0.00806	0.01717	0.02337
四川	0.00380	0.01054	0.01372	0.00917	0.00335	0.00478	0.00264	0.01294	0.01414	0.01856
贵州	0.00425	0.00887	0.00892	0.01007	0.00222	0.00091	0.00082	0.00175	0.01267	0.00334
云南	0.00393	0.01022	0.01149	0.01055	0.00290	0.00157	0.00125	0.00250	0.01051	0.00121
西藏	0.00466	0.01340	0.01633	0.02183	0.00193	0.00003	0.00008	0.00003	0.00930	0.00014
陕西	0.00399	0.00833	0.00962	0.01039	0.00611	0.00363	0.00342	0.01787	0.01807	0.01050
甘肃	0.00432	0.01022	0.01148	0.01375	0.00218	0.00098	0.00180	0.00319	0.01372	0.00182
青海	0.00423	0.01312	0.01622	0.01204	0.00300	0.00014	0.00067	0.00097	0.01460	0.00646
宁夏	0.00435	0.01526	0.00738	0.01063	0.00219	0.00033	0.00135	0.00043	0.01673	0.00664
新疆	0.00406	0.01182	0.00643	0.01237	0.00302	0.00064	0.00075	0.00106	0.01578	0.00096

第二章

中国经济发展方式转变现状、瓶颈及对策研究

第一节 中国经济发展方式转变能力现状

从经济发展方式转变能力指标体系中的5个一级指标得分情况（见表2-1）来看，2006—2018年，我国经济发展方式转变能力整体呈持续上升趋势。

根据表2-1和图2-1可知，要素系统、产业系统、人文社会系统、资源环境系统和科教信息系统在2006—2018年都有不同程度的提高。2018年对我国经济发展方式转变能力贡献最大的为科教信息系统，增长幅度最大。第二大贡献为人文社会系统，保持持续上升趋势，且上升幅度较大。第三大贡献为产业系统，上升速度较慢。第四贡献为资源环境系统，增长速度最慢。贡献最小的为要素系统，增长幅度较小。

表2-1 我国经济发展方式转变能力一级指标得分情况

	要素系统	产业系统	人文社会系统	资源环境系统	科教信息系统	总得分
2006年	0.025427	0.040963	0.020958	0.035633	0.029788	0.152769
2007年	0.025835	0.040606	0.023227	0.036670	0.031967	0.158306
2008年	0.025751	0.040199	0.024494	0.036961	0.034637	0.162042
2009年	0.025662	0.040861	0.025734	0.036921	0.036421	0.165599
2010年	0.025909	0.041262	0.027221	0.036714	0.039588	0.170695
2011年	0.026273	0.041224	0.028038	0.036323	0.042949	0.174806

续表

	要素系统	产业系统	人文社会系统	资源环境系统	科教信息系统	总得分
2012 年	0.027504	0.041535	0.030149	0.036408	0.048029	0.183624
2013 年	0.027088	0.041697	0.033249	0.036921	0.054946	0.193901
2014 年	0.027426	0.041316	0.034765	0.036926	0.059658	0.200090
2015 年	0.027555	0.040818	0.036565	0.037630	0.061048	0.203617
2016 年	0.027650	0.040749	0.038973	0.037842	0.063037	0.208251
2017 年	0.028041	0.041032	0.041009	0.037043	0.067186	0.214311
2018 年	0.028267	0.041276	0.043123	0.036450	0.069299	0.218416
增幅	0.002840	0.000313	0.022165	0.000817	0.039511	0.065647

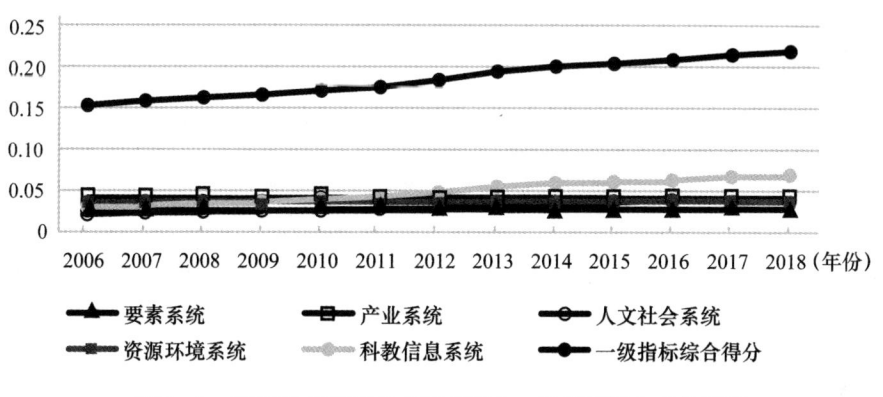

图 2-1 我国经济发展方式转变能力一级指标得分变化情况

总体而言，我国经济发展方式转变能力中科教信息系统优化能力贡献较大，且增速较快；其次为人文社会系统优化能力。要素系统优化能力、产业系统优化能力和资源环境系统优化能力对经济发展方式转变能力的贡献较小，且增速较慢，需要进一步调整，以有效发挥对经济发展方式转变能力提升的带动作用。因而，我国经济发展方式转变能力一级指标中要素系统、产业系统和资源环境系统是主要的瓶颈。

一 要素系统优化能力

根据表 2-2 可知，我国要素系统优化能力在 2006—2018 年呈持续上升态势。从增幅来看，要素结构和要素空间的增幅为正，对要素系统优化有促进作用。要素流动增幅为负,对要素系统优化有阻碍作用。可见,我国要素系统优化能力提升的主要瓶颈是要素流动较弱。

表 2-2　　2006—2018 年要素系统优化能力及其二级指标得分

	要素结构	要素空间	要素流动	总得分
2006 年	0.007703	0.015011	0.002713	0.025427
2007 年	0.007654	0.015414	0.002767	0.025835
2008 年	0.007500	0.015740	0.002511	0.025751
2009 年	0.007316	0.015805	0.002540	0.025662
2010 年	0.007360	0.016061	0.002488	0.025909
2011 年	0.007418	0.016451	0.002403	0.026273
2012 年	0.007157	0.017613	0.002734	0.027504
2013 年	0.007319	0.017235	0.002534	0.027088
2014 年	0.007491	0.017447	0.002488	0.027426
2015 年	0.007519	0.017636	0.002401	0.027555
2016 年	0.007551	0.017858	0.002242	0.027650
2017 年	0.007563	0.018073	0.002405	0.028041
2018 年	0.007707	0.018167	0.002394	0.028267
增幅	0.000005	0.003155	-0.000320	0.002840

由图 2-2 可知,我国要素系统优化能力增长较为稳定,但增长幅度较小。对我国要素系统优化能力贡献最大的是要素空间优化能力,其次是要素结构优化能力,最后是要素流动优化能力。其中要素空间优化能力与要素流动优化能力和要素结构优化能力差距较大,要素流动优化能力与要素结构优化能力二者之间差距较小。

根据前文分析可知,2006—2018 年,我国要素流动能力增长幅度为负且对要素系统优化能力提升贡献最小,对要素系统提升存在阻碍作用。要素结构优化能力未有明显提升,且占要素系统优化能力提升比重较低,未能有效拉动要素系统优化能力提升。因而,要素系统的主要瓶颈为要素流动较弱和要素结构不合理。

(一) 要素结构优化能力

2018 年,要素结构优化能力增长幅度在全国 16 个二级指标中排名第 11 位,对要素系统贡献率排名第 12 位。其中,要素结构优化能力中要素

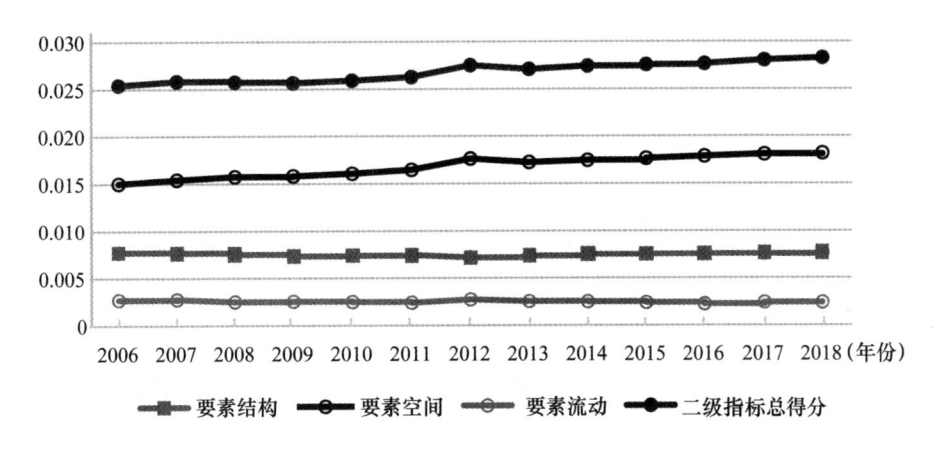

图 2-2　2006—2018 年要素系统优化能力及其二级指标变化情况

投入结构在38个三级指标中增长幅度排第28位，贡献率排第24位；要素动力结构的增长幅度排第31位，贡献率排第15位。要素投入结构和要素动力结构增长幅度和贡献率排名都较靠后，对要素结构优化能力的提升存在一定的阻碍作用。

1. 要素投入结构优化能力

2018年，要素投入结构在38个三级指标中增长幅度排名第28位，贡献率排名第24位，其下一级指标中单位GDP中的资本存量与就业人数比在112个四级指标中贡献率排名第82位，增长幅度排名第83位；单位GDP中的单位就业者使用的土地面积在112个四级指标中贡献率排名第94位，增长幅度排名第78位；单位GDP中的单位就业者的能耗节约量在112个四级指标中贡献率排名第77位，增长幅度排名第80位；单位GDP中的单位就业者拥有的技术交易金额在112个四级指标中贡献率排名第112位，增长幅度排名第71位。阻碍要素投入结构优化的根本原因在于生产中资本、土地、能源和技术投入过少。

2. 要素动力结构优化能力

2018年，要素动力结构的增长幅度排名第31位，贡献率排名第15位。其下一级指标中劳动力结构对经济的拉动贡献率在112个四级指标中排名第101位，增长幅度排名第75位；资本存量结构对经济的拉动贡献率在112个四级指标中排名第87位，增长幅度排名第56位；技术结构对经济的拉动贡献率在112个四级指标中排名第91位，增长幅度排名第97位；投资率对经济的拉动贡献率在112个四级指标中排名第63位，增长幅度排名第90位；消费率对经济的拉动贡献率在112个四级指标中排名第50位，增长幅度排名第101位。劳动力结构、资本存量结构、技术结构对经济的拉动贡献率较低以及消费率增长较慢是要素动力结构优化的瓶颈。

（二）要素空间优化能力

2018年，在全国16个二级指标中贡献率排名第3位、增长幅度排名第6位的要素空间优化能力中，要素城乡结构优化能力在全国38个三级指标中排名第12位，增长幅度排名第8位；要素区域结构贡献率排名第6位，增长幅度排名第19位。要素城乡结构优化能力较弱是阻碍要素空间优化能力提升的主要原因。

1. 要素城乡空间优化能力

2018年，在全国38个三级指标中贡献率排第12位、增长幅度排第8位的要素城乡空间结构中，单位GDP中的城镇就业人数占总就业人数的比重在全国112个四级指标中贡献率排名第16位，增长幅度排名第23位。城镇全社会固定资产投资占全社会固定资产投资比重的贡献率排名第53位，增长幅度排名第33位。城镇建设用地面积占生产用地面积比重的贡献率排名第60位，增长幅度排名第34位。城镇建设用地面积占生产用地面积比重对城乡要素空间优化能力提升无明显促进作用。

2. 要素区域结构优化能力

2018年，要素区域结构对经济的拉动贡献率在全国38个三级指标中排名第6位，增长幅度排名第19位。各省份劳动力就业占全国劳动力就业量比重的平均水平的贡献率在全国112个四级指标中排名第9位，增长幅度排名第50位。各省份固定资产投资占全国固定资产投资比重的平均水平的贡献率排名第23位，增长幅度排名第73位。各省土地利用总面积占全国土地利用总面积比重的平均水平的贡献率排名第12位，增长幅度排名第81位。各省DEA技术效率占全国的比重的平均水平的贡献率排名第59位，增长幅度排名第52位。DEA技术效率在区域间的差异较大是要素空间优化的瓶颈，土地利用效率在区域间差异较大也对要素空间优化有一定的阻碍作用。

（三）要素流动优化能力

2018年，要素流动优化能力贡献率在全国16个二级指标中排名第16位，增长幅度排名第14位。要素部门间流动、要素城乡间流动和要素区域间流动在全国38个三级指标中贡献率的排名分别为第34位、第37位和第32位，增长幅度排名分别为第35位、第32位和第26位。可见，制约我国要素流动能力的主要原因是要素部门间流动能力和要素城乡间流动能力较弱。

1. 要素部门间流动能力

2018年，要素部门间流动能力贡献率在全国38个三级指标中排名第34位，增长幅度排名第35位。其下一级指标中劳动力部门间流动能力贡献率排名第109位，增长幅度排名第82位。资本部门间流动能力贡献率排名第95位，增长幅度排名第104位。可见，劳动力、资本部门间流动能力对要素部门间流动能力优化具有阻碍作用。

2. 要素城乡间流动能力

2018年，要素城乡间流动能力贡献率在全国38个三级指标中排名第37位，增长幅度排名第32位。其下一级指标中劳动力城乡间流动能力贡献率排名第103位，增长幅度排名第91位。资本城乡间流动能力贡献率排名第107位，增长幅度排名第88位。可见，拉低要素城乡间流动能力的主要原因是劳动力、资本城乡流动能力较弱。

3. 要素区域间流动能力

2018年，要素区域间流动能力贡献率和增长幅度分别排在全国38个三级指标中的第32位和第26位，其下一级指标中劳动力区域间流动能力贡献率排名第108位，增长幅度排名第86位。资本区域流动能力贡献率排名第100位，增长幅度排名第74位。技术区域间流动能力贡献率排名第97位，增长幅度排名第63位。可见，劳动力、资本区域流动能力是区域间流动能力优化的主要瓶颈。

二 产业系统优化能力

由表2-3可以看出，我国产业系统优化能力得分呈波动上升趋势，但增幅较小。其中产业结构的增幅为负,对产业系统优化有阻碍作用。产业空间和产业效益的增幅为正,对产业系统优化有促进作用。由此可见,产业系统优化的主要瓶颈是产业结构优化能力不高。

表2-3　　2006—2018年产业系统优化能力及其二级指标得分

	产业结构	产业空间	产业效益	总得分
2006年	0.019436	0.016073	0.005454	0.040963
2007年	0.018486	0.016808	0.005312	0.040606
2008年	0.018075	0.016791	0.005332	0.040199
2009年	0.018989	0.016389	0.005483	0.040861
2010年	0.019190	0.016538	0.005534	0.041262
2011年	0.018706	0.017055	0.005463	0.041224
2012年	0.018874	0.017121	0.005540	0.041535
2013年	0.018961	0.017252	0.005484	0.041697
2014年	0.018464	0.017349	0.005503	0.041316
2015年	0.017935	0.017342	0.005541	0.040818
2016年	0.017734	0.017355	0.005661	0.040749
2017年	0.017933	0.017242	0.005857	0.041032
2018年	0.018076	0.017127	0.006074	0.041276
增幅	-0.001360	0.001053	0.000620	0.000313

由图2-3可以看出,在影响产业系统优化能力的二级指标中,第一大贡献为产业结构优化能力,其次为产业空间优化能力,最后是产业效益提升能力。其中,产业结构优化能力与产业空间优化能力差距较小,且产业空间优化能力上升幅度较大,产业空间与产业结构两者差异不断缩小;产业效益提升能力远低于前两者,且增速较缓,与两者差距未能明显改善。

产业系统优化能力在5个一级指标中贡献率和增长幅度分别排名第3位和第5位。产业空间优化能力在全国16个二级指标中贡献率排在第6位,增长幅度排在第8位;产业结构优化能力贡献率排在第4位,增长幅度排在第16位;产业效益提升能力贡献率排在第13位,增长幅度排在第9位。拉低我国产业系统优化能力的瓶颈主要为产业效益提升能力较弱和产业结构优化能力提升较慢。

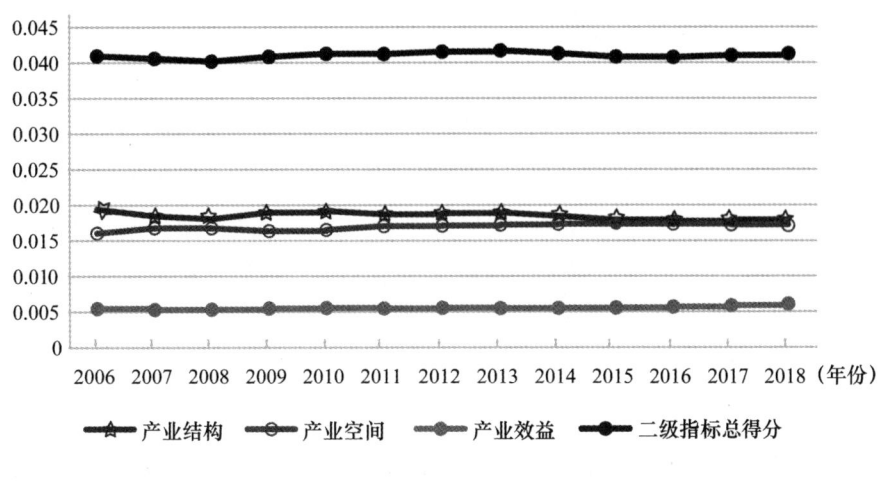

图 2-3 2006—2018 年产业系统优化能力及其二级指标变化情况

（一）产业结构优化能力

2018 年，产业结构优化能力在 16 个二级指标中贡献率和增长幅度排名分别为第 4 位和第 16 位，包括 11 个四级指标，它们在全国 112 个四级指标的排名：第二产业城镇单位就业人员比重的贡献率为第 56 名，增长幅度为第 61 名；第三产业城镇单位就业人员比重的贡献率为第 47 名，增长幅度为第 45 名；第二产业全社会固定资产投资比重贡献率为第 55 名，增长幅度为第 100 名；第三产业全社会固定资产投资比重贡献率为第 31 名，增长幅度为第 68 名；第二产业土地利用面积比重贡献率为第 62 名，增长幅度为第 41 名；第三产业土地利用面积比重贡献率为第 79 名，增长幅度为第 36 名；第一产业 DEA 技术效率贡献率为第 46 名，增长幅度为第 110 名；第二产业 DEA 技术效率贡献率为第 89 名，增长幅度为第 106 名；第三产业 DEA 技术效率贡献率为第 38 名，增长幅度为第 112 名；服务业增长率贡献率为第 105 名，增长幅度为第 94 名；第三产业增加值占 GDP 比重贡献率为第 19 名，增长幅度为第 17 名。从中可以看出，第二产业城镇单位就业人员比重、第二产业全社会固定资产投资比重、第二产业土地利用面积比重、第三产业土地利用面积比重、第一产业 DEA 技术效率、第二产业 DEA 技术效率、第三产业 DEA 技术效率、服务业增长率较低是拉低产业结构优化能力的主要瓶颈。

（二）产业空间优化能力

2018年，产业空间优化能力在全国16个二级指标中贡献率排名第6位，增长幅度排名第8位。其下一级指标产业区域布局能力在全国38个三级指标中贡献率排名第5位，增长幅度排名第22位；产业城乡布局能力贡献率排名第33位，增长幅度排名第25位；产品市场结构调整能力贡献率排名第25位，增长幅度排名第20位。可见，我国产业城乡布局能力和产品市场结构调整能力较弱，存在瓶颈效应。

1. 产业区域布局能力

2018年，在产业区域布局能力的下一级指标中，各省GDP占全国GDP份额的平均水平在全国112个四级指标中贡献率排名第18位，增长幅度排名第65位；各省第一产业增加值占全国第一产业增加值比重平均水平贡献率排名第10位，增长幅度排名第85位；各省第二产业增加值占全国第二产业增加值比重平均水平贡献率排名第14位，增长幅度排名第87位；各省第三产业增加值占全国第三产业增加值比重平均水平贡献率排名第20位，增长幅度排名第53位。可见，我国的各省第二产业增加值在全国的占有份额平均水平和各省第三产业增加值在全国的占有份额比重平均水平较低，影响了产业区域布局能力。

2. 产业城乡布局能力

衡量产业城乡布局能力可以用农村在国民经济中地位的负向程度表示，于是采用第一产业增加值占地区生产总值（GDP）比重的倒数表示，经计算其2018年在全国112个四级指标中贡献率排名第84位，增长幅度排名第59位。

3. 产品市场结构调整能力

产品市场结构调整能力包括负向外贸依存度（用货物进出口总额/GDP的倒数表示）和负向外资依存度（用港澳台和外商全社会固定资产投资/全社会固定资产投资的倒数表示）。2018年，两者贡献率的排名分别为第58位、第73位，增长幅度排名分别为第54位、第51位。

（三）产业效益提升能力

2018年，产业效益提升能力在全国16个二级指标中贡献率排名第13位，增长幅度排名第9位，包括物质消耗效益提升能力、劳动消耗效益提升能力和资本消耗效益提升能力 3 个下一级指标，它们在 38 个三级指标中贡献率的排名分别为第 21 位、第 29 位和第 35 位，增长幅度的排名分别为第 15 位、第 11 位和第 38 位。可见，资本消耗提升能力对产业效益提升能力存在拉低作用。

1. 物质消耗效益提升能力

物质消耗效益提升能力用能源产出率——GDP 与能源消耗总量之比衡量，2018 年其贡献率排名第 17 位，增长幅度排名第 20 位。

2. 劳动消耗效益提升能力

劳动消耗效益提升能力用劳动生产率——GDP 与就业人数之比衡量，2018 年其贡献率排名第 40 位，增长幅度排名第 14 位。

3. 资本消耗效益提升能力

资本消耗效益提升能力用资本产出率——GDP 与资本存量的比值衡量，2018 年其贡献率排名第 90 位，增长幅度排名第 111 位，存在较大的瓶颈性。

三　人文社会系统优化能力

根据表 2 - 4 可知，2006—2018 年人文社会系统优化能力呈持续上升趋势。其下一级指标中人的发展、民生保障和社会公平得分都有所上升。从增幅来看，民生保障能力的增幅最大，其次是人的发展能力，维持社会公平能力的变化较小。

表 2 - 4　　　　2006—2018 年人文社会系统及其二级指标得分

	人的发展	民生保障	社会公平	总得分
2006 年	0.010427	0.006378	0.004152	0.020958
2007 年	0.011148	0.008348	0.003731	0.023227
2008 年	0.011739	0.009146	0.003609	0.024494
2009 年	0.012018	0.009994	0.003722	0.025734
2010 年	0.012150	0.011590	0.003481	0.027221
2011 年	0.012690	0.011814	0.003535	0.028038
2012 年	0.013729	0.012588	0.003832	0.030149

续表

	人的发展	民生保障	社会公平	总得分
2013年	0.014078	0.015228	0.003943	0.033249
2014年	0.014621	0.016133	0.004010	0.034765
2015年	0.014869	0.017444	0.004253	0.036565
2016年	0.015705	0.018918	0.004350	0.038973
2017年	0.016191	0.020159	0.004659	0.041009
2018年	0.016864	0.021696	0.004563	0.043123
增幅	0.006437	0.015318	0.000410	0.022165

由图2-4可以看出，民生保障能力对人文社会系统优化能力的贡献最大，其次是人的发展能力，最后是维持社会公平能力。民生保障能力与人的发展能力差距逐渐拉大，人的发展能力与维持社会公平能力的差距也不断变大。

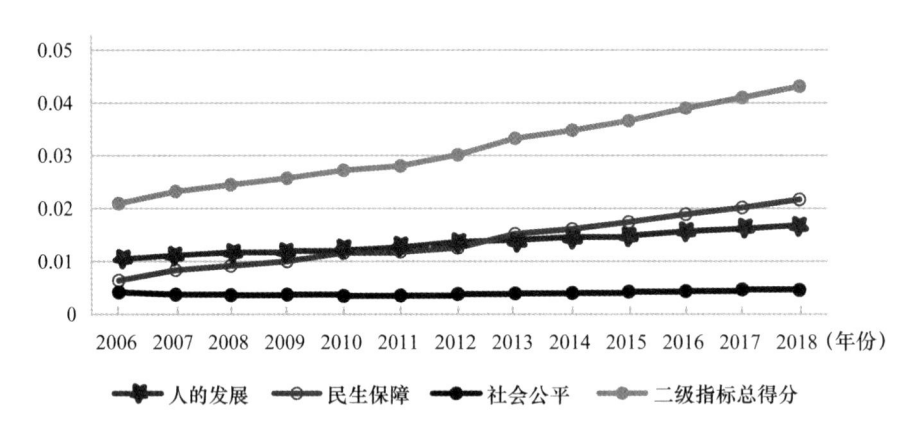

图2-4 2006—2018年人文社会系统优化能力及其二级指标变化情况

（一）人的发展能力

2018年，我国人的发展能力在全国16个二级指标中贡献率排名第7位，增长幅度排名第4位，包括生存条件、生活水平、素质修养和自由发展4个下一级指标，在38个三级指标中贡献率排名分别为第35位、第16位、第13位和第20位，增长幅度排名分别为第17位、第5位、第16

位和第 18 位。可见，素质修养、自由发展未能有效促进人的发展能力。

1. 生存条件

生存条件包括人口自然增长率和人口平均预期寿命，2018 年，两者在 112 个四级指标中贡献率的排名分别为第 37 位和第 30 位，增长幅度排名分别为第 84 位和第 27 位。

2. 生活水平

生活水平用个人消费水平（用全国居民人均消费支出表示）、负向的城镇恩格尔系数和负向的农村恩格尔系数表示，2018 年，3 个指标在 112 个四级指标中贡献率的排名分别为第 32 位、第 69 位和第 35 位，增长幅度排名分别为第 11 位、第 44 位和第 21 位。

3. 素质修养

素质修养包括识字率（用文盲人口占 15 岁及以上人口比重表示）、在校高等受教育率（用每十万人口高等教育在校学生数表示）和在校高中受教育率（用每十万人口高中阶段在校学生数表示），2018 年，3 个指标在 112 个四级指标中贡献率的排名分别为第 88 位、第 45 位和第 76 位，增长幅度排名分别为第 64 位、第 25 位和第 69 位。

4. 自由发展

自由发展用广播节目综合人口覆盖率和电视节目综合人口覆盖率表示，2018 年在 112 个四级指标中贡献率的排名分别为第 61 位和第 85 位，增长幅度排名分别为第 48 位和第 55 位。

（二）民生保障能力

民生保障能力包括就业保障能力、医疗保障能力、住房保障能力和社会保障能力。2018 年，我国民生保障能力在全国 16 个二级指标中贡献率排名第 2 位，增长幅度排名第 2 位，其下的就业保障能力、医疗保障能力、住房保障能力和社会保障能力的贡献率在 38 个三级指标中排名分别为第 38 位、第 23 位、第 18 位和第 4 位，增长幅度排名分别为第 29 位、第 13 位、第 9 位和第 2 位。就业保障能力和医疗保障能力较弱是我国民生保障能力提升的主要瓶颈。

1. 就业保障能力

就业保障能力包括劳动力参与能力（用失业率表示）和工资增长弹

性（用职工平均工资增长率/就业人员增长率表示），2018年，就业保障能力在全国38个三级指标中贡献率排名第38位，增长幅度排名第29位，其下的两个四级指标在112个四级指标中贡献率的排名分别为第104位和第111位，增长幅度排名分别为第77位和第79位。

2. 医疗保障能力

医疗保障能力用每万人口拥有的医生数和每万人口拥有的床位数表示，2018年，医疗保障能力贡献率居全国38个三级指标第23位，增长幅度居第13位，其下的两个四级指标在112个四级指标中贡献率的排名分别为第80位和第44位，增长幅度排名分别为第47位和第24位。

3. 住房保障能力

住房保障能力包括城镇住房保障能力（用城镇居民人均住房面积表示）和农村住房保障能力（用农村居民人均住房面积），2018年，住房保障能力贡献率在全国38个三级指标中居第18位，增长幅度居第9位，其下的城镇住房保障能力和农村住房保障能力的贡献率分别居全国112个四级指标中第93位和第13位，增长幅度分别居第58位和第8位。

4. 社会保障能力

社会保障能力包括城镇职工基本养老保险水平（用基金支出/离退休人员表示）、城镇基本医疗保险水平（用基金支出/年末参保人数表示）、失业保险保障水平（用基金收入/年末参保人数表示）、工伤保险保障水平（用基金收入/参保人数表示）、生育保险保障水平（用基金收入/参保人数表示）、城镇居民最低生活保障水平和农村居民最低生活保障水平7个指标。2018年我国社会保障能力的贡献率在全国38个三级指标中排名第4位，增长幅度排名第2位，其下的7个四级指标的贡献率在全国112个四级指标中的排名分别为第81位、第43位、第86位、第64位、第28位、第11位和第26位，增长幅度排名分别为第30位、第12位、第39位、第26位、第13位、第4位和第10位。

（三）维持社会公平能力

维持社会公平能力包括削弱分配差别能力、缩小城乡收入差距能力和缩小贫富差距能力3个下一级指标。2018年，我国维持社会公平能力在全国16个二级指标中贡献率排名第14位，增长幅度排名第10位，其下的削弱分配差别能力、缩小城乡收入差距能力和缩小贫富差距能力在38个三级指标中贡献率的排名分别为第36位、第30位和第26位，增长幅度排名分别为第24位、第23位和第33位。分配差别、城乡收入差距以及贫富差距较大是阻碍我国社会公平能力提升的主要瓶颈。

1. 削弱分配差别能力

削弱分配差别能力用负向基尼系数表示，2018年我国负向基尼系数在全国112个四级指标中贡献率排名为第92位，增长幅度排名为第57位。

2. 缩小城乡收入差距能力

缩小城乡收入差距能力由负向的城镇居民人均可支配收入/农村居民人均可支配收入表示，2018年在全国112个四级指标中贡献率排名为第68位，增长幅度排名为第49位。

3. 缩小贫富差距能力

缩小贫富差距能力用正向的相对贫困程度表示（采用各地区职工平均工资/全国职工平均工资计算），2018年在全国112个四级指标中贡献率排名为第27位，增长幅度排名为第99位。

四 资源环境系统优化能力

由表2-5可以看出，我国资源环境系统优化能力有所提高，生态建设在2006—2018年增幅为正，对我国资源环境系统具有支撑作用，资源条件、环境污染和环境治理增幅为负，拉低了资源环境系统优化能力。

表2-5　　2006—2018年资源环境系统及其二级指标得分

	资源条件	环境污染	环境治理	生态建设	总得分
2006年	0.014655	0.002552	0.009343	0.009083	0.020978
2007年	0.015304	0.002491	0.009666	0.009208	0.021366
2008年	0.015727	0.002501	0.009176	0.009557	0.021234
2009年	0.015928	0.002474	0.009107	0.009412	0.020992
2010年	0.016213	0.002485	0.008529	0.009488	0.020502
2011年	0.016008	0.002499	0.007908	0.009908	0.020315
2012年	0.016123	0.002478	0.007924	0.009883	0.020285

续表

	资源条件	环境污染	环境治理	生态建设	总得分
2013年	0.016113	0.002462	0.008396	0.009949	0.020807
2014年	0.015902	0.002487	0.008535	0.010002	0.021025
2015年	0.015319	0.002516	0.009124	0.010672	0.022311
2016年	0.015307	0.002522	0.009263	0.010750	0.022535
2017年	0.014733	0.002528	0.009004	0.010779	0.022310
2018年	0.013943	0.002538	0.009150	0.010819	0.022507
增幅	-0.000712	-0.000014	-0.000193	0.001737	0.001530

由图2-5可以看出，对资源环境系统贡献最大的是资源条件，其次是生态建设，再次是环境治理，最后是环境污染。2018年资源条件、环境污染程度、环境治理能力和生态建设能力在全国16个二级指标中贡献率排名分别为第8位、第15位、第11位和第10位，增长幅度排名分别为第15位、第12位、第13位和第7位。

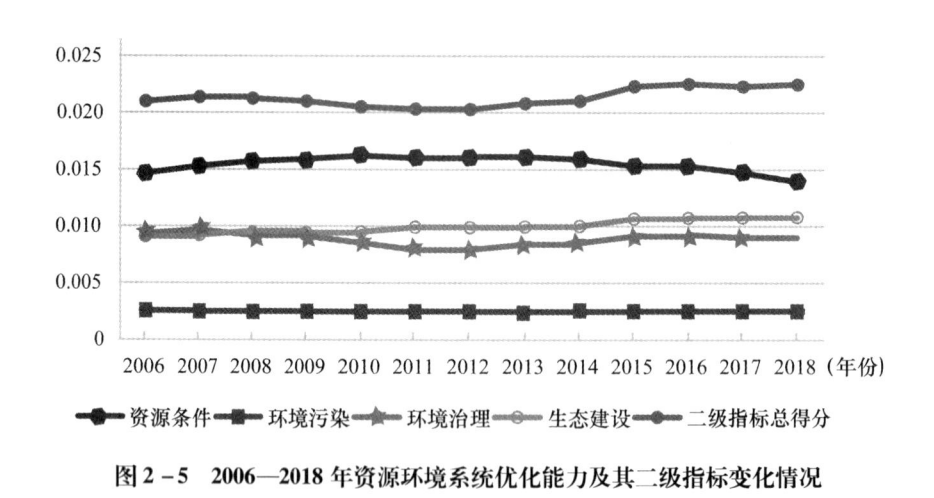

图2-5　2006—2018年资源环境系统优化能力及其二级指标变化情况

（一）资源条件

2018年我国资源条件在全国16个二级指标中贡献率排名第8位，增长幅度排名第15位，包括资源禀赋条件、资源消耗程度和资源利用能力3个下一级指标，贡献率在全国38个三级指标中排名分别为第14位、第

11位和第31位，增长幅度排名分别为第36位、第21位和第27位。可见，拉低我国资源条件能力的主要原因是资源禀赋条件和资源利用能力较弱。

1. 资源禀赋条件

资源禀赋条件用采矿业城镇单位就业人员比重、采矿业全社会固定资产投资比重和人均能源产量3个指标表示，2018年3个指标贡献率在全国112个四级指标中排名分别为第51位、第78位和第34位，增长幅度排名分别为第107位、第108位和第31位。

2. 资源消耗程度

资源消耗程度采用人均用水量、工业用水量占用水总量比重、人均农用地面积和人均建设用地面积4个指标表示。2018年，4个指标的贡献率在全国112个四级指标中排名分别为第42位、第33位、第83位和第29位，增长幅度分别为第67位、第93位、第98位和第39位。

3. 资源利用能力

资源利用能力采用碳排放率表示，2018年该指标贡献率、增长幅度在全国112个四级指标中分别排名第78位、第66位。

（二）环境污染程度

环境污染程度包括人均工业废水排放量、人均工业废气排放量、人均工业固体废弃物产生量和人均生活垃圾清运量4个指标。2018年，环境污染程度贡献率、增长幅度在全国38个三级指标中排名分别为第27位、第30位，其下一级指标中的人均工业废水排放量、人均工业废气排放量、人均工业固体废弃物产生量和人均生活垃圾清运量的贡献率在全国112个四级指标中排名分别为第74位、第102位、第99位和第96位，增长幅度排名分别为第62位、第95位、第89位和第93位。

（三）环境治理能力

环境治理能力包括环境治理投资强度、工业污染治理、工业废水排放减少率、工业废气排放减少率、工业固体废弃物综合利用率和生活垃圾无害化处理率6个指标。2018年，环境治理能力贡献率和增长幅度在全国38个三级指标中排名分别为第9位和第34位，其6个下一级指标的贡献率在全国112个四级指标中排名分别为第72位、第67位、第106

位、第 110 位、第 15 位和第 25 位，增长幅度排名为第 102 位、第 109 位、第 92 位、第 76 位、第 103 位和第 18 位。

（四）生态建设能力

生态建设能力用人均公共绿地面积、建成区绿化覆盖率、森林覆盖率、湿地面积占辖区面积比重和自然保护区面积占辖区面积比重 5 个指标描述。2018 年，生态建设能力的贡献率和增长幅度在全国 38 个三级指标中排名分别为第 7 位和第 10 位，其下一级 5 个指标的贡献率在全国 112 个四级指标中的排名分别为第 70 位、第 98 位、第 24 位、第 52 位和第 6 位，增长幅度排名分别为第 35 位、第 60 位、第 40 位、第 42 位和第 72 位。

五　科教信息系统优化能力

从前文可知，科教信息系统优化能力指标是五个一级指标中权重最大的指标。我国科教信息系统优化能力 2006—2018 年保持稳定上升态势，且增幅最大。从增幅来看，教育水平、技术水平和信息化水平的增幅均为正，表明教育水平、技术水平和信息化水平均有所增强。其中增幅最大的为信息化水平，其次为技术水平，最后为教育水平。

表 2-6　　　　2006—2018 年科教信息系统及其二级指标得分

	教育	技术	信息化	总得分
2006 年	0.008622	0.003978	0.017188	0.029788
2007 年	0.008378	0.004527	0.019062	0.031967
2008 年	0.008563	0.005113	0.020961	0.034637
2009 年	0.008788	0.005865	0.021768	0.036421
2010 年	0.009202	0.006556	0.023831	0.039588
2011 年	0.009695	0.008101	0.025153	0.042949
2012 年	0.010102	0.009801	0.028126	0.048029
2013 年	0.010608	0.011117	0.033222	0.054946
2014 年	0.011083	0.013390	0.035186	0.059658

续表

	教育	技术	信息化	总得分
2015年	0.011692	0.014348	0.035008	0.061048
2016年	0.012030	0.014592	0.036416	0.063037
2017年	0.012436	0.016669	0.038080	0.067186
2018年	0.012807	0.017896	0.038596	0.069299
增幅	0.004185	0.013918	0.021407	0.039511

由图2-6可以看出，信息化水平提升能力对科教信息系统优化能力贡献最大，第二大为技术水平提升能力，2013年技术水平超越教育水平成为对科教信息系统优化能力贡献第二大的因素，2018年教育水平提升能力对科教信息系统优化能力贡献最小。

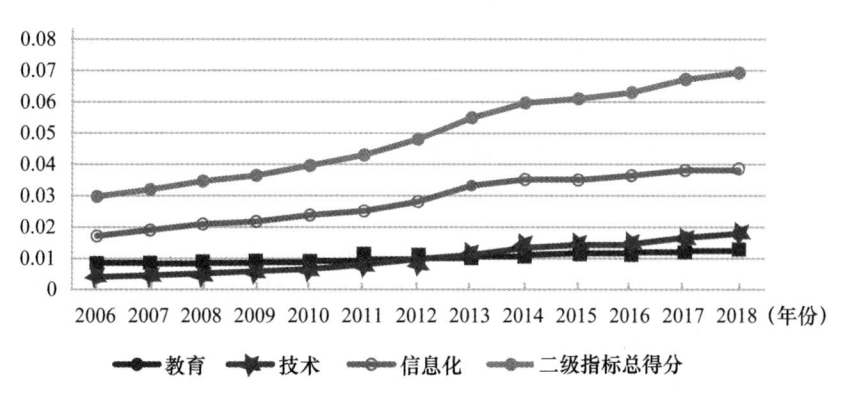

图2-6 科教信息系统优化能力及其二级指标变化情况

（一）教育水平提升能力

教育水平提升能力包括教育投入提升能力和教育产出提升能力两个下一级指标。2018年教育水平提升能力贡献率和增长幅度在全国16个二级指标中的排名分别为第9位和第5位，教育投入提升能力和教育产出提升能力的贡献率在全国38个三级指标中分别排名第10位和第19位，增长幅度分别排名第7位和第12位。

1. 教育投入提升能力

教育投入提升能力采用教育财政投入强度、负向的普通高等学校生师比、普通高中学校生师比、中等职业学校生师比、普通初中学校生师比、普通小学学校生师比6个指标衡量。2018年这6个指标的贡献率在全国112个四级指标中的排名分别为第49位、第71位、第48位、第66位、第57位和第65位，增长幅度排名分别为第28位、第105位、第29位、第70位、第32位和第46位。

2. 教育产出提升能力

教育产出提升能力采用大学升学率和高中升学率衡量。2018年大学升学率和高中升学率的贡献率在全国112个四级指标中排名分别为第39位和第54位，增长幅度排名分别为第43位和第22位。

(二) 技术水平提升能力

技术水平包括技术创新资源、技术创新投入和技术创新产出3个指标。2018年技术水平提升能力的贡献率和增长幅度在全国16个二级指标中的排名分别为第5位和第3位，技术创新资源、技术创新投入和技术创新产出的贡献率在全国38个三级指标中排名分别为第17位、第22位和第8位，增长幅度排名分别为第6位、第14位和第3位。

1. 技术创新资源

技术创新资源指标用人均科技人员技术创新产出能力投入（人均科研人员全时当量）表示，2018年贡献率和增长幅度在全国112个四级指标中排名分别为第8位和第5位。

2. 技术创新投入

技术创新投入用研发投入强度（研发经费/GDP）表示，2018年贡献率和增长幅度在全国112个四级指标中分别排名第22位和第19位。

3. 技术创新产出

技术创新产出用国内人均三种专利授权数和人均技术市场成交额表示，2018年两者贡献率在全国112个四级指标中排名分别为第3位和第21位，增长幅度排名分别为第2位和第7位。

(三) 信息化水平提升能力

信息化水平主要从信息技术应用能力和信息产业发展能力两个角度

考虑，2018 年信息化水平提升能力贡献率和增长幅度在全国 16 个二级指标中排名分别为第 1 位和第 1 位，信息技术应用能力和信息产业发展能力贡献率在全国 38 个三级指标中排名分别为第 2 位和第 1 位，增长幅度排名分别为第 1 位和第 4 位。

1. 信息技术应用能力

信息技术应用能力采用城镇电脑拥有量、农村电脑拥有量、电话普及率和网络覆盖率 4 个指标衡量。2018 年这 4 个指标贡献率在全国 112 个四级指标中排名分别为第 41 位、第 2 位、第 36 位和第 4 位，增长幅度排名分别为第 16 位、第 1 位、第 15 位和第 3 位。

2. 信息产业发展能力

信息产业发展能力采用信息产业劳动力投入比重、信息产业资本投入比重和信息产业产值比重 3 个指标衡量。2018 年这 3 个指标的贡献率在全国 112 个四级指标中排名分别为第 5 位、第 7 位和第 1 位，增长幅度排名分别为第 9 位、第 37 位和第 6 位。

第二节　中国经济发展方式转变瓶颈

一　经济发展方式转变能力综合指标情况

根据图 2-7 可知，2006—2018 年我国经济发展方式转变能力逐年提升，2006—2009 年增速较缓，2011—2016 年增速较快，2017—2018 年增速相较之前略低。为剖析目前我国经济发展方式转变能力存在瓶颈的情况，需要进一步对一级指标、二级指标、三级指标和四级指标展开具体分析，以准确掌握瓶颈问题。

二　经济发展方式转变能力一级指标情况及瓶颈

由表 2-7 可知，从贡献率排名来看，2018 年我国经济发展方式转变能力 5 个一级指标中要素系统排名第 5 位，资源环境系统排名第 4 位，产业系统排名第 3 位，这 3 个指标贡献率排名较低，说明对经济增长转变能力拉动作用较小；从增长幅度来看，产业系统排名第 5 位，资源环境系统排名第 4 位，要素系统排名第 3 位，说明对经济增长转变能力提升速率

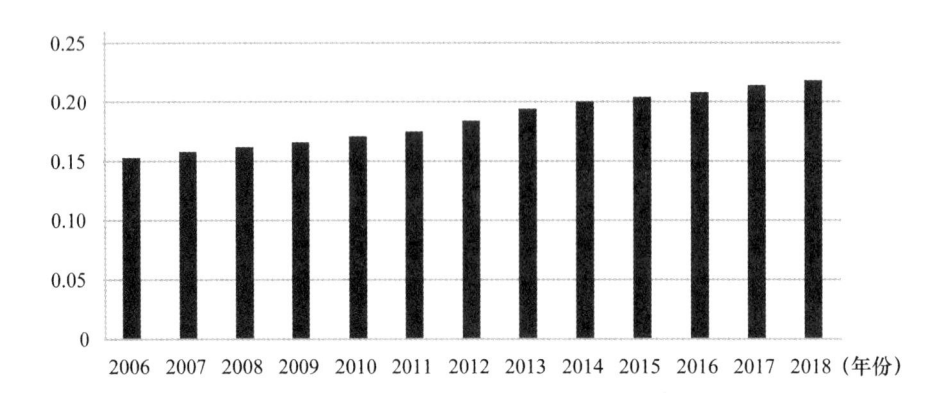

图 2-7 2006—2018 年经济发展方式转变能力综合得分情况

推动作用较小。综合来看,我国经济发展方式转变能力一级指标中的主要瓶颈为要素系统、产业系统、资源环境系统。

表 2-7 2018 年经济发展方式转变能力一级指标贡献率及增长幅度排名

	要素系统	产业系统	人文社会系统	资源环境系统	科教信息系统
贡献率	5	3	2	4	1
增长幅度	3	5	2	4	1

三 经济发展方式转变能力二级指标情况及瓶颈

由表 2-8 可知,从贡献率来看,2018 年我国经济发展方式转变能力 16 个二级指标中排名靠后的有要素结构、要素流动、产业效益、社会公平、环境污染、环境治理、生态建设,排名分别为第 12 位、第 16 位、第 13 位、第 14 位、第 15 位、第 11 位、第 10 位;从增长幅度来看,2018 年排名靠后的有要素结构、要素流动、产业结构、社会公平、资源条件、环境污染、环境治理,排名分别为第 11 位、第 14 位、第 16 位、第 10 位、第 15 位、第 12 位、第 13 位。综合来看,要素结构、要素流动、产业结构、产业效益、社会公平、资源条件、环境污染、环境治理和生态建设较弱是我国经济发展方式转变能力提升的瓶颈所在。

表2-8　2018年我国经济发展方式转变能力二级指标贡献率及增长幅度排名

	要素结构	要素空间	要素流动	产业结构	产业空间	产业效益	人的发展	民生保障
贡献率	12	3	16	4	6	13	7	2
增长幅度	11	6	14	16	8	9	4	2
	社会公平	资源条件	环境污染	环境治理	生态建设	教育	技术	信息化
贡献率	14	8	15	11	10	9	5	1
增长幅度	10	15	12	13	7	5	3	1

四　经济发展方式转变能力三级指标情况及瓶颈

由表2-9可知，2018年38个三级指标，从贡献率来看，排名靠后的：要素投入结构排名第24位、要素部门间流动排名第34位、要素城乡间流动排名第37位、要素区域间流动排名第32位、产业城乡分布排名第33位、产品市场结构排名第25位、物质消耗效益排名第21位、劳动消耗效益排名第29位、资本消耗效益排名第35位、素质修养排名第20位、自由发展排名第28位、就业保障排名第38位、医疗保障排名第23位、分配差别排名第36位、城乡收入差距排名第30位、贫富差距排名第26位、资源利用排名第31位、环境污染排名第27名、技术创新投入排名第22位；从增长幅度来看，排名靠后的：要素投入结构排名第28位、要素动力结构排名第31位、要素部门间流动排名第35位、要素城乡间流动排名第32位、要素区域间流动排名第26位、三次产业结构排名第37位、产业区域分布排名第22位、产业城乡分布排名第25位、产品市场结构排名第20位、资本消耗效益排名第38位、就业保障排名第29位、分配差别排名第24位、城乡收入差距排名第23位、贫富差距排名第33位、资源条件排名第36位、资源消耗排名第21位、资源利用排名第27位、环境污染排名第30位、环境治理排名第34位。综合来看，我国经济发展方式转变能力三级指标的主要瓶颈为要素投入结构、要素动力结构、要素部门间流动、要素城乡间流动、要素区域间流动、三次产业结构、产业城乡分布、产品市场结构、劳动消耗效益、资本消耗效益、自由发展、就业、分配差别、城乡收入差距、贫富差距、资源条件、资源利用、环境污染、环境治理。

表2-9　2018年我国经济发展方式转变能力三级指标贡献率及增长幅度排名

	要素投入结构	要素动力结构	要素城乡分布	要素区域分布	要素部门间流动	要素城乡间流动	要素区域间流动	三次产业结构	产业区域分布	产业城乡分布	产品市场结构	物质消耗效益	劳动消耗效益
贡献率	24	15	12	6	34	37	32	3	5	33	25	21	29
增长幅度	28	31	8	19	35	32	26	37	22	25	20	15	11

	资本消耗效益	生存条件	生活水平	素质修养	自由发展	就业保障	医疗保障	住房保障	社会保障	分配差别	城乡收入差距	贫富差距	资源条件
贡献率	35	16	13	20	28	38	23	18	4	36	30	26	14
增长幅度	38	17	5	16	18	29	13	9	2	24	23	33	36

	资源消耗	资源利用	环境污染	环境治理	生态建设	教育投入	教育产出	技术创新资源	技术创新投入	技术创新产出	信息技术应用	信息产业发展
贡献率	11	31	27	9	7	10	19	17	22	8	2	1
增长幅度	21	27	30	34	10	7	12	6	14	3	1	4

五　经济发展方式转变能力四级指标情况及瓶颈

2018年我国经济发展方式转变能力112个四级指标中，从贡献率来看，要素系统中23个四级指标有17个指标在112个四级指标中排名靠后，它们分别是：单位GDP中资本劳动比排名第82位，单位GDP中土地劳动比排名第94位，单位GDP中能源劳动比排名第77位，单位GDP中技术劳动比排名第112位，劳动贡献率排名第101位，资本贡献率排名第87位，技术贡献率排名第91位，投资率排名第63位，土地城乡分布排名第60位，技术区域分布排名第59位，劳动力部门流动排名第109位，资本部门流动排名第95位，劳动力城乡流动排名第103位，资本城乡流动排名第107位，劳动力区域流动排名第108位，资本区域流动排名第100位，技术区域流动排名第97位；从增长幅度来看，要素系统中23个四级指标有17个指标在全国排名靠后，它们分别是：单位GDP中资本劳动比排名第83位，单位GDP中土地劳动比排名第78位，单位GDP中能源劳动比排名第80位，单位GDP中技术劳动比排名第71位，劳动贡献率排名第75位，技术贡献率排名第97位，投资率排名第90位，消费率排名第 101 位，资本区域分布排名第 73 位，土地区域分布排名第 81 位，劳动力部门流动排名第 82 位，资本部门流动排名第 104 位，劳动力城乡分布排名第 91 位，资本城乡流动排名第 88 位，劳动力区域分布排名第 86 位，资本区域分布排名第 74 位，技术区域分布排名第 63 位。综合来看，要素系统主要瓶颈是单位 GDP 中资本劳动比、单位 GDP 中土地劳动比、单位 GDP 中能源劳动比、单位 GDP 中技术劳动比、劳动贡献率、资本贡献率、技术贡献率、投资率、消费率、劳动力部门流动、资本部门流动、劳动力城乡流动、资本城乡流动、劳动力区域流动、资本区域流动、技术区域流动这 16 个指标。

2018 年我国经济发展方式转变能力 112 个四级指标中，从贡献率来看，产业系统中 21 个四级指标有 8 个指标在 112 个四级指标中排名靠后，它们分别是：第二产业土地利用面积比重排名第 62 位，第三产业土地利用面积比重排名第 79 位，第二产业 DEA 技术效率排名第 89 位，服务业增长率排名第 105 位，第一产业增加值占 GDP 比重排名第 84 位，货物进出口总额占 GDP 比重排名第 58 位，港澳台和外商全社会固定资产投资占全社会固定资产投资比重排名第 73 位，资本产出率排名第 90 位；从增长幅度来看，有 12 个指标排名靠后，它们分别是：第二产业城镇单位就业人员比重排名第 61 位，第二产业全社会固定资产投资比重排名第 100 位，第三产业全社会固定资产投资比重排名第 68 位，第一产业 DEA 技术效率排名第 110 位，第二产业 DEA 技术效率排名第 106 位，第三产业 DEA 技术效率排名第 112 位，服务业增长率排名第 94 位，各省 GDP 占全国 GDP 比重的全国平均水平排名第 65 位，各省第一产业增加值占全国第一产业增加值的全国平均水平排名第 85 位，各省第二产业增加值占全国第二产业增加值的全国平均水平排名第 87 位，第一产业增加值占 GDP 比重排名第 59 位，资本产出率排名第 111 位。综合来看，第二产业全社会固定资产投资比重、第三产业土地利用面积比重、第一产业 DEA 技术效率、第二产业 DEA 技术效率、第三产业 DEA 技术效率、服务业增长率、第一产业增加值占 GDP 比重、资本产出率这 8 个指标是产业系统瓶颈所在。

2018 年我国经济发展方式转变能力 112 个四级指标中，从贡献率来看，人文社会系统中 36 个四级指标有 14 个指标在 112 个四级指标中排名靠后，它们分别是：城镇恩格尔系数排名第69位，识字率排名第88位，每十万人口高中阶段在校学生数排名第76位，广播节目综合人口覆盖率排名第61位，电视节目综合人口覆盖率排名第85位，失业率排名第104位，工资增长弹性排名第111位，每万人口拥有的医生数排名第80位，城镇居民人均住房面积排名第93位，城镇职工基本养老保险水平排名第81位，失业保险保障水平排名第86位，工伤保险保障水平排名第64位，基尼系数排名第92位，城乡收入差距排名第68位；从增长幅度来看，有8个指标排名靠后，它们分别是：人口自然增长率排名第84位，识字率排名第64位，每十万人口高中阶段在校学生数排名第69位，失业率排名第77位，工资增长弹性排名第79位，城镇居民人均住房面积排名第58位，基尼系数排名第57位，相对贫困程度排名第99位。综合来看，人口自然增长率、城镇恩格尔系数、识字率、每十万人口高中阶段在校学生数、广播节目综合人口覆盖率、电视节目综合人口覆盖率、失业率、工资增长弹性、每万人口拥有的医生数、城镇居民人均住房面积、城镇职工基本养老保险水平、失业保险保障水平、工伤保险保障水平、基尼系数、城乡收入差距、相对贫困程度这16个指标是人文社会系统的主要瓶颈所在。

2018年我国经济发展方式转变能力112个四级指标中，从贡献率来看，资源环境系统中23个四级指标有13个指标在112个四级指标中排名靠后，它们分别是：采矿业全社会固定资产投资比重排名第78位，人均农用地面积排名第83位，碳排放率排名第75位，人均工业废水排放量排名第74位，人均工业废气排放量排名第102位，人均工业固体废弃物产生量排名第99位，人均生活垃圾清运量排名第96位，环境治理投资强度排名第72位，工业污染源治理投资占环境污染治理投资比重排名第67位，工业废水排放减少率排名第106位，工业废气排放减少率排名第110位，人均公共绿地面积排名第70位，建成区绿化覆盖率排名第98位；从增长幅度来看，有17个指标排名靠后，它们分别是：采矿业城镇单位就业人员比重排名第107位，采矿业全社会固定资产投资比重排名第108位，人均用水量排名第67位，工业用水量占用水总量比重排名第96位，人均农用地面积排名第96位，碳排放率排名第66位，人均工业废水排放量排名第62位，人均工业废气排放量排名第95位，人均工业固体废弃物产生量排名第89位，人均生活垃圾清运量排名第93位，环境治理投资强度排名第102位，工业污染源治理投资占环境污染治理投资比重排名第109位，工业废水排放减少率排名第92位，工业废气排放减少率排名第76位，工业固体废弃物综合利用率排名第103位，建成区绿化覆盖率排名第60位，自然保护区面积占辖区面积比重排名第72位。综合来看，采矿业城镇单位就业人员比重、采矿业全社会固定资产投资比重、工业用水量占用水总量比重、人均农用地面积、碳排放率、人均工业废水排放量、人均工业废气排放量、人均工业固体废弃物产生量、人均生活垃圾清运量、环境治理投资强度、工业污染源治理投资占环境污染治理投资比重、工业废水排放减少率、工业废气排放减少率、建成区绿化覆盖率这14个指标是我国资源环境系统的主要瓶颈所在。

2018年我国经济发展方式转变能力112个四级指标中，从贡献率来看，科教信息系统中19个四级指标有3个指标在112个四级指标中排名靠后，它们分别是：中等职业学校生师比排名第66位，普通初中学校生师比排名第57位，普通小学学校生师比排名第65位；从增长幅度来看，有2个指标排名靠后，它们分别是：普通高等学校生师比排名第105位，中等职业学校生师比排名第70位。总的来看，科教信息系统中19个指标整体排名靠前，其中相对排名靠后的指标有教育财政投入强度、普通高等学校生师比、普通高中学校生师比、中等职业学校生师比、普通初中学校生师比、普通小学学校生师比、大学升学率、高中升学率、城镇电脑拥有量、信息产业资本投入比重。这10个指标是制约我国科教信息系统能力提升的主要瓶颈所在。

六 指标之外制约中国经济发展方式转变的瓶颈

（一）制造业结构性供需失衡

我国制造业发展进程中出现明显的结构性供需失衡现象。突出表现在制造业的产业结构高端化程度发展不足、产业组织结构不合理和产品结构供需不匹配等方面。

第一，从产业结构来看，制造业的结构优化升级进展缓慢，产业高端化和产业链高端环节发展程度不足。从产业层面来看,一方面,钢铁、有色金属、石油化工、建材等传统制造业存在产能过剩问题,不仅影响行业的经济效益,而且制约整个国民经济的可持续发展;另一方面,高附加值、高技术含量的高新技术制造业发展水平不高,在制造业中所占比重过低,制约了经济发展新动能的培育速度。2016年,医药、航空航天、电子通信、计算机、医疗仪器设备等高技术制造业实现主营业务收入153796亿元,仅占规模以上工业企业主营业务收入的13.2%,而钢铁、有色金属、建材等六大高耗能产业所占比重高达25.8%。从产业链层面来看,无论是传统制造业还是高新技术制造业的产业链高端环节发展程度普遍较低,在全球产业链和价值链分工中处于中低端地位。一项实证研究表明,在22个制造业行业中,我国有12个产业处于全球产业链和价值链低端,而只有3个产业处于全球产业链和价值链中高端地位。由于产业链高端环节发展不足,我国每年还需进口大量高附加值、高技术含量产品来满足国民经济发展的需要。例如,仅2016年,我国就进口了1322万吨钢材、56万吨铜材、39万吨铝材。从产业技术能力来看,工业"四基"能力有待提高,传统制造业中关键设备、核心零部件和基础性软件对外依存度过高,制造业"缺芯""少核""弱基"问题突出,重大核心关键技术有待突破,战略性新兴产业的发展培育由于缺乏原创性和颠覆性技术创新的强力支撑而进展缓慢。

第二,从产业组织结构来看,制造业产业集中度不高,优质优势企业数量少,尤其缺乏在全球制造业中占主导地位和具有掌控能力的大型跨国企业。经过改革开放40多年的发展,我国已有相当数量的企业跻身全球500强企业行列。例如,我国已有115家企业出现在美国《财富》杂志公布的"2017年全球财富500强"名单中,入围企业数量仅次于美国。但我国入围企业多数属于电力能源、工程建筑及金融保险企业,制造业企业数量不多,而且缺乏能够主导世界产业发展方向、引领世界产业发展潮流的一流企业。

第三,从产品结构来看,低端产品数量大,过剩严重;而高端产品供给能力不足,不能满足日益升级的市场消费需求。长期以来,我国制造业的产品质量提高步伐远远落后于产业规模的扩张速度。从生产性制造产品来看，我国生产性制造产品的质量稳定性和可靠性较低，制造精度和产品使用寿命与国际跨国巨头生产的同类产品相比存在较大差距。以产品中通用部件轴承为例，世界轴承产品的品种规格有 15 万个之多，而我国能够生产的轴承产品的品种规格只有 2 万多个，且产品的高速性能只有国际知名品牌的一半左右，产品的振动（加速度）极值水平与发达国家同类产品大体相差 10dB 以上，特别是高端轴承产品如深沟球轴承的使用寿命只有发达国家同类产品的 1/10—3/8。从消费性制造产品来看，我国消费性制造产品的品牌知名度、消费者满意度较低，不能满足人民美好生活所追求的高品质、时尚化、个性化和多样化的消费品市场需求，导致高端消费需求大量外流，加剧供需结构性失衡，影响国民经济发展。

（二）工业和服务业之间结构失衡

近年来，我国产业结构发生了深刻变化，第三产业占比逐年上升，2016 年增加值占比达 51.6%。我国尚处于工业化中后期发展阶段，人均国民收入刚刚跨越中等偏高收入水平，而服务业所占比重提升速度过快，过早"去工业化"的趋势很可能导致国民经济的结构性失衡及产业发展空心化。

第一，服务业占比迅速上升与实体经济占比快速下降使制造业空心化风险显著加大。虽然服务业占比上升，符合配第一克拉克定律所揭示的产业结构演进的基本趋势，在一定程度上反映了我国产业结构转型升级和高级化的进程。但在服务业经济效率较低的背景下，服务业占比过快上升，将会降低经济的资源配置效率，最终影响经济发展速度和效益。2011—2016 年，在服务业占比年均增长约 1.5 个百分点的同时，工业占比年均下降 1.1 个百分点。2016 年，工业投资增长 3.5%，增速比 2015 年下降 4.2 个百分点。其中，制造业投资增长 4.2%，比 2015 年下降 3.9 个百分点，制造业吸引外商直接投资增长为 -6.1%。而与此形成鲜明对比的是，2016 年，我国制造业对外直接投资猛增了 116.7%。当前，在世界范围新一轮科技和产业革命方兴未艾、我国大力推进实施制造强国战略的背景下，国内工业投资增速大幅回落、对外投资大幅增长，存在"制造业空心化"的风险。

第二，服务业占比提高过快与其低效率发展不匹配，产业结构呈现"逆库兹涅茨化"趋势。由于我国服务业高端化发展不足，服务业效率明显低于制造业效率。从劳动生产率来看，2016年第二产业劳动生产率为13.25万元/人，服务业劳动生产率为11.38万元/人，且我国第二产业的劳动生产率与发达国家的差距总体小于服务业劳动生产率与发达国家的差距。效率低下的服务业占比迅速提高、效率相对高的工业占比迅速下降，影响经济发展质量的提升。

（三）实体经济与虚拟经济结构失衡

第一，我国以制造业为主体的实体经济和以金融为主体的虚拟经济之间的发展速度出现明显分化。受产能过剩、国内外市场疲软等因素影响，实体经济特别是工业增长速度明显趋缓，在国民经济中所占比例不断降低。而以金融为主体的虚拟经济在金融创新和投机心理等因素的驱动下，增长速度明显加快，在国民经济中所占比重迅速上升。数据显示，2011年，我国工业增加值增速为10.9%，超过同年GDP增速1.4个百分点；金融业增加值增速为7.7%，低于同年GDP增速1.8个百分点。2016年，工业增长速度降至6.0%，低于同年GDP增速0.7个百分点；而金融业增长速度则达到16.0%，高于同年GDP增速9.3个百分点。实体经济与虚拟经济增长速度明显分化，占GDP的比重也随之出现明显变化。2011—2016年，我国传统意义上的实体经济在GDP中所占比重下滑了7.4个百分点，其中工业所占比重下降了6.6个百分点，而金融等虚拟经济所占比重上升了2.7个百分点。从纵向比较来看，2016年我国金融业在GDP中所占比重几乎比2005年高一倍。从国际比较来看，2016年我国金融业所占比重甚至比美国发生互联网泡沫的2001年和出现次贷危机的2007年分别高出0.5个百分点和0.6个百分点。这些迹象表明我国实体经济与虚拟经济出现了比较严重的结构性失衡，经济发展出现了脱实向虚倾向。

第二，尽管近年来我国虚拟经济特别是金融业有了突飞猛进的发展，但其服务实体经济的能力并没有因此得到提高。调查显示，2017年我国有56.3%的企业面临资金融通困难、融资成本高的难题。可见，我国层出不穷的金融创新尚不能有效降低实体经济的融资成本。更值得注意的是，由于近年来实体经济投资回报率低，虚拟经济投资回报率高企，使资金、社会优质人才、企业家纷纷转向收入高、投资回报率高的虚拟经济部门，原来主营业务为实体经济的企业也开始热衷于投资理财、搞房地产开发。统计数据显示，2010—2016年，制造业的固定资产投资额下降了32.4%，而金融业和房地产业则猛增了1.7倍和1.2倍，社会生产要素出现了普遍的脱离实体经济的倾向。如果任由这种现象长期持续发展，将会在较大程度上削弱我国实体经济发展的根基，阻碍我国向制造强国迈进的步伐，同时助长证券市场的投机性和房地产市场金融化，进而导致虚拟经济在虚假"繁荣"的表象下逐步走向泡沫经济，从而引发系统性金融风险。

（四）城乡和区域发展失衡

第一，城乡发展差距依然较大。从城乡居民收入水平来看，1978—2016年城镇居民人均可支配收入从343.4元增加至33616元，同期农村居民人均可支配收入也由133.6元增加至12363元，但城乡居民人均收入倍差由2.57增加至2.72。由此可见，尽管改革开放40多年来我国城乡居民人均收入都有了较大幅度的增长，但城乡收入差距不但没有缩小反而进一步拉大。除此之外，农村地区在基础设施、教育、医疗等基本公共服务方面与城市之间的差距也在拉大。城乡之间在经济、社会发展方面的差距必然会吸引越来越多的农村人口向城市流动，在实现城乡一体化之前，农村整体衰落的趋势不可避免。

第二，区域发展不协调。得益于开放的"先发优势"，东部沿海地区较高的工资水平和就业需求，吸引了大批中西部地区低端劳动力，提高了东部地区城镇化水平，拉大了东部地区与中西部地区经济发展差距。自1999年以来，我国先后实施了"西部大开发""中部崛起"等区域协调发展战略，但东部沿海地区积累的优势过大，沿海与内陆发展差距短期内难以消除。以贵州和上海为例，尽管近年来贵州省GDP平均增速达到两位数，远远超过上海等东部沿海地区和全国平均水平，但2016年贵州省居民人均可支配收入15121元，而上海为54305元，不足上海的1/3。因此，在东部地区与中西部地区绝对差距短期内难以消除的情况下，中西部地区劳动力净流出的趋势不可避免。与此同时，人口迁出引起的人力资本流失对中西部地区经济发展的负面影响开始凸显,城市规模普遍不足。

第三,城市发展权不均等。我国城市发展资源配置存在明显的行政中心偏向:一方面中央把较多的资源集中配置在首都、直辖市以及计划单列市,而各省、自治区则把较多的资源配置在省会城市;另一方面行政等级高的城市也可利用高行政等级优势,依靠行政手段促使资源由下一级行政等级的城市流入高行政等级城市,最终提升高行政等级城市的聚集程度,直接导致城市规模的大小及增长速度与其行政等级的高低密切相关。这种行政等级化的城市体系及其资源配置方式是对市场经济条件下资源配置的一种人为扭曲,各类城市之间竞争的不公平和发展权的不均等导致城市之间发展差距较大,人口流向过于集中,最终形成不合理的城市规模体系。

第四,户籍制度改革滞后。一方面,大中型城市户籍制度改革缓慢且落户门槛较高。目前约有 40% 以上的农民工集中在大中城市,因此这些城市户籍制度改革滞后制约了我国市民化率的进一步提高,对 2020 年实现 1 亿农业转移人口落户城镇的目标构成挑战。另一方面,目前城乡一元化户籍制度改革大多"有名无实"。全国 31 个省、市、自治区均已出台全部取消农业户口的户改方案,从表面上看,城乡二元户籍制度已经退出历史舞台,但不同性质户口上原有的权益并未统一,大部分地区城乡一元化户籍制度改革只是从"农民"到"居民"的简单改名而已,户籍制度背后隐含的教育、就业、医疗、养老等基本公共服务差别还远未消除。

(五)民间企业投资活力不足

自 2016 年以来,民间投资增速大幅下滑,是 2012 年正式开展民间投资统计以来的首次下降。民间投资增长疲软,除产能过剩、市场需求不振、企业融资成本偏高、"玻璃门"、"弹簧门"、"旋转门"等因素外,主要原因:一是专项建设基金"亲国有疏民间"。政银企社合作的模式在提高风险管控质量的同时,也导致了专项建设基金更多地支持政府项目和国企项目,对民间资本项目鲜有问津。二是 PPP 项目民间资本参与程度非常低。本来 PPP 是政府和私人资本合作的一种模式,现在演变成政府和社会资本的合作，而社会资本大都是国有企业，民营企业较少参与。三是国有企业大规模进军非主营业务加大了挤出效应。国企依靠国有资本担保、抵押物充裕等优势，更容易获得大规模的低成本信贷资金。具有资金优势的国有企业大规模进入房地产等非主营业务的市场竞争领域，导致市场争夺白热化，加剧了价格战，加大了对民间投资的挤出效应。四是金融系统迫于不良贷款率攀升、资产质量恶化等压力，倾向于控制、收缩对中小企业和民营企业的授信额度，增加了民间资本的融资难度。五是部分资本借助对外投资合作加速海外布局，分流部分资金。民间投资滑落，一方面是民间资本应对经济转型、市场需求偏弱、产能尚未出清的正常反应，另一方面反映出市场活力的不足。

（六）劳动力供给面临新的压力

随着劳动力人口下降、"刘易斯拐点"加速到来以及老龄人口比例持续上升，长期以来，支撑中国经济高增长的人口红利开始衰减。国家统计局数据显示，2016年中国65岁及以上人口占总人口的比例为10.8%，较十年前上升了2.9个百分点；0—14岁人口占总人口的比例为16.6%，较十年前下降了3.2个百分点。同时，由于城镇化速度放缓，农村劳动力向城镇转移的速度也随之放慢，从而导致劳动力成本不断上升。与人口结构的不利变化相伴而生的，还有人力资本形成步伐放缓。当前，中国经济的重心正从制造业向服务业、从中低端制造业向高端制造业转型升级，但高新科技人才匮乏状况的改善步伐不能满足国家对人力资本和知识资本的需求，人力资本的积累非常缓慢。

（七）体制机制弊端还较为突出

经济增长的潜力取决于制度改革。中国仍需进一步深化市场化改革，进一步释放制度改革红利。一些核心的制度改革仍需加强，在涉及市场环境与体制机制的其他方面，也还面临着一系列约束，如公平竞争的市场环境、居民收入分配差距明显、区域发展不协调、社会保障制度不健全、社会的公平正义有待加强。如当前产权制度未能有效激发民间资本活力，农村土地制度制约乡村经济发展，户籍制度不利于劳动力流动，政府"瘦身"与简政放权尚有一段路要走。

（八）外部不确定因素

第一，美国对我国加征关税措施不断升级的影响。美国越过多边机制，依据其国内法对我国商品采取加征关税的措施，单方面挑起贸易战。目前，中美经贸摩擦对我国经济增长、就业、外贸出口的直接影响较为有限，但其对市场预期和供应链调整会产生相应的间接影响。美方挑起贸易战的行为会对中美两国经济产生负面影响，而且将给正在复苏的世界经济和国际贸易带来冲击。中美经贸摩擦是我国经济发展方式转变的主要不确定外部因素之一。

第二，主要经济体货币政策转向的外溢效应。2018年主要发达经济体货币政策调整步伐加快。美国上半年已连续两次加息，全年预计加息三次到四次。欧洲央行宣布2018年10月开始将每月购债规模从此前的300亿欧元减少至150亿欧元，年底结束购债计划。主要经济体货币政策正常化，推动全球流动性收紧，利率中枢水平上升，引发国际金融市场波动，一些负债水平较高的新兴市场经济体出现汇率大幅贬值和资本外流现象，增大了世界经济复苏的不确定性。

第三节　对策建议

通过经济发展方式转变能力评价指标体系，分析我国经济发展转变的主要瓶颈如下：(1) 要素投入结构、要素动力结构不尽合理；(2) 要素城乡流动、要素区域间流动、要素部门间流动不畅；(3) 三次产业结构不协调；(4) 产业城乡分布失衡；(5) 产品市场结构不合理；(6) 劳动消耗效益、资本消耗效益偏低；(7) 自由发展能力、就业能力较弱；(8) 分配差别、城乡收入差距、贫富差距较大；(9) 资源条件较弱；(10) 资源利用效率较低；(11) 环境污染较严重；(12) 环境治理较弱。以上瓶颈是制约我国经济发展方式转变能力提升的主要因素，针对上述瓶颈，提出以下针对性对策建议。

一　消除要素系统中瓶颈的举措

针对我国要素系统中的主要瓶颈，消除措施主要从如下6个方面着手：(1) 优化劳动力结构，提升劳动力对经济的拉动力；(2) 提高资本利用率，提升资本对经济的拉动力；(3) 加快技术对产业的改造步伐和新技术的产业化速度，提升技术对经济的拉动力；(4) 提升投资、消费对经济增长的拉动作用；(5) 促进劳动力、资本在部门和城乡的流动；(6) 促进劳动力、资本、技术在区域间的流动。综合来看，我国要素系统存在瓶颈的主要原因是要素市场化配置障碍。

(一) 健全现代市场体系

加快形成统一开放、竞争有序的市场体系，建立公平竞争保障机制，打破地域分割和行业垄断，着力清除市场壁垒，促进商品和要素自由有序流动、平等交换。

第一，健全要素市场体系。加快建立城乡统一的建设用地市场，在符合规划、用途管制和依法取得前提下，推进农村集体经营性建设用地与国有建设用地同等入市、同权同价。健全集体土地征收制度，缩小征地范围，规范征收程序，完善被征地农民权益保障机制。开展宅基地融资抵押、适度流转、自愿有偿退出试点，完善工业用地市场化配置制度。统筹人力资源市场，实行平等就业制度。加强各类技术交易平台建设，健全技术市场交易规则，鼓励技术中介服务机构发展。

第二，推进价格形成机制改革。减少政府对价格形成的干预，全面放开竞争性领域商品和服务价格，放开电力、石油、天然气、交通运输、电信等领域竞争性环节价格。理顺医疗服务价格。完善水价形成机制。完善居民阶梯电价，全面推行居民阶梯水价、气价。健全物价补贴联动机制。建立健全公用事业和公益性服务政府投入与价格调整相协调机制。规范定价程序，加强成本监审，推进成本公开。

第三，维护公平竞争。清理废除妨碍统一市场和公平竞争的各种规定和做法。健全竞争政策，完善市场竞争规则，实施公平竞争审查制度。放宽市场准入，健全市场退出机制。健全统一规范、权责明确、公正高效、法治保障的市场监管和反垄断执法体系。严格产品质量、安全生产、能源消耗、环境损害的强制性标准，建立健全市场主体行为规则和监管办法。健全社会化监管机制，畅通投诉举报渠道。强化互联网交易监管。严厉打击制假售假行为。

（二）促进消费升级

适应消费加快升级，以消费环境改善释放消费潜力，以供给改善和创新更好满足、创造消费需求，不断增强消费拉动经济的基础作用。增强消费能力，改善大众消费预期，挖掘农村消费潜力，着力扩大居民消费。以扩大服务消费为重点带动消费结构升级，支持信息、绿色、时尚、品质等新型消费，稳步促进住房、汽车和健康养老等大宗消费。推动线上线下融合等消费新模式发展。实施消费品质量提升工程，强化消费者权益保护，充分发挥消费者协会作用，营造放心便利的消费环境。积极引导海外消费回流。以重要旅游目的地城市为依托，优化免税店布局，培育发展国际消费中心。

（三）扩大有效投资

围绕有效需求扩大有效投资，优化供给结构，提高投资效率，发挥投资对稳增长、调结构的关键作用。更好发挥社会投资主力军作用，营造宽松公平的投资经营环境，鼓励民间资本和企业投资，激发民间资本活力和潜能。充分发挥政府投资的杠杆撬动作用，加大对公共产品和公共服务的投资力度，加大人力资本投资，增加有利于供给结构升级、弥补小康短板、城乡区域协调、增强发展后劲的投资，启动实施一批全局性、战略性、基础性重大投资工程。

二 消除产业系统中瓶颈的举措

针对我国产业系统中的主要瓶颈，消除措施主要从如下6个方面着手：（1）增加第二产业全社会固定资产投资；（2）增加第三产业土地利用面积比重；（3）提升技术对三大产业的促进作用；（4）提升第一产业发展质量；（5）提升服务业对经济增长的拉动作用；（6）提升资本产出率。针对上述瓶颈问题，提出以下针对性对策建议。

（一）推进农业现代化

第一，加快推进农业结构调整。推动粮经饲统筹、农林牧渔结合、种养加一体发展。积极引导调整农业种植结构，支持优势产区加强棉花、油料、糖料、大豆、林果等生产基地建设。发展特色经济林和林下经济。优化特色农产品生产布局。加快现代农业示范区建设。

第二，推进农村三大产业融合发展。推进农业产业链和价值链建设，建立多形式利益联结机制，培育融合主体、创新融合方式，拓宽农民增收渠道，更多分享增值收益。积极发展农产品加工业和农业生产性服务业。拓展农业多种功能，推进农业与旅游休闲、教育文化、健康养生等深度融合，发展观光农业、体验农业、创意农业等新业态。加快发展都市现代农业。激活农村要素资源，增加农民财产性收入。

第三，提升农业技术装备水平。加强农业科技自主创新，加快生物育种、农机装备、绿色增产等技术攻关，推广高产优质适宜机械化品种和区域性标准化高产高效栽培模式，改善农业重点实验室创新条件。发展现代种业，开展良种重大科技攻关，实施新一轮品种更新换代行动计划，建设国家级育制种基地，培育壮大育繁推一体化的种业龙头企业。推进主要作物生产全程机械化，促进农机农艺融合。健全和激活基层农业技术推广网络。

第四，推进农业信息化建设。推动信息技术与农业生产管理、经营管理、市场流通、资源环境等融合。实施农业物联网区域试验工程，推进农业物联网应用，提高农业智能化和精准化水平。推进农业大数据应用，增强农业综合信息服务能力。鼓励互联网企业建立产销衔接的农业服务平台，加快发展涉农电子商务。

(二) 实施制造强国战略

第一，全面提升工业基础能力。实施工业强基工程，重点突破关键基础材料、核心基础零部件（元器件）、先进基础工艺、产业技术基础等"四基"瓶颈。引导整机装配企业与"四基"企业、高校、科研院所产需对接。支持全产业链协同创新和联合攻关，系统解决"四基"工程化和产业化关键问题。强化基础领域标准、计量、认证认可、检验检测体系建设。实施制造业创新中心建设工程，支持工业设计中心建设。

第二，加快发展新型制造业。实施高端装备创新发展工程，明显提升自主设计水平和系统集成能力。实施智能制造工程，加快发展智能制造关键技术装备，强化智能制造标准、工业电子设备、核心支撑软件等基础。加强工业互联网设施建设、技术验证和示范推广，推动"中国制造＋互联网"取得实质性突破。培育推广新型智能制造模式，推动生产方式向柔性、智能、精细化转变。鼓励建立智能制造产业联盟。实施绿色制造工程，推进产品全生命周期绿色管理，构建绿色制造体系。推动制造业由生产型向生产服务型转变，引导制造企业延伸服务链条、促进服务增值。推进制造业集聚区改造提升，建设一批新型工业化产业示范基地，培育若干先进制造业中心。

第三，推动传统产业改造升级。实施制造业重大技术改造升级工程，完善政策体系，支持企业瞄准国际同行业标杆全面提高产品技术、工艺装备、能效环保等水平，实现重点领域向中高端的群体性突破。开展改善消费品供给专项行动。鼓励企业并购，形成以大企业集团为核心，集中度高、分工细化、协作高效的产业组织形态。支持专业化中小企业发展。

（三）加快推动服务业优质高效发展

第一，促进生产性服务业专业化。以产业升级和提高效率为导向，发展工业设计和创意、工程咨询、商务咨询、法律会计、现代保险、信用评级、售后服务、检验检测认证、人力资源服务等产业。深化流通体制改革，促进流通信息化、标准化、集约化，推动传统商业加速向现代流通转型升级。加强物流基础设施建设，大力发展第三方物流和绿色物流、冷链物流、城乡配送。实施高技术服务业创新工程。引导生产企业加快服务环节专业化分离和外包。建立与国际接轨的生产性服务业标准体系，提高国际化水平。

第二，提高生活性服务业品质。加快教育培训、健康养老、文化娱乐、体育健身等领域发展。大力发展旅游业，深入实施旅游业提质增效工程，支持发展生态旅游、文化旅游、休闲旅游、山地旅游等。积极发展家庭服务业，促进专业化、规模化和网络化发展。推动生活性服务业融合发展，鼓励发展针对个性化需求的定制服务。

第三，完善服务业发展体制和政策。面向社会资本扩大市场准入，加快开放电力、民航、铁路、石油、天然气、邮政、市政公用等行业的竞争性业务，扩大金融、教育、医疗、文化、互联网、商贸物流等领域开放，开展服务业扩大开放综合试点。清理各类歧视性规定，完善各类社会资本公平参与医疗、教育、托幼、养老、体育等领域发展的政策。扩大政府购买服务范围，推动竞争性购买第三方服务。

三 消除人文社会系统中瓶颈的举措

针对我国人文社会系统中的主要瓶颈，消除措施主要从如下 10 个方面着手：（1）提升人民生活水平和改善人民居住环境，提高人口自然增长率；（2）提高个人消费水平和优化消费结构；（3）提升教育质量，提高识字率，增加每十万人口高等教育在校学生数；（4）加大山区等落后地区的广播、电视基础设施和网络建设力度，提高广播电视的全社会覆盖率；（5）激发劳动者工作热情，提高劳动参与率；（6）优化薪资体系，提升工资增长弹性；（7）提升医疗保障能力，加大医疗投资，增加医护人员数量；（8）提升住房保障能力，保障城镇居民住所；（9）加大社会保险改革力度，全面提高城镇基本养老保险水平、工伤保险保障水平、失业保险保障水平；（10）加快社会公平机制建设，削弱过大的分配差别、城乡收入差距和贫富差距。针对人文系统存在的主要瓶颈，提出以下建议。

（一）推动实现更高质量的就业

把促进充分就业作为经济社会发展优先目标放在更加突出的位置，坚持分类施策，提高劳动参与率，稳定并扩大城镇就业规模。落实高校毕业生就业促进和创业引领计划，搭建创新创业平台，健全高校毕业生自主创业、到基层就业的激励政策。促进农村富余劳动力转移就业和外出务工人员返乡创业。加强对灵活就业、新就业形态的扶持，促进劳动者自主就业。做好退役军人就业安置工作。加强就业援助，对就业困难人员实行实名制动态管理和分类帮扶，做好"零就业"家庭帮扶工作。加大再就业支持力度。不断改善劳动条件，规范劳动用工制度，落实职工带薪年休假制度。严禁各种形式的就业歧视。规范就业中介服务。健全劳动关系协调机制，加强劳动保障监察和争议调解仲裁，维护职工合法权益，保障非正规就业劳动者权益，全面治理拖欠农民工工资问题，建立和谐劳动关系。

（二）缩小收入差距

第一，完善初次分配制度。完善市场评价要素贡献并按贡献分配的机制。健全科学的工资水平决定机制、正常增长机制、支付保障机制，推行企业工资集体协商制度，完善最低工资增长机制。第二，健全再分配调节机制。实行有利于缩小收入差距的政策，明显增加低收入劳动者收入，扩大中等收入者比重。加快建立综合和分类相结合的个人所得税制度。将一些高档消费品和高消费行为纳入消费税征收范围。完善鼓励回馈社会、扶贫济困的税收政策。健全针对困难群体的动态社会保障兜底机制。增加财政民生支出，公共资源出让收益更多用于民生保障，逐步提高国有资本收益上缴公共财政比例。第三，规范收入分配秩序。保护合法收入，规范隐性收入，遏制以权力、行政垄断等非市场因素获取收入，取缔非法收入。严格规范工资外收入和非货币性福利。

（三）改革完善社会保障制度

实施全民参保计划，基本实现法定人员全覆盖。坚持精算平衡，完善筹资机制，分清政府、企业、个人的责任。适当降低社会保险费率。完善统账结合的城镇职工基本养老保险制度，构建包括职业年金、企业年金和商业保险的多层次养老保险体系，持续扩大覆盖面。实现职工基础养老金全国统筹。完善职工养老保险个人账户制度，健全参保缴费激励约束机制，建立基本养老金合理调整机制。推出税收递延型养老保险。更好发挥失业、工伤保险作用，增强费率确定的灵活性，优化调整适用范围。建立更加便捷的社会保险转移接续机制。划转部分国有资本充实社保基金，拓宽社会保险基金投资渠道，加强风险管理，提高投资回报率。大幅提升灵活就业人员、农民工等群体参加社会保险比例。

（四）健全住房供应体系

第一，完善购租并举的住房制度。以解决城镇新居民住房需求为主要出发点，以建立购租并举的住房制度为主要方向，深化住房制度改革。对无力购买住房的居民特别是非户籍人口，支持其租房居住，对其中符合条件的困难家庭给予货币化租金补助。把公租房扩大到非户籍人口，实现公租房货币化。研究完善公务人员住房政策。第二，促进房地产市场健康发展。优化住房供给结构，促进市场供需平衡，保持房地产市场平稳运行。在住房供求关系紧张地区适度增加用地规模。在商品房库存较大地区，稳步化解房地产库存，扩大住房有效需求，提高棚户区改造货币化安置比例。积极发展住房租赁市场，鼓励自然人和各类机构投资者购买库存商品房，扩大租赁市场房源，鼓励发展以住房租赁为主营业务的专业化企业。第三，提高住房保障水平。将居住证持有人纳入城镇住房保障范围。统筹规划保障性住房、棚户区改造和配套设施建设，确保建筑质量，方便住户日常生活和出行。完善投资、信贷、土地、税费等支持政策。多渠道筹集公共租赁房房源。实行实物保障与货币补贴并举，逐步加大租赁补贴的发放力度。

（五）完善医疗服务体系

优化医疗机构布局，推动功能整合和服务模式创新。加强专业公共卫生机构、基层医疗卫生机构和医院之间的分工协作，健全上下联动、衔接互补的医疗服务体系，完善基层医疗服务模式，推进全科医生（家庭医生）能力提高及电子健康档案等工作，实施家庭签约医生模式。全面建立分级诊疗制度，以提高基层医疗服务能力为重点，完善服务网络、运行机制和激励机制，实行差别化的医保支付和价格政策，形成科学合理就医秩序，基本实现基层首诊、双向转诊、上下联动、急慢分治。加强医疗卫生队伍建设，实施全民健康卫生人才保障工程和全科医生、儿科医生培养使用计划，健全住院医师规范化培训制度。通过改善从业环境和薪酬待遇，促进医疗资源向中西部地区倾斜、向基层和农村流动。

四　消除资源环境系统中瓶颈的举措

针对我国资源环境系统中的主要瓶颈，消除措施主要从如下 5 个方面着手：（1）提高资源利用效率；（2）加快生产设备的节能降耗升级改造，降低水资源消耗；（3）减少环境污染，降低碳排放率、工业废气排放量、工业废水排放量和工业固体废弃物生产量，增加生活垃圾清运量；（4）加速环境治理进程，增大环境治理投资强度，提高工业污染治理水平；（5）加快生态文明建设，提高建成区绿化覆盖率。根据以上瓶颈，针对性提出以下对策建议。

（一）推动能源结构优化升级

统筹水电开发与生态保护，坚持生态优先，以重要流域龙头水电站建设为重点，科学开发西南水电资源。继续推进风电、光伏发电发展，积极支持光热发电。以沿海核电带为重点，安全建设自主核电示范工程和项目。加快发展生物质能、地热能，积极开发沿海潮汐能资源。完善风能、太阳能、生物质能发电扶持政策。优化建设国家综合能源基地，大力推进煤炭清洁高效利用。限制东部地区、控制中部地区和东北地区、优化西部地区煤炭资源开发，推进大型煤炭基地绿色化开采和改造，鼓励采用新技术发展煤电。加强陆上和海上油气勘探开发，有序开放矿业权，积极开发天然气、煤层气、页岩油（气）。推进炼油产业转型升级，开展成品油质量升级行动计划，拓展生物燃料等新的清洁油品来源。

（二）全面推动能源节约

推进能源消费革命。实施全民节能行动计划，全面推进工业、建筑、交通运输、公共机构等领域节能，实施锅炉（窑炉）、照明、电机系统升级改造及余热暖民等重点工程。大力开发、推广节能技术和产品，开展重大技术示范。实施重点用能单位"百千万"行动和节能自愿活动，推动能源管理体系、计量体系和能耗在线监测系统建设，开展能源评审和绩效评价。实施建筑能效提升和绿色建筑全产业链发展计划。推行节能低碳电力调度。

（三）建立健全资源高效利用机制

实施能源和水资源消耗、建设用地等总量和强度双控行动，强化目标责任，完善市场调节、标准控制和考核监管。建立健全用能权、用水权、碳排放权初始分配制度，创新有偿使用、预算管理、投融资机制，培育和发展交易市场。健全节能、节水、节地、节材、节矿标准体系，提高建筑节能标准，实现重点行业、设备节能标准全覆盖。强化节能评估审查和节能监察。建立健全中央对地方节能环保考核和奖励机制，进一步扩大节能减排财政政策综合示范。建立统一规范的国有自然资源资产出让平台。组织实施能效、水效领跑者引领行动。

（四）加大环境综合治理力度

第一，深入实施污染防治行动计划。制订城市空气质量达标计划，严格落实约束性指标，加大重点地区细颗粒物污染治理力度。构建机动车船和燃料油环保达标监管体系。提高城市燃气化率。强化道路、施工等扬尘监管，禁止秸秆露天焚烧。加强重点流域、海域综合治理，严格保护良好水体和饮用水水源，加强水质较差湖泊综合治理与改善。推进水功能区分区管理，开展地下水污染调查和综合防治。实施土壤污染分类分级防治，优先保护农用地土壤环境质量安全，切实加强建设用地土壤环境监管。第二，加快城镇垃圾处理设施建设，完善收运系统，提高垃圾焚烧处理率，做好垃圾渗滤液处理处置；加快城镇污水处理设施和管网建设改造，推进污泥无害化处理和资源化利用，实现城镇生活污水、垃圾处理设施全覆盖和稳定达标运行。建立全国统一、全面覆盖的实时在线环境监测监控系统，推进环境保护大数据建设。第三，大力推进工业污染物达标排放和总量减排。实施工业污染源全面达标排放计划。完善污染物排放标准体系，加强工业污染源监督性监测，公布未达标企业名单，实施限期整改。城市建成区内污染严重企业实施有序搬迁改造或依法关闭。改革主要污染物总量控制制度，扩大污染物总量控制范围。在重点区域、重点行业推进挥发性有机物排放总量控制。对中小型燃煤设施、城中村和城乡结合区域等实施清洁能源替代工程。沿海和汇入富营养化湖库的河流沿线所有地级及以上城市实施氮排放总量控制。实施重点行业清洁生产改造。

五　消除科教信息系统中瓶颈的举措

针对我国科教信息系统中的主要瓶颈，消除措施主要从如下4个方面着手：（1）加大教育投入，优化学校教师配置，提高师生比例；（2）提升普通高中、初中教育质量，提高大学、高中升学率；（3）加大通信技术普及力度，提高民众信息技术使用率；（4）提升信息产业资本投入比重。针对上述瓶颈，突出以下对策建议。

（一）推进教育现代化

第一，加快基本公共教育均衡发展。建立城乡统一、重在农村的义务教育经费保障机制，加大公共教育投入向中西部和民族边远贫困地区的倾斜力度。加强教师队伍特别是乡村教师队伍建设，落实乡村教师支持计划，通过政府购买岗位等方式，解决结构性、阶段性、区域性教师短缺问题。普及高中阶段教育，率先对建档立卡的家庭经济困难学生实施普通高中免除学杂费。第二，推进职业教育产教融合。完善现代职业教育体系，加强职业教育基础能力建设。推动具备条件的普通本科高校向应用型转变。推行产教融合、校企合作的应用型人才和技术技能人才培养模式，促进职业学校教师和企业技术人才双向交流。推动专业设置、课程内容、教学方式与生产实践对接。促进职业教育与普通教育双向互认、纵向流动。逐步分类推进中等职业教育免除学杂费，实行国家基本职业培训包制度。第三，提升大学创新人才培养能力。推进现代大学制度建设，完善学校内部治理结构。建设一流师资队伍，用新理论、新知识、新技术更新教学内容。完善高等教育质量保障体系。推进高等教育分类管理和高等学校综合改革，优化学科专业布局，改革人才培养机制，实行学术人才和应用人才分类、通识教育和专业教育相结合的培养制度，强化实践教学，着力培养学生创意创新创业能力。深入实施中西部高等教育振兴计划，扩大重点高校对中西部和农村地区招生规模。

(二) 构建高效信息网络

第一，完善新一代高速光纤网络构建现代化通信骨干网络，提升高速传送、灵活调度和智能适配能力。推进宽带接入光纤化进程，城镇地区实现光网覆盖。第二，构建先进泛在的无线宽带网。深入普及高速无线宽带。加快第四代移动通信（4G）网络建设，实现乡镇及人口密集的行政村全面深度覆盖，在城镇热点公共区域推广免费高速无线局域网（WLAN）接入。加快边远山区、牧区及岛礁等网络覆盖。优化国家频谱资源配置，加强无线电频谱管理，维护安全有序的电波秩序。第三，加快信息网络新技术开发应用。积极推进第五代移动通信（5G）和超宽带关键技术研究，启动5G商用。超前布局下一代互联网，全面向互联网协议第6版（IPv6）演进升级。布局未来网络架构、技术体系和安全保障体系。重点突破大数据和云计算关键技术、自主可控操作系统、高端工业和大型管理软件、新兴领域人工智能技术。

六 消除五大系统以外瓶颈的举措

(一) 深入推进供给侧结构性改革

第一，发展壮大新动能。做大做强新兴产业集群，实施大数据发展行动，加强新一代人工智能研发应用，在医疗、养老、教育、文化、体育等多领域推进"互联网+"。加快发展现代服务业。发展智能产业，拓展智能生活，建设智慧社会。运用新技术、新业态、新模式，大力改造提升传统产业。

第二，继续破除无效供给。坚持用市场化法治化手段，严格执行环保、质量、安全等法规标准，化解过剩产能、淘汰落后产能。加大"僵尸企业"破产清算和重整力度，做好职工安置和债务处置。

第三，进一步减轻企业税负。改革完善增值税制度，按照三档并两档方向调整税率水平，重点降低制造业、交通运输业等行业税率，提高小规模纳税人年销售额标准。大幅扩展享受减半征收所得税优惠政策的小微企业范围，大幅提高企业新购入仪器设备税前扣除上限，实施企业境外所得综合抵免政策，扩大物流企业仓储用地税收优惠范围。继续实施企业重组土地增值税、契税等到期优惠政策。促进实体经济转型升级，着力激发市场活力和社会创造力。

第四，大幅降低企业非税负担。进一步清理规范行政事业性收费，调低部分政府性基金征收标准。继续阶段性降低企业"五险一金"缴费比例。降低电网环节收费和输配电价格，深化收费公路制度改革，降低过路、过桥费用。加大中介服务收费清理整顿力度。

（二）实施创新驱动发展战略

第一，加强国家创新体系建设。强化基础研究、应用基础研究和原始创新，启动一批科技创新重大项目，高标准建设国家实验室。鼓励企业牵头实施重大科技项目，支持科研院所、高校与企业融通创新，加快创新成果转化应用。国家科技投入要向民生领域倾斜，加强雾霾治理研究，推进癌症等重大疾病防治攻关，使科技更好造福人民。第二，落实和完善创新激励政策。改革科技管理制度，科研项目绩效评价要加快从重过程向重结果转变。赋予创新团队和领军人才更大的人财物支配权和技术路线决策权。对承担重大科技攻关任务的科研人员，采取灵活的薪酬制度和奖励措施。探索赋予科研人员科技成果所有权或长期使用权。第三，促进大众创业、万众创新上水平。提供全方位创新创业服务，推进"双创"示范基地建设，鼓励大企业、高校和科研院所等开放创新资源，发展平台经济、共享经济，形成线上线下结合、产学研用协同、大中小企业融合的创新创业格局，打造"双创"升级版。设立国家融资担保基金，支持优质创新型企业上市融资，将创业投资、天使投资税收优惠政策试点范围扩大到全国。深化人才发展体制改革，推动人力资源自由有序流动，支持企业提高技术工人待遇，加大高技能人才激励，鼓励海外留学人员回国创新创业，拓宽外国人才来华绿色通道。

(三) 深化行政管理体制改革

第一，深入推进简政放权。建立健全权力清单、责任清单、负面清单管理模式，划定政府与市场、社会的权责边界。深化行政审批制度改革，最大限度地减少政府对企业经营的干预，最大限度地缩减政府审批范围。增强简政放权的针对性、协同性。深化商事制度改革，提供便捷便利服务。深化承担行政职能事业单位改革，大力推进政事分开。第二，优化政府服务。创新政府服务方式，提供公开透明、高效便捷、公平可及的政务服务和公共服务。加快推进行政审批标准化建设，优化直接面向企业和群众服务项目的办事流程和服务标准。加强部门间业务协同。

(四) 推动城乡协调发展

第一，发展特色县域经济。培育发展充满活力、特色化、专业化的县域经济，提升承接城市功能转移和辐射带动乡村发展能力。依托优势资源，促进农产品精深加工、农村服务业及劳动密集型产业发展，积极探索承接产业转移新模式，融入区域性产业链和生产网络。引导农村二三产业向县城、重点乡镇及产业园区集中。扩大县域发展自主权，提高县级基本财力保障水平。

第二，加快建设美丽宜居乡村。推进农村改革和制度创新，增强集体经济组织服务功能，激发农村发展活力。全面改善农村生产生活条件。科学规划村镇建设、农田保护、村落分布、生态涵养等空间布局。加快农村宽带、公路、危房、饮水、照明、环卫、消防等设施改造。改善农村办学条件和教师工作生活条件，加强基层医疗卫生机构和乡村医生队伍建设。建立健全农村留守儿童和妇女、老人关爱服务体系。加强和改善农村社会治理，完善农村治安防控体系，深入推进平安乡村建设。加强农村文化建设，培育文明乡风、优良家风、新乡贤文化。开展农村不良风气专项治理，整治农村非法宗教活动等突出问题。开展生态文明示范村镇建设行动和农村人居环境综合整治行动，加大传统村落和民居、民族特色村镇保护力度，传承乡村文明，建设田园牧歌、秀山丽水、和谐幸福的美丽宜居乡村。

第三，促进城乡公共资源均衡配置。统筹规划城乡基础设施网络，健全农村基础设施投入长效机制，促进水电路气信等基础设施城乡联网、生态环保设施城乡统一布局建设。把社会事业发展重点放在农村和接纳农业转移人口较多的城镇，推动城镇公共服务向农村延伸，逐步实现城乡基本公共服务制度并轨、标准统一。

（五）推动区域协调发展

以区域发展总体战略为基础，以"一带一路"建设、京津冀协同发展、长江经济带发展为引领，形成沿海沿江沿线经济带为主的纵向横向经济轴带，塑造要素有序自由流动、主体功能约束有效、基本公共服务均等、资源环境可承载的区域协调发展新格局。

第一，深入推进西部大开发。把深入实施西部大开发战略放在优先位置，更好发挥"一带一路"建设对西部大开发的带动作用。加快内外联通通道和区域性枢纽建设，进一步提高基础设施水平，明显改善落后边远地区对外通行条件。大力发展绿色农产品加工、文化旅游等特色优势产业。设立一批国家级产业转移示范区，发展产业集群。依托资源环境承载力较强地区，提高资源就地加工转化比重。加强水资源科学开发和高效利用。强化生态环境保护，提升生态安全屏障功能。健全长期稳定资金渠道，继续加大转移支付和政府投资力度。加快基本公共服务均等化。加大门户城市开放力度，提升开放型经济水平。

第二，大力推动东北地区等老工业基地振兴。加快市场取向的体制机制改革，积极推动结构调整，加大支持力度，提升东北地区等老工业基地发展活力、内生动力和整体竞争力。加快服务型政府建设，改善营商环境，加快发展民营经济。大力开展和积极鼓励创业创新，支持建设技术和产业创新中心，吸引人才等各类创新要素集聚，使创新真正成为东北地区发展的强大动力。加快发展现代化大农业，促进传统优势产业提质增效，建设产业转型升级示范区，推进先进装备制造业基地和重大技术装备战略基地建设。支持资源型城市转型发展，组织实施好老旧城区改造、沉陷区治理等重大民生工程。深入推进国资国企改革，加快解决厂办大集体等问题。支持建设面向俄、日、韩等国家的合作平台。

第三，促进中部地区崛起。制定实施新时期促进中部地区崛起规划，完善支持政策体系，推动城镇化与产业支撑、人口集聚有机结合，形成重要战略支撑区。支持中部地区加快建设贯通南北、连接东西的现代立体交通体系和现代物流体系，培育壮大沿江沿线城市群和都市圈增长极。有序承接产业转移，加快发展现代农业和先进制造业，支持能源产业转型发展，建设一批战略性新兴产业和高技术产业基地，培育一批产业集群。加强水环境保护和治理，推进鄱阳湖、洞庭湖生态经济区和汉江、淮河生态经济带建设。加快郑州航空港经济综合实验区建设。支持发展内陆开放型经济。

第四，支持东部地区率先发展。支持东部地区更好地发挥对全国发展的支撑引领作用，增强辐射带动能力。加快实现创新驱动发展转型，打造具有国际影响力的创新高地。加快推动产业升级，引领新兴产业和现代服务业发展，打造全球先进制造业基地。加快建立全方位开放型经济体系，更高层次参与国际合作与竞争。在公共服务均等化、社会文明程度提高、生态环境质量改善等方面走在前列。推进环渤海地区合作协调发展。支持珠三角地区建设开放创新转型升级新高地，加快深圳科技、产业创新中心建设。深化泛珠三角区域合作，促进珠江—西江经济带加快发展。

第五，健全区域协调发展机制。创新区域合作机制，加强区域间、全流域的协调协作。完善对口支援制度和措施，通过发展"飞地经济"、共建园区等合作平台，建立互利共赢、共同发展的互助机制。建立健全生态保护补偿、资源开发补偿等区域利益平衡机制。鼓励国家级新区、国家级综合配套改革试验区、重点开发开放试验区等平台体制机制和运营模式创新。

（六）推进"一带一路"建设

第一，健全"一带一路"合作机制。围绕政策沟通、设施联通、贸易畅通、资金融通、民心相通，健全"一带一路"双边和多边合作机制。推动与沿线国家发展规划、技术标准体系对接，推进沿线国家间的运输便利化安排，开展沿线大通关合作。建立以企业为主体、以项目为基础、各类基金引导、企业和机构参与的多元化融资模式。加强同国际组织和金融组织机构合作，积极推进亚洲基础设施投资银行、金砖国家新开发银行建设，发挥丝路基金作用，吸引国际资金共建开放多元共赢的金融合作平台。充分发挥广大海外侨胞和归侨侨眷的桥梁纽带作用。

第二，畅通"一带一路"经济走廊。推动中蒙俄、中国—中亚—西亚、中国—中南半岛、新亚欧大陆桥、中巴、孟中印缅等国际经济合作走廊建设，推进与周边国家基础设施互联互通，共同构建连接亚洲各次区域以及亚欧非之间的基础设施网络。加强能源资源和产业链合作，提高就地加工转化率。支持中欧等国际集装箱运输和邮政班列发展。建设上合组织国际物流园和中哈物流合作基地。积极推进"21世纪海上丝绸之路"战略支点建设，参与沿线重要港口建设与经营，推动共建临港产业集聚区，畅通海上贸易通道。推进公铁水及航空多式联运，构建国际物流大通道，加强重要通道、口岸基础设施建设。建设新疆丝绸之路经济带核心区、福建"21世纪海上丝绸之路"核心区。

（七）促进人口均衡发展

完善人口发展战略，建立健全人口与发展综合决策机制。综合应对劳动年龄人口下降，实施渐进式延迟退休年龄政策，加强老年人力资源开发，增强大龄劳动力就业能力。开展重大经济社会政策人口影响评估，健全人口动态监测机制。

统筹规划建设公益性养老服务设施，支持面向失能老年人的老年养护院、社区日间照料中心等设施建设。全面建立针对经济困难高龄、失能老年人的补贴制度。加强老龄科学研究。实施养老护理人员培训计划，加强专业化养老服务护理人员和管理人才队伍建设。推动医疗卫生和养老服务相结合。完善与老龄化相适应的福利慈善体系。推进老年宜居环境建设。全面放开养老服务市场，通过购买服务、股权合作等方式支持各类市场主体增加养老服务和产品供给。

第三章

山西省经济发展方式转变现状、瓶颈及对策研究

山西省地处华北西部的黄土高原东翼,其水资源、矿产资源以及生物资源丰富,是"环渤海经济圈"发展的承担者,并通过实施"东融南承西联北括"战略积极参与"一带一路"建设,主动融入京津冀协同发展,山西省经济发展方式转变对环渤海地区、中部地区乃至全国经济发展都具有重大影响。随着"环渤海经济圈"的发展,承接发达地区产业转移,山西省结构调整取得新进展,"十二五"时期取得巨大成果,供给侧结构性改革取得新成效、转型综改开创新局面、动能转换取得新突破、对外开放取得新进展、生态环境质量实现新改善,但在经济发展的同时也面临诸多挑战,发展不充分、不协调、不平衡的基本省情没有得到根本改变,结构性、体制性、素质性矛盾未从根本上得到解决。实体经济质量效益不高、传统产业不强、新兴产业不大、科技和人才要素支撑不够、整体创新能力不强、开放经济水平不高、生态环境问题依旧突出,实现经济发展方式转变的任务仍十分艰巨。

第一节 山西省经济发展方式转变能力测度及横向对比

一 山西省经济发展方式转变能力综合得分

利用公式(1.15)计算出31个省、市、自治区经济发展方式转变能

力的综合得分，再通过简单平均的方法计算出山西、中部地区和全国的综合得分，结果见表1-2和图3-1。

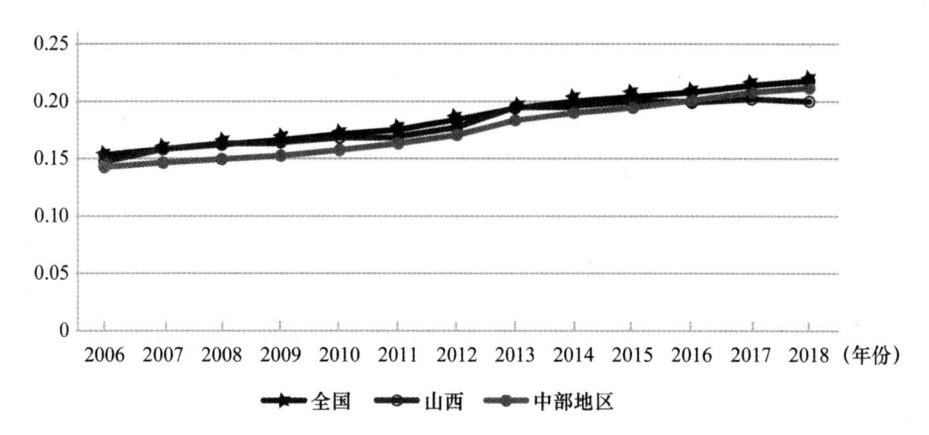

图3-1 山西省、中部地区及全国经济发展方式转变能力综合得分对比

由图3-1可知，2006—2018年山西省和其所在的中部地区六省及全国的经济发展方式转变能力都处于上升阶段，山西省经济发展方式转变能力在2006—2014年高于中部平均值，2014年及以后低于中部平均值。同时，山西省和中部地区一样，明显低于全国平均水平。总体而言，山西省的经济发展方式转变能力不高，居全国省份的中下水平，且在2016年以后低于中部六省的平均水平。

二 经济发展方式转变能力综合得分横向比较的瓶颈分析

通过综合得分情况分析我国东部和长江经济带中多数省份效果比较好，但要分析山西省和全国其他地区发展存在一定困难。因此，先对一级指标进行分析，以便准确找到制约山西省经济发展方式转变能力的因素具体在哪里。根据表3-1可知，制约山西省经济发展方式转变能力提升的主要因素是产业系统优化能力、要素系统优化能力和资源环境系统优化能力，2006—2018年提高幅度分别为-0.004、0.002和0.006。而人文社会系统和科教信息系统的提高幅度分别达到0.021和0.028，提升态势较好。

用一级指标分析经济发展方式转变的瓶颈过于粗放，且各省之间存在诸如要素和产业优化不足、资源环境约束等共性问题，而各省面临的重点难点又有所不同。因此，宜对二级指标进行分析，以便有针对性地破解发展瓶颈。由表3-1可知，山西省在要素空间、产业结构、产业空间、产业效益、人的发展、民生保障、社会公平、环境污染、生态建设、技术和信息化等方面存在明显的发展方式转变瓶颈，需要引起足够的重视。

表3-1　　　山西省经济发展方式转变能力一级指标得分情况

	要素系统	产业系统	人文社会系统	资源环境系统	科教信息系统	总得分
2006年	0.021446	0.031876	0.020672	0.056391	0.016475	0.146860
2007年	0.021382	0.036016	0.023692	0.061286	0.015223	0.157598
2008年	0.021419	0.033391	0.025346	0.065161	0.017721	0.163039
2009年	0.020867	0.031938	0.027321	0.063998	0.019844	0.163967
2010年	0.021232	0.031251	0.029998	0.063495	0.022328	0.168304
2011年	0.021619	0.032008	0.030293	0.059532	0.025493	0.168944
2012年	0.021732	0.031354	0.032778	0.063625	0.027494	0.176983
2013年	0.022650	0.031231	0.037554	0.068853	0.034260	0.194548
2014年	0.022899	0.030778	0.036889	0.067879	0.037555	0.196001
2015年	0.023432	0.029044	0.039129	0.068186	0.040214	0.200005
2016年	0.023472	0.028783	0.040850	0.065085	0.040909	0.199099
2017年	0.024535	0.028697	0.041496	0.065114	0.042196	0.202038
2018年	0.023789	0.027560	0.041898	0.062323	0.044531	0.200101
增幅	0.002343	-0.004316	0.021226	0.005932	0.028056	0.053240

第二节　山西省经济发展方式转变能力现状

根据经济发展转变能力指标体系中的5个一级指标的省级层面对比可以看出，山西省的经济发展方式转变能力居全国中下等水平。

由表3-1和图3-2可以看出，在山西省经济发展方式转变能力一级指标中，要素系统优化能力略有上升；产业系统优化能力逐年下降；人文社会系统平稳上升；资源环境系统呈波动变化；科教信息系统与人文社会系统一样，2006—2017年一直保持平稳增长趋势，且增长速度快于人文社会系统。整体来看，山西省经济发展方式转变能力呈现上升趋势。

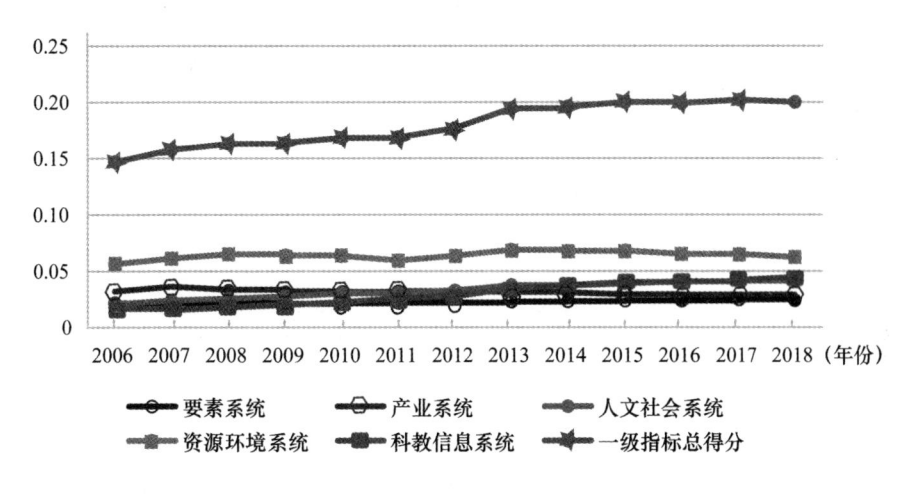

图3-2　山西省经济发展方式转变能力一级指标得分变化情况

根据表1-3可知，2018年，山西省的要素系统优化能力在全国排位低于总体发展方式转变能力在全国的排位，说明要素系统的基础较差，要素系统抑制了山西省的经济转型进程，应在这方面予以努力。2018年，山西省产业系统优化能力在全国排名落后于总体发展方式转变能力在全国的排位，说明山西省在产业系统方面存在短板，应尽快改进。人文社会系统优化能力在全国排名落后于总体发展方式转变能力综合得分的排名，说明山西省人文社会系统对山西省经济转型存在负效应，应在这一方面予以调整。资源环境系统优化能力在全国排名较发展方式转变能力综合得分排名靠前，说明资源环境系统对山西省经济发展方式转变能力有一定的支撑作用。科教信息系统优化能力在全国排名较发展方式转变能力综合得分排名略靠前，对山西省转型存在一定的支撑作用，但作用效果并不明显。从总体来看，5个一级指标中仅有资源环境系统对山西省发展方式转变能力存在正向拉动作用，要素系统、产业系统以及人文社会系统对山西省均存在阻碍作用，尤其是产业系统的阻碍作用较大。

一 山西省要素系统优化能力

由表3-2可以看出，山西省要素系统优化能力表现为波动上升趋势。2006—2009年要素系统优化能力出现下降，2010—2017年要素系统优化能力保持稳定上升趋势，2018年略微下降。从增幅来看，要素结构、要素空间增幅均为正，对山西省要素系统优化能力起到促进支撑作用。其中，要素空间的贡献大于要素流动的贡献。要素流动的增幅为负，对山西省要素系统优化能力起到阻碍作用。

表3-2　山西省2006—2018年要素系统优化能力及其二级指标得分

	要素结构	要素空间	要素流动	总得分
2006年	0.007321	0.011655	0.002470	0.021446
2007年	0.007028	0.012029	0.002325	0.021382
2008年	0.007040	0.011844	0.002535	0.021419
2009年	0.006819	0.011718	0.002330	0.020867
2010年	0.006961	0.011703	0.002568	0.021232
2011年	0.007715	0.011890	0.002015	0.021619
2012年	0.006740	0.012474	0.002518	0.021732
2013年	0.006707	0.012865	0.003077	0.022650
2014年	0.007084	0.013203	0.002613	0.022899
2015年	0.007717	0.013459	0.002257	0.023432
2016年	0.008058	0.013342	0.002072	0.023472
2017年	0.009137	0.013304	0.002095	0.024535
2018年	0.008278	0.013077	0.002434	0.023789
增幅	0.000957	0.001422	-0.000036	0.002343

由图3-3可知，山西省要素系统优化能力增幅存在波动，但在2009年以后保持稳定上升趋势，2015—2016年又略有下降。要素空间优化能力是影响山西省要素系统优化能力最主要的因素，其次是要素结构优化能力，最后为要素流动优化能力。

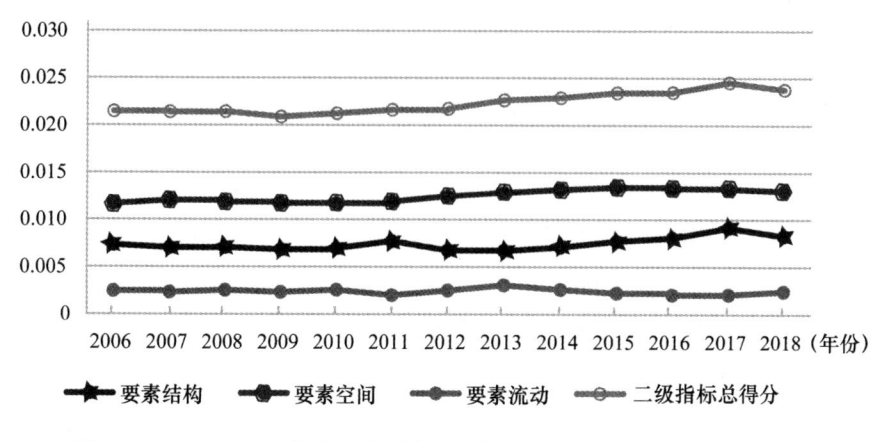

图 3-3　2006—2018 年山西省要素系统优化能力及其二级指标变化情况

由前文可知，2018 年，山西省要素系统优化能力在全国排名第 27 位，要素结构优化能力在全国排名第 10 位，要素空间优化能力在全国排名第 26 位，要素流动优化能力在全国排名第 14 位。可见，拉低要素系统优化能力的根本原因在于要素空间优化能力较弱。

（一）要素结构优化能力

2018 年，山西省要素结构优化能力中要素投入结构在全国排第 17 位，要素动力结构在全国排第 7 位。说明拉低要素结构优化能力的主要是要素投入结构。

1. 要素投入结构优化能力

2018 年，山西省要素投入结构中单位 GDP 中的资本存量与就业人数比在全国排名第 22 位，单位 GDP 中的单位就业者的农工商业土地使用面积在全国排名第 21 位，单位 GDP 中的单位就业者的能耗节约量在全国排名第 27 位，单位 GDP 中的单位就业者拥有的技术交易金额在全国排名第 14 位。可见拉低要素投入结构优化能力的根本原因在于生产中资本、土地和能源投入过少。

2. 要素动力结构优化能力

2018 年，山西省要素动力结构在全国排名第 7 位，要素动力结构中劳动力结构对经济的拉动贡献率在全国排名第 5 位，资本存量结构对经济的拉动贡献率在全国排名第 1 位，技术结构对经济的拉动贡献率在全国排名第 31 位，投资率对经济的拉动贡献率排在全国第 25 位，消费率对经济的拉动贡献率排在全国第 13 位。技术结构和投资率对经济的拉动贡献率是拉低要素动力结构优化能力的主要因素。

（二）要素空间优化能力

2018 年，山西省在全国排名第 26 位的要素空间优化能力中，要素城乡结构优化能力在全国排名第 19 位，要素区域结构优化能力在全国排名第 22 位。可见要素城乡结构优化能力和要素区域结构优化能力对要素空间优化能力都具有负向影响。

1. 要素城乡空间优化能力

2018 年，山西省在要素城乡空间结构中，单位 GDP 中的城镇就业人数占总就业人数的比重在全国排名第 22 位，城镇全社会固定资产投资占全社会固定资产投资比重在全国排名第 26 位，城镇建设用地面积占生产用地面积比重在全国排名第 14 位。可见劳动力城乡分布和资本城乡分布对要素空间优化能力有拉低作用。

2. 要素区域结构优化能力

2018 年，山西省要素空间结构中要素区域结构对经济的拉动贡献率在全国排名第 22 位，山西省劳动力就业占全国劳动力就业量的比重在全国排名第 20 位，山西省固定资产投资占全国固定资产投资比重也在全国排名第 18 位，山西省土地利用总面积占全国土地利用总面积比重在全国排第 21 位，山西省 DEA 技术效率占全国的比重在全国排名第 30 位。山西省 DEA 技术效率是拉低要素区域结构优化能力的瓶颈。

（三）要素流动优化能力

2018 年，山西省在全国排名第 14 位的要素流动优化能力中，要素部门间流动、要素城乡间流动和要素区域间流动在全国的排名分别为第 19 位、第 19 位、第 13 位。可见，制约山西省要素流动优化能力的主要因素是要素部门间流动能力和要素城乡间流动能力。

1. 要素部门间流动能力

2018 年，要素部门间流动能力中山西省的劳动力部门间流动能力在全国排名第 26 位，资本部门间流动能力在全国排名第 19 位。可见劳动部门间流动能力对要素部门间流动能力的负效应较大。

2. 要素城乡间流动能力

2018年,要素城乡间流动能力中山西省的劳动力城乡流动能力全国排名第16位,山西省的资本城乡间流动能力在全国排第28位。可见拉低要素城乡间流动能力的主要因素是资本城乡流动能力。

3. 要素区域间流动能力

2018年,要素区域间流动能力中山西省的劳动力区域间流动能力在全国排名第7位,山西省的资本区域间流动能力在全国排名第23位,山西省的技术区域间流动能力在全国排名第11位。可见山西省的资本区域间流动能力较弱,拉低了要素区域间流动能力。

二　山西省产业系统优化能力

由表3-3可以看出,山西省产业系统优化能力得分呈波动下降趋势。2006—2007年山西省产业系统优化能力出现上升,2007—2010年又出现下降,2011年再次上升,2012—2018年保持轻微的下降态势。其下降受到产业结构优化能力、产业空间优化能力和产业效益提升能力的影响,其中产业结构优化能力的抑制作用是主要原因。由此可见,主要是山西省产业结构优化能力的下降阻碍了山西省产业系统的优化。

表3-3　山西省2006—2018年产业系统优化能力及其二级指标得分

	产业结构	产业空间	产业效益	总得分
2006年	0.017411	0.010676	0.003789	0.031876
2007年	0.020368	0.011923	0.003725	0.036016
2008年	0.018117	0.011643	0.003631	0.033391
2009年	0.017053	0.011189	0.003695	0.031938
2010年	0.016275	0.011378	0.003599	0.031251
2011年	0.016992	0.011734	0.003283	0.032008
2012年	0.015920	0.012129	0.003305	0.031354
2013年	0.015499	0.012349	0.003383	0.031230
2014年	0.015222	0.012195	0.003362	0.030778

续表

	产业结构	产业空间	产业效益	总得分
2015 年	0.013832	0.011875	0.003337	0.029044
2016 年	0.014156	0.011378	0.003249	0.028783
2017 年	0.014714	0.010818	0.003165	0.028697
2018 年	0.014059	0.010341	0.003160	0.027560
增幅	-0.003353	-0.000335	-0.000629	-0.004316

由图 3-4 可以看出，在影响产业系统优化能力的二级指标中，产业结构优化能力对山西省产业系统优化能力的贡献最大，其次是产业空间优化能力，最后是产业效益提升能力。总体来看，产业结构优化能力、产业空间优化能力和产业效益提升能力与 2006 年相比都有所下降。

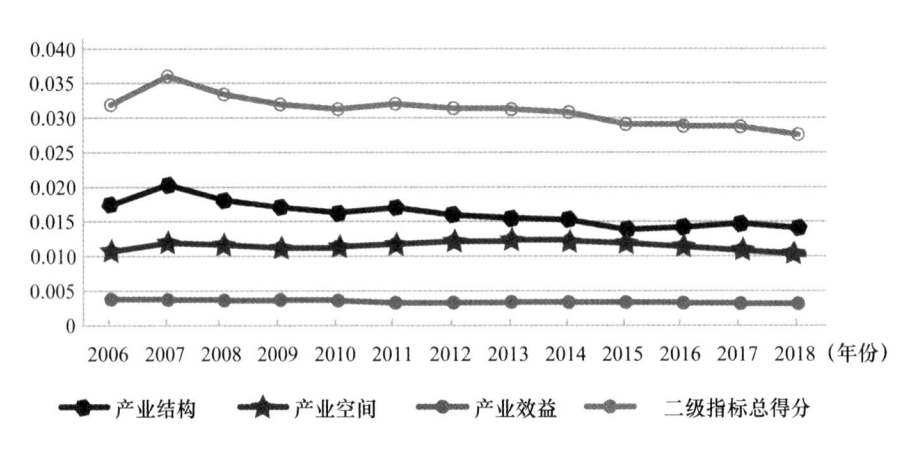

图 3-4 2006—2018 年山西省产业系统优化能力及其二级指标变化情况

同样地，2018 年，虽然山西省产业系统优化能力在全国排名第 27 位，但是产业结构优化能力在全国排名第 24 位，产业效益提升能力在全国排名第 30 位，产业空间优化能力在全国排名第 25 位。可见，产业效益提升能力对山西省产业系统优化能力存在抑制作用。

（一）产业结构优化能力

产业结构优化能力主要是指三次产业结构的优化能力，2018 年，其在全国排名第 24 位，包括 11 个下一级指标，它们在全国的排名：第二产业城镇单位就业人员比重第 9 名，第三产业城镇单位就业人员比重第 25 名，第二产业全社会固定资产投资比重第 16 名，第三产业全社会固定资产投资比重第 25 名，第二产业土地利用面积比重第 14 名，第三产业土地利用面积比重第 16 名，第一产业 DEA 技术效率第 27 名，第二产业 DEA 技术效率第 30 名，第三产业 DEA 技术效率第 15 名，服务业增长率第 29 名，第三产业增加值占 GDP 比重第 3 名。从中可以看出，第三产业城镇单位就业人员比重、第三产业全社会固定资产投资比重、第一产业 DEA 技术效率、第二产业 DEA 技术效率和服务业增长率这五个指标排名靠后，说明它们拉低了产业结构优化能力的得分，存在瓶颈效应。

（二）产业空间优化能力

2018 年，山西省产业空间优化能力全国排名第 25 位，其下一级指标产业区域布局能力在全国排名第 26 位，产业城乡布局能力在全国排名第 7 位，产品市场结构调整能力在全国排名第 11 位。可见，山西省的产业区域布局能力在全国排名靠后，体现其产业区域布局能力较弱，存在瓶颈效应。

1. 产业区域布局能力

在产业区域布局能力指标中，2018 年，山西省 GDP 占全国 GDP 份额在全国排名第 24 位，第一产业增加值占全国第一产业增加值比重在全国排名第 25 位，第二产业增加值占全国第二产业增加值比重在全国排名第 22 位，第三产业增加值占全国第三产业增加值比重在全国排名第 22 位。可见，山西省的第一产业增加值在全国的占有份额较小，影响了产业区域布局能力。

2. 产业城乡布局能力

衡量产业城乡布局能力可以用农村在国民经济中地位的负向程度表示，于是采用第一产业增加值占地区生产总值（GDP）比重的倒数表示，经计算其 2018 年在全国排名第 7 位。

3. 产品市场结构调整能力

产品市场结构调整能力包括负向外贸依存度和负向外资依存度。2018 年，山西省的计算结果显示前者在全国排名第 11 位，后者在全国排名第 12 位。

(三) 产业效益提升能力

产业效益提升能力包括物质消耗效益提升能力、劳动消耗效益提升能力和资本消耗效益提升能力，2018 年，它们在全国的排名分别为第 28 位、第 24 位和第 29 位。

1. 物质消耗效益提升能力

该指标用能源产出率——GDP 与能源消耗总量之比衡量，山西 2018 年的数据显示其在全国排名第 28 位，显然该指标具有较大的瓶颈性。

2. 劳动消耗效益提升能力

该指标用劳动生产率——GDP 与就业人数之比衡量，山西 2018 年的数据显示其在全国排名第 24 位。

3. 资本消耗效益提升能力

该指标用资本产出率——GDP 与资本存量的比值衡量，山西 2018 年的数据显示其在全国排名第 29 位，存在较大的瓶颈性。

三 山西省人文社会系统优化能力

由表 3-4 反映人文社会系统优化能力的指标中可以看出，2006—2018 年，人的发展、民生保障和社会公平得分都有所上升。上升幅度最大的是民生保障能力，其次是人的发展能力，最后是维持社会公平能力。

表 3-4　山西省 2006—2018 年人文社会系统及其二级指标得分

	人的发展	民生保障	社会公平	总得分
2006 年	0.011149	0.005442	0.004081	0.020672
2007 年	0.011824	0.007327	0.004541	0.023692
2008 年	0.012911	0.007874	0.004561	0.025346
2009 年	0.013080	0.009799	0.004442	0.027321
2010 年	0.013339	0.012059	0.004600	0.029998
2011 年	0.013777	0.012120	0.004396	0.030293
2012 年	0.015030	0.013291	0.004457	0.032778
2013 年	0.014945	0.017751	0.004857	0.037554
2014 年	0.015774	0.016120	0.004995	0.036889

续表

	人的发展	民生保障	社会公平	总得分
2015 年	0.016381	0.017835	0.004913	0.039129
2016 年	0.016827	0.019246	0.004777	0.040850
2017 年	0.017026	0.019816	0.004654	0.041496
2018 年	0.017456	0.020165	0.004277	0.041898
增幅	0.006307	0.014723	0.000196	0.021226

由图 3-5 可以看出，山西省人文社会系统一直保持上升的趋势。其中，民生保障得分在 2013 年超过了人的发展得分，对山西省人文社会系统的贡献最大。其次是人的发展得分，其 2006—2018 年保持着平稳上升的趋势。社会公平对山西省人文社会系统的贡献 2006—2018 年基本保持不变。

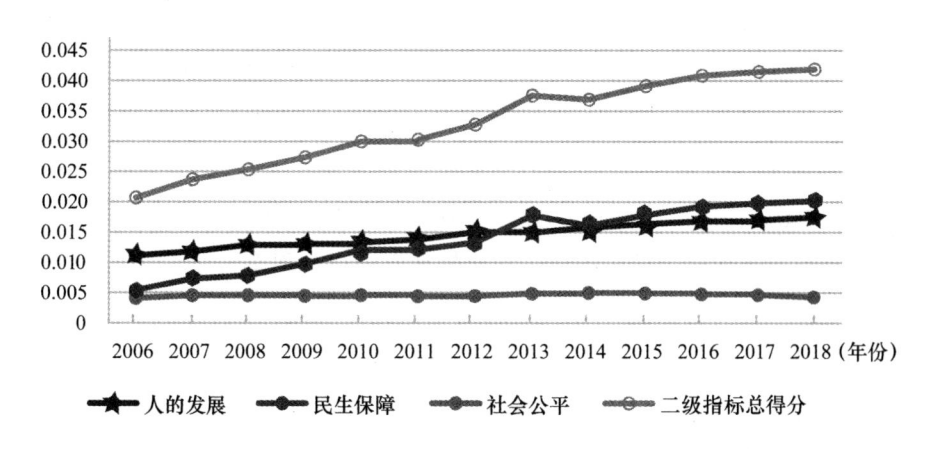

图 3-5　2006—2018 年山西省人文社会系统优化能力及其二级指标变化情况

（一）人的发展能力

2018 年山西省的人的发展能力在全国排名第 17 位，包括生存条件、生活水平、素质修养和自由发展 4 个方面，排名分别为第 20 位、第 16 位、第 9 位和第 15 位。

1. 生存条件

包括人口自然增长率和人口平均预期寿命，山西 2018 年的这两个指标在全国的排名分别为第 20 位和第 17 位。

2. 生活水平

包括个人消费水平、负向的城镇恩格尔系数和负向的农村恩格尔系数，山西省 2018 年的这 3 个指标在全国的排名分别为第 26 位、第 2 位和第 7 位。

3. 素质修养

包括识字率、在校高等受教育率和在校高中受教育率，山西省 2018 年的这 3 个指标在全国的排名分别为第 5 位、第 12 位和第 11 位。

4. 自由发展

用广播节目综合人口覆盖率和电视节目综合人口覆盖率表示，山西省 2018 年的这两个指标在全国的排名分别为第 17 位和第 7 位。

（二）民生保障能力

民生保障能力包括就业保障能力、医疗保障能力、住房保障能力和社会保障能力。2018 年，山西省的民生保障能力在全国排名第 23 位，其下的就业保障能力、医疗保障能力、住房保障能力和社会保障能力分别为第 5 位、第 19 位、第 25 位和第 14 位。

1. 就业保障能力

包括劳动力参与能力和工资增长弹性，山西 2018 年的就业保障能力在全国排名第 5 位，其下的两个四级指标在全国的排名分别为第 18 位和第 3 位。

2. 医疗保障能力

医疗保障能力用每万人口拥有的医生数和每万人口拥有的床位数表示，山西省 2018 年的医疗保障能力居全国第 19 位，其下的两个四级指标分别居全国的第 10 位和第 21 位。

3. 住房保障能力

包括城镇住房保障能力和农村住房保障能力，山西 2018 年的住房保障能力居全国第 25 位，其下的城镇住房保障能力和农村住房保障能力分别居全国的第 22 位和第 25 位。

4. 社会保障能力

包括城镇职工基本养老保险水平、城镇基本医疗保险水平、失业保险保障水平、工伤保险保障水平、生育保险保障水平、城镇居民最低生活保障水平和农村居民最低生活保障水平7个指标，2018年山西省的社会保障能力在全国排名第14位，其下的7个四级指标在全国的排名分别为第10位、第14位、第21位、第1位、第30位、第23位和第15位。

（三）维持社会公平能力

维持社会公平能力包括削弱分配差别能力、缩小城乡收入差距能力和缩小贫富差距能力3个下一级指标。2018年，山西省维持社会公平能力在全国排名第29位，其下的削弱分配差别能力、缩小城乡收入差距能力和缩小贫富差距能力分别排名第24位、第21位和第29位。

1. 削弱分配差别能力

用负向基尼系数表示，2018年山西省的数据显示其排在第24位。

2. 缩小城乡收入差距能力

用负向的城镇居民人均可支配收入/农村居民人均可支配收入表示，2018年山西省的数据显示其排在第21位。

3. 缩小贫富差距能力

用正向的相对贫困程度表示，2018年山西省的数据显示其排在第29位。

四 山西省资源环境系统优化能力

从表3-5可以看出，山西省资源环境系统优化能力有所提高，呈波动变化。资源条件与生态建设对资源环境系统优化能力存在正向作用，且资源条件的贡献大于生态建设。环境污染和环境治理对资源环境系统优化能力存在负向作用，且环境治理对资源环境的影响大于环境污染。

表3-5　山西省2006—2018年资源环境系统及其二级指标得分

	资源条件	环境污染	环境治理	生态建设	总得分
2006年	0.035781	0.002654	0.012907	0.005049	0.056391
2007年	0.040611	0.002623	0.012722	0.005329	0.061286
2008年	0.041187	0.002551	0.016040	0.005383	0.065161
2009年	0.041283	0.002604	0.014647	0.005464	0.063998

续表

	资源条件	环境污染	环境治理	生态建设	总得分
2010 年	0.042188	0.002591	0.013171	0.005545	0.063495
2011 年	0.039804	0.002605	0.011382	0.005740	0.059532
2012 年	0.045468	0.002469	0.009780	0.005907	0.063625
2013 年	0.050367	0.002467	0.010028	0.005991	0.068853
2014 年	0.049844	0.002412	0.009571	0.006053	0.067879
2015 年	0.048773	0.002397	0.011128	0.005888	0.068186
2016 年	0.046855	0.002393	0.009942	0.005895	0.065085
2017 年	0.046132	0.002475	0.010583	0.005923	0.065114
2018 年	0.041475	0.002571	0.012354	0.005923	0.062323
增幅	0.005695	-0.000082	-0.000554	0.000874	0.005932

由图 3-6 可以看出，资源条件对山西省资源环境系统优化能力的贡献最大，其后分别是环境治理、生态建设和环境污染。资源条件与资源环境系统变动基本一致。环境治理呈现波动下降趋势，生态建设和环境污染的变化较为稳定。2018 年，山西省的资源条件能力、环境污染能力、环境治理能力、生态建设能力在全国排名分别为第 4 位、第 19 位、第 3 位、第 31 位。

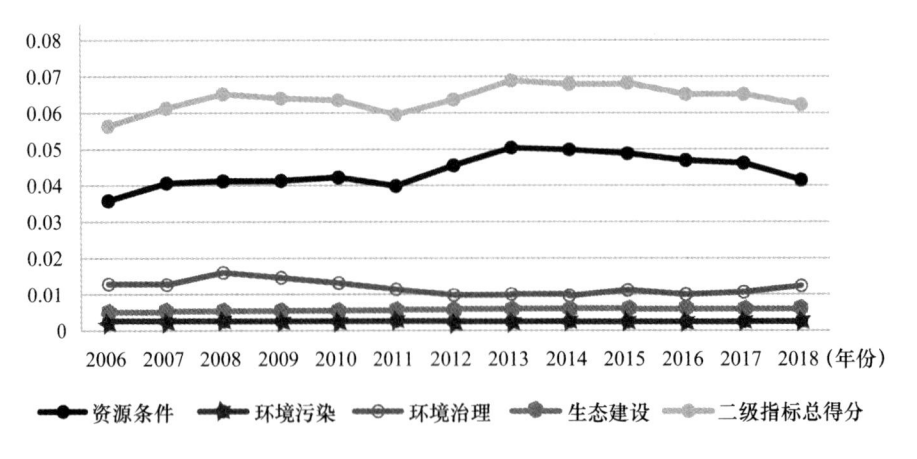

图 3-6　2006—2018 年山西省资源环境系统优化能力及其二级指标变化情况

（一）资源条件

资源条件包括资源禀赋条件、资源消耗程度和资源利用能力3个下一级指标。2018年，山西省的资源禀赋条件、资源消耗程度和资源利用能力在全国排名分别为第1位、第27位和第28位。

1. 资源禀赋条件

用采矿业城镇单位就业人员比重、采矿业全社会固定资产投资比重和能源产量3个指标表示，2018年山西的这3个指标在全国排名分别为第1位、第1位和第2位。

2. 资源消耗程度

用人均用水量、工业用水量占用水总量比重、农用地面积和建设用地面积4个指标表示。2018年，山西省的人均用水量、工业用水量占用水总量比重、农用地面积和建设用地面积在全国排名分别为第29位、第16位、第17位和第17位。

3. 资源利用能力

资源利用能力用碳排放率表示，2018年山西省的资源利用能力在全国排名第28位，碳排放率在全国排名第28位。

（二）环境污染程度

环境污染程度指标包括工业废水排放量、工业废气排放量、工业固体废弃物产生量和人均生活垃圾清运量4个指标。2018年，山西省环境污染程度全国排名第19位，其下一级指标中的工业废水排放量、工业废气排放量、工业固体废弃物产生量和人均生活垃圾清运量在全国排名分别为第7位、第28位、第29位和第11位。

（三）环境治理能力

环境治理能力包括环境治理投资强度、工业污染源治理投资/环境污染治理投资、工业废水排放减少率、工业废气排放减少率、工业固体废弃物综合利用率和生活垃圾无害化处理率6个指标。2018年，山西省环境治理能力排名全国第3位，其6个下一级指标在全国排名分别为第1位、第23位、第29位、第12位、第2位和第23位。

（四）生态建设能力

生态建设能力用人均公共绿地面积、建成区绿化覆盖率、森林覆盖率、湿地面积占辖区面积比重和自然保护区面积占辖区面积比重5个指标描述。2018年,山西省的生态建设能力在全国排名第31位,其下一级5个指标在全国的排名分别为第21位、第12位、第22位、第31位和第17位。

五 山西省科教信息系统优化能力

从表3-6可以看出,科教信息系统的增幅为正,2006—2007年下降,2007年以后呈现出稳定增长的趋势。其下一级指标教育水平、技术水平和信息化水平对科教信息系统的贡献是不断增大的,且信息化水平对科教信息系统的贡献在2012年超过了教育水平,成为影响程度最高的因素。技术水平的影响最小。

表3-6 山西省2006—2018年科教信息系统及其二级指标得分

	教育	技术	信息化	总得分
2006年	0.009572	0.001891	0.005012	0.016475
2007年	0.009496	0.002103	0.003624	0.015223
2008年	0.009549	0.002871	0.005300	0.017721
2009年	0.009918	0.003018	0.006908	0.019844
2010年	0.009988	0.003505	0.008834	0.022328
2011年	0.010670	0.004255	0.010568	0.025493
2012年	0.010876	0.004160	0.012458	0.027494
2013年	0.011202	0.004305	0.018753	0.034260
2014年	0.011482	0.004850	0.021223	0.037555
2015年	0.012622	0.005551	0.022041	0.040214
2016年	0.012444	0.005395	0.023071	0.040909
2017年	0.013258	0.005179	0.023760	0.042196
2018年	0.014119	0.005227	0.025185	0.044531
增幅	0.004547	0.003336	0.020172	0.028056

由图3-7可以看出,信息化程度的上升速度最快,并在2012年成为对山西省科教信息系统贡献最大的二级指标。教育水平与技术水平的贡

献在 2006—2018 年保持稳定，其中教育水平的贡献高于信息化程度。2018 年教育程度、技术水平和信息化程度的排名分别为第 13 位、第 24 位、第 19 位。

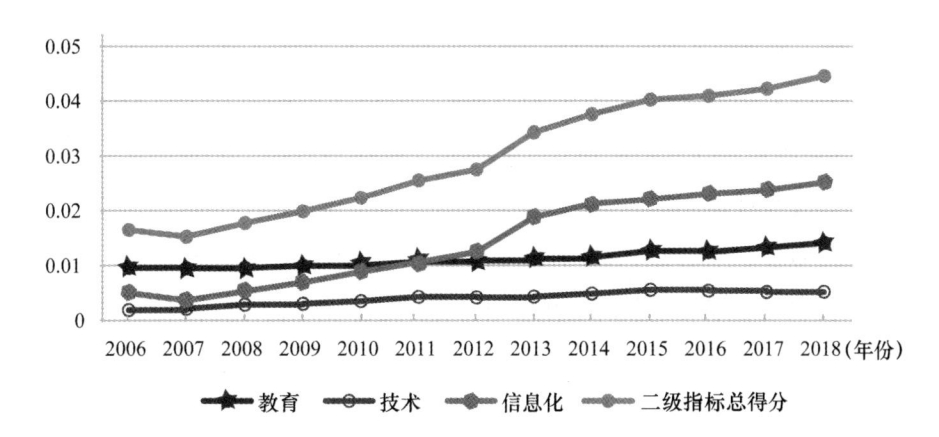

图 3-7　2006—2018 年山西省科教信息系统优化能力及其二级指标变化情况

（一）教育水平提升能力

教育水平提升能力包括教育投入提升能力和教育产出提升能力。2018 年山西省的教育投入提升能力和教育产出提升能力分别在全国排名第 6 位和第 27 位。可见山西省的教育投入能力和教育产出能力存在一定的失衡。

1. 教育投入提升能力

采用教育财政投入强度和负向的普通高等学校生师比、普通高中学校生师比、中等职业学校生师比、普通初中学校生师比、普通小学学校生师比 6 个指标衡量。2017 年山西省的这 6 个指标在全国排名分别为第 7 位、第 25 位、第 7 位、第 3 位、第 5 位和第 4 位。

2. 教育产出提升能力

采用大学升学率和高中升学率衡量。2018 年山西省的大学升学率和高中升学率分别在全国排名第 25 位和第 24 位。

（二）技术水平提升能力

技术水平包括技术创新资源、技术创新投入和技术创新产出 3 个指标。2018年山西省的技术创新资源、技术创新投入和技术创新产出能力分别在全国排名第22位、第20位和第25位。

1. 技术创新资源

用科技人员技术创新产出能力投入表示，2018年山西省该指标在全国排名第22位。

2. 技术创新投入

用研发投入强度表示，2018年山西省在全国排名第20位。

3. 技术创新产出

用国内三种专利授权数和技术市场成交额表示，2018年山西省这两个指标在全国排名分别为第26位和第21位。

（三）信息化水平提升能力

信息化水平主要从信息技术应用能力和信息产业发展能力两个角度考虑，2018年山西省的信息技术应用能力和信息产业发展能力分别在全国排名第12位和第21位。

1. 信息技术应用能力

采用城镇电脑拥有量、农村电脑拥有量、电话普及率和网络覆盖率4个指标衡量。2018年山西省这4个指标在全国排名分别为第11位、第12位、第21位和第9位。

2. 信息产业发展能力

采用信息产业劳动力投入比重、信息产业资本投入比重和信息产业产值比重3个指标衡量。2018年山西省这3个指标在全国排名分别为第13位、第23位和第22位。

第三节　山西省经济发展方式转变瓶颈

一　经济发展方式转变能力综合指标情况

山西省具备一定的经济发展转变能力，但在中部地区完全不具有优势。其存在的问题需要从综合指标下面的一级指标、二级指标、三级指标和四级指标层层细化中找出。

二 经济发展方式转变能力一级指标情况及瓶颈

由表1-3可知，2018年山西省要素系统优化能力在全国排名第27位，低于中部地区平均值且低于全国平均水平；产业系统优化能力全国排名第27位，低于中部地区平均值且远低于全国平均水平；人文社会系统优化能力全国排名第26位，低于中部地区平均水平且低于全国平均水平；资源环境系统优化能力排名第5位，远高于中部地区平均水平和全国平均水平；科教信息系统优化能力全国排名第20位，远低于中部地区平均水平和全国平均水平。可见，一级指标中产业系统优化能力、科教信息系统优化能力对山西省的经济发展方式转变能力具有较强的制约作用。要素系统优化能力和人文社会系统优化能力对山西省的经济发展方式转变能力也存在一定程度的影响。资源环境系统优化能力对山西省的经济发展方式转变能力存在较强的支撑作用。

三 经济发展方式转变能力二级指标情况及瓶颈

根据表1-5可知，2018年山西省要素空间优化能力、产业结构优化能力、产业空间优化能力、产业效益提升能力、人的发展能力、民生保障能力、维持社会公平能力、环境污染、生态建设、技术水平、信息化水平分别排名第26位、第24位、第25位、第30位、第15位、第23位、第29位、第24位、第31位、第23位、第19位。这11个指标全国排名靠后，对山西省经济发展方式转变能力具有制约作用。

因此，从二级指标层面来看，山西省经济发展方式转变瓶颈主要存在于要素空间优化、产业结构优化、产业空间优化、产业效益提升、民生保障、社会公平、环境污染、生态建设、技术水平和信息化水平这10个方面。

四 经济发展方式转变能力三级指标情况及瓶颈

根据表1-6可知，2018年山西省经济发展方式转变能力排名靠后的三级指标有：要素投入结构全国排名第17位，要素城乡分布全国排名第19位，要素区域分布全国排名第22位，要素部门间流动全国排名第19位，要素城乡间流动全国排名第 19 位，三次产业结构全国排名第 24 位，产业区域分布全国排名第 26 位，物质消耗效益全国排名第 28 位，劳动消耗效益全国排名第 24 位，资本消耗效益全国排名第 29 位，生存条件全国排名第 20 位，生活水平全国排名第 16 位，医疗保障全国排名第 19 位，住房保障全国排名第 25 位，分配差别全国排名第 24 位，城乡收入差距全国排名第 21 位，贫富差距全国排名第 29 位，资源消耗全国排名第 27 位，资源利用全国排名第 28 位，环境污染治理能力全国排名第 19 位，生态建设全国排名第 31 位，教育产出全国排名第 27 位，技术创新资源全国排名第 22 位，技术创新投入全国排名第 20 位，技术创新产出全国排名第 25 位，信息产业发展全国排名第 21 位。这些三级指标明显制约着山西省经济发展方式转变能力的提升。

因此，从三级指标层面来看，山西省经济发展方式转变瓶颈主要存在于要素投入结构、要素城乡分布、要素区域分布、要素部门间流动、要素城乡间流动、三次产业结构、产业区域分布、物质消耗效益、劳动消耗效益、资本消耗效益、生存条件、生活水平、医疗保障能力、住房保障能力、缩小分配差别能力、缩小城乡收入差距能力、缩小贫富差距能力、资源消耗、资源利用、环境污染治理能力、生态建设能力、教育产出能力、技术创新资源、技术创新投入、技术创新产出、信息产业发展能力当中。

五　经济发展方式转变能力四级指标情况及瓶颈

2018 年，山西省的经济发展方式转变能力四级指标（112 个）中，要素系统中的 23 个四级指标有 16 个指标在全国排名靠后，它们分别是：单位 GDP 中资本劳动比在全国排名第 22 位，单位 GDP 中土地劳动比在全国排名第 21 位，单位 GDP 中能源劳动比在全国排名第 27 位，技术贡献率在全国排名第 31 位，投资率在全国排名第 25 位，劳动力城乡分布在全国排名第 22 位，资本城乡分布在全国排名第 26 位，劳动力区域分布在全国排名第 20 位，资本区域分布在全国排名第 18 位，土地区域分布在全国排名第 21 位，技术区域分布在全国排名第 30 位，劳动力部门流动在全国排名第 26 位，资本部门流动在全国排名第 19 位，劳动力城乡流动在全国排名第 16 位，资本城乡流动在全国排名第 28 位，资本区域流动在全国排名第 23 位。这些指标是制约山西省要素系统优化能力的瓶颈。

2018年，山西省的经济发展方式转变能力四级指标（112个）中，产业系统中的21个四级指标有14个指标在全国排名靠后，它们分别是：第三产业城镇单位就业人员比在全国排名第25位，第二产业全社会固定资产投资比重在全国排名第16位，第三产业全社会固定资产投资比重在全国排名第25位，第三产业土地利用面积比重在全国排名第16位，第一产业DEA技术效率在全国排名第27位，第二产业DEA技术效率在全国排名第30位，服务业增长率在全国排名第29位，山西省GDP比重在全国排名第24位，第一产业增加值全国占比在全国排名第25位，第二产业增加值全国占比在全国排名第22位，第三产业增加值全国占比在全国排名第22位，能源产出率在全国排名第28位，劳动生产率在全国排名第24位，资本产出率在全国排名第29位。这些指标是制约山西省产业系统优化能力的瓶颈。

2018年，山西省经济发展方式转变能力四级指标（112个）中，人文社会系统中的26个四级指标中有14个指标在全国排在靠后，它们分别是：人口自然增长率在全国排名第20位，人口平均预期寿命在全国排名第17位，个人消费水平在全国排名第26位，广播节目综合人口覆盖率排在全国第17位，失业率排在全国第18位，每万人口拥有的床位数在全国排名第21位，城镇居民人均住房面积排在全国第22位，农村居民人均住房面积排在全国第25位，失业保险保障水平排在全国第21位，生育保险保障水平排在全国第30位，城镇居民最低生活保障水平排在全国第23位，基尼系数排在全国第24位，城乡收入差距在全国排名第21位，相对贫困程度在全国排名第29位。这些指标是制约山西省人文社会系统优化能力的瓶颈。

2018年，山西省经济发展方式转变能力四级指标（112个）中，资源环境系统中的23个四级指标有15个指标在全国排名靠后，它们分别是：人均用水量排在全国第29位，工业用水量/用水总量排在全国第16位，农用地面积排在全国第17位，建设用地面积排在全国第17位，碳排放率在全国排名第28位，工业废气排放量在全国排名第28位，工业固体废弃物在全国排名第29位，工业废水排放率在全国排名第31位，工业污染治理在全国排名第23位，工业废水排放减少幅度指标排在全国第29

位,生活垃圾无害化处理全国排名第 23 位,人均公共绿地面积排在全国第 21 位,森林覆盖率排在全国第 22 位,湿地面积占辖区面积比重全国排名第 31 位,自然保护区面积占辖区面积比重在全国排名第 17 位。这些指标是制约山西省资源环境系统优化能力的瓶颈。

2018 年,山西省经济发展方式转变能力四级指标(112 个)中,科教信息系统中的 19 个指标有 10 个在全国排名靠后,它们分别是:普通高等学校生师比在全国排名第 25 位,大学升学率在全国排名第 25 位,高中升学率在全国排名第 24 位,人均科技人员投入在全国排名第 22 位,研发投入强度在全国排名第 20 位,人均国内三种专利授权数在全国排名第 26 位,人均技术市场成交额在全国排名第 21 位,电话普及率在全国排名第 21 位,信息产业资本投入比重在全国排名第 23 位,信息产业产值比重在全国排名第 22 位。这些指标是制约山西省科教信息系统优化能力的瓶颈。

第四节 对策建议

山西省作为"环渤海经济圈"发展的重要省份,对环渤海地区、中部地区及中国经济发展都具有重大影响,因此转变经济发展方式尤为重要。然而其在经济发展方式转变过程中还面临如下主要瓶颈:(1)要素城乡、区域分布失衡;(2)要素部门间、城乡间、区域间流动不畅;(3)三次产业结构、产业区域分布不尽合理;(4)物质消耗效益、劳动消耗效益、资本消耗效益较低;(5)生存条件有待改善;(6)就业保障能力、医疗保障能力、住房保障能力、缩小分配差别的能力、缩小城乡收入差距的能力、缩小贫富差距的能力有待提升;(7)资源消耗程度较大;(8)资源利用能力较低;(9)环境污染治理能力、生态建设能力还不够强;(10)教育产出提升能力、技术创新资源利用能力、技术创新投入能力还比较弱;(11)技术创新产出能力、信息产业发展能力还不够强。上述瓶颈引发了山西省经济增长难以持续、城市发展缓慢、能源消耗快、土地利用效率低、城乡收入差距过大、固定资产投资效率低、创新投入不足、废弃物排放及治理等难题。为了顺利实现山西省经济发展方式转变，针对上文分析的要素系统、产业系统、人文社会系统、资源环境系统和科教信息系统中的具体瓶颈，提出如下几点建议。

一 消除要素系统中瓶颈的举措

山西省消除要素系统中的瓶颈，要做好如下 12 个方面的工作：（1）调整要素投入结构，提高资本、土地与能源占比；（2）加快技术对产业的改造步伐和新技术的产业化速度，提升技术对经济的拉动力；（3）刺激投资，提高资本形成率；（4）进一步提升城镇劳动就业率；（5）增加城镇全社会固定资产投资；（6）扩大城镇建设用地面积指标的投放；（7）激发劳动者工作热情，提高劳动参与率；（8）提高固定资产投资额；（9）提升技术利用效率；（10）促进劳动力在城乡、区域之间的流动；（11）提升资本在部门、城乡之间的流动性；（12）促进技术区域间流动，提高技术交易量。而解决这些问题的重中之重是促进资源的合理配置，提高资源的利用效率。为此提出如下建议。

（一）促进资源的合理配置

对于劳动力流动，应在市场经济条件下，通过合理的工资机制和收入分配关系调节劳动力在城乡和区域之间的流动，加强政府对工资分配的宏观调控作用；应保障缺少社会体系支出的外来流动人口的基本权益，建立较为完善的劳动力管理体系；对于资本流动，应优化投资结构，合理分布投资的空间与产业配置，在增强投资集聚效应的同时，要避免投资的"马太效应"；降低社会交易成本，提高资源配置效率，避免大量的资本投资于无效率或者效率低下的"错误"产业和企业。统筹城乡、区域、经济社会协调发展，大力发展主要面向生产者的服务业，特别是金融与物流产业，细化深化专业化分工。

（二）提高资源的利用效率

实现产业链整体化、企业组团化发展。把握京津冀一体化发展机遇，将自己置于整个发展框架中进行产业结构的调整优化，推动整个区域产业结构的合理化、现代化和高层次化。实现产业转型，把投资更多地用于传统产业的智能化、信息化和共享化改造升级上，大力改造和提升传统制造业、先进制造业和现代农业的产能；避免投资无效化，强化固定资产管理意识。建立行业的有效评估机制，对风险、流动性和收益进行投资项目评估，确定固定资产投资领域。从固定资产采购、验收、使用、定期盘点等方面着手，制定相应制度。

（三）促进科技转化

围绕"六大工程"和资源型经济转型升级转移转化科技成果。围绕战略性新兴产业培育工程，加快大数据、云计算、物联网、智能手机、铝镁合金、半导体材料、石墨烯、碳纤维、清洁生产、低碳技术、新能源汽车、生物医药、现代煤化工等领域科技成果转化应用。充分发挥山西科技成果转化和知识产权交易服务平台作用。连接技术转移服务机构、投融资机构、高校、科研院所和企业等，集聚科技成果与专利、资金、人才、服务、政策等各类创新要素，打造线上与线下相结合、由六大数据库构成的省级科技成果转移转化大平台，汇交和发布国内外科技成果和专利、山西省大中小微企业科技成果与专利需求、银行产品、投资机构、中介机构及技术经纪人、国家相关法律及政府相关政策等信息，以解决科技成果转移转化中信息不对称的问题。激励高校和科研院所转移转化科技成果。建立以企业、市场需求为导向的科研项目组织和立项机制，使高校和科研院所的研发活动紧紧围绕企业、市场需求展开，建立"项目从需求中来，成果到应用中去"的管理模式，从源头上打通科技成果转移转化的"最先一公里"，提高研发活动的针对性。建立市场导向的科技成果定价机制，提高科技人员职务科技成果转化收益比例，鼓励科技人员兼职、离岗转移转化科技成果。推进企业成为科技成果转移转化主体。建立常态化企业技术需求征集机制，推动企业等技术需求方深度参与高校和科研院所承担项目的过程管理、验收评估等组织实施全过程，联合设立研发机构或技术转移机构，共同开展研究开发、成果应用与推广、标准研究与制定等。

二 消除产业系统中瓶颈的举措

山西省消除产业系统中的瓶颈，要做好如下6个方面的工作：（1）促进就业，提高第三产业城镇人员就业率；（2）增加第二产业、第三产业全社会固定资产投资；（3）增加第三产业的用地指标；（4）提高第一产业和第二产业的技术效率；（5）各产业加快发展，提升各产业占全国各产业比重；（6）加快生产技术的更新换代，提升能源产出率、劳动生产率和资本产出率。而解决这些问题的重中之重是，推动深化产业改革，实现产业可持续发展。为此提出如下建议。

（一）深化供给侧结构性改革

坚持供改与综改相结合这一主线，把握供给侧结构性改革赋予转型综改的时代内涵，发挥供给侧结构性改革的治本良方作用和转型综改的战略牵引作用，深化"三去一降一补"，破除无效供给，培育新动能，降低实体经济成本，着力促改革、调结构、增动能，着力推进具有"四梁八柱"性质的重大改革，破解资源型地区创新发展难题、结构性矛盾突出地区协调发展难题、生态脆弱地区绿色发展难题、内陆地区开放发展难题、欠发达地区共享发展难题，在产业转型、要素配置、创新驱动、生态环境保护、营商环境等领域推出一批先行先试重大改革事项，构建促进转型发展、高质量发展的指标体系、政策体系、标准体系、统计体系、绩效评价体系，形成一批制度性成果。

（二）建设资源型经济转型发展示范区

把构建现代产业体系作为主攻方向，促进实体经济、科技创新、现代金融、人力资源协同发展，推动新一代信息技术、高端装备制造、新能源汽车、新材料、新能源、节能环保、生物医药、通用航空、煤层气、现代煤化工等新兴产业集群集聚集约发展。基本形成新兴产业快速成长、装备制造业强力支撑、文化旅游业成为支柱、建筑业规模扩大、现代服务业成为重要增长极、新产品新业态新模式加速涌现、传统产业更具竞争力的现代产业格局。

（三）打造优势产业集群

大力发展战略性新兴产业。贯彻落实《中国制造2025》"1+X"规划体系和山西实施纲要，加快建设全国重要的现代制造业基地。以实施大数据战略为牵引，以信息安全、传感器、人工智能等为重点，打造新一代信息技术产业集群，重点建设省级政务云平台、阳泉智能物联网应用基地、吕梁华为山西大数据中心、山西北斗数据中心、中电科创新产业园等项目。以轨道交通、智能制造、能源装备、重型机械、通用航空等为重点，打造先进装备制造业集群，争取国家智能制造试点示范，加快创建智能制造创新中心和技术联盟，打造一批智能工厂和数字化车间，推进华翔增材制造项目开工建设，推动中铁磁浮轨道交通产业园、大同通用航空产业基地等项目落地。以新型金属材料、无机非金属材料、化工材料、前沿新材料等为重点，打造新材料产业集群，推动太原、运城铝镁合金材料基地、太原第三代半导体材料研制基地、大同新成石墨烯产业化基地等重点项目建设，加快太钢高端碳纤维二期项目达产达效。以扩大整车和关键零部件生产能力为重点，加快布局推进整车设计组装、高储能电池等重点项目，打造新能源汽车产业集群。推动生活性服务业提质，促进消费升级。大力推进"互联网+"。聚焦新技术、新产品、新业态、新模式，推动"互联网+先进制造+现代服务业"融合发展，推动生产、流通、消费模式深刻变革，积极发展数字经济、分享经济、创意经济等新业态。

（四）加强农业综合生产能力建设

扎实推进农田水利基本建设和高标准农田建设，实施农技集成创新、农机配套融合、绿色循环发展工程。加快构建现代农业产业体系、生产体系和经营体系。推动粮食生产功能区划定，保障粮食安全。抓好特色农产品优势区和现代农业产业园创建。推进"互联网+现代农业"，扶持发展农村电商、物流配送和农业信息化平台，提升特色农产品竞争力。

三 消除人文社会系统中瓶颈的举措

山西省消除人文社会系统中的瓶颈，要做好如下 8 个方面的工作：(1) 改善人民居住环境，提高人口自然增长率和人口平均预期寿命；(2) 刺激消费，提高个人消费水平，促使城乡居民消费更多地向文化、教育、卫生体育、休闲娱乐等方面的高层转移；(3) 加大广大农村地区的广播和网络建设力度，提高广播的全社会覆盖率；(4) 激发劳动者工作热情，提高劳动参与率；(5) 提升医疗保障能力，加大医疗投资，增加医护人员数量，保证医疗物资充足，使人人病有所医；(6) 提升住房保障能力，保障城乡居民住所；(7) 加大社会保险改革力度，全面提高失业保险保障水平、生育保险保障水平、城镇居民最低生活保障水平；

(8) 加快社会公平机制建设，削弱过大的分配差别、城乡收入差距和贫富差距。而解决这些问题的重中之重是实现就业规模持续扩大，增强社会保障制度的可持续性，建立更公平的收入分配制度，缩小贫富差距。

(一) 促进就业增收

加快建设人人持证的技能社会，提升劳动者素质和就业能力。做好高校毕业生、农村转移劳动力、城镇就业困难人员、退役军人等重点群体就业工作，做好去产能和国企改革中职工分流安置工作，加强对零就业家庭等困难群体的就业援助。深化收入分配制度改革，加强企业工资分配宏观指导，实行以增加知识价值为导向的分配政策；引导土地承包经营权、林权有序流转，增加农民经营性和财产性收入。

(二) 保障人民群众住有所居

完善住房供应和保障体系，建立租购并举的住房制度。大力发展住房租赁市场特别是长期租赁。完善山西省住房租赁管理相关政策，出台租赁住房具体标准和规范。加快住房租赁交易监管和服务平台建设，支持专业化、机构化住房租赁企业发展。选择太原市开展住房租赁试点。对各类需求实行差别化调控政策，满足首套刚需、支持改善需求、遏制投机炒房，促进房地产市场平稳健康发展。加大保障性住房建设力度，构建多层次满足中低收入家庭住房基本需求的供应体系。实施农民安居工程，推进农村危房改造。

(三) 加强社会保障

实施全民参保计划，推进机关事业单位编制内人员参加养老保险，继续提高城镇退休人员基本养老金、城乡居民基础养老金最低标准，健全被征地农民基本养老保险制度，推进失业、工伤、生育保险覆盖规定职业人群，实现社会保障由制度全覆盖到法定人群全覆盖。加快养老保险、医疗保险省级统筹步伐，扩大跨省异地就医直接结算范围，完善大病保险制度，推动医疗和生育保险合并实施，健全工伤保险制度体系。保障困难群众基本生活，逐步提高城乡低保标准。落实经济困难高龄失能老人和困难重度残疾人"两项补贴"，健全农村留守儿童和妇女、老年人关爱服务体系。

（四）建立更公平的收入分配制度，缩小差距

坚持按劳分配原则，按照"控高、提低、稳中"的思路，完善按要素分配的体制机制，促进收入分配更合理、更有序。收入分配政策向基层倾斜、向艰苦边远地区倾斜、向一线产业工人倾斜，逐步缩小收入差距，统筹提高收入水平。

四 消除资源环境系统中瓶颈的举措

山西省消除资源环境系统中的瓶颈，要做好如下5个方面的工作：(1) 提高资源利用效率，提高水资源、土地等资源使用效率；(2) 加快生产设备的节能降耗减排的升级改造，提高能源生产效率，提高碳排放率；(3) 降低工业废气和废渣的排放量，提高工业固体废弃物综合利用能力，提高工业污染源治理投资；(4) 提升生态建设能力，加大城市公共绿地建设力度，优化城市宜居环境；(5) 加大森林、湿地和自然保护区建设力度，留住整个山西省的青山绿水生态环境。而解决这些问题的重中之重在于，提高资源的利用效率，建立防范机制，提高公众环保意识。为此，提出如下几点建议。

（一）提高资源的利用效率

实现能源革命，提高能源利用效率。加快建设国家清洁能源基地，构建现代能源体系，实现从"煤老大"到"全国能源革命排头兵"的历史性转变。坚持节能优先，实施能源消费总量和强度双控行动，推行能效领跑者制度。优化能源结构，淘汰落后产能，大力提升新能源、清洁能源、可再生能源比重。推进煤炭绿色低碳高效开发利用，坚定走淘汰落后、减量置换、优化升级、清洁利用之路。深化电力体制改革，增强电力产业优势。推动煤层气生产方式、管理体制变革，下大力气打造山西省能源体系中新的支柱产业。推进碳交易和矿业权市场化配置。瞄准国际科技前沿，积极开展煤炭清洁转化、煤层气勘探开发利用、移动能源、低碳技术等关键共性技术攻关。扩大能源领域开放，推进产能、技术、装备国际合作。

（二）完善环境预防体系，服务绿色发展战略

强化环保引导和调控作用，严格落实环境空间管控，实施更严格的

环境审批制度和污染物排放标准，积极引导产业绿色低碳循环发展，形成节约资源和保护环境的空间布局、产业结构和生产生活方式。严格源头防控、深化过程监管、强化事后追责，构建全过程、多层级的风险防控体系，保障环境安全。以构建先进的环境监测预警体系、完备的环境执法监督体系、高效的环境信息化支撑体系、先进的环境科技工程体系为重点，提高环保部门履职能力，提升精细化水平。

（三）切实加强宣传教育

统筹传统媒体和新媒体，继续推进环境文化体制改革。要充分利用各种媒体，尤其是现代媒体，通过电视、网络利用公益广告等形式宣扬环保行为，通过手机终端短信、微信等平台鼓励公众养成环保习惯，利用传导效应带动公众。

五 消除科教信息系统中瓶颈的举措

山西省消除科教信息系统中的瓶颈，要做好如下7个方面的工作：(1) 加大教育投入，优化普通高等学校的教师配置，解决当前低师生比的状况；(2) 提升教育产出，提高高中以及大学升学率；(3) 吸引人才，加大科研人员投入；(4) 加大技术创新投入，提高研发投入强度；(5) 提高技术创新效率，促进技术交流，提高技术交易量；(6) 加大广大农村电话终端基础设施建设力度，提高电话使用率；(7) 促进信息产业发展，加大信息产业中资本投入力度，提高信息产业产值。而解决这些问题的重中之重是发展教育事业，改进人才发展战略，实现创新驱动发展。为此，提出如下几点建议。

（一）优先发展教育事业

实施"1331"工程，统筹推进高校"双一流"建设。支持山西大学和太原理工大学率先发展。实施"学前教育第三期行动计划"，所有县（市、区）通过义务教育基本均衡国家评估认定，推动县域内城乡义务教育一体化发展。

（二）大力支持引进高精尖缺的科研创新人才

重点为转型综改示范区、山西"农谷"和战略性新兴产业培育、能源产业创新、传统优势产业提质、现代服务业发展、特色现代农业增效、

"双创"孵化新产业新业态六大工程领域引进急需的具有国际一流、国内顶尖水平的科研创新领军人才及人才团队。优化智力结构、提供技术支撑、增强创新能力、提升竞争实力。对所引进的科研创新领军人才及人才团队给予补助，对其重大科技成果转化项目，用省级科技成果转化引导基金或其他政府引导基金给予直接股权投资。民营企业引进高精尖缺人才，同等享受财政"一人一策"的引进政策。

（三）搭建多样化引进人才平台，完善人才服务机制

学习借鉴国际国内的成熟经验，对接国际惯例，在人才领域研究建立以政府引导为主、社会组织参与、市场化运行新机制，以政府购买服务形式拓宽人才引进和服务渠道。

（四）加强基础建设，提升政府与单位服务人才能力

建设大数据平台，为用人主体和人才双方提供高效便捷服务，有效解决山西省用人主体与人才供需双方信息不对称、沟通联系渠道不畅等问题，完善人才入晋各项保障措施。

（五）加大激励力度，调动科研人员转化科技成果积极性

通过调整收益分配办法，推动科研人员加强科研创新，推动高校、科研机构和企业将更多的科技成果转化为新技术、新工艺、新材料、新产品，更好地服务于转型发展。

第四章

河南省经济发展方式转变现状、瓶颈及对策研究

河南省，位于中国中东部、黄河中下游，是中国重要的经济大省，2018年国内生产总值稳居中国第5位，中西部地区首位。河南地层齐全，地质构造复杂，成矿条件优越，蕴藏着丰富的矿产资源，是全国矿产资源大省之一。同时河南还是重要的能源基地，石油保有储量居全国第8位，煤炭居全国第10位，天然气居全国第11位。近年来，河南经济社会发展迅速，取得重要进展，主要表现在综合实力大幅提升、发展动能加快转换、基础能力不断增强、环境治理初显成效、人民生活持续改善。但同时河南也还存在着一些问题，例如发展方式落后，投资边际效率递减，能耗水平仍然较高，环境问题依然严重；结构矛盾突出，服务业和高新技术产业占比偏低，传统产业占比偏高，化解过剩产能任务繁重，城乡之间、地区之间发展水平和质量差异较大；增长动力不足，企业特别是行业龙头企业数量偏少，创新能力不足，新兴产业增长难以弥补传统产业下拉影响；风险隐患增多，企业风险、金融风险和政府债务风险都不容忽视；民生欠账较多，脱贫攻坚任务艰巨，城乡居民收入偏低，就业、教育、卫生、住房等公共服务水平较低，安全生产、公共安全等领域依然存在短板。所以河南省要实现经济发展方式转变任重而道远。

第一节 河南省经济发展方式转变能力测度及横向对比

一 河南省经济发展方式转变能力综合得分

利用公式（1.15）计算出31个省、市、自治区经济发展方式转变能力的综合得分，再通过简单平均的方法计算出河南、中部地区和全国的综合得分，结果见表1-2和图4-1。

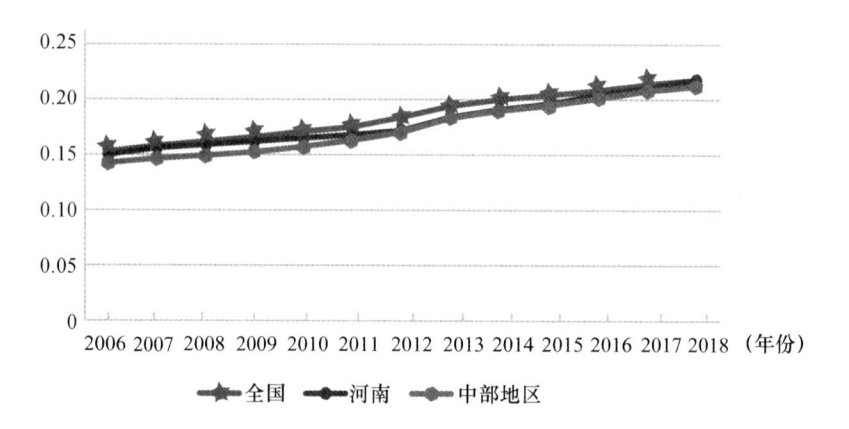

图4-1 河南省、中部地区及全国经济发展方式转变能力综合得分对比

由图4-1可知，2006—2018年河南省和其所在的中部地区六省市及全国经济发展方式转变能力都处在上升阶段。河南省经济发展方式转变能力得分在2006—2018年始终高于中部地区平均得分，与全国平均得分相差不大，与中部地区和全国的差距无明显变化。总体而言，河南省的经济发展方式转变能力逐渐增强，居于全国中上水平。

二 经济发展方式转变能力综合得分横向比较的瓶颈分析

根据地区经济发展方式转变能力综合得分情况可知，河南省经济发展方式转变能力在全国居于中上水平，为进一步深入了解河南省经济发展方式转变情况，准确剖析河南省经济发展方式转变能力制约因素，对一级指标展开分析。根据表4-1可知，2006—2018年，要素系统优化能力、产业系统优化能力、人文社会系统优化能力、资源环境系统优化能力和科教信息系统优化能力的提高幅度分别为0.003014、-0.00491、0.024424、-0.00226、0.046971和0.067240，可见要素系统优化能力、产业系统优化能力和资源环境系统优化能力是制约河南省经济发展方式转变能力提升的主要因素。2018年，河南省经济发展方式转变能力提升的主要贡献是人文社会系统和科教信息系统。

表4-1　　河南省经济发展方式转变能力一级指标得分情况

	要素系统	产业系统	人文社会系统	资源环境系统	科教信息系统	总得分
2006年	0.037301	0.054076	0.017912	0.031506	0.009565	0.150360
2007年	0.037781	0.054813	0.019815	0.033184	0.010074	0.155667
2008年	0.038303	0.053982	0.022081	0.032132	0.012024	0.158522
2009年	0.038279	0.051534	0.023998	0.033850	0.014447	0.162108
2010年	0.038023	0.051660	0.025984	0.032475	0.016956	0.165098
2011年	0.038126	0.049286	0.028220	0.031969	0.020455	0.168056
2012年	0.038566	0.049305	0.030090	0.030403	0.023577	0.171940
2013年	0.038223	0.048287	0.032719	0.031329	0.033179	0.183738
2014年	0.038178	0.048039	0.034448	0.029707	0.040150	0.190521
2015年	0.038632	0.047396	0.035610	0.029917	0.044250	0.195805
2016年	0.039135	0.047971	0.038367	0.029936	0.048584	0.203994
2017年	0.039865	0.048943	0.040038	0.028237	0.053788	0.210871
2018年	0.040316	0.049163	0.042336	0.029248	0.056536	0.217599
增幅	0.003014	-0.00491	0.024424	-0.00226	0.046971	0.067240

一级指标的分析对剖析经济发展方式转变瓶颈尚不够深入，要素系统优化能力、产业系统优化能力和资源环境系统优化能力中具体哪些因素制约了河南省经济发展方式转变能力的提升尚不明确。因此，需要对二级指标展开分析，以进一步剖析经济发展方式转变瓶颈。根据表1-5可知，河南省2018年要素结构、产业结构、民生保障、社会公平、生态建设和教育水平在全国的排名分别为第28位、第21位、第30位、第26位、第29位和第29位，排名较低。因此，河南省要素结构、产

业结构、民生保障、社会公平、生态建设和教育水平等方面存在瓶颈，需要进一步调整。

第二节 河南省经济发展方式转变能力现状

根据经济发展转变能力指标体系中的5个一级指标的省级层面对比可以看出，河南省经济发展方式转变能力居全国中上水平。

根据表4-1和图4-2可知，2006—2018年，河南省经济发展方式转变能力的5个一级指标总体呈上升趋势。科教信息系统优化能力的增长幅度最大，由2006年对发展方式转变能力贡献最小到2018年成为最大贡献指标。第二大贡献为产业系统优化能力，但是增长幅度为负。第三大贡献指标为人文社会系统优化能力，该指标呈逐年上升趋势，上升速度较快，由2006年发展方式转变能力的第四大贡献指标到2018年成为第三大贡献指标。第四大贡献为要素系统优化能力，但上升幅度较小。最后为资源环境系统优化能力，增长幅度为负，有待进一步提升。

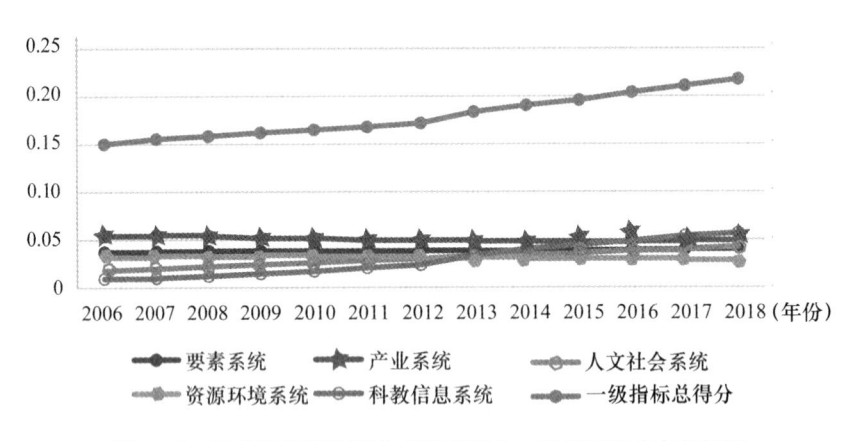

图4-2 河南省经济发展方式转变能力一级指标得分变化情况

根据表1-3和表1-4可知，2018年，河南省要素系统和产业系统优化能力在全国分别排第7位和第12位，说明要素系统和产业系统与目前河南省经济发展方式相适应，对经济发展方式转变有一定的支撑作用。人文社会系统、资源环境系统和科教信息系统优化能力在全国分别排第

25位、第29位、第14位，说明人文社会系统和科教信息系统对河南省经济发展方式转变存在阻碍作用。

一 河南省要素系统优化能力

根据表4-2可知，河南省要素系统优化能力在2006—2018年总体呈持续上升态势。从增幅来看，要素空间增幅为正，对要素系统优化有促进作用。要素结构和要素流动增幅为负，对要素系统优化有阻碍作用。可见，河南省要素系统优化能力提升的主要瓶颈是要素流动以及要素结构。

表4-2　河南省2006—2018年要素系统优化能力及其二级指标得分

	要素结构	要素空间	要素流动	总得分
2006年	0.0073670	0.0269660	0.0029690	0.03730180
2007年	0.0072584	0.0276200	0.0029037	0.03778141
2008年	0.0071989	0.0284086	0.0026956	0.03830310
2009年	0.0068042	0.0285841	0.0028901	0.03827840
2010年	0.0065080	0.0288777	0.0026372	0.03802300
2011年	0.0066851	0.0289310	0.0025097	0.0381257
2012年	0.0064426	0.0294910	0.0026323	0.0385660
2013年	0.0062690	0.0290368	0.0029172	0.038223
2014年	0.0064012	0.0292089	0.0025681	0.0381781
2015年	0.0066432	0.0294266	0.0025620	0.0386319
2016年	0.0066907	0.0299247	0.0025197	0.0391350
2017年	0.0069492	0.0304460	0.0024701	0.0398655
2018年	0.00704361	0.0307534	0.0025191	0.0403162
增幅	-0.0003238	0.0037879	-0.0004497	0.0030145

由图4-3可知，河南省要素系统优化能力增长较为稳定。对河南省要素系统优化能力贡献最大的是要素空间优化能力，其次是要素结构优化能力，最后是要素流动优化能力。其中，要素空间优化能力与要素流动优化能力和要素结构优化能力差距较大，要素流动优化能力与要素结

构优化能力两者之间差距较小。

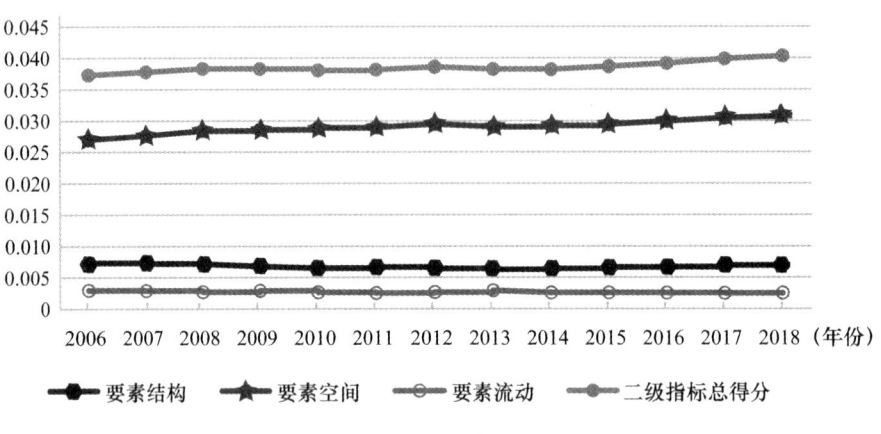

图4-3　2006—2018年河南省要素系统优化能力及其二级指标变化情况

由前文可知，2018年河南省要素系统优化能力在全国排名第7位，要素结构优化能力在全国排名第28位，要素空间优化能力在全国排名第6位，要素流动优化能力在全国排名第10位。可见，要素系统优化能力提升的主要瓶颈为要素结构优化能力，要素流动优化能力也对其存在一定的阻碍作用。

（一）要素结构优化能力

2018年，河南省要素结构优化能力在全国排名第28位，其中，要素结构优化能力中要素投入结构优化能力在全国排名第28位，要素动力结构优化能力在全国排名第22位。可见，要素投入结构对要素结构优化能力的提升存在一定的阻碍作用。

1. 要素投入结构优化能力

2018年，河南省要素投入结构优化能力在全国排名第28位，其下一级指标中单位GDP中的资本存量与就业人数比在全国排名第3位，单位GDP中的单位就业者的农工商业土地使用面积在全国排名第9位，单位GDP中的单位就业者的能耗节约量在全国排名第2位，单位GDP中的单位就业者拥有的技术交易金额在全国排名第30位，可见拉低要素投入结构优化能力的根本原因在于生产中技术投入较少。

2. 要素动力结构优化能力

2018 年，河南省要素动力结构优化能力排在全国第 22 位，其下一级指标中劳动力结构对经济的拉动贡献率在全国排名第 11 位，资本存量结构对经济的拉动贡献率在全国排名第 11 位，技术结构对经济的拉动贡献率在全国排名第 22 位，投资率对经济的拉动贡献率排在全国第 26 位，消费率对经济的拉动贡献率排在全国第 16 位。技术结构、投资率是要素动力结构优化能力提升的瓶颈。

（二）要素空间优化能力

2018 年，河南省在全国排名第 6 位的要素空间优化能力中，要素城乡结构优化能力在全国排第 30 位，要素区域结构优化能力在全国排第 1 位。要素城乡结构优化能力较弱是阻碍要素空间优化能力提升的主要原因。

1. 要素城乡空间优化能力

2018 年，河南省全国排名第 30 位的要素城乡空间结构中，单位 GDP 中的城镇就业人数占总就业人数的比重在全国排名第 29 位，城镇全社会固定资产投资占全社会固定资产投资比重在全国排第 14 位，城镇建设用地面积占生产用地面积比重在全国排第 27 位。单位 GDP 中的城镇就业人数占总就业人数的比重与城镇建设用地面积占生产用地面积比重对城乡要素空间优化能力提升无明显促进作用。

2. 要素区域结构优化能力

2018 年，河南省要素区域结构对经济的拉动贡献率在全国排名第 1 位，其中劳动力就业占全国劳动力就业量比重在全国排名第 1 位，固定资产投资占全国固定资产投资比重也在全国排名第 3 位，土地利用总面积占全国土地利用总面积比重排在全国第 1 位，DEA 技术效率占全国的比重排在全国第 27 位。DEA 技术效率是拉低要素区域结构优化能力的瓶颈。

（三）要素流动优化能力

2018 年，在全国排名第 10 位的河南省要素流动优化能力中，要素部门间流动、要素城乡间流动和要素区域间流动在全国的排名分别为第 16 位、第 18 位、第 9 位。可见，制约河南省要素流动优化能力的主要原因是要素部门间流动能力与要素城乡间流动能力较弱。

1. 要素部门间流动能力

2018年，河南省要素部门间流动能力排名全国第16位，其下一级指标中劳动力部门间流动能力在全国排名第18位，资本的部门间流动能力在全国排名第14位。可见，劳动力部门间流动能力对河南省要素部门间流动能力优化具有阻碍作用。

2. 要素城乡间流动能力

2018年，河南省要素城乡间流动能力在全国排名第18位，其下一级指标中劳动力城乡间流动能力在全国排名第18位，资本城乡间流动能力在全国排名第9位。可见拉低要素城乡间流动能力的主要原因是劳动力城乡流动能力较弱。

3. 要素区域间流动能力

2018年，河南省要素区域间流动能力排在全国第9位，其下一级指标中劳动力区域间流动能力在全国排名第2位，资本区域间流动能力在全国排名第1位，技术区域间流动能力在全国排名第17位。可见技术区域间流动能力是河南省区域间流动能力优化的主要瓶颈。

二 河南省产业系统优化能力

由表4-3可以看出，河南省产业系统优化能力得分呈波动下降趋势，但幅度较小。其中产业效益的增幅为正，对产业系统优化有促进作用。产业结构和产业空间的增幅为负，对产业系统优化具有阻碍作用。由此可见，河南省产业系统优化的主要瓶颈是产业结构与产业空间。

表4-3 河南省2006—2018年产业系统优化能力及其二级指标得分

	产业结构	产业空间	产业效益	总得分
2006年	0.020014	0.028080	0.005981	0.054076
2007年	0.019257	0.029637	0.005920	0.054813
2008年	0.018163	0.030040	0.005779	0.053982
2009年	0.016973	0.028903	0.005658	0.051534
2010年	0.016361	0.029757	0.005543	0.051660

续表

	产业结构	产业空间	产业效益	总得分
2011 年	0.014530	0.029384	0.005371	0.049285
2012 年	0.014424	0.029561	0.005320	0.049305
2013 年	0.014206	0.028652	0.005430	0.048287
2014 年	0.013986	0.028451	0.005602	0.048039
2015 年	0.013052	0.028261	0.006083	0.047396
2016 年	0.013554	0.028245	0.006172	0.047971
2017 年	0.014727	0.027830	0.006385	0.048943
2018 年	0.014728	0.027722	0.006713	0.049163
增幅	-0.005290	-0.000360	0.000731	-0.005290

由图 4-4 可以看出，在影响产业系统优化能力的二级指标中，第一大贡献为产业空间优化能力，其次为产业结构优化能力，最后是产业效益提升能力。其中，产业结构优化能力与产业空间优化能力差距较小，产业效益提升能力远低于前两者。

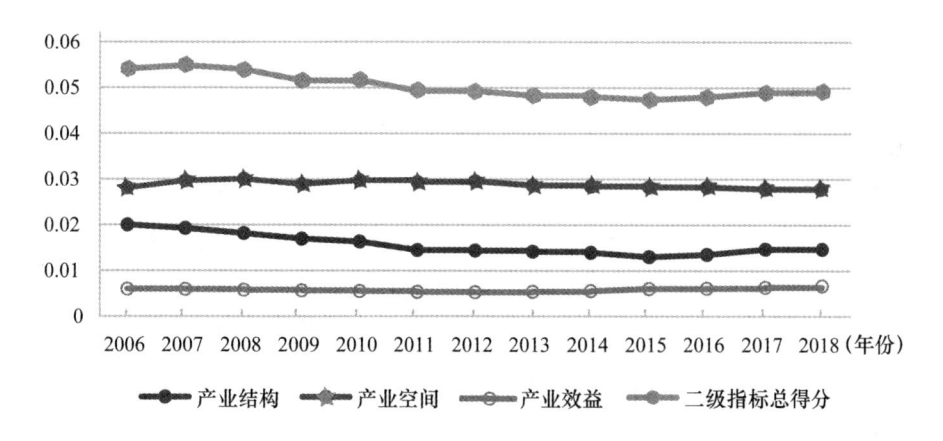

图 4-4　2006—2018 年河南省产业系统优化能力及其二级指标变化情况

2018 年，河南省产业系统优化能力全国排名为第 12 位，产业结构优化能力在全国排名第 21 位，产业空间优化能力在全国排名第 4 位，产业效益提升能力在全国排名第 19 位。拉低河南省产业系统优化能力的瓶颈主要为产业结构优化能力和产业效益提升能力。

（一）产业结构优化能力

2018年，河南省产业结构优化能力在全国排名第21位，包括11个下一级指标，它们在全国的排名：第二产业城镇单位就业人员比重第5名，第三产业城镇单位就业人员比重第24名，第二产业全社会固定资产投资比重第6名，第三产业全社会固定资产投资比重第27名，第二产业土地利用面积比重第26名，第三产业土地利用面积比重第30名，第一产业DEA技术效率第9名，第二产业DEA技术效率第26名，第三产业DEA技术效率第20名，服务业增长率第9名，第三产业增加值占GDP比重第27名。从中可以看出第三产业城镇单位就业人员比重、第三产业全社会固定资产投资比重、第二三产业土地利用面积比重、第二三产业DEA技术效率、第三产业增加值占GDP比重是拉低产业结构优化能力的主要瓶颈。

（二）产业空间优化能力

2018年，河南省产业空间优化能力全国排名第4位，其下一级指标产业区域布局能力在全国排名第4位，产业城乡布局能力在全国排名第20位，产品市场结构调整能力在全国排名第12位。可见，河南省的产业城乡布局能力和产品市场结构调整能力较弱，存在瓶颈效应。

1. 产业区域布局能力

2018年，河南省产业区域布局能力在全国排第4位，在下一级指标中，河南省GDP占全国GDP份额在全国排名第5位，河南省第一产业增加值占全国第一产业增加值比重在全国排名第2位，河南省第二产业增加值占全国第二产业增加值比重在全国排名第5位，河南省第三产业增加值占全国第三产业增加值比重在全国排名第7位。可见，河南省的第二产业增加值在全国的占有份额和第三产业增加值在全国的占有份额比重较低，影响了产业区域布局能力。

2. 产业城乡布局能力

衡量产业城乡布局能力可以用农村在国民经济中地位的负向程度表示，于是采用第一产业增加值占地区生产总值（GDP）比重的倒数表示，经计算其2018年在全国排名第20位。

3. 产品市场结构调整能力

产品市场结构调整能力由负向外贸依存度和负向外资依存度衡量。2018年，河南省这两个指标在全国的排名分别为第16位、第11位。

(三) 产业效益提升能力

2018年，河南省产业效益提升能力在全国排名第19位，包括物质消耗效益提升能力、劳动消耗效益提升能力和资本消耗效益提升能力3个下一级指标，它们在全国的排名分别为第16位、第23位和第16位。可见，物质消耗效益提升能力和劳动消耗提升能力对产业效益提升能力存在拉低作用。

1. 物质消耗效益提升能力

物质消耗效益提升能力用能源产出率——GDP与能源消耗总量之比衡量，河南省2018年的数据显示其在全国排名第16位。

2. 劳动消耗效益提升能力

劳动消耗效益提升能力用劳动生产率——GDP与就业人数之比衡量，河南省2018年的数据显示其在全国排名第23位，存在较大的瓶颈性。

3. 资本消耗效益提升能力

资本消耗效益提升能力用资本产出率——GDP与资本存量的比值衡量，河南省2018年的数据显示其在全国排名第16位。

三 河南省人文社会系统优化能力

根据表4-4可知，2006—2018年，河南省人文社会系统优化能力呈持续上升趋势。其下一级指标中人的发展、民生保障和社会公平得分都有所上升。从增幅来看，民生保障能力的增幅最大，其次是人的发展能力，维持社会公平能力的变化较小。

表4-4 河南省2006—2018年人文社会系统及其二级指标得分

	人的发展	民生保障	社会公平	总得分
2006年	0.010551	0.003306	0.004055	0.017912
2007年	0.011495	0.004045	0.004275	0.019815

续表

	人的发展	民生保障	社会公平	总得分
2008 年	0.012781	0.004727	0.004574	0.022081
2009 年	0.013389	0.005707	0.004903	0.023998
2010 年	0.013941	0.007177	0.004866	0.025984
2011 年	0.014598	0.009151	0.004472	0.028221
2012 年	0.015379	0.009939	0.004772	0.03009
2013 年	0.015812	0.01207	0.004838	0.032719
2014 年	0.016445	0.013133	0.00487	0.034448
2015 年	0.016731	0.014246	0.004632	0.03561
2016 年	0.01796	0.015631	0.004777	0.038367
2017 年	0.01862	0.016624	0.004793	0.040038
2018 年	0.019947	0.017632	0.004757	0.042336
增幅	0.009396	0.014326	0.000702	0.024424

由图 4-5 可以看出，民生保障能力对河南省人文社会系统优化能力的贡献最大，其次是人的发展能力，最后是维持社会公平能力。民生保障能力与维持社会公平能力的差距逐渐变大，人的发展能力与维持社会公平能力的差距也不断变大。

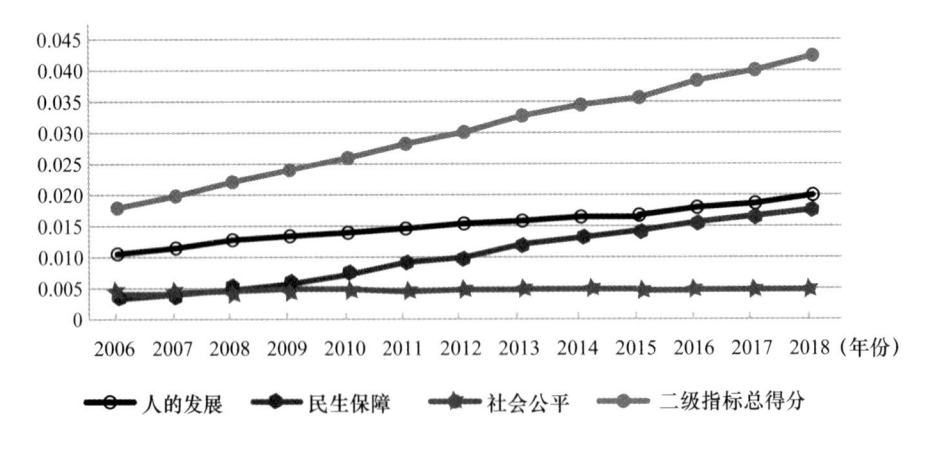

图 4-5 2006—2018 年河南省人文社会系统优化能力及其二级指标变化情况

（一）人的发展能力

2018年河南省的人的发展能力在全国排名第8位，包括生存条件、生活水平、素质修养和自由发展4个下一级指标，排名分别为第16位、第6位、第10位和第19位。可见，生存条件未能有效促进人的发展能力。

1. 生存条件

生存条件包括人口自然增长率和人口平均预期寿命，河南省2018年的这两个指标在全国的排名分别为第15位和第22位。

2. 生活水平

生活水平包括个人消费水平、负向的城镇恩格尔系数和负向的农村恩格尔系数表示，河南省2018年的这3个指标在全国的排名分别为第7位、第12位和第8位。

3. 素质修养

素质修养包括识字率、在校高等受教育率和在校高中受教育率，河南省2018年的这3个指标在全国的排名分别为第19位、第17位和第7位。

4. 自由发展

自由发展用广播节目综合人口覆盖率和电视节目综合人口覆盖率表示，河南省2018年的这2个指标在全国的排名分别为第18位和第20位。

（二）民生保障能力

民生保障能力包括就业保障能力、医疗保障能力、住房保障能力和社会保障能力。2018年，河南省的民生保障能力在全国排名第30位，其下的就业保障能力、医疗保障能力、住房保障能力和社会保障能力分别为第9位、第20位、第11位和第31位。医疗保障能力和社会保障能力是河南省民生保障能力提升的主要瓶颈。

1. 就业保障能力

就业保障能力包括劳动力参与能力和工资增长弹性，河南2018年的就业保障能力在全国排位第9位，其下的2个四级指标在全国的排名分别为第11位和第9位。

2. 医疗保障能力

医疗保障能力用每万人口拥有的医生数和每万人口拥有的床位数表示，河南省2018年的医疗保障能力居全国第20位，其下的2个四级指标分别居全国的第21位和第14位。

3. 住房保障能力

住房保障能力包括城镇住房保障能力和农村住房保障能力，河南2018年的住房保障能力居全国第11位，其下的城镇住房保障能力和农村住房保障能力分别居全国的第3位和第12位。

4. 社会保障能力

社会保障能力包括城镇职工基本养老保险水平、城镇基本医疗保险水平、失业保险保障水平、工伤保险保障水平、生育保险保障水平、城镇居民最低生活保障水平和农村居民最低生活保障水平7个指标。2018年河南省的社会保障能力在全国排名第31位，其下的7个四级指标在全国的排名分别为第30位、第23位、第27位、第25位、第21位、第31位和第25位。

（三）维持社会公平能力

维持社会公平能力包括削弱分配差别能力、缩小城乡收入差距能力和缩小贫富差距能力3个下一级指标。2018年，河南省维持社会公平能力在全国排名第26位，其下的削弱分配差别能力、缩小城乡收入差距能力和缩小贫富差距能力分别排名第16位、第8位和第31位。

1. 削弱分配差别能力

削弱分配差别能力用负向基尼系数表示，2018年河南省负向基尼系数在全国排名为第16位。

2. 缩小城乡收入差距能力

缩小城乡收入差距能力由负向的城镇居民人均可支配收入/农村居民人均可支配收入表示，2018年河南省该指标在全国排名为第8位。

3. 缩小贫富差距能力

缩小贫富差距能力用正向的相对贫困程度表示，2018年河南省该指标在全国排名为第31位。

四 河南省资源环境系统优化能力

从表4-5可以看出，河南省资源环境系统优化能力呈波动变化，环境治理和生态建设2006—2018年增幅为正，对河南省资源环境系统具有支撑作用，资源条件和环境污染增幅为负，拉低了河南省资源环境系统优化能力。

表4-5　河南省2006—2018年资源环境系统及其二级指标得分

	资源条件	环境污染	环境治理	生态建设	总得分
2006年	0.014877	0.002814	0.00873	0.005084	0.0078763
2007年	0.015986	0.002752	0.00928	0.005165	0.0082958
2008年	0.01535	0.002729	0.008872	0.005181	0.0080330
2009年	0.015939	0.002702	0.009883	0.005327	0.0084628
2010年	0.016087	0.002704	0.008447	0.005236	0.0081185
2011年	0.016189	0.002688	0.007205	0.005886	0.0079920
2012年	0.015323	0.002641	0.006593	0.005845	0.0076005
2013年	0.015385	0.002637	0.007437	0.005869	0.0078320
2014年	0.01453	0.002642	0.006633	0.005902	0.0074268
2015年	0.012938	0.002659	0.008166	0.006154	0.0074793
2016年	0.012382	0.002664	0.008695	0.006196	0.0074843
2017年	0.011827	0.00266	0.007534	0.006217	0.0070595
2018年	0.011061	0.00266	0.009168	0.006359	0.0073120

由图4-6可以看出，2018年河南省对资源环境系统贡献最大的是资源条件，其次是环境治理，再次是生态建设，最后是环境污染。2018年，河南省的资源条件、环境污染程度、环境治理能力和生态建设能力在全国排名分别为第19位、第12位、第14位和第29位。

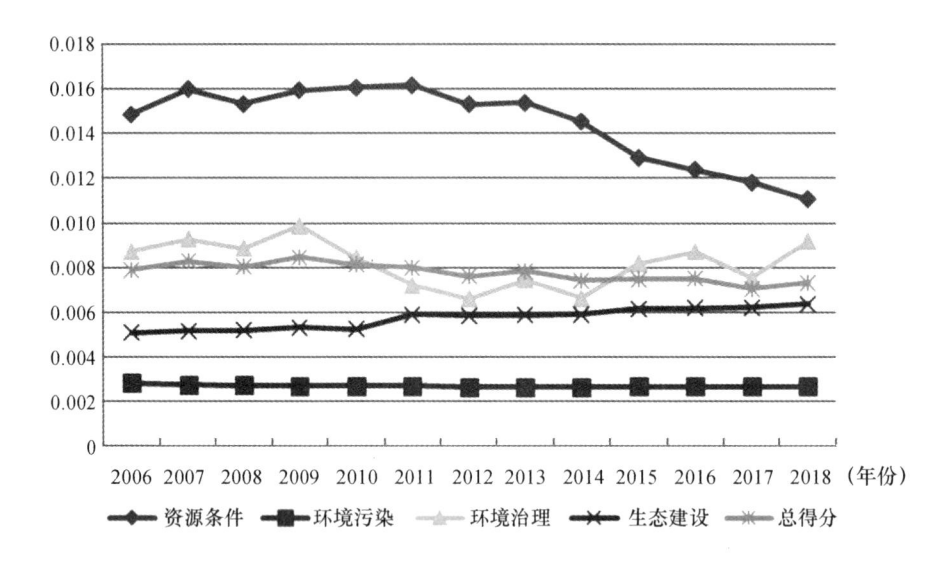

图 4-6　2006—2018 年河南省资源环境系统优化能力及其二级指标变化情况

(一) 资源条件

2018 年河南省资源条件在全国排名为第 19 位，包括资源禀赋条件、资源消耗程度和资源利用能力 3 个下一级指标，在全国排名分别为第 15 位、第 25 位和第 16 位。可见，拉低河南省资源条件能力的主要因素是资源消耗。

1. 资源禀赋条件

资源禀赋条件用采矿业城镇单位就业人员比重、采矿业全社会固定资产投资比重和能源产量衡量。2018 年河南省这 3 个指标在全国排名分别为第 14 位、第 17 位和第 15 位。

2. 资源消耗程度

资源消耗程度采用人均用水量、工业用水量占用水总量比重、农用地面积和建设用地面积 4 个指标表示。2018 年，河南省这 4 个指标在全国排名分别为第 26 位、第 12 位、第 26 位和第 18 位。

3. 资源利用能力

资源利用能力采用碳排放率表示，2018 年河南省该指标在全国排名第 16 位。

（二）环境污染程度

环境污染程度指标包括工业废水排放量、工业废气排放量、工业固体废弃物产生量和人均生活垃圾清运量4个指标。2018年，河南省环境污染程度全国排名第12位，其下一级指标中的工业废水排放量、工业废气排放量、工业固体废弃物产生量和人均生活垃圾清运量在全国排名分别为第22位、第10位、第16位和第6位。

（三）环境治理能力

环境治理能力包括环境治理投资强度、工业污染源治理投资/环境污染治理投资、工业废水排放减少率、工业废气排放减少率、工业固体废弃物综合利用率和生活垃圾无害化处理率6个指标。2018年，河南省环境治理能力全国排名第14位，其6个下一级指标在全国排名分别为第21位、第4位、第12位、第9位、第20位和第12位。

（四）生态建设能力

生态建设能力用人均公共绿地面积、建成区绿化覆盖率、森林覆盖率、湿地面积占辖区面积比重和自然保护区面积占辖区面积比重5个指标描述。2018年，河南省的生态建设能力在全国排名第29位，其下一级5个指标在全国的排名分别为第29位、第18位、第20位、第21位和第26位。

五　河南省科教信息系统优化能力

从表4-6可以看出，河南省的科教信息系统优化能力2006—2018年总体保持稳定上升态势。从增幅来看，教育水平、技术水平和信息化水平的增幅均为正，表明河南省教育水平、技术水平和信息化水平均有所增强。其中增幅较大的是信息化水平，其次为技术水平，最后为教育水平。

表4-6　河南省2006—2018年科教信息系统及其二级指标得分

	教育	技术	信息化	总得分
2006年	0.00548	0.001243	0.002841	0.009565
2007年	0.004773	0.001558	0.003743	0.010074

续表

	教育	技术	信息化	总得分
2008 年	0.005107	0.00199	0.004926	0.012024
2009 年	0.005308	0.002242	0.006897	0.014447
2010 年	0.005363	0.002495	0.009098	0.016956
2011 年	0.006175	0.003348	0.010933	0.020455
2012 年	0.006568	0.003885	0.013125	0.023577
2013 年	0.007273	0.004504	0.021402	0.033179
2014 年	0.007985	0.005293	0.026872	0.04015
2015 年	0.009402	0.005983	0.028865	0.04425
2016 年	0.00977	0.00644	0.032374	0.048584
2017 年	0.010197	0.007404	0.036188	0.053789
2018 年	0.010292	0.007771	0.038473	0.056536
增幅	0.004812	0.006528	0.035632	0.046971

由图 4-7 可以看出，信息化水平提升能力对科教信息系统优化能力贡献最大，第二大为教育水平提升能力，技术水平提升能力对科教信息系统优化能力贡献最小。

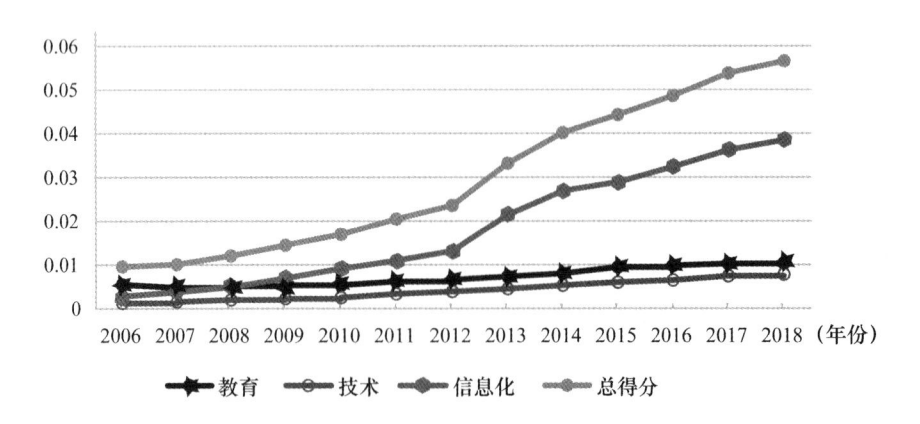

图 4-7 2006—2018 年河南省科教信息系统优化能力及其二级指标变化情况

（一）教育水平提升能力

教育水平提升能力包括教育投入提升能力和教育产出提升能力 2 个

下一级指标。2018年，河南省教育水平提升能力在全国的排名为第29名，教育投入提升能力和教育产出提升能力在全国排名分别为第30位和第18位。

1. 教育投入提升能力

教育投入提升能力采用教育财政投入强度和负向的普通高等学校生师比、普通高中学校生师比、中等职业学校生师比、普通初中学校生师比、普通小学学校生师比6个指标衡量。2018年，河南省的这6个指标在全国排名分别为第21位、第24位、第29位、第17位、第27位和第28位。

2. 教育产出提升能力

教育产出提升能力采用大学升学率和高中升学率衡量。2018年，河南省的大学升学率和高中升学率分别在全国排名第19位和第18位。

（二）技术水平提升能力

技术水平包括技术创新资源、技术创新投入和技术创新产出3个指标。2018年，河南省的技术水平提升能力在全国的排名为第17位，技术创新资源、技术创新投入和技术创新产出分别在全国排名第16位、第16位和第21位。

1. 技术创新资源

技术创新资源指标用科技人员技术创新产出能力投入表示，2018年河南省该指标在全国排名第16位。

2. 技术创新投入

技术创新投入用研发投入强度表示，2018年河南省该指标在全国排名第16位。

3. 技术创新产出

技术创新产出能力用国内三种专利授权数和技术市场成交额表示，2018年河南省这两个指标在全国排名分别为第16位和第25位。

（三）信息化水平提升能力

信息化水平主要从信息技术应用能力和信息产业发展能力两个角度考虑，2018年河南省的信息化水平提升能力在全国排名为第8位，信息技术应用能力和信息产业发展能力分别在全国排名第13位和第6位。

1. 信息技术应用能力

信息技术应用能力采用城镇电脑拥有量、农村电脑拥有量、电话普及率和网络覆盖率4个指标衡量。2018年河南省这4个指标在全国排名分别为第16位、第13位、第26位和第28位。

2. 信息产业发展能力

信息产业发展能力采用信息产业劳动力投入比重、信息产业资本投入比重和信息产业产值比重3个指标衡量。2018年河南省这3个指标在全国排名分别为第3位、第6位和第11位。

第三节 河南省经济发展方式转变瓶颈

一 经济发展方式转变能力综合指标情况

河南省经济发展方式转变能力无论从全国各省份层面对比，还是中部六省份对比，均具有比较明显的优势。剖析河南省经济发展方式转变能力存在瓶颈需要进一步对一级指标、二级指标、三级指标和四级指标展开分析，以确定瓶颈问题所在。

二 经济发展方式转变能力一级指标情况及瓶颈

根据表1-3可知，2018年河南省经济发展方式转变能力一级指标中要素系统优化能力排在全国第7位，略高于中部平均水平，但远高于全国平均水平；产业系统优化能力排在全国第12位，略高于全国平均水平，但远高于中部平均水平；人文社会系统优化能力排在全国第25位，略低于全国平均水平和中部平均水平；资源环境系统优化能力排在全国第29位，低于全国平均水平和中部平均水平；科教信息系统优化能力排在全国第14位，略高于全国平均水平和中部平均水平。根据以上分析，河南省经济发展方式转变能力一级指标中人文系统优化能力与资源环境系统优化能力存在拉低或者未能有效推进经济发展转变的情况。因此，河南省经济发展方式转变能力一级指标中的瓶颈主要为人文社会系统与资源环境系统。

三 经济发展方式转变能力二级指标情况及瓶颈

根据表 1-5 可知，2018 年河南省经济发展方式转变能力 16 个二级指标中排名靠后的有要素结构、产业结构、产业效益、民生保障、社会公平、资源条件、生态建设、教育和技术，在全国的排名分别为 28 位、第 21 位、第 19 位、第 30 位、第 26 位、第 19 位、第 29 位、第 29 位、第 17 位。因此，在二级指标层面，要素结构、产业结构、产业效益、民生保障、社会公平、资源条件、生态建设、教育和技术是河南省经济发展方式转变的主要瓶颈。

四 经济发展方式转变能力三级指标情况及瓶颈

根据表 1-6 可知，2018 年河南省 38 个三级指标中全国排名靠后的指标有：要素投入结构全国排名第 28 位，要素动力结构全国排名第 22 位，要素城乡分布全国排名第 30 位，要素部门间流动全国排名第 16 位，要素城乡间流动全国排名第 18 位，三次产业结构全国排名第 21 位，产业城乡分布全国排名第 20 位，物质消耗效益全国排名第 16 位，劳动消耗效益全国排名第 23 位，资本消耗效益全国排名第 16 位，生存条件全国排名第 16 位，自由发展全国排名第 19 位，医疗保障全国排名第 20 位，社会保障全国排名第 31 位，分配差别全国排名第 16 位，贫富差距全国排名第 31 位，资源消耗全国排名第 25 位，资源利用全国排名第 16 位，生态建设全国排名第 29 位，教育投入全国排名第 30 位，教育产出全国排名第 18 位，技术创新资源全国排名第 16 位，技术创新投入全国排名第 16 位，技术创新产出全国排名第 21 位。河南省这些三级指标对经济发展方式转变具有制约作用。

因此，从三级指标层面来看，河南省经济发展方式转变瓶颈主要为要素投入结构、要素动力结构、要素城乡分布、要素部门间流动、要素城乡间流动、三次产业结构、产业城乡分布、物质消耗效益、劳动消耗效益、资本消耗效益、生存条件、自由发展、医疗保障、社会保障、分配差别、贫富差距、资源消耗、资源利用、生态建设、教育投入、教育产出、技术创新资源、技术创新投入与技术创新产出。

五 经济发展方式转变能力四级指标情况及瓶颈

2018年河南省经济发展方式转变能力112个四级指标中，要素系统中23个四级指标有9个指标在全国排名靠后，它们分别是：单位GDP中技术劳动比在全国排名第30位，技术贡献率在全国排名第22位，投资率在全国排名第26位，消费率在全国排名第16位，劳动力城乡分布在全国排名第29位，土地城乡分布在全国排名第27位，技术区域分布在全国排名第18位，劳动力部门间流动在全国排名第18位，技术区域间流动在全国排名第17位。上述9个四级指标是拉低河南省要素系统优化能力的主要瓶颈。

2018年河南省经济发展方式转变能力112个四级指标中，产业系统中21个四级指标有12个指标在全国排名靠后，它们分别是：第三产业城镇单位就业人员比重全国排名第24位，第三产业全社会固定资产投资比重全国排名第27位，第二产业土地利用面积比重在全国排名第26位，第三产业土地利用面积比重在全国排名第30位，第三产业DEA技术效率全国排名第26位，第二产业DEA技术效率全国排名第20位，第三产业增加值占GDP的比重全国排名第27位，农村在国民经济中地位全国排名第20位，外贸依存度全国排名第16位，能源产出率在全国排名第16位，劳动生产率在全国排名第23位，资本产出率在全国排名第16位。上述12个四级指标是制约河南省产业系统优化的主要瓶颈。

2018年，河南省经济发展方式转变能力112个四级指标中，人文社会系统中的26个四级指标有15个指标在全国排名靠后，它们分别是：人口平均预期寿命在全国排名第22位，识字率在全国排名第19位，每十万人口高等教育在校学生数在全国排名第17位，广播节目综合人口覆盖率在全国排名第18位，电视节目综合人口覆盖率在全国排名第20位，每万人口拥有的医生数在全国排名第21位，城镇职工基本养老保险水平在全国排名第30位，城镇基本医疗保险水平在全国排名第23位，失业保险保障水平在全国排名第27位，工伤保险保障水平在全国排名第25位，生育保险保障水平在全国排名第21位，城镇居民最低生活保障水平在全国排名第31位，农村居民最低生活保障水平在全国排名第25位，基尼系数在全国排名第 16 位，相对贫困程度在全国排名第 31 位。上述 15 个四级指标是制约河南省人文社会系统优化的主要瓶颈。

2018 年，河南省经济发展方式转变能力 112 个四级指标中，资源环境系统中 23 个四级指标有 15 个在全国排名靠后，它们分别是：采矿业城镇单位就业人员比重在全国排名第 14 位，采矿业全社会固定资产投资比重在全国排名第 17 位，人均用水量在全国排名第 26 位，人均农用地面积在全国排名第 26 位，人均建设用地面积在全国排名第 18 位，碳排放率在全国排名第 16 位，人均工业废水排放量在全国排名第 22 位，人均工业固体废弃物产生量在全国排名第 16 位，环境治理投资强度在全国排名第 21 位，工业固体废弃物综合利用率在全国排名第 20 位，人均公共绿地面积在全国排名第 29 位，建成区绿化覆盖率在全国排名第 18 位，森林覆盖率在全国排名第 20 位，湿地面积占辖区面积比重在全国排名第 21 位，自然保护区面积占辖区面积比重在全国排名第 26 位。上述 15 个四级指标是制约河南省资源环境系统优化的主要瓶颈。

2018 年，河南省经济发展方式转变能力 112 个四级指标中，科教信息系统中 19 个四级指标有 15 个指标在全国排名靠后，它们分别是：教育财政投入强度在全国排名第 21 位，普通高等学校生师比在全国排名第 24 位，普通高中学校生师比在全国排名第 29 位，中等职业学校生师比在全国排名第 17 位，普通初中学校生师比在全国排名第 27 位，普通小学学校生师比在全国排名第 28 位，大学升学率在全国排名第 19 位，高中升学率在全国排名第 18 位，科研人员全时当量在全国排名第 16 位，研发经费占 GDP 的比重在全国排名第 16 位，人均国内三种专利授权数在全国排名第 16 位，人均技术市场成交额在全国排名第 25 位，城镇电脑拥有量在全国排名第 16 位，电话普及率在全国排名第 26 位，网络覆盖率在全国排名第 28 位。这些指标是拉低河南省科教信息系统优化能力的主要因素。

第四节　对策建议

总体上，河南省经济发展存在如下问题：不平衡不充分的一些突出问题尚未解决，面临加快发展与补短板、强弱项的双重任务；创新能力仍然偏弱，产业层次偏低、结构不优，实体经济面临不少困难，发展质量和效益有待提高；制约发展的体制机制障碍仍然存在；生态环境保护任务依然繁重；民生领域存在不少短板，居民在就业、教育、医疗、居住、养老等方面还有不少难题；政府在加强干部队伍建设中仍有不足，行政效能有待进一步提高。

上述瓶颈导致了河南省经济增长方式较为粗放、效益提升缓慢、创新能力较弱、产业转型困难、高端人力资源匮乏、资源利用效率低、区域发展不平衡、民生保障不充分、生态环境破坏严重等难题。为了顺利实现河南省经济发展方式转变，针对上文分析的要素系统、产业系统、人文社会系统、资源环境系统和科教信息系统中的具体瓶颈，提出如下几点建议。

一 消除要素系统中瓶颈的举措

从上述要素系统下二级、三级和四级指标的绝对得分及其横向纵向对比分析中可以得出要素系统中存在的瓶颈：（1）河南省各要素对经济发展的贡献率不均衡，投资和技术结构对经济增长的贡献率极低，该类经济增长驱动具有不可持续性，也会限制产业结构升级，制约经济发展质量的提升。（2）河南省要素空间分布中存在劳动力和土地分布不合理问题。（3）要素流动性存在异质性，劳动力部门间和技术区域间的流动性均较弱，存在较大流动壁垒。为此提出如下建议。

（一）调整要素投入结构，做强实体，提升消费，促进经济平稳增长、提质增效

可根据河南省实际情况，从以下几个方面着手：把经济增长建立在实体经济健康发展、投资消费有效拉动的基础上，推动经济稳中有进、稳中向好。积极扩大有效投资，加快推进一批产业和社会事业项目。创新项目融资方式，继续推出一批高质量PPP项目。以保护产权为重点，落实鼓励民间投资各项政策，激发民间投资积极性。推进以科技创新为主的全面创新，持续推进加大全社会研发投入，使得技术要素在拉动经济增长上起到积极作用，深入推进大众创业、万众创新。深化科技体制改革，强化企业创新主体地位和作用，建立产学研用深度融合的技术创

新体系，强化知识产权创造、保护和应用，激发科技人才的创新活力和潜力。

（二）提升科技创新能力，夯实发展战略支撑

以加快郑洛新国家自主创新示范区建设为龙头，持续打好开放牌、念好人才经、下好改革棋、唱好协同戏，推动创新驱动提质增效。深化自创区管理体制和人事薪酬改革，抓好辐射区建设，突出发展一批创新引领型企业、培育一批创新引领型人才、建设一批创新引领型平台、引进一批创新引领型机构，加快生物育种、通信技术、超级电容、工业CT等创新引领型项目产业化。协同推进科技、制度、业态和工艺创新，促进科技与金融、军工与民用、"地方"与"国家"融合。深化科技金融产品和服务创新，扩大"科技贷"规模，设立自创区创新创业发展基金，发挥科技成果转化引导基金和重点产业知识产权运营基金作用，重点支持重大科技成果转化、新型研发机构和科技型企业创新发展。

（三）通过市场机制作用，提升各类要素的投入产出率

使市场在资源配置中起决定性作用，更好地发挥政府的作用，完善产权制度，深化国企国资、农业农村、要素价格、商事制度等领域改革，实现产权有效激励、要素自由流动、价格反应灵活、竞争公平有序、企业优胜劣汰。建立健全市场准入负面清单制度，完善促进投资消费的体制机制，增强投融资活力。强化战略导向的统筹规划，健全经济政策协调机制，保障经济在预期轨道上运行。

二 消除产业系统中瓶颈的举措

产业系统瓶颈：（1）产业结构低级化，升级缓慢，第三产业就业、固定资产投资占比及其增加值占比均居于全国落后水平，发展滞缓。（2）第二产业和第三产业的用地面积不足。（3）二三产业技术效率有待提高。（4）劳动生产率和资本产出率不高。为此提出以下建议。

（一）深化供给侧结构性改革，促进产业迈向中高端，推进现代化经济体系建设

推动质量提升。以提高产品、工程和服务质量为重点，深入推进质量强省建设。继续实施增品种、提品质、创品牌专项行动，大力推进精

益制造、品牌制造，支持企业发展个性定制、高端定制，增强供给产品适应市场需求的灵活性。调整优化结构。严格执行环保、能耗、质量、安全等标准，全面完成国家下达的煤炭等行业化解过剩产能任务。培育现代物流、健康养老、教育培训、优质旅游等新增长点；加快国家大数据综合试验区建设，抓好数据资源集中整合、开放共享，大力发展数字经济。

（二）壮大实体产业经济

弘扬企业家精神，营造尊重、鼓励、保护企业家干事创业的社会氛围。构建亲清新型政商关系，开展营商环境示范创建，降低企业制度性交易成本和生产经营成本。盘活做优国资国企，加快培育具有市场竞争优势的国有骨干企业。支持驻豫央企改善供给结构、延伸产业链条、形成产业集群，鼓励央企与地方企业兼并重组、融合发展。大力支持民营企业发展，落实支持非公有制经济发展的政策措施，保护企业合法权益。深化土地利用综合改革，提高利用质量效益。

（三）大力实施创新驱动发展战略，提高创新基础能力

全力打造创新人才高地，推进博士和博士后人才创新发展，研究推出更加有效的创新人才政策。加大力度培养和引进一批科技领军人才和高水平创新团队，完善人才服务保障体系，深化职称制度改革，着力解决人才落户、住房、子女入学、出入境等突出问题，让人才引得进、留得住、流得动、用得好。营造良好创新生态，系统推进全面创新改革试验，落实科研人员科技成果转化所有权、处置权、收益分配权相关政策，进一步激发科研人员的积极性创造性。营造风投创投经济生态，发展壮大创业投资，培育壮大天使投资人群体。建设引领型知识产权强省，强化知识产权创造、保护、运用，大力推进专利质押融资，打造全国知识产权交易中心。新增一批创新型城市，倡导崇尚创新、宽容失败的创新文化，激发全社会创新创业活力。

三　消除人文社会系统中瓶颈的举措

河南省要消除人文社会系统中的瓶颈，要做好如下6个方面的工作：（1）提高教育尤其是高等教育重视程度，提高人们的识字率。（2）增加

医疗卫生投入，解决医疗资源匮乏问题。(3) 缩小城乡收入差距，促进社会公平。(4) 完善最低生活保障制度。(5) 完善社会保险制度，提高各类保险的覆盖广度和深度。(6) 提高广播、电视等节目的综合覆盖率，丰富人们的文化生活。

(一) 深入推进新型城镇化，优化区域发展格局

加快中原城市群建设，落实中原城市群建设实施方案。继续支持郑州建设国家中心城市，推进郑汴、郑许一体化和郑新、郑焦深度融合，加快大都市区建设以省辖市老城区和县级城市为主体，加强基础设施和公共服务配套建设，提升改造背街小巷和老旧小区。加快小城镇体制创新，科学推进特色小镇和小城镇布局建设。积极稳妥推进智慧城市建设，运用大数据提升城市精细化、智能化管理水平。

(二) 实施乡村振兴战略，推进农村现代化

坚持农业农村优先发展，按照产业兴旺、生态宜居、乡风文明、治理有效、生活富裕的总要求，科学编制实施乡村振兴战略规划，推动实现农业强、农村美、农民富。深入推进精准脱贫，注重扶贫与扶志扶智结合、救急纾困与内生脱贫结合，抓住产业扶贫、金融扶贫、易地搬迁等关键环节。继续深化农村改革。深化农村土地制度改革，完善承包地"三权"分置制度，稳步推进农村房屋不动产登记，探索盘活用好闲置农房和宅基地。大力发展现代农业。坚持质量兴农、绿色兴农、结构兴农、品牌强农，加快由增产导向转向提质导向。

(三) 积极发展社会事业，提升公共服务水平

坚持抓重点、补短板、强弱项，着力优化基本公共服务供给。优先发展教育事业。持续实施第三期学前教育行动计划。推动城乡义务教育一体化发展，深入实施扩充城镇义务教育资源五年计划。持续改善贫困地区义务教育办学条件，落实乡村教师激励政策。完善职业教育体系，深化产教融合、校企合作。加快健康中原建设。实施基层医疗卫生服务能力提升工程，新建、改扩建一批县级医院、妇幼保健和疾病防控机构，加强基层乡村医疗卫生机构标准化建设。提升远程医疗信息服务，深入推进分级诊疗、家庭医生签约服务和医联体建设，健全公立医院补偿机制，支持社会办医。持续提高城乡低保、基础养老金、特困人员生活费

标准，巩固完善实施困难残疾人生活补贴和重度残疾人护理补贴制度。健全社会保障体系。全面实施全民参保计划。积极参与养老保险全国统筹，全面完成机关事业单位养老保险改革，继续调整城镇退休人员养老金待遇。完善城乡居民基本医疗保险制度、大病保险、困难群众大病补充医疗保险和医疗救助制度，提高农村贫困人口门诊慢性病和门诊重特大疾病保障水平。

四 消除资源环境系统中瓶颈的举措

资源环境系统瓶颈：资源禀赋条件不足，但资源消耗较大，同时环境治理存在投入不足和效率低下并存的问题，应该从源头上解决资源消耗较大的问题，同时提升环境治理的强度和效率。

河南省消除资源环境系统中的瓶颈，要做好如下3个方面的工作：（1）持续促进产业结构升级，资源集约发展；（2）提高环境治理强度和效率；（3）规范环境治理制度和检查体制。

（一）要加快产业绿色化转型，尽快建立落后产能的退出机制

淘汰高污染高耗能低效率的落后产能；推动建立绿色低碳循环发展产业体系，大力支持生态农业、生态旅游业等绿色低碳产业发展和传统制造业绿色改造；大力发展清洁能源，重点降低煤炭在河南能源消耗中的比重。同时，要健全绿色发展的制度体系。加快自然资源资产产权和用途管制改革，推进资源和要素价格体系改革，降低对资源和能源密集型产业的扶持；建立健全用能权、用水权、排污权、碳排放权初始分配制度，推动建立生态系统服务的区域性交易市场。

（二）大力推进污染防治，持续改善生态环境

深入推进大气污染防治。坚持长短结合、铁腕治污，全面落实京津冀及周边地区大气污染综合治理攻坚行动。持续实施水污染防治。系统推进水污染防治、水生态保护和水资源管理，全面落实河长制湖长制，强化重点流域和城市河流治理、城市生态水系建设，加强饮用水源保护，推进地下水污染综合防治。启动土壤污染防治攻坚。聚焦重点区域、行业和污染物，实施农用地土壤环境分类管理和建设用地准入管理，加强农村农业面源污染防治，推进重点地区重金属污染物总量减排。着力控制污染源头，狠抓末端排放治理，突出重点区域、行业、环节、时段，强化"六控"措施落实，健全绿色环保调度和差别化管理制度，加快产业结构、能源结构调整，从源头上减少污染。

（三）加强生态保护修复

改革生态环境监管监测体制，完善生态文明建设考核机制，开展领导干部自然资源资产离任审计。加强自然保护区建设与管理，推动绿色矿山建设，加强地质灾害防治。实施新一轮生态省建设，加快森林、湿地、流域、农田、城市五大生态系统建设，完善天然林保护制度，开展大规模国土绿化行动。

（四）健全各方环境监督体制

深入推进生态文明体制改革，严格执行生态保护红线管理制度。着力构建自然资源开发保护制度体系，深入推进自然资源统一确权登记试点，编制自然资源资产负债表，全面开展常态化地理国情监测。着力健全生态保护补偿制度体系，逐步实现森林、湿地、水流、耕地4个重点领域生态保护补偿全覆盖，探索生态产品价值实现机制。要完善绿色发展的监管体系。加快改进环境监测系统，积极利用物联网、大数据平台和先进的环境监测手段，建立起立体式、全覆盖的智能化环境监测网络；加强环境司法的监管力度，加大对环境污染责任主体的惩戒力度。畅通环保组织和民间力量参与环境监督的体制机制，充分发挥其第三方监督作用。要加强绿色发展的宣传引导。要通过广泛宣传，提高民众对于绿色发展的认识，使全社会自觉形成绿色生产生活方式。

五　消除科教信息系统中瓶颈的举措

科教信息系统瓶颈：（1）教育方面，各级学校的师生比处于全国落后水平，师资力量极其匮乏，而教育财政的投入强度却处于全国中上游水平，说明教育投入的效率和教师行业的人才引进问题值得关注；（2）技术方面，技术资源条件、技术创新投入、技术创新产出的整个技术生产链均处于较低水平，技术创新亟须关注；（3）信息方面，信息产业各要素投入强度在全国居上游水平，但信息技术的应用能力却排在全国最落后水平，这说明信息产业发展存在极为严重的低效率问题，主要表现在农村信息技术的推广应用上，城乡差距悬殊。

河南省要消除科教信息系统中的瓶颈，要做好如下3个方面的工作：（1）促进教育投入产出效率，壮大各级学校师资力量；（2）提高技术创新投入效率；（3）提高信息技术应用能力。

(一) 优先发展教育事业

持续实施第三期学前教育行动计划，推动城乡义务教育一体化发展，深入实施扩充城镇义务教育资源五年计划，着力缓解中小学生课外负担重、择校热、大班额等突出问题。持续改善贫困地区义务教育办学条件，落实乡村教师激励政策。完善职业教育体系，深化产教融合、校企合作。深入推动高等教育内涵式发展。继续实施第二期特殊教育提升计划。支持和规范社会力量兴办教育。健全学生资助制度，努力让每个孩子享有公平而有质量的教育。

(二) 改革科技人才发展机制

构建科学规范、开放包容、运行高效的科技人才发展治理体系，完善灵活开放的科技人才培养、引进和使用机制；推进创新型人才结构调整，突出"高精尖缺"导向，重视高层次创新人才队伍建设，突出顶尖科学家、科技领军人才的引进、培养；健全科技人才激励机制，完善科研事业单位收入分配制度改革，突出对重大科技贡献、优秀创新团队的激励；改进战略科学家和创新型科技人才培养支持方式。继续实施"草原英才"工程科技子工程，面向海内外引进和培养高层次创新创业人才和创新团队，完善支持政策，创新支持方式。鼓励科技人才自主选择科研方向，组建科研团队，开展原创性基础研究和面向需求的应用研究。

(三) 提高信息技术应用率

将信息技术与其他产业发展相融合，发挥信息技术的溢出效应。提高信息通信技术的普及率，尤其要加快农村地区信息基础设施建设。通过信息基础设施建设合作，促进高信息技术覆盖地区对较低地区的溢出效应。

第五章

湖北省经济发展方式转变现状、瓶颈及对策研究

湖北省，位于中国中部偏南、长江中游，洞庭湖以北，是承东启西、连南接北的交通枢纽，武汉天河国际机场是中国内陆重要的空港。近年来，湖北省在中部崛起以及长江经济带的建设中努力发展自身，取得一系列重大成果，综合实力明显提升，结构调整明显加快，发展活力明显增强，人民生活明显改善，生态环境明显好转。但同时仍然面临不少困难，其中发展不平衡不充分问题较为突出，尤其是地区、城乡发展分化明显，农村基础设施、公共服务和乡村治理仍然薄弱；经济结构不优、质量效益不高的状况没有根本改变，产业转型升级任务较重，实体经济发展困难较多；各类风险矛盾交织，防范化解风险压力大；民生领域存在不少短板，脱贫攻坚任务艰巨，教育、医疗、居住、养老、环保、食品药品安全等方面，群众还有许多不满意的地方；总之，湖北省实现经济发展方式转变还需要全方位的努力。

第一节 湖北省经济发展方式转变能力测度及横向对比

一 湖北省经济发展方式转变能力综合得分

利用公式（1.15）计算出31个省、市、自治区经济发展方式转变能力的综合得分，再通过简单平均的方法计算湖北、中部地区和全国的综

合得分，结果见表1-2和图5-1。

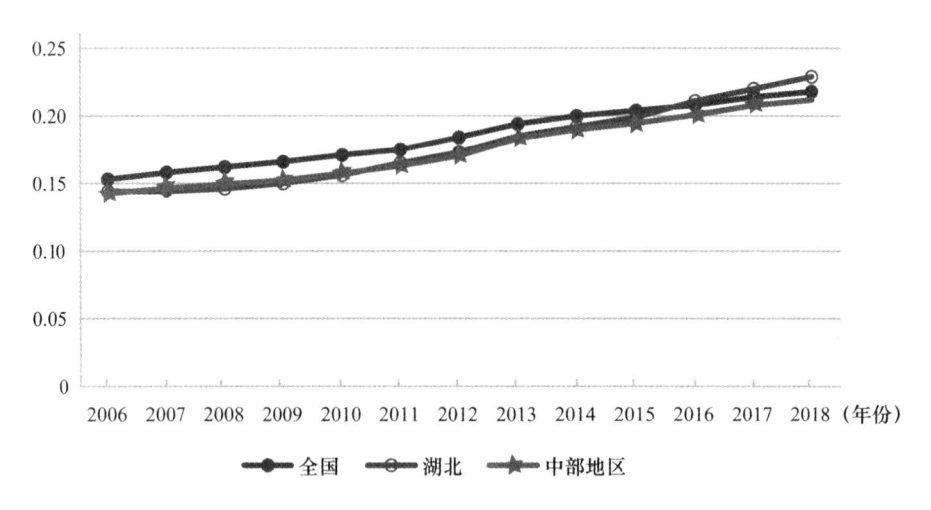

图5-1 湖北省、中部地区及全国经济发展方式转变能力综合得分对比

由图5-1可知，2006—2018年湖北省和其所在的中部地区六省市及全国经济发展方式转变能力都处在上升阶段。湖北省经济发展方式转变能力得分在2006—2014年始终和中部地区平均水平保持着极其微小的差距，与全国平均得分相差不大，但在2015—2018年湖北省综合得分获得了较大的增长，并且超过了全国平均水平。

湖北省综合得分始终保持稳步上升的趋势，湖北省的经济发展方式转变能力逐渐增强，居于全国中上水平。

二 经济发展方式转变能力综合得分横向比较的瓶颈分析

通过综合得分情况分析，湖北省经济发展方式转变能力处于全国领先水平，发展态势良好。而和北京、上海两大一线发达城市相比，其转变能力仍存在改善和上升的空间。接下来，通过对一级指标进行分析，以便对制约湖北省经济发展方式转变能力的因素进行具体化和精确化。根据表5-1可知，2006—2018年，湖北省要素系统优化能力、产业系统优化能力、人文社会系统优化能力、资源环境系统优化能力和科教信息系统优化能力的提高幅度分别为 0.005524、0.003122、0.026874、

0.004389 和 0.045093，可见要素系统、产业系统和资源环境系统优化能力是制约湖北省经济发展方式转变能力提升的主要因素。

以一级指标分析经济发展方式转变的瓶颈过于粗放，且各省之间存在诸如要素和产业优化不足、资源环境约束等共性问题，而各省面临的重点难点又有所不同。因此，宜对二级指标进行分析以便有针对性地破解发展瓶颈。由表1-5可知，湖北省在产业结构、人的发展、资源条件、环境污染和生态建设等方面存在不足和改善空间，2018年在全国的排名分别为第16位、第22位、第16位、第18位和第20位，这些二级指标存在明显的发展方式转变瓶颈性，需要引起足够的重视。

表5-1　湖北省经济发展方式转变能力一级指标得分情况

	要素系统	产业系统	人文社会系统	资源环境系统	科教信息系统	总得分
2006年	0.028629	0.047149	0.021853	0.029541	0.016953	0.144124
2007年	0.028225	0.044771	0.021905	0.030639	0.018632	0.144172
2008年	0.027695	0.044495	0.023783	0.030020	0.020314	0.146309
2009年	0.027170	0.046078	0.024972	0.031177	0.020354	0.149752
2010年	0.028092	0.047415	0.026512	0.029886	0.023869	0.155774
2011年	0.028695	0.046622	0.028640	0.031227	0.029790	0.164975
2012年	0.029565	0.047768	0.031587	0.031380	0.033141	0.173441
2013年	0.030339	0.049027	0.035061	0.029609	0.040677	0.184712
2014年	0.030701	0.048715	0.035347	0.030491	0.046309	0.191563
2015年	0.031556	0.049111	0.036845	0.031800	0.049696	0.199009
2016年	0.032691	0.049970	0.041455	0.032102	0.054835	0.211054
2017年	0.033451	0.049671	0.046240	0.032364	0.058045	0.219771
2018年	0.034152	0.050271	0.048728	0.033930	0.062046	0.229127
增幅	0.005524	0.003122	0.026874	0.004389	0.045093	0.085003

第二节　湖北省经济发展方式转变能力现状

根据经济发展转变能力指标体系中的5个一级指标的省级层面对比

可以看出，湖北省经济发展方式转变能力居于我国较高水平。

由图 5-2 可以看出，湖北省经济发展方式转变能力一级指标中，各个系统 2018 年的得分与 2006 年相比都有所上升。科教信息系统优化能力的增长速度最快，在 2015 年超过产业系统优化能力，成为对湖北省经济发展转变能力贡献最大的一级指标。贡献第二大的为产业系统优化能力，其呈现平稳上升趋势，但上升幅度不大。第三是人文社会系统优化能力，2006 年贡献能力仅高于科教信息系统，但是在 2012 年之后上升幅度增大，仅次于科教信息系统优化能力与产业系统优化能力。第四是要素系统优化能力，最后是资源环境系统优化能力，要素系统优化能力和资源环境系统优化能力的上升幅度较小。整体来看，湖北省经济发展方式转变能力呈现平稳上升趋势。

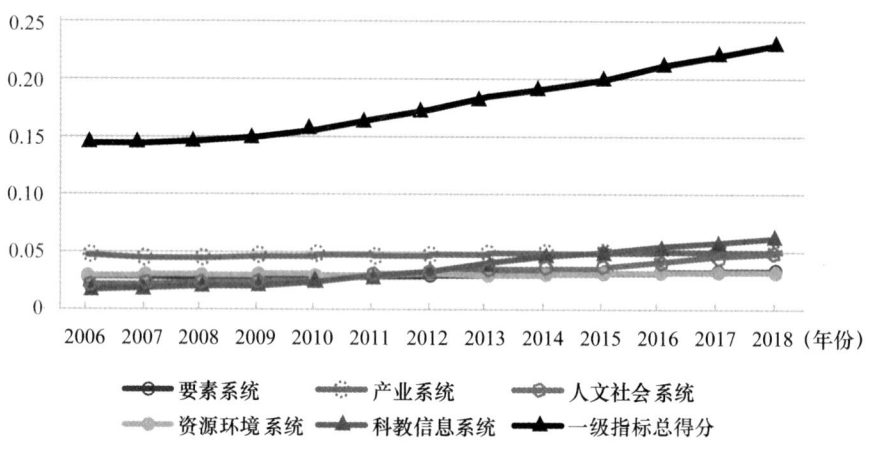

图 5-2 湖北省经济发展方式转变能力一级指标得分变化情况

2018 年，湖北省的要素系统优化能力在全国排在第 11 位，较总体发展方式转变能力在全国的排名靠后，说明要素系统对湖北省的经济转型进程产生了一定的负面影响。产业系统优化能力在全国排第 9 位，较总体发展方式转变能力在全国的排名略靠前，可见对湖北省的经济发展方式具有一定的拉动作用。人文社会系统优化能力在全国排第 8 位，较总体发展方式转变能力在全国的排名靠前，说明湖北省人文社会系统对经济转型存在正效应,应当保持。资源环境系统优化能力在全国排名第 20 位,较总体发展方式转变能力在全国的排名远靠后,说明湖北省在资源环境系统优化能力方面存在短板,这是制约该省经济发展方式转变最为关键的要素,应尽快改进。科教信息系统优化能力在全国排名第 11 位,较发展方式转变能力综合得分排名稍靠后,说明科教信息系统优化能力对湖北省经济发展方式有一定的阻碍作用。总体来看,5 个一级指标中仅有产业系统、人文社会系统对湖北省经济发展方式转变能力存在正向拉动作用,要素系统、科教信息系统和资源环境系统对湖北省均存在一定程度的阻碍,尤其是资源环境系统阻碍最大。

一 湖北省要素系统优化能力

由表 5-2 可以看出,湖北省要素系统优化能力 2006—2018 年总体上是一个上升的状态,2009—2018 年基本表现为持续上升状态。从增幅来看,要素结构和要素空间的增幅为正,要素流动增长为负,表明湖北省要素结构优化能力、要素空间优化能力有所增强,要素流动优化能力相对 2006 年有所减弱。其中,要素空间的增幅最大,从根本上决定了湖北省要素系统优化能力的变动,要素流动的变化幅度最小,要素结构次之。总体而言,湖北省要素系统优化能力的增幅较明显。

表 5-2 湖北省 2006—2018 年要素系统优化能力及其二级指标得分

	要素结构	要素空间	要素流动	总得分
2006 年	0.008396576	0.017630625	0.00260149	0.028628691
2007 年	0.008253409	0.017207117	0.002764468	0.028224994
2008 年	0.008145166	0.017265239	0.002285083	0.027695489
2009 年	0.007780331	0.016988471	0.002401471	0.027170274
2010 年	0.007574633	0.017806312	0.002710719	0.028091664
2011 年	0.007438336	0.018666795	0.002589868	0.028694998
2012 年	0.007221732	0.01971171	0.002631161	0.029564603
2013 年	0.007062992	0.020253137	0.003022618	0.030338746
2014 年	0.007329693	0.020736621	0.002634703	0.030701018

续表

	要素结构	要素空间	要素流动	总得分
2015年	0.00798032	0.021104359	0.002471704	0.031556383
2016年	0.008388595	0.021822416	0.002479523	0.032690534
2017年	0.008900817	0.022069212	0.002480577	0.033450606
2018年	0.009217929	0.022430743	0.002503658	0.034152331
增幅	0.000821353	0.004800118	-0.000097832	0.00552364

由图5-3可知，湖北省要素系统优化能力增长较为稳定。要素空间是影响湖北省要素系统优化能力最主要的因素，其次是要素结构优化能力，最后是要素流动优化能力。

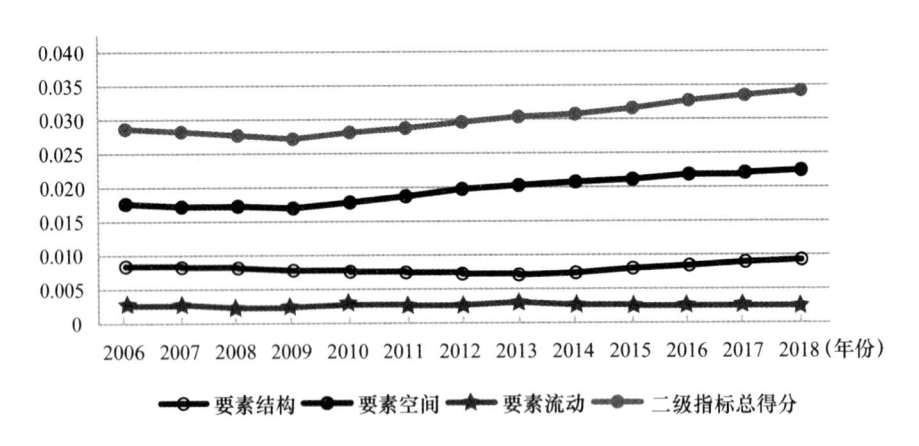

图5-3 2006—2018年湖北省要素系统优化能力及其二级指标变动情况

由前文可知，2018年湖北省要素系统优化能力在全国排名第11位，要素结构优化能力在全国排名第8位，要素空间优化能力在全国排名第12位，要素流动优化能力在全国排名第11位。可见，拉低要素系统优化能力的根本原因在于要素空间优化能力较弱，要素流动优化能力也存在一定的抑制作用。

（一）要素结构优化能力

2018年，湖北省要素结构优化能力中要素投入结构在全国排第7位，要素动力结构在全国排第24位。说明要素动力结构的抑制作用十分显著，应当注重提升要素动力结构优化能力。

1. 要素投入结构优化能力

2018 年，湖北省要素投入结构中单位 GDP 中的资本存量与就业人数比在全国排名第 9 位，单位 GDP 中的单位就业者的农工商业土地使用面积在全国排名第 13 位，单位 GDP 中的单位就业者的能耗节约量在全国排名第 10 位，单位 GDP 中的单位就业者拥有的技术交易金额在全国排名第 7 位。可见拉低要素投入结构优化能力的根本原因在于生产中资本、土地和能源投入过弱。

2. 要素动力结构优化能力

2018 年，湖北省要素动力结构中劳动力结构对经济的拉动贡献率排在全国的第 30 位，资本存量结构对经济的拉动贡献率排在全国的第 5 位，技术结构对经济的拉动贡献率排在全国的第 19 位，投资率对经济的拉动贡献率排在全国的第 13 位，消费率对经济的拉动贡献率排在全国的第 25 位。劳动力结构、资本存量结构和投资率对经济的拉动贡献率是拉低要素动力结构优化能力的主要因素。

（二）要素空间优化能力

2018 年，湖北省在全国排名第 12 位的要素空间优化能力中，要素城乡结构优化能力在全国排名第 12 位，要素区域结构优化能力在全国排名第 9 位。可见，要素城乡结构优化能力是限制要素空间优化能力的主要因素。

1. 要素城乡空间优化能力

2018 年，在湖北省要素城乡空间结构中单位 GDP 中的城镇就业人数占总就业人数的比重在全国排名第 8 位，城镇全社会固定资产投资占全社会固定资产投资比重在全国排名第 17 位，城镇建设用地面积占生产用地面积比重在全国排名第 16 位。可见城镇全社会固定资产投资占全社会固定资产投资比重与城镇建设用地面积占生产用地面积比重对要素城乡结构优化能力有拉低作用。

2. 要素区域结构优化能力

2018 年，湖北省要素空间结构中要素区域结构对经济的拉动贡献率在全国排名第 12 位，劳动力就业占全国劳动力就业量比重在全国排名第

10 位，固定资产投资占全国固定资产投资比重在全国排名第 7 位，土地利用总面积占全国土地利用总面积比重在全国排名第 9 位，DEA 技术效率占全国的比重在全国排名第 15 位。由此可见，DEA 技术效率是拉低要素区域结构优化能力的首要因素，对经济发展起负向作用。

（三）要素流动优化能力

2018 年，湖北省在全国排名第 11 位的要素流动优化能力中，要素部门间流动、要素城乡间流动和要素区域间流动在全国的排名分别为第 17 位、第 12 位和第 12 位。可见制约湖北省要素流动优化能力的主要原因是要素城乡间流动和要素区域间流动能力较弱。

1. 要素部门间流动能力

2018 年，要素部门间流动能力中湖北省的劳动力部门间流动能力在全国排名第 11 位，资本的部门间流动能力在全国排名第 17 位，因此资本部门间流动能力拉低了要素部门间流动能力。

2. 要素城乡间流动能力

2018 年，要素城乡间流动能力中湖北省的劳动力城乡间流动能力在全国排名第 11 位，湖北省的资本城乡间流动能力在全国排名第 19 位。可见拉低要素城乡间流动能力的主要原因是资本城乡间流动能力较弱。

3. 要素区域间流动能力

2018 年，要素区域间流动能力中湖北省的劳动力区域间流动能力在全国排名第 29 位，湖北省的资本区域间流动能力在全国排名第 2 位，湖北省的技术区域间流动能力在全国排名第 14 位。可见 2018 年湖北省的劳动力以及技术区域间流动能力较弱，拉低了要素区域间流动能力，而资本区域间流动能力对湖北省要素区域间流动能力具有支撑作用。

二 湖北省产业系统优化能力

由表 5-3 和图 5-4 可以看出，湖北省产业系统优化能力得分呈缓慢上升趋势，增幅不大。产业结构增幅为负，产业空间和产业效益的增幅均为正，对产业系统优化都具有一定的促进作用。

表 5-3　湖北省 2006—2018 年产业系统优化能力及其二级指标得分

	产业结构	产业空间	产业效益	总得分
2006 年	0.019547902	0.020295941	0.007304684	0.047148526
2007 年	0.018436999	0.019044471	0.007289253	0.044770723
2008 年	0.01815979	0.018976512	0.007359192	0.044495494
2009 年	0.019644783	0.018939069	0.007493842	0.046077694
2010 年	0.019904013	0.019881089	0.007629995	0.047415097
2011 年	0.018643903	0.020399749	0.007578685	0.046622337
2012 年	0.019038037	0.021114706	0.007615745	0.047768488
2013 年	0.019526231	0.021709946	0.007790457	0.049026634
2014 年	0.018634362	0.022169696	0.007910919	0.048714976
2015 年	0.018012524	0.022361539	0.008736481	0.049110543
2016 年	0.018332658	0.022625319	0.009012504	0.049970481
2017 年	0.017486738	0.022692625	0.009491908	0.049671271
2018 年	0.017400338	0.022990934	0.009879556	0.050270828
增幅	-0.002147563	0.002694993	0.002574872	0.003122302

2018 年在影响产业系统优化能力的二级指标中，产业空间优化能力得分全国排名第 7 位，产业结构优化能力全国排名第 16 位，最后是产业效益提升能力，全国排名第 8 位。其中，产业结构优化能力呈现波动下降趋势，而产业空间优化能力与产业效益提升能力呈现缓慢上升趋势，增幅稍大。

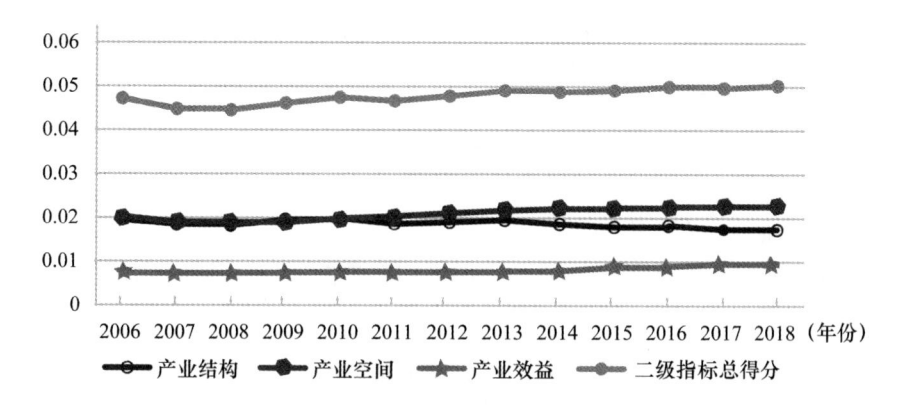

图 5-4　2006—2018 年湖北省产业系统优化能力及其二级指标变化情况

同样地，2018年，湖北省产业系统优化能力在全国排名第9位，产业结构优化能力在全国排名第16位，产业效益提升能力在全国排名第8位，产业空间优化能力在全国排名第7位。由此可见，拉低产业系统优化能力的主要因素是产业结构优化能力。

（一）产业结构优化能力

主要是指三次产业结构的优化能力，2018年，其在全国排名第16位，包括11个下一级指标，它们在全国的排名：第二产业城镇单位就业人员比重第11名，第三产业城镇单位就业人员比重第18名，第二产业全社会固定资产投资比重第10名，第三产业全社会固定资产投资比重第20名，第二产业土地利用面积比重第12名，第三产业土地利用面积比重第17名，第一产业DEA技术效率第13名，第二产业DEA技术效率第17名，第三产业DEA技术效率第12名，服务业增长率第8名，第三产业增加值占GDP比重第21名。从中可以看出第三产业城镇单位就业人员比重第18名、第三产业全社会固定资产投资比重第20名、第三产业土地利用面积比重第17名、第二产业DEA技术效率第17名、第三产业增加值占GDP比重第21名，这五个指标排名明显靠后，说明它们拉低了产业结构优化能力的得分，存在瓶颈效应。

（二）产业空间优化能力

2018年，湖北省产业空间优化能力全国排名第7位，其下一级指标产业区域布局能力在全国排名第7位，产业城乡布局能力在全国排名第21位，产品市场结构调整能力在全国排名第14位。可见，湖北省的产业空间优化能力虽然居于全国前列，但产业城乡布局能力却在全国排名倒数，体现出其产业市场结构调整能力极弱，对产业空间优化能力存在很大的隐形威胁，必须及时加以关注和改善。

1. 产业区域布局能力

在产业区域布局能力指标中，2018年，湖北省GDP占全国GDP份额在全国排名第7位，湖北省第一产业增加值占全国第一产业增加值比重在全国排名第7位，湖北省第二产业增加值占全国第二产业增加值比重在全国排名第7位，湖北省第三产业增加值占全国第三产业增加值比重在全国排名第10位。可见，湖北省的三大产业区域布局能力指标排名均处于前列，除第三产业增加值占全国第三产业增加值比重有轻微的抑制性外，各指标都呈现均衡发展趋势且与产业区域布局能力的发展保持一致。

2. 产业城乡布局能力

衡量产业城乡布局能力可以用农村在国民经济中地位的负向程度表示，于是采用第一产业增加值占地区生产总值（GDP）比重的倒数表示，经计算其在全国排名第 21 位，说明农村在国民经济中的地位严重制约了产业城乡布局能力的提高。

3. 产品市场结构调整能力

产品市场结构调整能力由负向外贸依存度和负向外资依存度衡量。湖北省的计算结果显示前者在全国排名第 9 位，后者在全国排名第 17 位，和产品市场结构调整能力全国排名第 14 位的位次相比，负向外贸依存度和负向外资依存度对产品市场结构调整能力的提升具有明显的支撑作用。

（三）产业效益提升能力

产业效益提升能力包括物质消耗效益提升能力、劳动消耗效益提升能力和资本消耗效益提升能力，它们在全国的排名分别为第 8 位、第 11 位和第 11 位。

1. 物质消耗效益提升能力

该指标用能源产出率——GDP 与能源消耗总量之比衡量，湖北 2018 年的数据显示其在全国排名第 8 位，存在微弱瓶颈性。

2. 劳动消耗效益提升能力

该指标用劳动生产率——GDP 与就业人数之比衡量，湖北 2018 年的数据显示其在全国排名第 11 位。

3. 资本消耗效益提升能力

该指标用资本产出率——GDP 与资本存量的比值衡量，湖北 2018 年的数据显示其在全国排名第 11 位，存在较弱的瓶颈性。

三 湖北省人文社会系统优化能力

由表 5-4 可以看出，湖北省人文社会系统优化能力呈现直线上升趋势。其中，人的发展、民生保障和社会公平都有所上升，说明人的发展、民生保障和社会公平对提升湖北省人文社会系统转变能力均具有促进作用。

表 5-4　湖北省 2006—2018 年人文社会系统及其二级指标得分

	人的发展	民生保障	社会公平	总得分
2006 年	0.009595038	0.006234186	0.006024163	0.021853386
2007 年	0.010586509	0.007080918	0.004238058	0.021905485
2008 年	0.011849135	0.007875327	0.004058371	0.023782833
2009 年	0.012154871	0.008889706	0.003927578	0.024972154
2010 年	0.012286451	0.010468863	0.003756591	0.026511905
2011 年	0.013104169	0.01064586	0.0048899	0.028639928
2012 年	0.014634818	0.011325167	0.005626525	0.03158651
2013 年	0.014776527	0.014576867	0.005707234	0.035060627
2014 年	0.015051714	0.014624691	0.005670375	0.035346779
2015 年	0.015225978	0.015728863	0.005890344	0.036845184
2016 年	0.01610323	0.019101507	0.00625076	0.041455496
2017 年	0.016653228	0.02326237	0.006324657	0.046240255
2018 年	0.016935284	0.025467632	0.006324748	0.048727664
增幅	0.007340246	0.019233446	0.000300585	0.026874277

由图 5-5 可以看出，民生保障能力在 2013 年超过人的发展能力后，和人文社会总系统趋于同速上升，成为对湖北省人文社会系统优化能力贡献最大的指标，其次是人的发展能力，最后是维持社会公平能力。从增幅来看，民生保障能力的增幅最大，其次是人的发展能力，维持社会公平能力的增幅最小。

（一）人的发展能力

包括生存条件、生活水平、素质修养和自由发展 4 个方面。2018 年湖北省人的发展能力在全国排名第 22 位，生存条件、生活水平、素质修养和自由发展的排名分别为第 18 位、第 22 位、第 17 位和第 8 位，说明生存条件和生活水平对湖北省人的发展能力具有抑制作用，自由发展具有促进作用。

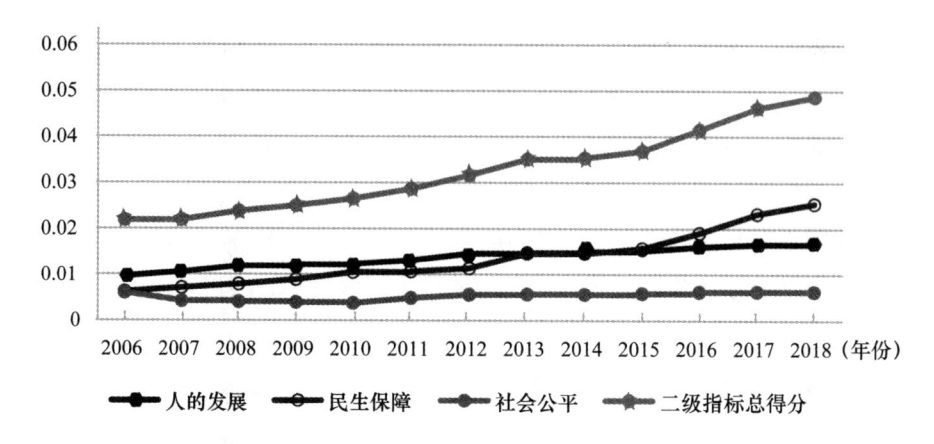

图 5-5 2006—2018 年湖北省人文社会系统优化能力及其二级指标变化情况

1. 生存条件

生存条件包括人口自然增长率和人口平均预期寿命，2018 年湖北的这两个指标在全国的排名分别为第 19 位和第 18 位，说明人口自然增长率对生存条件具有一定程度的阻碍作用。

2. 生活水平

生活水平用个人消费水平、负向的城镇恩格尔系数和负向的农村恩格尔系数表示，2018 年湖北省的这 3 个指标在全国的排名分别为第 21 位、第 22 位和第 14 位。因此，个人消费水平和负向的城镇恩格尔系数是影响人民生活水平提高的主要瓶颈指标。

3. 素质修养

素质修养包括识字率、在校高等受教育率和在校高中受教育率 3 个指标，2018 年，湖北省的这 3 个指标在全国的排名分别为第 18 位、第 7 位和第 26 位，说明在校高中受教育率抑制了湖北省素质修养的提高。

4. 自由发展

自由发展用广播节目综合人口覆盖率和电视节目综合人口覆盖率表示，2018 年湖北省的这两个指标在全国的排名分别为第 8 位和第 12 位。

（二）民生保障能力

民生保障能力包括就业保障能力、医疗保障能力、住房保障能力和社会保障能力，2018 年，湖北省的民生保障能力在全国排名第 7 位，其下的三级指标就业保障能力、医疗保障能力、住房保障能力和社会保障能力在全国排名分别为第 8 位、第 5 位、第 1 位和第 24 位。因此，社会保障能力较低是拉低湖北省民生保障能力的瓶颈。

1. 就业保障能力

就业保障能力包括劳动力参与能力和工资增长弹性，湖北 2018 年的就业保障能力在全国排名第 8 位，其下的两个四级指标在全国的排名分别为第 3 位和第 29 位，工资增长弹性对提升湖北省的就业保障能力存在很大的阻碍作用。

2. 医疗保障能力

医疗保障能力用每万人口拥有的医生数和每万人口拥有的床位数表示，湖北省 2018 年的医疗保障能力居全国第 5 位，其下的两个四级指标分别居全国第 13 位和第 6 位，每万人口拥有的床位数对提升湖北省的医疗保障能力具有促进作用，而每万人口拥有的医生数则对医疗保障能力具有抑制作用。

3. 住房保障能力

住房保障能力包括城镇住房保障能力和农村住房保障能力，湖北 2018 年的住房保障能力居全国第 1 位，其下的城镇住房保障能力和农村住房保障能力分别居全国第 2 位和第 1 位，两者均对湖北的住房保障能力起到促进的作用。

4. 社会保障能力

社会保障能力包括城镇职工基本养老保险水平、城镇基本医疗保险水平、失业保险保障水平、工伤保险保障水平、生育保险保障水平、城镇居民最低生活保障水平和农村居民最低生活保障水平 7 个指标。2018 年湖北省的社会保障能力在全国排名第 24 位，其下的 7 个四级指标在全国的排名分别为第 25 位、第 18 位、第 24 位、第 30 位、第 22 位、第 15 位和第 16 位。这 7 个指标均拉低了湖北省的社会保障能力，对湖北省社会保障能力起抑制作用。

（三）维持社会公平能力

维持社会公平能力包括削弱分配差别能力、缩小城乡收入差距能力和缩小贫富差距能力 3 个下一级指标。削弱分配差别能力用负向基尼系数表示,缩小城乡收入差距能力用负向的城镇居民人均可支配收入/农村居民人均可支配收入表示,缩小贫富差距能力用正向的相对贫困程度表示。2018 年湖北省这 3 个指标在全国的排名分别为第 12 位、第 7 位和第 19 位,缩小贫富差距能力是影响维持社会公平能力的主要指标。

四 湖北省资源环境系统优化能力

从表 5-5 可以看出,2006—2018 年湖北省资源系统优化能力有所提高,呈现波动上升趋势。对资源环境系统贡献最大的是资源条件,其次是生态建设,再次是环境治理,最后是环境污染。资源条件、环境污染、环境治理增幅和生态建设 2006—2018 年增幅均为正,对湖北省资源环境系统具有支撑作用。

表 5-5 湖北省 2006—2018 年资源环境系统及其二级指标得分

	资源条件	环境污染	环境治理	生态建设	总得分
2006 年	0.011348245	0.002504966	0.00837174	0.007315558	0.029540508
2007 年	0.011894771	0.00253605	0.008836916	0.007371252	0.030638989
2008 年	0.012089332	0.002584219	0.007787045	0.007559764	0.03002036
2009 年	0.012343138	0.002592454	0.00862367	0.007618166	0.031177427
2010 年	0.012370943	0.002570999	0.007314252	0.007629448	0.029885643
2011 年	0.012380454	0.002582055	0.00796794	0.008296802	0.031227251
2012 年	0.013080661	0.002547074	0.007514819	0.008237325	0.031379879
2013 年	0.013155993	0.002455638	0.005692057	0.008305532	0.02960922
2014 年	0.013155578	0.002551628	0.006468725	0.008315316	0.030491247
2015 年	0.011420716	0.002583647	0.007374919	0.01042118	0.031800462
2016 年	0.011711279	0.002603208	0.007344383	0.01044358	0.03210245
2017 年	0.01177757	0.00258444	0.007511408	0.010490956	0.032364374
2018 年	0.011506797	0.002574639	0.009345765	0.010502645	0.033929847
增幅	0.000158552	0.000069674	0.000974026	0.003187087	0.004389339

由图 5-6 可以看出，资源条件在 2006—2014 年出现上升趋势，2014 年之后一直下降；生态建设得分在 2014 年后出现大幅度骤增，之后维持在一定水平；环境治理一直处于波动上升状态；环境污染较为稳定，得分变化较小。2018 年，湖北省的资源条件、环境污染程度、环境治理能力和生态建设能力在全国排名分别为第 16 位、第 18 位、第 12 位和第 20 位。环境污染程度和生态建设能力排名全国中下游，极大程度地阻碍了湖北省资源环境系统优化能力的提升。

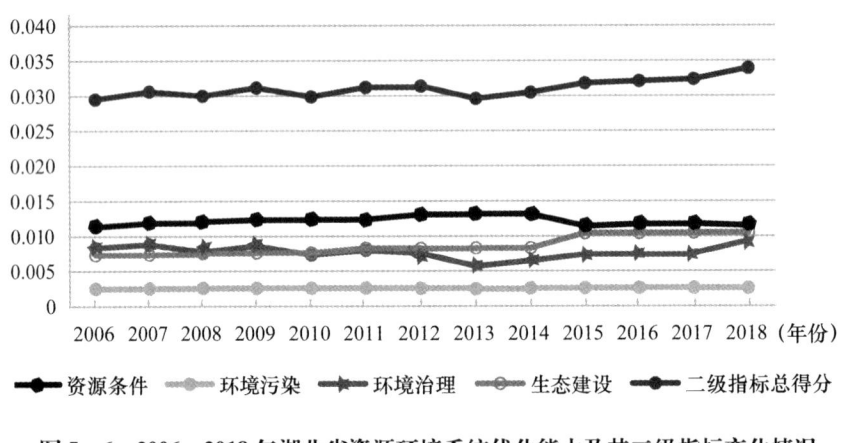

图 5-6 2006—2018 年湖北省资源环境系统优化能力及其二级指标变化情况

（一）资源条件

资源条件包括资源禀赋条件、资源消耗程度和资源利用能力 3 个下一级指标。2018 年，湖北的资源禀赋条件、资源消耗程度和资源利用能力在全国排名分别为第 24 位、第 11 位和第 8 位。

1. 资源禀赋条件

资源禀赋条件用采矿业城镇单位就业人员比重、采矿业全社会固定资产投资比重和能源产量 3 个指标衡量，2018 年湖北的这 3 个指标在全国的排名分别为第 23 位、第 21 位和第 26 位。

2. 资源消耗程度

采用人均用水量、工业用水量占用水总量比重、农用地面积和建设用地面积 4 个指标表示。2018 年，湖北的人均用水量、工业用水量占用水总量比重、农用地面积和建设用地面积在全国排名分别为第 13 位、第 5 位、第 18 位和第 13 位。

3. 资源利用能力

资源利用能力用碳排放率表示，2018 年湖北的资源利用能力在全国排名第 8 位，碳排放率在全国排名第 8 位。

（二）环境污染程度

环境污染程度指标包括工业废水排放量、工业废气排放量、工业固体废弃物产生量和人均生活垃圾清运量 4 个指标。2018 年，湖北省环境污染程度在全国排名第 18 位，其下一级指标中的工业废水排放量、工业废气排放量、工业固体废弃物产生量和人均生活垃圾清运量在全国排名分别为第 21 位、第 16 位、第 11 位和第 18 位。

（三）环境治理能力

环境治理能力包括环境治理投资强度、工业污染源治理投资/环境污染治理投资、工业废水排放减少率、工业废气排放减少率、工业固体废弃物综合利用率和生活垃圾无害化处理率 6 个指标。2018 年，湖北省环境治理能力在全国排名第 12 位，其 6 个下一级指标在全国排名分别为第 11 位、第 17 位、第 15 位、第 28 位、第 15 位和第 20 位。

（四）生态建设能力

生态建设能力用人均公共绿地面积、建成区绿化覆盖率、森林覆盖率、湿地面积占辖区面积比重和自然保护区面积占辖区面积比重 5 个指标描述。2018 年，湖北省的生态建设能力在全国排名第 20 位，其下一级 5 个指标在全国的排名分别为第 25 位、第 22 位、第 13 位、第 11 位和第 20 位。

五　湖北省科教信息系统优化能力

从表 5-6 可以看出，科教信息系统优化能力指标是五个一级指标中权重最大的指标。湖北省的科教信息系统转变能力 2007 年开始获得了较大幅度的上升，并且一直以较快的速度上升。其下一级指标中，信息化贡献最大，其次是技术，最后是教育。

表 5-6　　湖北省 2006—2018 年科教信息系统及其二级指标得分

	教育	技术	信息化	总得分
2006 年	0.00817062	0.00300386	0.005778837	0.016953
2007 年	0.007592414	0.003789775	0.007249932	0.018632
2008 年	0.007504411	0.00402037	0.008789574	0.020314
2009 年	0.007560846	0.004338183	0.00845527	0.020354
2010 年	0.008041971	0.004923782	0.010903713	0.023869
2011 年	0.008331691	0.006376897	0.015081475	0.029790
2012 年	0.008727455	0.007290139	0.017123539	0.033141
2013 年	0.009546142	0.008061147	0.023069897	0.040677
2014 年	0.011277972	0.009348318	0.02568231	0.046308
2015 年	0.011970531	0.011177734	0.026548017	0.049696
2016 年	0.012898289	0.01228196	0.02965474	0.054834
2017 年	0.013501681	0.014235609	0.030307486	0.058044
2018 年	0.014058441	0.016386906	0.031601045	0.062046
增幅	0.005887822	0.013383046	0.025822208	0.045093

由图 5-7 可以看出，信息化水平的上升速度最快，2009—2018 年呈现较大幅度的增长，与科教信息系统的增长趋势保持相对同步，其次是技术水平，教育水平的增幅较小。2018 年湖北省教育水平提升能力、技术水平提升能力和信息化水平提升能力分别在全国排名第 14 位、第 10 位、第 12 位。因此，教育水平的落后拉低了湖北省的科教信息系统优化能力。

（一）教育水平提升能力

包括教育投入提升能力和教育产出提升能力。2018 年湖北省的教育投入提升能力和教育产出提升能力分别在全国排名第 20 位和第 8 位。可见湖北省的教育投入能力和教育产出能力存在一定的失衡。

1. 教育投入提升能力

采用教育财政投入强度和负向的普通高等学校生师比、普通高中学

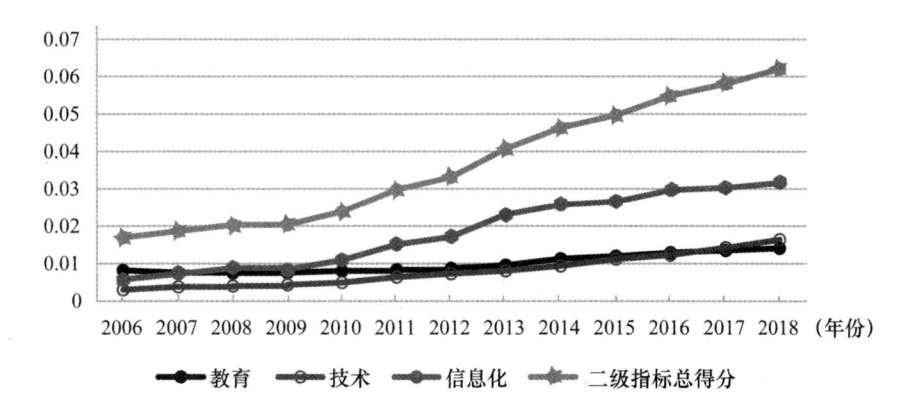

图 5-7　2006—2018 年湖北省科教信息系统优化能力及其二级指标变化情况

校生师比、中等职业学校生师比、普通初中学校生师比、普通小学学校生师比 6 个指标衡量。2018 年湖北省的这 6 个指标在全国排名分别为第 24 位、第 13 位、第 10 位、第 16 位、第 12 位和第 18 位。

2. 教育产出提升能力

采用大学升学率和高中升学率衡量。2018 年湖北省的大学升学率和高中升学率分别在全国排名第 5 位和第 11 位。

（二）技术水平提升能力

技术水平包括技术创新资源、技术创新投入和技术创新产出 3 个指标。2018 年，湖北省的技术创新资源、技术创新投入和技术创新产出能力分别在全国排名第 10 位、第 10 位和第 10 位。

1. 技术创新资源

用科技人员技术创新产出能力投入表示，2018 年湖北省该指标在全国排名第 10 位。

2. 技术创新投入

用研发投入强度表示，2018 年湖北省该指标在全国排名第 10 位。

3. 技术创新产出能力

用国内三种专利授权数和技术市场成交额表示，2018 年湖北省这两个指标在全国排名分别为第 13 位和第 5 位。

（三）信息化水平提升能力

信息化水平主要从信息技术应用能力和信息产业发展能力两个角度考虑，2018年湖北省的信息技术应用能力和信息产业发展能力分别在全国排名第14位和第11位。

1. 信息技术应用能力

采用城镇电脑拥有量、农村电脑拥有量、电话普及率和网络覆盖率4个指标衡量。2018年湖北省这4个指标在全国排名分别为第17位、第14位、第25位和第18位。

2. 信息产业发展能力

采用信息产业劳动力投入比重、信息产业资本投入比重和信息产业产值比重3个指标衡量。2018年湖北省这3个指标在全国排名分别为第6位、第16位和第2位。

第三节 湖北省经济发展方式转变瓶颈

一 经济发展方式转变能力综合指标情况

湖北省具有一定的经济发展转变能力，且在中部地区具有明显的优势。然而其发展过程中仍存在多种问题，使得湖北省的经济发展方式转变能力和排在前列的地区相比仍存在较大差距，这些根本性的问题需要从综合指标下面的一级指标、二级指标、三级指标和四级指标层层细化中找出。

二 经济发展方式转变能力一级指标情况及瓶颈

根据表1-3可知，2018年，湖北省要素系统优化能力在全国排第11位，高于全国平均水平与中部平均水平；产业系统优化能力在全国排第9位，高于全国平均水平且略高于中部平均水平；人文系统优化能力在全国排第8位，高于全国平均水平但略高于中部平均水平；资源环境系统优化能力在全国排第20位，低于全国平均水平与中部平均水平；科教信息系统在全国排第11位，略高于全国平均水平且略高于中部平均水平。可见，一级指标中的要素系统优化能力、科教信息系统优化能力和资源环境系统优化能力对湖北省经济发展方式转变能力存在一定影响。因此，湖北省经济发展转变瓶颈主要存在于要素系统、科教信息系统和资源环境系统中。

三 经济发展方式转变能力二级指标情况及瓶颈

根据表 1-5 可知，2018 年，在 16 个二级指标中，湖北省有 11 个指标的得分高于全国平均水平，而产业结构、人的发展、资源条件、环境污染和生态建设这 5 个指标的得分较低，且排名分别是第 16 位、第 22 位、第 16 位、第 18 位和第 20 位。因此，在二级指标层面，产业结构、人的发展、资源条件、环境污染和生态建设是湖北省经济发展方式转变的主要瓶颈。

四 经济发展方式转变能力三级指标情况及瓶颈

根据表 1-7 可知，2018 年湖北省 38 个三级指标中全国排名靠后的指标有：要素动力结构全国排名第 24 位，要素部门间流动全国排名第 17 位，产业城乡分布全国排名第 21 位，生存条件全国排名第 18 位，生活水平全国排名第 22 位，素质修养全国排名第 17 位，社会保障全国排名第 24 位，贫富差距全国排名第 19 位，资源条件全国排名第 24 位，环境污染全国排名第 18 位，生态建设全国排名第 20 位，教育投入全国排名第 20 位。湖北省这 12 个三级指标对经济发展方式转变具有制约作用。

因此，从三级指标层面来看，湖北省经济发展方式转变瓶颈主要为要素动力结构、要素部门间流动、产业城乡分布、生存条件、生活水平、素质修养、社会保障、贫富差距、资源条件、环境污染、生态建设、教育投入。

五 经济发展方式转变能力四级指标情况及瓶颈

2018 年，湖北省经济发展方式转变能力 112 个四级指标中，要素系统中 23 个四级指标有 7 个指标在全国排名靠后，它们分别是：劳动力贡献率全国排名第 30 位，技术贡献率全国排名第 19 位，消费率全国排名第

25位，城镇全社会固定资产投资/全社会固定资产投资全国排名第17位，本年第二产业社会固定资产投资比重－上年比重全国排名第17位，本年城镇全社会固定资产投资比重－上年比重全国排名第19位，本年湖北省就业人数占全国比重－上年比重全国排名第29位。

2018年，湖北省经济发展方式转变能力112个四级指标中，产业系统中21个四级指标有7个指标在全国排名靠后，它们分别是：第三产业城镇单位就业人员比重全国排名第18位、第三产业全社会固定资产投资比重全国排名第20位，第三产业土地利用面积比重全国排名第17位，第二产业DEA技术效率全国排名第17位，第三产业增加值全国排名第21位，农村在国民经济中地位全国排名第21位，外贸依存度全国排名第17位。上述7个四级指标是制约湖北省产业系统优化的主要瓶颈。

2018年，湖北省经济发展方式转变能力112个四级指标中，人文社会系统中的26个四级指标有13个指标在全国排名靠后，它们分别是：人口自然增长率全国排名第19位，人口平均预期寿命全国排名第18位，个人消费水平全国排名第21位，城镇恩格尔系数全国排名第22位，识字率全国排名第18位，每十万人口高中阶段在校学生数全国排名第26位，工资增长弹性全国排名第29位，城镇职工基本养老保险水平全国排名第25位，城镇基本医疗保险水平全国排名第18位，失业保险保障水平全国排名第24位，工伤保险保障水平全国排名第30位，生育保险保障水平全国排名第22位，相对贫困程度全国排名第19位。上述13个四级指标是制约湖北省人文社会系统优化的主要瓶颈。

2018年，湖北省经济发展方式转变能力112个四级指标中，资源环境系统中23个四级指标有10个在全国排名靠后，它们分别是：采矿业城镇单位就业人员比重全国排名第23位，采矿业全社会固定资产投资比重全国排名第21位，人均能源产量全国排名第26位，人均农用地面积全国排名第18位，工业污染治理全国排名第17位，工业废气排放减少率全国排名第28位，生活垃圾无害化处理全国排名第20位，人均公共绿地面积全国排名第25位，建成区绿化覆盖率全国排名第22位，自然保护区面积占辖区面积比重全国排名第20位。上述10个四级指标是制约湖北省资源环境系统优化的主要瓶颈。

2018年,湖北省经济发展方式转变能力112个四级指标中,科教信息系统中19个四级指标有5个指标在全国排名靠后,它们分别是:教育财政投入强度全国排名第24位,普通小学学校生师比全国排名第18位,城镇电脑拥有量全国排名第17位,电话普及率全国排名第25位,网络覆盖率全国排名第18位,上述5个四级指标是拉低湖北省科教信息系统优化能力的主要因素。

第四节 对策建议

湖北省作为长江经济带中游地区和中部地区的重要省份,其经济发展方式率先实现转变对于中部地区、长江经济带和全国都具有重要意义。然而湖北省在提升经济发展方式转变能力方面还存在如下5个主要瓶颈:(1)教育财政资金投入比重低,信息化程度低;(2)工业污染严重,工业污染治理投资强度弱,工业污染治理效果不佳,生态环境建设不足;(3)资本流入城镇和工业的比重低,劳动力生产率较低,消费动力不足;(4)第三产业发展不足,吸纳劳动力比重低,外资依存度较高;(5)社会保障水平较低,工资低且工资增长弹性低。上述瓶颈使得湖北省在向创新型驱动、可持续发展、建设现代经济体系和实现以人为本的发展方式转变过程中变得困难。为了提升湖北省经济发展方式转变能力,针对上文分析的要素优化配置能力、产业优化配置能力、人文社会支撑力、资源环境承载力和科教信息驱动力中存在的具体瓶颈,提出以下几点建议。

一 消除要素系统瓶颈的举措

湖北省提升要素优化配置能力,要做好以下4个方面的工作:(1)提高资本用于城镇和工业的比重;(2)促进劳动力合理流动,提高劳动生产率;(3)增强消费动力,协调消费、投资和出口的关系;(4)消除生产要素流动的壁垒,促进要素在城乡和产业间流动。而提升要素优化配置能力的重中之重是提高资本用于城镇和工业的比重,提高劳动生产率,增强消费动力,为此提出以下建议。

（一）提高资本用于城镇和工业的比重

首先，湖北省的城镇化水平还有提升的空间，促进城镇化发展，吸引资本流入，不断提高城镇发展的质量。其次，提高资本投入工业的比重，提升工业生产效率。购买最新的生产设备，采用最先进的技术，不断改进传统制造业的生产技术。最后，注重对高技术产业和高端制造业的资本投入，形成高技术产业的竞争力，发挥高技术产业的技术外溢效应。

（二）促进劳动力合理流动，提高劳动生产率

首先，继续推进"百万大学生留汉"政策，逐步提升全省大学生数量。发展最终要依靠人来推动，吸引大学生留在湖北发展可以提供强大的人才支持，增强湖北的人力资本存量。其次，促进劳动力向城镇集聚，提高城市生活的分工水平，对劳动力进行专业化培训，让劳动力掌握专业化的技能。最后，政府要为劳动力提供相关的就业技能培训，使得劳动力具备基本的就业技能；企业要为员工提供培训的机会，增强员工的专业技能，在"干中学"中提高自身本领。

（三）增强消费动力，协调消费、投资和出口的关系

湖北省作为我国经济发展最好的地区之一，吸引了大量的国内和国际资本，作为中国的金融中心，通过盘活资本存量，提高资本回报率，进而持续吸引国内国外资金集聚，不断推动经济发展。首先，提高资本运作能力，加强国际金融中心建设，学习纽约、伦敦、香港和新加坡等国际金融中心建设的经验，放眼国内外来找寻优质的资产标的和价值洼地，在全球范围内进行资本配置。其次，发展多层次资本市场，为新兴产业和朝阳产业提供资金支持，促进新兴产业发展壮大，加强朝阳产业向成熟期过渡，在产业不断壮大成熟的过程中获取丰厚的资本收益。最后，加强金融创新，设计并推出更多新的金融产品，提供不同收益率的金融产品，满足多层次的金融需求。

二 消除产业系统瓶颈的举措

湖北省提升产业优化配置能力，要做好以下4个方面的工作：（1）增加第三产业固定资产投资，增强第三产业对劳动力就业的吸引力；（2）增

加第三产业用地指标,促进第三产业增加值占比提高;(3)加强与周边省份的农业合作,形成稳定的农业合作关系;(4)提高第二产业 DEA 技术效率。而提升产业优化配置能力的重中之重是发展生产性服务业,促进二三产业的融合发展,创新服务业发展模式,为此提出以下建议。

(一)发展生产性服务业,促进二三产业深度融合

首先,要创新服务业发展环境,为服务业的发展提供宽松的政策环境,简化企业设立的程序,放宽企业进入的领域,提供更优质的营商环境。其次,要促进服务业细化、深化和专业化,通过新技术和新的管理方法改造传统服务业,根据第二产业发展的需求,发展物流业、金融业、信息服务、文化创新等现代服务业,结合本地区特色产业,提高特色专业服务的附加值。最后,要利用大数据、云计算、人工智能等信息技术的发展,为生产活动提供前瞻性预测和咨询,开发新的消费需求和新的发展模式,改革并完善现有生产流程和管理方法,更好地与第二产业进行衔接,促进二三产业深度融合。此外,湖北省做好本省产业结构协调的过程中,也要注重和全国其他地区的合作与联系。湖北省可借助长江的交通运输优势,促进部分产业的制造工厂从下游向中上游转移,利用可通航的支流和中心城市周围的交通网络向沿岸和周边城市转移,通过产业转出为新兴产业提供发展空间,各地区之间产业便能紧密合作。推动产业间的协同和集聚,充分发挥黄浦江两岸和虹桥商务区等服务业发展的增长极,通过集聚效应吸引相关联产业集中,以点带面,进而提高整个产业链的竞争力。

(二)创新服务业发展模式,满足高质量的多样化需求

当前信息技术的爆炸式发展,使得服务业形态发生了巨大变化。信息技术在促进服务业信息透明度方面具有很大优势,信息透明度增加使得服务口碑的重要性增加,借助互联网平台的外卖、打车、家政和租赁等服务模式得到创新,满足人们追求更高品质生活的需求;信息技术在降低交易成本和提高交易达成率方面同样具有很大优势,交易成本降低和交易达成率的提升创造出诸如电子商务、共享单车、网约车等多项精准对接服务。随着知识传播速度越来越快,知识变现越来越普遍,为知识付费、为智慧埋单的现象会越来越多。充分利用信息技术和通信技术

的发展，不断创新服务模式满足人们对美好生活的需求。

三 消除人文社会系统瓶颈的举措

湖北省提升人文社会系统支撑力，要做好以下4个方面的工作：（1）多方共同努力提高人口自然增长率，延长人口寿命；（2）建立工资合理增长机制，保证工资增长率和劳动生产率增长相适应；（3）缩小贫富差距，增强人们的消费能力；（4）完善各项社会保障制度。为此提出以下建议。

（一）多方并举提升就业能力，创新就业方式，保证就业稳定

随着湖北省加快产业升级，结构性失业问题会更加凸显。随着工业智能化和机器人替代工人进程的加快，人工智能和机器人制造等方面的人才会产生大量短缺，而传统的工厂工人则会出现失业。因此，政府和企业要为工人提供相关的技能培训，给予积极参加培训的工人一定比例的资金支持，提升工人的就业能力，降低工人失业率。高校也要结合企业需求及时更新课程设置，与企业联合培养能攻克产业发展难题的科学领军人才，提高高校毕业生的就业能力。个人可结合产业调整的方向，在第三产业的各个细分领域中进行创新创业活动，提供个性化和特色化服务，进而实现多种形式的就业。

（二）发展多种形式的高中教育，提高高中教育质量

湖北省可率先实现高中阶段教育的普及，增加人口中接受高中阶段教育的比重。发展高中阶段教育，要坚持把中等职业放在和普通高中教育同等重要的地位，加大宣传，改变中等职业教育被轻视的局面。要不断提高中等职业和普通高中的教育质量，中等职业教育要创新"干中学"方式，加强和企业的对接，而普通高中教育要改变应试教育的被动局面，将教学活动与生活中的应用场景结合起来，促进学生成为科学的爱好者和主动探索知识的求知者。

四 消除资源环境系统瓶颈的举措

湖北省提升资源环境承载力，要做好以下3个方面的工作：（1）增加环境治理投入，减少污染排放；（2）努力修复生态环境，加强生态建设；（3）大力发展新能源，改善能源消费结构。而提升资源环境承载力

的重中之重是重视环境治理投入，降低工业污染排放量，修复生态环境，加强生态建设。为此提出以下建议。

（一）增加环境治理资金投入，减少工业污染排放量

首先，改革政绩评价体系，增加环境改善的考核。增加"一把手"对环境质量改善的责任，确保环境治理财政投入比重有所提高。其次，政府要严格执法，改革污染排污费用征收制度。对污染严重且整改不到位的企业进行关停并转，严防整改不到位企业擅自恢复生产，按照污染排放量进行阶梯型征收污染费，排放量少的价格低，排放量越多的征收越重。再次，政府要合理规划环境治理财政资金使用制度。政府环境治理资金可用于补贴企业技术改进，促使企业淘汰落后技术，改用绿色技术，提高清洁生产水平，增加环保设施资金投入，建设并维护污水处理厂和废气过滤装置配置，降低污染排放量。最后，企业要自觉加强技术改进，降低污染排放量，树立良好的正面企业形象。居民要对污染型企业进行监督，自觉减少生活垃圾，维护自身生存环境，在政府、企业和居民的共同努力下，形成全社会共同治理环境和保护环境的氛围。

（二）努力修复生态环境，加强生态环境建设

首先，要努力修复遭到破坏的生态环境。对工业生产造成的生态破坏要进行最大程度的生态修复，根据工业生产的形态，创新改造和修复方式，比如将废弃工业厂区变为工业艺术展览馆，将废弃坑洼改建为湖泊公园等，利用生态学及其他相关学科知识，利用多种方式，集中多种力量，提高草地和森林覆盖率，形成含水系统和天然的氧吧，加强湿地和江河湖海的保护，努力修复生态系统中被破坏最严重的一环。其次，加强重点地区的环境保护。注重长江三峡地区生态环境保护，防止水土流失和上游地区污染扩散，总结长江三峡生态环境治理的经验，将优秀的经验推广复制。最后，要加强生态建设，增加建成区绿地面积。合理规划城市土地利用情况，将绿化用地和建设用地按照一定的比例一起审批。加强城市公园和城市水系建设，增加居民亲近自然的机会。

五 消除科教信息系统瓶颈的举措

湖北省消除科教信息系统瓶颈，要做好以下3个方面的工作：（1）加

大教育投入，增加各级各类学校教师数量；（2）大力发展电子信息产业，提高城市信息化和智能化程度；（3）完善网络等基础设施建设，提高覆盖率。为此提出以下建议。

（一）重视教育投入，培养高素质人才

教育水平的提高能培养出更多优秀的人才，优秀人才增加有助于科技创新的发展。首先，要增加对教育的资金投入。由于基础教育具有公共品属性，因此对于基础教育的资金投入要以政府为主，其他社会办学资金为辅。政府为主导的基础教育要保证一定的教育质量，而对于追求更优质教育的以社会办学资金为主。其次，要增加教师的培养。教师数量的增加有利于提高教育质量。在免费培养师范生的基础上，提高教师的工资水平，这样既能增加教师数量，又能保证教师的不流失。最后，发展多层次的教育体系。在保证九年义务教育的基础上，推广并普及高中教育和中等职业教育，尤其是要改变社会对中等职业教育的歧视观念。大力提高高等教育质量，完善大学体系，将普通高等学校和高等职业技术学校进行同等对待，重点扶持发展几所著名的高等职业技术学校，形成示范效应，逐步改变人们的观念。

（二）多渠道增加科研人员投入，提高研发能力

教育水平提高会培养很多本土科研人员，这为研发提供了较多的创新资源，然而通过教育培养科研人员的周期较长且容易受本土文化的影响，因此要多渠道增加科研人员投入。首先，通过教育储存大量基础科研领域的人才。其次，企业应加强科研投入，增加对生产一线工人的培训，使之成为掌握高级技能的产业工人。最后，要在全球范围内招聘人才。通过提供优质的条件，吸引各地人才来高校任教，到公司任职，不断聚集更多的全球顶尖人才和科技领军人才，在追赶和赶超中提高科研人员的整体研发水平。

（三）增加科研成果产出，提高科研成果转化率

当研发人员投入积累到一定水平后，科研成果数量便会增加，还要推动更多的科研成果应用到产业中，推动产业化水平。首先，要盘活高校的科研成果。由于科研创新人才多集中在高校和研究院中，一方面可以鼓励具有企业家才能的优秀科研人才创办企业并将科研成果产业化应

用;另一方面可以简化科研成果产权的授权使用,以防止将科研成果束之高阁而不能发挥作用。其次,要推动企业成为科研创新的主体。企业往往处于市场竞争的第一线,对于本行业的科技发展和技术应用有更多的信息,因此企业要逐步掌握本行业的前沿产业技术,掌握核心科技,增强本企业的市场竞争力。最后,要加强产学研合作,形成科技创新的合力。政府可以搭建科研信息及科研成果公共平台,让企业能够顺利发布对相关科研成果的需求,让高校对外公布自身的科研成果,以便企业和高校之间顺利实现配对,对于共同需要的技术进行协同攻关,合力突破科技难题。

六 消除五大系统以外瓶颈的举措

(一)加强交通枢纽建设,成为全国重要的交通节点

充分发挥长江航运优势,打造黄金水道,加强码头建设。发挥武汉作为全国中心的区位优势,利用高铁建设密切与京津冀、长三角、珠三角和成渝经济圈的联系,打造全国重要的物流中心和仓储中心。

(二)加强金融业发展,打造中部地区金融中心

湖北省作为我国内陆地区最早开埠通商的内陆省份之一,其工业和金融业发展都具有较高水平。利用本省资本较为充裕的优势,积极打造中部地区的金融中心,深入学习上海和香港等国内资本市场建设经验,做大做强本省的金融业。

(三)密切与湖南省和江西省的联系,共同打造长江中游城市群

武汉、长沙、南昌这三个省会城市正好组成了一个较为稳定的三角形结构,在武汉城市圈、长株潭城市群和大南昌都市圈建设的基础上,加强三个地区之间的经济关联度,发挥各自优势,协同推进智能制造、"互联网+"和科技金融的发展,发展壮大中三角经济增长极。

第六章

湖南省经济发展方式转变现状、瓶颈及对策研究

湖南省位于长江中游地区，地处"一带一部"结合处，水利、土地、矿产、生物资源丰富，是"长江经济带"发展战略、中部崛起战略、中部地区"一中心、四区"战略的承担者和"一带一路"倡议的融入者，湖南省经济发展方式转变对长江中游地区、中部地区、长江经济带及中国经济发展都具有重大影响。随着国家实行中部崛起战略，以及东部地区的产业转移，湖南省结构调整取得新进展，"十二五"时期取得巨大发展成果，两型建设和长株潭区域格局的形成使其经济发展方式从经济落后、社会事业发展滞后向经济增长加速、社会全面协调发展转变，但经济发展的同时也面临诸多挑战，发展不充分、不协调、不平衡的基本省情没有得到根本改变。小农意识强，产业体系封闭，技术相对落后，高技能人才缺乏，生产行业偏重，产业链条短小，结构转型缓慢，新兴产业发展难以对冲传统产业的下滑，创新型经济、开放型经济、县域经济、非公有制经济、金融经济等发展不足，实现经济发展方式转变的任务仍十分艰巨。

第一节 湖南省经济发展方式转变能力测度及横向对比

一 湖南省经济发展方式转变能力综合得分

利用公式（1.15）计算出31个省、市、自治区经济发展方式转变能

力的综合得分，再通过简单平均的方法计算出湖南、中部地区和全国的综合得分，结果见表1-2和图6-1。

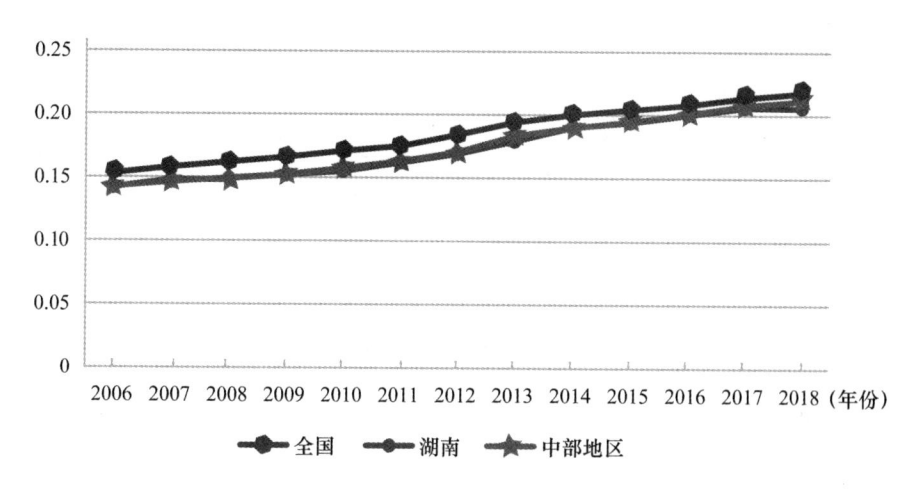

图6-1　湖南省、中部地区及全国经济发展方式转变能力综合得分对比

由图6-1可知，2006—2018年湖南省和其所在的中部地区六省及全国的经济发展方式转变能力都处于上升阶段，湖南省经济发展方式转变能力综合得分略低于中部地区平均值，但明显低于全国平均水平。总体而言湖南的经济发展方式转变能力不强，居全国各省份的中等水平和略低于中部六省的平均水平。

二　经济发展方式转变能力综合得分横向比较的瓶颈分析

根据地区经济发展方式转变能力综合得分情况可知，湖南省经济发展方式转变能力居全国中下水平。为进一步深入了解湖南省经济发展方式转变情况，准确剖析湖南省经济发展方式转变能力制约因素，对一级指标展开分析。根据表6-1可知，2006—2018年，河南省要素系统优化能力、产业系统优化能力、人文社会系统优化能力、资源环境系统优化能力和科教信息系统优化能力的提高幅度分别为0.0042、0.0018、0.0262、0.0003和0.0315。2018年，湖南省经济发展方式转变能力提升的主要贡献是产业系统和科教信息系统。

表6-1　　　湖南省经济发展方式转变能力一级指标得分情况

	要素系统	产业系统	人文社会系统	资源环境系统	科教信息系统	总得分
2006年	0.0290	0.0483	0.0185	0.0317	0.0142	0.1418
2007年	0.0293	0.0483	0.0207	0.0347	0.0147	0.1476
2008年	0.0291	0.0475	0.0228	0.0343	0.0158	0.1494
2009年	0.0286	0.0479	0.0242	0.0331	0.0183	0.1520
2010年	0.0287	0.0479	0.0256	0.0325	0.0200	0.1547
2011年	0.0293	0.0493	0.0264	0.0331	0.0235	0.1616
2012年	0.0299	0.0493	0.0285	0.0341	0.0271	0.1689
2013年	0.0300	0.0499	0.0323	0.0344	0.0319	0.1785
2014年	0.0302	0.0504	0.0338	0.0356	0.0395	0.1895
2015年	0.0310	0.0495	0.0359	0.0353	0.0420	0.1937
2016年	0.0314	0.0492	0.0392	0.0347	0.0457	0.2002
2017年	0.0324	0.0491	0.0418	0.0344	0.0486	0.2063
2018年	0.0332	0.0501	0.0448	0.0320	0.0457	0.2058
增幅	0.0042	0.0018	0.0262	0.0003	0.0315	0.0640

一级指标的分析对剖析经济发展方式转变瓶颈尚不够深入，要素系统优化能力、产业系统优化能力和资源环境系统优化能力中具体哪些因素制约了湖南省经济发展方式转变能力的提升尚不明确。因此，需要对二级指标展开分析，以进一步剖析经济发展方式转变瓶颈。根据表1-4可知，2018年，湖南省要素结构、人的发展、社会公平、资源条件、环境治理、教育提升和信息化在全国的排名分别为第23位、第23位、第24位、第15位、第26位、第27位和第16位，排名较低。因此，湖南省在要素结构、人的发展、社会公平、资源条件、环境治理、教育提升和信息化等方面存在转变瓶颈，需要进一步调整。

第二节　湖南省经济发展方式转变能力现状

根据经济发展方式转变能力指标体系中的5个一级指标的省级层面对比可以看出，湖南省经济发展方式转变能力居全国中下水平。

第六章 湖南省经济发展方式转变现状、瓶颈及对策研究 / 167

由表 6-1 和图 6-2 可看出，2006—2018 年，湖南省经济发展方式转变能力的 5 个一级指标总体呈上升趋势。科教信息系统优化能力的增长幅度最大，由 2006 年对经济发展方式转变能力贡献最小到 2018 年成为第二大贡献指标。第一大贡献为产业系统优化能力，该指标一直稳定在主要贡献指标中，呈波动上升趋势，但是上升幅度较小。第三大贡献为人文社会系统优化能力，上升速度较快，由 2006 年经济发展方式第四大贡献指标逐渐成为第三大贡献指标。第四大贡献为资源环境系统优化能力，但是增长幅度非常小。最后为要素系统优化能力，增长幅度不大，有待进一步提升。

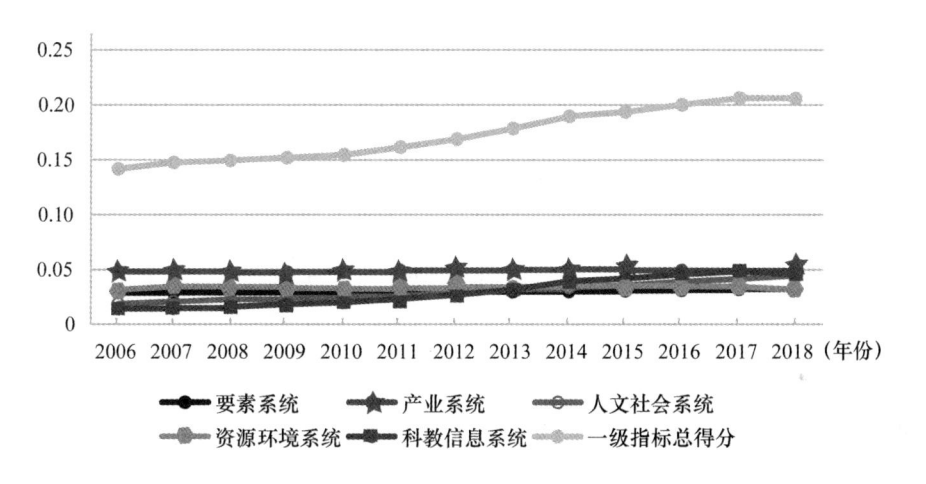

图 6-2 湖南省经济发展方式转变能力一级指标得分变化情况

根据表 1-3 可知，2018 年湖南省要素系统、产业系统和人文社会系统优化能力在全国分别排第 12 位、第 10 位和第 16 位，较总体发展方式转变能力排名靠前，说明要素系统、产业系统和人文社会系统与目前湖南省经济发展方式相适应，对经济发展方式转变有一定的支撑作用。科教信息系统优化能力在全国排名第 19 位，靠近总体发展方式转变能力排名，说明科教信息系统对湖南省经济发展方式转变既不存在促进作用也不存在阻碍作用。资源环境系统优化能力在全国排第 23 位，较总体发展方式转变能力排名靠后，说明资源环境系统对湖南省经济发展方式转变存在阻碍作用。

一 湖南省要素系统优化能力

根据表6-2可知,湖南省要素系统优化能力在2006—2018年总体呈持续上升态势。从增幅来看,要素空间增幅为正,对要素系统优化能力有促进作用。要素结构和要素流动增幅为负,对要素系统优化能力有阻碍作用。可见,湖南省要素系统优化能力提升的主要瓶颈是要素流动和要素结构。

表6-2 湖南省2006—2018年要素系统优化能力及其二级指标得分

	要素结构	要素空间	要素流动	总得分
2006年	0.008385	0.017802	0.002782	0.028970
2007年	0.008646	0.018059	0.002562	0.029267
2008年	0.008459	0.018168	0.002464	0.029090
2009年	0.008103	0.017981	0.002517	0.028601
2010年	0.007644	0.018479	0.002623	0.028746
2011年	0.007399	0.019392	0.002513	0.029304
2012年	0.006957	0.020103	0.002842	0.029902
2013年	0.006793	0.020540	0.002707	0.03004
2014年	0.006833	0.020846	0.002545	0.030225
2015年	0.006980	0.021433	0.00258	0.030993
2016年	0.007014	0.021974	0.002404	0.031391
2017年	0.007530	0.022318	0.002549	0.032398
2018年	0.007509	0.023239	0.002429	0.033177
增幅	-0.000876	0.005437	-0.000353	0.004207

由图6-3可知,湖南省要素系统优化能力增长较为稳定。对湖南省要素系统优化能力贡献最大的是要素空间优化能力,其次是要素结构优化能力,最后是要素流动优化能力。其中要素空间优化能力与要素流动优化能力和要素结构优化能力差距较大,要素结构优化能力与要素流动优化能力二者之间差距较小。

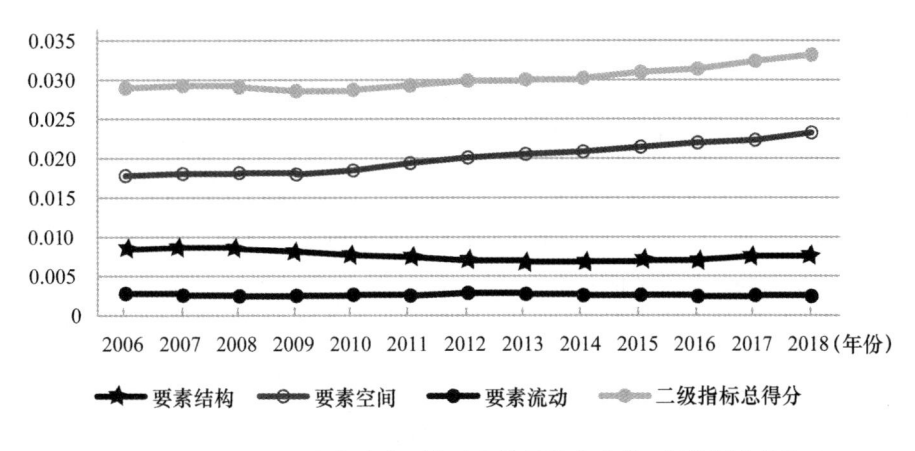

图 6-3　2006—2018 年湖南省要素系统优化能力及其二级指标变化情况

由前文可知，2018 年湖南省要素系统优化能力在全国排名第 12 位，要素结构优化能力在全国排名第 22 位，要素空间优化能力在全国排名第 9 位，要素流动优化能力在全国排名第 15 位。可见，要素系统优化能力提升的主要瓶颈为要素结构优化能力，要素流动优化能力也存在较大的阻碍作用。

（一）要素结构优化能力

2018 年，湖南省要素结构优化能力在全国排名第 22 位，其中，要素结构优化能力中要素投入结构优化能力在全国排第 21 位，要素动力结构优化能力排第 17 位。可见，要素投入结构对要素结构优化能力的提升存在一定的阻碍作用。

1. 要素投入结构优化能力

2018 年，湖南省要素投入结构优化能力在全国排名第 21 位，其下一级指标中单位 GDP 中的资本存量与就业人数比在全国排名第 7 位，单位 GDP 中的单位就业者的农工商业土地使用面积在全国排名第 14 位，单位 GDP 中的单位就业者的能耗节约量在全国排名第 9 位，单位 GDP 中的单位就业者拥有的技术交易金额在全国排名第 24 位，可见拉低要素投入结构优化能力的根本原因在于生产中技术投入过少。

2. 要素动力结构优化能力

2018 年，湖南省要素动力结构优化能力在全国排名第 17 位，其下一级指标中劳动力结构对经济的拉动贡献率在全国排名第31位,资本存量结构对经济的拉动贡献率在全国排名第10位,技术结构对经济的拉动贡献率在全国排名第9位,投资率对经济的拉动贡献率在全国排名第11位,消费率对经济拉动的贡献率在全国排名第17位。劳动力结构对经济拉动的贡献率较低,是要素动力结构优化能力提升的主要瓶颈。

(二)要素空间优化能力

2018年,湖南省在全国排名第9位的要素空间转变能力中,要素城乡结构转变能力在全国排名第22位,要素区域结构在全国排名第7位。要素城乡结构转变能力较弱,是要素空间转变能力提升的主要瓶颈。

1. 要素城乡结构转变能力

2018年,湖南省在全国排名第22位的要素城乡结构中,单位GDP中的城镇就业人数占总就业人数的比重在全国排名第17位,城镇全社会固定资产投资占全社会固定资产投资比重在全国排名第25位,城镇建设用地面积占生产用地面积比重在全国排名第26位。可见,资本和土地城乡分布对要素城乡结构优化能力提升无明显促进作用。

2. 要素区域结构优化能力

2018年,湖南省要素区域结构对经济的拉动贡献率在全国排名第7位,其中劳动力就业占全国劳动力就业量比重在全国排名第9位,固定资产投资占全国固定资产投资比重也在全国排名第9位,土地利用总面积占全国土地利用总面积比重在全国排名第6位,DEA技术效率占全国的比重在全国排名第7位。劳动力和资本区域分布对要素空间优化能力有一定的阻碍作用。

(三)要素流动优化能力

2018年,在全国排名第15位的湖南省要素流动优化能力中,要素部门间流动、要素城乡间流动和要素区域间流动在全国的排名分别为第23位、第7位和第16位。可见制约湖南省要素流动能力的主要原因是要素部门间流动能力较弱。

1. 要素部门间流动能力

2018年,湖南省要素部门间流动能力全国排名第23位,其下一级指标中劳动力部门间流动能力在全国排名第16位,资本的部门间流动能力在全国排名第 23 位。可见,资本的部门间流动能力对湖南省要素部门间流动能力优化具有阻碍作用。

2. 要素城乡间流动能力

2018 年,湖南省要素城乡间流动能力在全国排名第 7 位,其下一级指标中劳动力城乡间流动能力在全国排名第 7 位,资本城乡间流动能力在全国排名第 5 位。可见拉低要素城乡间流动能力的主要是劳动力城乡间流动能力较弱。

3. 要素区域间流动能力

2018 年,湖南省要素区域间流动能力排在全国第 16 位,其下一级指标中劳动力区域间流动能力在全国排名第 30 位,资本区域间流动能力在全国排名第 4 位,技术区域间流动能力在全国排名第 21 位。可见劳动力和技术区域间流动能力是湖南省区域间流动能力优化的主要瓶颈。

二 湖南省产业系统优化能力

由表 6-3 可以看出,湖南省产业系统优化能力得分呈波动上升趋势,但增幅较小。其中产业结构的增幅为负,对产业系统优化有阻碍作用。产业空间和产业效益的增幅为正,对产业系统优化具有促进作用。由此可见,湖南省产业系统优化的主要瓶颈是产业结构。

表 6-3　湖南省 2006—2018 年产业系统优化能力及其二级指标得分

	产业结构	产业空间	产业效益	总得分
2006 年	0.022231	0.019550	0.006520	0.048302
2007 年	0.022169	0.020026	0.006117	0.048311
2008 年	0.021405	0.019889	0.006161	0.047455
2009 年	0.021693	0.019890	0.006295	0.047877
2010 年	0.020941	0.020479	0.006433	0.047854
2011 年	0.021778	0.021149	0.006373	0.049300
2012 年	0.021202	0.021772	0.006346	0.049320
2013 年	0.021180	0.022293	0.006459	0.049933
2014 年	0.021312	0.022496	0.006617	0.050425

续表

	产业结构	产业空间	产业效益	总得分
2015 年	0.019823	0.022358	0.007310	0.049491
2016 年	0.019233	0.022470	0.007532	0.049235
2017 年	0.018764	0.022514	0.007858	0.049136
2018 年	0.019295	0.022674	0.008176	0.050146
增幅	-0.002936	0.003124	0.001656	0.001844

由图 6-4 可以看出，在影响产业系统优化能力的二级指标中，产业空间优化能力在 2012 年超过产业结构优化能力之后，得分排在第 1 位；其次是产业结构优化能力；最后是产业效益提升能力。产业空间优化能力和产业效益提升能力均呈现出缓慢提高趋势。

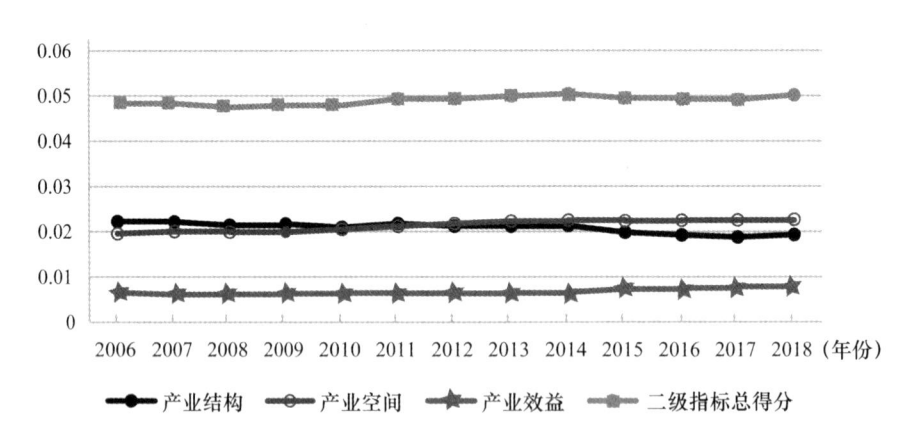

图 6-4　2006—2018 年湖南省产业系统优化能力及其二级指标变化情况

同样地，2018 年，虽然湖南省产业系统优化能力在全国排名第 10 位，但产业结构优化能力在全国排名第 13 位，产业效益提升能力在全国排名第 9 位，产业空间优化能力在全国排名第 13 位。可见，拉低产业系统优化能力的根本原因在于产业结构优化能力和产业空间提升能力偏弱。

（一）产业结构优化能力

主要是指三次产业结构的优化能力，2018 年，其在全国排名第 13 位，包括 11 个下一级指标，它们在全国的排名：第二产业城镇单位就业人员比重第 16 名，第三产业城镇单位就业人员比重第 9 名，第二产业全社会固定资产投资比重第 12 名，第三产业全社会固定资产投资比重第 18 名，第二产业土地利用面积比重第 28 名，第三产业土地利用面积比重第 27 名，第一产业 DEA 技术效率第 6 名，第二产业 DEA 技术效率第 11 名，第三产业 DEA 技术效率第 10 名，服务业增长率第 6 名，第三产业增加值占 GDP 比重第 16 名。从中可以看出第二产业土地利用面积比重、第三产业土地利用面积比重、第三产业增加值占 GDP 比重这三个指标排名靠后，说明它们拉低了产业结构优化能力的得分，存在瓶颈效应。

（二）产业空间优化能力

2018 年，湖南省产业空间优化能力全国排名第 9 位，其下一级指标产业区域布局能力在全国排名第 9 位，产业城乡布局能力在全国排名第 23 位，产品市场结构调整能力在全国排名第 8 位。可见，湖南省的产业城乡布局能力在全国排名靠后，体现出其产业城乡布局能力较弱，存在瓶颈效应。

1. 产业区域布局能力

在产业区域布局能力指标中，2018 年，湖南省 GDP 占全国 GDP 份额在全国排名第 9 位，湖南省第一产业增加值占全国第一产业增加值比重在全国排名第 6 位，湖南省第二产业增加值占全国第二产业增加值比重在全国排名第 10 位，湖南省第三产业增加值占全国第三产业增加值比重在全国排名第 9 位。可见，湖南省 GDP 占全国的份额还不够大，第二产业和第三产业增加值在全国的占有份额较小，影响了产业区域布局能力。

2. 产业城乡布局能力

产业城乡布局能力可以用农村在国民经济中地位的负向程度衡量，于是采用第一产业增加值占地区生产总值（GDP）比重的倒数表示，经计算其 2018 年在全国排名第 23 位。

3. 产品市场结构调整能力

产品市场结构调整能力由负向外贸依存度和负向外资依存度衡量。2018 年，湖南省的计算结果显示前者在全国排名第 5 位，后者在全国排名第 9 位。

(三) 产业效益提升能力

产业效益提升能力包括物质消耗效益提升能力、劳动消耗效益提升能力和资本消耗效益提升能力，2018年，它们在全国的排名分别为第12位、第15位和第12位。

1. 物质消耗效益提升能力

该指标用能源产出率——GDP与能源消耗总量之比衡量，湖南2018年的数据显示其在全国排名第12位。

2. 劳动消耗效益提升能力

该指标用劳动生产率——GDP与就业人数之比衡量，湖南2018年的数据显示其在全国排名第15位。显然该指标具有较大的瓶颈性。

3. 资本消耗效益提升能力

该指标用资本产出率——GDP与资本存量的比值衡量，湖南2018年的数据显示其在全国排名第12位。

三 湖南省人文社会系统优化能力

由表6-4反映人文社会系统优化能力的指标可以看出，人的发展、民生保障和社会公平得分都有所上升。湖南省民生保障能力较大，其次是人的发展能力，最后是维持社会公平能力。

表6-4　湖南省2006—2018年人文社会系统及其二级指标得分

	人的发展	民生保障	社会公平	总得分
2006 年	0.008576	0.006426	0.003533	0.018535
2007 年	0.009186	0.008112	0.003373	0.020671
2008 年	0.010868	0.008635	0.003285	0.022788
2009 年	0.011171	0.009481	0.003553	0.024205
2010 年	0.011191	0.010793	0.003621	0.025604
2011 年	0.011865	0.01074	0.003792	0.026397
2012 年	0.013141	0.011254	0.004106	0.028501
2013 年	0.013778	0.014128	0.004361	0.032267
2014 年	0.014142	0.015139	0.004474	0.033754

续表

	人的发展	民生保障	社会公平	总得分
2015 年	0.014938	0.016347	0.004571	0.035856
2016 年	0.015883	0.018546	0.004739	0.039168
2017 年	0.016714	0.020078	0.004961	0.041753
2018 年	0.017312	0.022406	0.005043	0.044762
增幅	0.008736	0.01598	0.00151	0.026227

由图 6-5 可以看出，民生保障能力得分最高，2006—2012 年平稳增长，之后加速上升；其次是人的发展能力，呈现出逐年平稳上升趋势；得分最低的是维持社会公平能力，2006—2018 年，维持社会公平能力几乎没有变化，该指标可能会制约人文社会系统优化能力的提升。

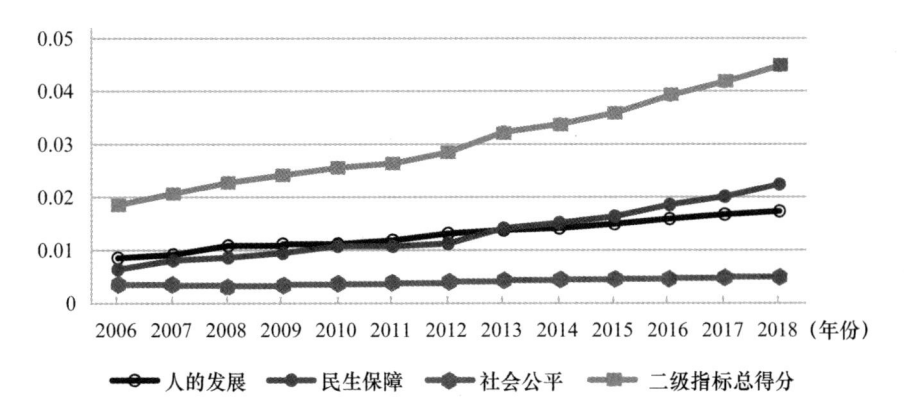

图 6-5 2006—2018 年湖南省人文社会系统优化能力及其二级指标变化情况

（一）人的发展能力

2018 年湖南省的人的发展能力在全国排名第 19 位，包括生存条件、生活水平、素质修养和自由发展 4 个方面，分别排在第 14 位、第 12 位、第 23 位和第 29 位。

1. 生存条件

包括人口自然增长率和人口平均预期寿命，湖南 2018 年的这两个指标在全国的排名分别为第 13 位和第 20 位。

2. 生活水平

包括个人消费水平、负向的城镇恩格尔系数和负向的农村恩格尔系数，湖南省 2018 年的这 3 个指标在全国的排名分别为第 13 位、第 19 位和第 19 位。

3. 素质修养

包括识字率、在校高等受教育率和在校高中受教育率，湖南省 2018 年的这 3 个指标在全国的排名分别为第 8 位、第 22 位和第 19 位。

4. 自由发展

用广播节目综合人口覆盖率和电视节目综合人口覆盖率表示，湖南省 2018 年的这两个指标在全国的排名分别为第 30 位和第 25 位。

（二）民生保障能力

民生保障能力包括就业保障能力、医疗保障能力、住房保障能力和社会保障能力，2018 年，湖南省的民生保障能力在全国排名第 10 位，其下的就业保障能力、医疗保障能力、住房保障能力和社会保障能力分别排名第 30 位、第 4 位、第 4 位和第 27 位。

1. 就业保障能力

包括劳动力参与能力和工资增长弹性两个指标，湖南 2018 年的就业保障能力在全国排名第 30 位，其下的 2 个四级指标在全国的排名分别为第 30 位和第 30 位。

2. 医疗保障能力

用每万人口拥有的医生数和每万人口拥有的床位数表示，湖南省 2018 年的医疗保障能力居全国第 4 位，其下的两个四级指标分别居全国的第 15 位和第 5 位。

3. 住房保障能力

包括城镇住房保障能力和农村住房保障能力两个指标，湖南 2018 年的住房保障能力居全国第 4 位，其下的城镇住房保障能力和农村住房保障能力分别居全国的第 15 位和第 3 位。

4. 社会保障能力

包括城镇职工基本养老保险水平、城镇基本医疗保险水平、失业保险保障水平、工伤保险保障水平、生育保险保障水平、城镇居民最低生活保障水平和农村居民最低生活保障水平 7 个指标。2018 年湖南省的社会保障能力在全国排名第 27 位，其下的 7 个四级指标在全国的排位分别为第 17 位、第 25 位、第 26 位、第 5 位、第 18 位、第 28 位和第 28 位。

（三）维持社会公平能力

维持社会公平能力包括削弱分配差别能力、缩小城乡收入差距能力和缩小贫富差距能力 3 个下一级指标。2018 年，湖南省维持社会公平能力在全国排名第 24 位，其下的削弱分配差别能力、缩小城乡收入差距能力和缩小贫富差距能力分别排名第 22 位、第 20 位和第 22 位。

削弱分配差别能力用负向基尼系数表示，缩小城乡收入差距能力用负向的城镇居民人均可支配收入/农村居民人均可支配收入表示，缩小贫富差距能力用正向的相对贫困程度表示。2018 年湖南省这 3 个指标在全国的排名分别为第 22 位、第 20 位和第 22 位。

四 湖南省资源环境系统优化能力

从表 6-5 可以看出，湖南省的资源环境系统优化能力有所提高，但呈波浪式变化，对资源环境系统贡献最大的是资源条件，其次是生态建设，再次是环境治理，最后是环境污染。

表 6-5　湖南省 2006—2018 年资源环境系统及其二级指标得分

	资源条件	环境污染	环境治理	生态建设	总得分
2006 年	0.011136	0.002599	0.008595	0.009418	0.031748
2007 年	0.012344	0.002556	0.010226	0.009538	0.034664
2008 年	0.012608	0.002675	0.009418	0.009627	0.034328
2009 年	0.012940	0.002666	0.007776	0.009706	0.033087
2010 年	0.013196	0.002703	0.006869	0.009758	0.032525
2011 年	0.013483	0.002684	0.006550	0.010429	0.033146
2012 年	0.014051	0.002695	0.006673	0.010675	0.034094
2013 年	0.013599	0.002670	0.007428	0.010675	0.034373
2014 年	0.013760	0.002671	0.008453	0.010747	0.035631
2015 年	0.013128	0.002688	0.008617	0.010913	0.035346

续表

	资源条件	环境污染	环境治理	生态建设	总得分
2016年	0.012580	0.002754	0.008296	0.011055	0.034685
2017年	0.011820	0.002779	0.008737	0.011077	0.034413
2018年	0.011149	0.002807	0.006926	0.011136	0.032019
增幅	0.000013	0.000208	-0.001669	0.001718	0.000271

由图6-6可以看出，资源条件指标2006—2012年有提升趋势，此后呈下降趋势，尤其是近年来下降非常明显；环境污染指标基本呈水平状，说明湖南的环境污染状况处于相对稳定状态；环境治理指标2006—2007年有所提升，2007—2011年有所下降，此后略有提升，2017—2018年又出现下降；生态建设指标2006—2018年一直处于缓步提升状态。2018年，湖南省的资源条件、环境污染程度、环境治理能力和生态建设能力在全国排名分别为第17位、第5位、第26位和第16位。

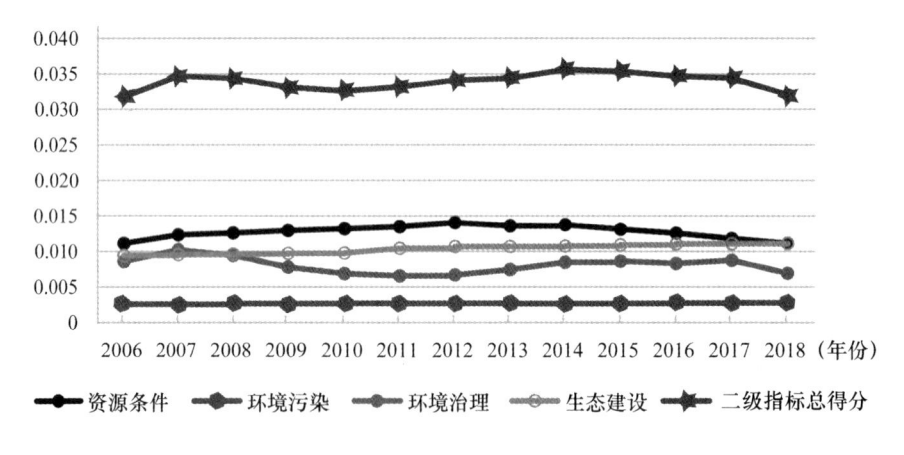

图6-6　湖南省2006—2018年资源环境系统及其二级指标变化情况

（一）资源条件

资源条件包括资源禀赋条件、资源消耗程度和资源利用能力3个下一级指标。2018年，湖南的资源禀赋条件、资源消耗程度和资源利用能力在全国排名分别为第21位、第16位和第12位，可见资源禀赋条件是其发展的瓶颈所在。

1. 资源禀赋条件

用采矿业城镇单位就业人员比重、采矿业全社会固定资产投资比重和能源产量衡量。2018年湖南的这个指标在全国排名分别为第20位、第13位和第21位，能源产量较低起到了阻碍作用。

2. 资源消耗程度

用人均用水量、工业用水量占用水总量比重、农用地面积和建设用地面积4个指标表示。2018年，湖南的人均用水量、工业用水量占用水总量比重、农用地面积和建设用地面积在全国排名分别为第11位、第7位、第19位和第22位，建设用地面积小是其瓶颈性因素，农用地面积排名靠后也起到了阻碍作用。

3. 资源利用能力

资源利用能力用碳排放率表示，2018年湖南的资源利用能力在全国排名第12位，碳排放率在全国排名第12位。

（二）环境污染程度

环境污染程度指标包括工业废水排放量、工业废气排放量、工业固体废弃物产生量和人均生活垃圾清运量4个指标。2018年，湖南省环境污染程度排名全国第5位，其下一级指标中的工业废水排放量、工业废气排放量、工业固体废弃物产生量和人均生活垃圾清运量在全国排名分别为第11位、第4位、第7位和第9位。

（三）环境治理能力

环境治理能力包括环境治理投资强度、环境污染治理投资占GDP比重、工业污染源治理投资/环境污染治理投资、工业废水排放减少率、工业废气排放减少率、工业固体废弃物综合利用率和生活垃圾无害化处理率6个指标。2018年，湖南省环境治理能力排名全国第26位，其6个下一级指标在全国排名分别为第28位、第20位、第19位、第14位、第21位和第7位，其中排名第28位的环境治理投资强度、排名第21位的工业固体废弃物综合利用率起到了较大的阻碍作用，环境污染治理投资占GDP的比重和工业污染源治理投资/环境污染治理投资也起到了阻碍作用，成为限制其发展的瓶颈。

(四) 生态建设能力

生态建设能力用人均公共绿地面积、建成区绿化覆盖率、森林覆盖率、湿地面积占辖区面积比重和自然保护区面积占辖区面积比重5个指标描述。2018年，湖南省的生态建设能力在全国排名第16位，其下一级5个指标在全国的排名分别为第28位、第11位、第8位、第19位和第19位。

五 湖南省科教信息系统优化能力

从表6-6可以看出，科教信息系统优化能力指标是五个一级指标中权重最大的指标，湖南省的科教息系统优化能力自2006年开始至今呈现加速发展趋势。其下一级指标教育水平、技术水平和信息化水平对科教信息系统优化能力的贡献，在2011年以前教育大于信息化，信息化大于技术；2011年以后则是信息化大于教育，教育大于技术。

表6-6　湖南省2006—2018年科教信息系统及其二级指标得分

	教育	技术	信息化	总得分
2006年	0.007846	0.001818	0.004558	0.014222
2007年	0.008204	0.002145	0.004309	0.014659
2008年	0.008254	0.002423	0.005110	0.015787
2009年	0.009044	0.002679	0.006549	0.018272
2010年	0.009596	0.003158	0.007204	0.019958
2011年	0.009701	0.004010	0.009741	0.023452
2012年	0.009804	0.004644	0.012632	0.027079
2013年	0.010226	0.005186	0.016504	0.031917
2014年	0.010766	0.006394	0.022334	0.039494
2015年	0.010985	0.006744	0.024294	0.042023
2016年	0.010891	0.007147	0.027662	0.045700
2017年	0.010933	0.008122	0.029562	0.048617
2018年	0.011059	0.008438	0.026180	0.045677
增幅	0.003213	0.006620	0.021622	0.031455

由图6-7可以看出，湖南省的信息化水平提升能力呈加速上升状态，尤其是2011年之后上升速度更快；2006—2018年湖南省的技术水平提升能力处于低水平增长状态，2006—2018年湖南省的教育水平提升能力处于稳定阶段，其间仅有微小的提高。2017—2018年信息化水平出现一定幅度的回落，2018年教育水平提升能力、技术水平提升能力和信息化水平提升能力分别在全国排名第27位、第15位和第18位。

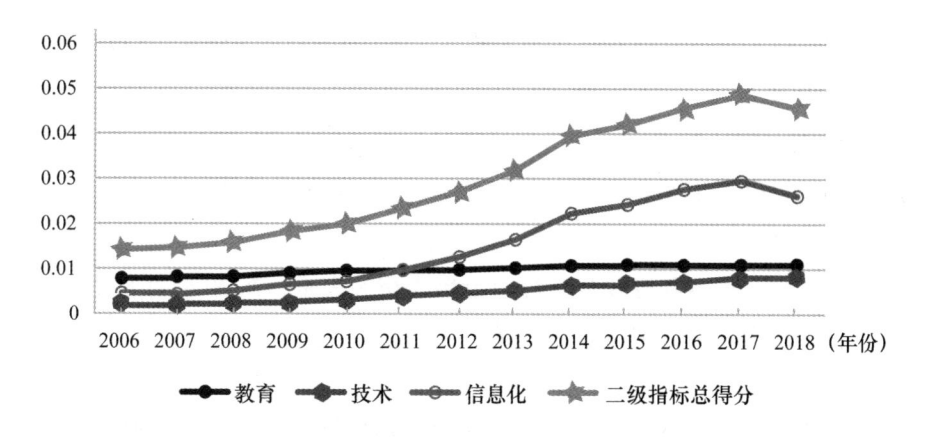

图6-7 2006—2018年湖南省科教信息系统优化能力及其二级指标变化情况

（一）教育水平提升能力

包括教育投入提升能力和教育产出提升能力。2018年湖南省的教育投入提升能力和教育产出提升能力分别在全国排名第29位和第12位。可见湖南省的教育投入能力和教育产出能力严重失衡。

1. 教育投入提升能力

采用教育财政投入强度和负向的普通高等学校生师比、普通高中学校生师比、中等职业学校生师比、普通初中学校生师比、普通小学学校生师比6个指标衡量。2018年湖南省的这6个指标在全国排名分别为第22位、第22位、第27位、第24位、第24位和第31位，对教育投入提升存在较大的阻碍作用。

2. 教育产出提升能力

采用大学升学率和高中升学率衡量。2018年湖南省的大学升学率和高中升学率分别在全国排名第 9 位和第 15 位。

（二）技术水平提升能力

技术水平包括技术创新资源、技术创新投入和技术创新产出 3 个指标。2018 年，湖南省的技术创新资源能力、技术创新投入能力和技术创新产出能力分别在全国排名第 15 位、第 15 位和第 20 位，技术创新产出能力较低制约了技术水平的提升。

1. 技术创新资源

用科技人员技术创新产出能力投入表示，2018 年湖南省该指标在全国排名第 15 位。

2. 技术创新投入

用研发投入强度表示，2018 年湖南省该指标在全国排名第 15 位。

3. 技术创新产出

用国内三种专利授权数和技术市场成交额表示，2018 年湖南省这两个指标在全国排名分别为第 17 位和第 19 位。

（三）信息化水平提升能力

信息化水平主要从信息技术应用能力和信息产业发展能力两个角度考虑，2018 年湖南省的信息技术应用能力和信息产业发展能力分别在全国排名第 22 位和第 14 位。信息技术应用能力排名较靠后限制了其发展。

1. 信息技术应用能力

采用城镇电脑拥有量、农村电脑拥有量、电话普及率和网络覆盖率 4 个指标衡量。2018 年湖南省这 4 个指标在全国排名分别为第 9 位、第 19 位、第 29 位和第 25 位，低电话普及率和网络覆盖率限制了其技术产出应用能力。

2. 信息产业发展能力

采用信息产业劳动力投入比重、信息产业资本投入比重和信息产业产值比重 3 个指标衡量。2017 年这 3 个指标湖南省在全国排名分别为第 14 位、第 10 位和第 13 位。

第三节　湖南省经济发展方式转变瓶颈

一　经济发展方式转变能力综合指标情况

湖南省经济发展方式转变能力无论是省级层面对比，还是与中部六省份对比，均具有一定劣势。剖析湖南省经济发展方式转变能力存在的瓶颈，需要进一步对一级指标、二级指标、三级指标和四级指标展开分析，以确定瓶颈问题所在。

二　经济发展方式转变能力一级指标情况及瓶颈

由表1-3可知，2018年湖南省经济发展方式转变能力一级指标中要素系统优化能力排在全国第12位，略高于全国平均水平，接近于中部地区平均水平；产业系统优化能力排在全国第10位，高于全国平均水平和中部地区水平；人文社会系统优化能力排在全国第16位，略低于全国平均水平和中部地区水平；资源环境系统优化能力排在全国第23位，低于全国平均水平和中部地区平均水平；科教信息系统优化能力排在全国第19位，明显低于全国平均水平和中部地区水平。根据以上分析，湖南省经济发展方式转变能力一级指标中，资源环境系统优化能力存在拉低或者未能有效推进经济发展转变的情况。因此，湖南省经济发展方式转变能力一级指标中的瓶颈主要为资源环境系统、科教信息系统和人文社会系统。

三　经济发展方式转变能力二级指标情况及瓶颈

根据表1-5可知，2018年湖南省经济发展方式转变能力16个二级指标中排名靠后的有要素结构、人的发展、社会公平、资源条件、环境治理、生态建设、教育和信息化，在全国的排名分别为第22位、第19位、第24位、第17位、第26位、第16位、第27位和第18位。因此，在二级指标层面，要素结构、人的发展、社会公平、资源条件、环境治理、生态建设、教育和信息化是湖南省经济发展方式转变的主要瓶颈。

四 经济发展方式转变能力三级指标情况及瓶颈

根据表1-6可知，2018年湖南省38个三级指标中全国排名靠后的指标：要素投入结构第21位，要素劳动力结构第17位，要素城乡分布第22位，要素部门间流动第23位，要素区域间流动第16位，产业城乡分布第23位，素质修养第23位，自由发展第29位，就业保障第30位，社会保障第27位，城乡收入差距第20位，分配差别第22位，贫富差距第20位，资源条件第21位，资源消耗第16位，环境治理第26位，生态建设第16位，教育投入第29位，技术创新第20位，信息技术第22位。湖南省这20个三级指标对经济发展方式转变具有制约作用。

因此，从三级指标层面来看，湖南省经济发展方式转变瓶颈主要为要素投入结构、要素劳动力结构、要素城乡分布、要素部门间流动、要素区域间流动、产业城乡分布、素质修养、自由发展、就业保障、社会保障、城乡收入差距、分配差别、贫富差距、资源条件、资源消耗、环境治理、生态建设、教育投入、技术创新、信息技术。

五 经济发展方式转变能力四级指标情况及瓶颈

2018年，湖南省经济发展方式转变能力112个四级指标中，要素系统中23个四级指标有10个指标在全国排名靠后，它们分别是：单位GDP中技术劳动比第24位，劳动力贡献率第31位，最终消费率第17位，城镇就业人数/就业人数第17位，城镇全社会固定资产投资/全社会固定资产投资第25位，城市建设用地面积第26位，本年第一产业城镇单位就业人员比重－上年比重第16位，本年第二产业全社会固定资产投资比重－上年比重第23位，本年湖南省就业人数占全国比重－上年比重第30位，湖南省国内三种专利申请受理量增长率第21位。上述10个四级指标是拉低湖南省要素系统优化能力的主要瓶颈。

2018年，湖南省经济发展方式转变能力112个四级指标中，产业系统中21个四级指标有5个指标在全国排名靠后，它们分别是：第二产业城镇单位就业人员比重第16位，第三产业全社会固定资产投资比重第18位，第二产业土地利用面积比重第28位，第三产业土地利用面积比重第

27 位，第三产业增加值在 GDP 中的比重第 16 位，上述 5 个四级指标是制约湖南省产业系统优化的主要瓶颈。

2018 年，湖南省经济发展方式转变能力 112 个四级指标中，人文社会系统中的 26 个四级指标有 17 个指标在全国排名靠后，它们分别是：人口平均预期寿命第 20 位，城镇恩格尔系数第 19 位，农村恩格尔系数第 19 位，每十万人口高等教育在校学生数第 22 位，每十万人口高中阶段在校学生数第 19 位，广播节目综合人口覆盖率第 30 位，电视节目综合人口覆盖率第 25 位，失业率第 30 位，工资增长率第 30 位，城镇职工基本养老保险水平第 17 位，城镇基本医疗保险水平第 25 位，失业保险保障水平第 26 位，生育保险保障水平第 18 位，城镇居民最低生活保障水平第 28 位，农村居民最低生活保障水平第 28 位，城乡收入差距第 20 位，基尼系数第 22 位，上述 17 个四级指标是制约湖南省人文社会系统优化的主要瓶颈。

2018 年，湖南省经济发展方式转变能力 112 个四级指标中，资源环境系统中 23 个四级指标有 12 个在全国排名靠后，它们分别是：相对贫困程度第 22 位，采矿业城镇单位就业人员比重第 20 位，人均能源产量第 21 位，人均农用地面积第 19 位，人均建筑用地面积第 22 位，环境治理第 28 位，工业污染第 20 位，工业废水第 19 位，工业固体废弃物第 21 位，人均公共绿地面积第 28 位，湿地面积第 19 位，自然保护区面积第 19 位，上述 12 个四级指标是制约湖南省资源环境系统优化的主要瓶颈。

2018 年，湖南省经济发展方式转变能力 112 个四级指标中，科教信息系统中 19 个四级指标有 11 个指标在全国排名靠后，它们分别是：教育财政投入强度全国第 22 位，普通高等学校生师比第 22 位，普通高中学校生师比第 27 位，中等职业学校生师比第 24 位，普通初中学校生师比第 24 位，普通小学学校生师比第 31 位，人均国内三种专利授权数第 17 位，人均技术市场成交额第 19 位，农村电脑拥有量第 19 位，电话普及率第 29 位，网络覆盖率第 25 位，以上 11 个四级指标是拉低湖南省科教信息系统优化能力的主要瓶颈。

第四节 对策建议

湖南省作为实施长江经济带发展战略、长江中游城市发展战略的重要省份，对中部地区及全国经济发展有重大影响，因此转变经济发展方式尤为重要。然而其在经济发展方式转变过程中还面临如下主要瓶颈：(1) 要素动力结构不尽合理；(2) 要素城乡分布、产业城乡分布失衡；(3) 要素城乡间流动不畅；(4) 人的素质有待提升；(5) 人的自由发展能力、就业能力、社会保障能力有待提升；(6) 缩小分配差别能力、缩小城乡收入差距能力、缩小贫富差距能力不够强；(7) 环境污染治理控制能力较弱；(8) 教育投入能力、信息技术应用能力不够强；(9) 技术创新产出能力偏弱；(10) 自然资源条件欠佳。上述瓶颈引发了湖南省经济增长难以持续、城市发展缓慢、能源消耗快、土地利用效率低、城乡收入差距过大、固定资产投资效率低、创新投入不足、废弃物排放及治理等难题。为了顺利实现湖南省经济发展方式转变，针对上文分析的要素系统、产业系统、人文社会系统、资源环境系统和科教信息系统中的具体瓶颈，提出如下几点建议。

一 消除要素系统中瓶颈的举措

湖南省消除要素系统中的瓶颈，要做好如下 7 个方面的工作：(1) 加快技术对产业的改造步伐和新技术的产业化速度；(2) 优化消费结构，提高消费对经济增长的贡献率；(3) 优化劳动力结构，提升劳动力对经济的拉动力；(4) 进一步提升城镇劳动力就业率；(5) 增加城镇全社会固定资产投资；(6) 扩大城镇建设用地面积指标的投放；(7) 促进劳动力在部门之间、城乡之间、区域之间理性流动。为此提出如下建议。

（一）合理配置和有效使用资源，提高投资效率

把投资更多地用于传统产业的智能化、信息化和共享化改造升级上，大力改造和提升传统制造业、先进制造业和现代农业的产能；降低社会交易成本，提高资源配置效率，避免大量的资本投资于无效率或者效率

低下的"错误"产业和企业。统筹城乡、区域、经济社会协调发展,大力发展主要面向生产者的服务业,特别是金融与物流产业,细化深化专业化分工;优化投资结构,合理分布投资的空间与产业配置,在增强投资集聚效应的同时,要避免投资的"马太效应"。避免投资无效化,强化固定资产管理意识。建立行业的有效评估机制,对风险、流动性和收益进行投资项目评估,确定固定资产投资领域。从固定资产采购、验收、使用、定期盘点等方面着手,制定相应制度。

(二)提高土地利用效率

严格控制建设用地标准,建议省发改委和自然资源厅同有关部门研究国家和省内尚未颁布土地使用标准的建设项目、重大战略性新兴产业项目的土地使用标准,制定和完善一批湖南省地方用地标准;引导土地立体开发利用,在兼顾国防、人防、防灾等需要的前提下,鼓励合理利用地上地下空间,鼓励既有停车资源开放共享,鼓励社会资本采取多种形式投资建设停车楼、地下停车场、机械式立体停车库等集约化停车设施;强化国有土地资产管理,盘活省直机关和中央在湘单位、省属企事业单位土地资产,优化土地利用结构,加大市场配置土地资源力度,提高国有土地使用效率和节约集约程度;推进城镇低效用地再开发,有效盘活农村建设用地等。

二 消除产业系统中瓶颈的举措

湖南省消除产业系统中的瓶颈,要做好如下 5 个方面的工作:(1)增加第二产业和第三产业的用地指标;(2)加快发展第三产业,提升第三产业增加值占 GDP 的比重和占全国第三产业增加值的比重;(3)加快农业供给侧结构性改革步伐,提高农业生产效率,提升第一产业增加值占全国第一产业增加值比重;(4)优化外商投资环境,加大外资招商引资力度,提高外资企业数量和生产规模;(5)加快生产技术的更新换代,提升物质消耗效益、劳动消耗效益、资本消耗效益、能源产出率、劳动生产率和资本产出率。而解决这些问题的重中之重是推动产业可持续发展。为此提出如下建议。

（一）促进第二产业发展方式转变

抢抓第四次工业革命先机，加速智能化和信息化的一体化。加快智能机器、工业物联网、大数据、云计算平台一体化建设；以"互联网+传统产业"方式融合创新，催生研发设计、智能制造和营销模式变革；加快生产设备模块化，模块设备物联网化，将传统设备与新设备通过附加组件模块连接起来，扩展产业链条和产业节点。以产能共享方式改造提升传统动能。构建产能共享模式，将闲置资源与中小微企业和创业者共享；搭建设备共享平台，将产能富余的设备展示在平台上，以便产能不足者或产业点缺失者找到共享目标；加快设备标准化，为产能共享扫清障碍。提升工业企业市场竞争力，大力推进供给侧改革，全面落实"三去一降一补"五大任务。大力发展重点产业，如有色金属冶炼和压延加工业、非金属矿物制品业、通用设备业、智能制造和机器人产业、新能源汽车产业、农副食品加工业、电气机械和器材制造业、医药制造业、化学原料和化学制品制造业等，积极解决行业发展中的问题。围绕主导产业、重点研发领域，着力提高科技成果转化率，打通科技成果转化中"肠梗阻"环节。建议政府支持建设高水平、专业化的科技成果孵化基地和中试基地。如可与国防科大合作建设军民融合科技孵化基地，省市实行"交钥匙工程"，孵化期内实行免租金等系列特优政策。加快战略性新兴产业投融资模式的转变，由信贷融资主导模式向权益类融资主导模式转变。第一，推广"债转股"等方式降低企业融资杠杆和成本；第二，壮大湖南新兴产业发展基金；第三，吸引社会资本着力解决战略性新兴产业中小企业融资困境；第四，推动长株潭进入国家第二批"战略性新兴产业融资担保风险补偿"试点；第五，完善和创新财政支持方式，如提供适当财政贴息，在特别关键领域或重大项目上提供政府担保等。培育工业发展新的增长点，延长纵向产业链、拓展横向产业链，全产业链引进高新技术产业，大力进行招商引资，培育智能制造和智能机器人等新兴产业。促进工业提质增效。在提高工业生产效率上，首先，必须加快国有企业改革，对于效率低下、竞争力不足、管理混乱、常年亏损、经济效益较差的企业，在确保国有资产不流失或不闲置的情况下，分类推进关闭、重组和改制，加快混合所有制改革步伐，用控股权换取非公有资金和技术进行升级改造和机制转型。其次，提高企业的创新开发能力，推进体制创新、管理创新和技术创新，重视产品质量标准化建设，提高企业运行效率。以规划为核心，做好顶层设计，明确园区分工，整合资源，规划园区产业布局。建议由省政府牵头，制定《湖南省主导产业、重点园区产业布局规划》，沿主导产业链打造核心园区、专业园区、配套园区，进一步优化园区的规划布局。

(二) 促进第三产业发展方式转变

深入推进"互联网+"行动，打造众创、众包、众扶、众筹平台，广泛运用物联网、大数据、云计算等技术，促进产业融合发展，形成更加符合市场需要的新产业、新业态、新模式，催生出更多的新产品、新服务和新的产业集群。如推进装配式建筑、新能源汽车、生物医药、文化创意、节能环保等新兴产业发展，促进医疗—健康—养老一体化服务业发展。同时要提升消费对于经济增长的贡献率，提升投资与消费双轮驱动力。建议研究并制定大力发展消费经济、促进经济持续发展的规划与指导性文件；集中资金大力支持本土消费品牌、本土农副产品核心企业发展。推进文化创意产业快速发展。首先，促进文化资源和要素向优势产业和企业适度集中，增强企业规模效应；其次，推动文化创意产业链向下游产业、周边产业、关键产业、衍生产业延伸；再次，加大文化与科技的融合力度，积极运用科技创新支撑文化和创意产业发展，促进产品和服务创新，培育新的文化业态；最后，通过湖南卫视的文化创意产业现有基础，辐射带动其他文化产业发展。推进房地产业供给侧改革，允许房地产开发企业根据市场需求更改已拿地的开发规划，调整产品供给结构。鼓励开发价格合适、管理规范、生活舒适的商品房，满足进城农民等的需求。减少传统商业营业用房的土地供应和资金扶持，根据住宅供需状况，对热点区域增加住宅用地。加快棚户区改造进程，使改造地区尽快形成开发。同时要维护房地产市场稳定。提高房地产市场透明度和信息公开程度，严查房地产开发企业和中介公司的虚假违法行为。加大湖南旅游业的发展。首先要提供便利的交通，降低交通成本。尤其要从游客角度考虑，合理界定旅游航线运行时间，加强景点之间互联互通。

（三）促进农业发展方式转变

着力构建现代农业产业体系、生产体系、经营体系，推动现代粮经饲统筹、种养加一体、农牧渔结合、三大产业融合发展，走产出高效、产品安全、资源节约、环境友好的农业现代化道路。稳定农村土地承包关系，认真落实好所有权、承包权、经营权分置，依法推进土地经营权有序流转，加快农业综合体建设、特色小镇建设。大力培育新型职业农民和新型农业经营主体，加快推进多种形式的农业适度规模经营，着力构建新型农业经营体系，加快新型农庄建设。加强粮食等农产品主产区建设，优化农业区域布局，加快形成各具优势和特色鲜明的长株潭都市农业圈、洞庭湖现代农业示范区、大湘南丘陵农业区、大湘西山地生态农业区。

三 消除人文社会系统中瓶颈的举措

湖南省消除人文社会系统中的瓶颈，要做好如下几个方面的工作：加快医疗、养老和康养产业的发展；改善人居环境，提高人口平均预期寿命；加快分配制度的改革，提高劳动者收入；促使城乡居民消费更多地向文化、教育、卫生体育、休闲娱乐等方面的高层转移；改革高等教育办学模式和教学方式，提升高校学生的受教育广度和受教育深度；加大广大农村地区的广播、电视基础设施和网络建设力度，提高广播电视的全社会覆盖率；激发劳动者工作热情，提高劳动参与率；改革薪酬发放细则，设计多层级、多等级的薪资发放体系，提升工资增长弹性；加大社会保障改革力度，全面提高城镇职工基本养老保险水平、城镇基本医疗保险水平、失业保险保障水平、生育保险保障水平、城镇居民最低生活保障水平和农村居民最低生活保障水平；加快社会公平机制建设，削弱过大的分配差别、城乡收入差距和贫富差距。

四 消除资源环境系统中瓶颈的举措

湖南省消除资源环境系统中的瓶颈，要做好如下5个方面的工作：（1）充分利用矿产资源蕴藏丰富的优势，加快采矿业机械化、机械设备自动化、自动设备的智能化发展步伐，同时要加快采矿业管理机制现代化。(2) 加快生产设备的节能降耗减排的升级改造,提高能源生产效率。(3) 降低工业废水、废气和废渣的排放量,提高工业固体废弃物综合利用能力,加大工业污染源治理投资。(4) 加大城市公共绿地建设力度,优化城市宜居环境。(5) 加大湿地和自然保护区建设力度,留住整个湖南省的青山绿水生态环境。而解决这些问题的重中之重是提高资源利用效率,减少产业耗能,加快污染治理。为此,我们提出如下几点建议。

(一) 提高资源利用效率

减少产业能耗,发展低碳经济,调整煤炭、电力、钢铁、有色金属、化工等低碳发展水平较低的产业部门,重点发展装备制造业、特色农业和第三产业中的现代服务业,以及部分加工工业等低碳发展水平较高的产业部门,如仪器仪表及文化、办公用机械制造业、食品制造及烟草加工业、电气机械及器材制造业、通用专用设备制造业和交通运输设备制造业等。推进能源革命,加快能源技术创新,加快核电项目的申报和建设,加快发展风能、太阳能、生物质能、水能、地热能和页岩气开发,加强储能和智能电网建设,发展分布式能源,建设清洁低碳、安全高效的现代能源体系。实施循环发展引领计划,按照减量化、再利用、资源化的原则,转变资源利用方式,加快建立循环型工业、农业、服务业体系,深入推进全社会节能减排,大力推广循环经济典型模式,全面促进资源节约循环高效利用,推动循环发展。

(二) 优化能源消费结构,推进节能技术改造

降低煤炭、原油等化石能源消耗比重,积极推进天然气、风能、太阳能以及生物质能等清洁能源的发展,在提高能源加工效率方面,一是继续加强对新工艺、新技术、新材料、新设备的研究、开发、推广和应用,为能源的高效加工转换提供有力的技术支撑和设备保障;二是鼓励热电联产、炼焦、原煤洗选、炼油、火力发电企业实施技术改造,增加利用种类,提高利用比例和转换效率,降低终端能源的消耗水平;三是支持产学研结合,开发推广生产信息化、智能化管理技术,鼓励企业加大能源的回收利用,推进智能化建设,淘汰落后装置,提高能效门槛,发展高技术含量的产品能源,促进加工转换效率提升。

（三）控制废弃物污染源头，对污染物的治理方式进行转型升级

一方面，严格规定工业废水、废气、固体废弃物排放量，对排放量超标企业实行处罚，树立节约集约循环利用的资源观，培养公民环境意识，实施全民节能行动计划、水资源管理制度、节约用地制度；另一方面，完善再生资源回收体系，加强垃圾分类回收和再生资源回收。推进秸秆等农林废弃物以及建筑废弃物、餐厨废弃物资源化利用，开发利用"城市矿产"，发展再制造品和再生利用品。

五 消除科教信息系统中瓶颈的举措

湖南省消除科教信息系统中的瓶颈，要做好如下3个方面的工作：（1）加大教育投入力度，优化各级各类学校教师配置，解决当前低师生比的状况。（2）加大对民众信息技术普及力度，提高民众的信息技术应用能力。（3）加大广大农村网络、电视和电话终端基础设施建设力度，提高农村的网络覆盖率、电视收视率和电话使用率。而解决这些问题的重中之重是确立创新驱动发展战略。为此提出如下几点建议。

（一）加快创新示范区的建设

根据湖南省科技创新"1105"规划，切实建设长株潭国家自主创新示范区核心平台，通过长沙麓谷创新谷、湘潭智造谷和株洲·中国动力谷等创新集聚区的建设，推进科技与经济、金融、文化等融合发展，加快创新资源集聚，形成完整的协同创新体系。

（二）推动创新领域的形成

落实"十三五"规划中提出的要求，在生命科学、材料科学、环境科学、现代医学、新一代信息技术等基础领域开展科技前沿推进行动；在粮食安全、网络空间、能源保障、未来制造、生态治理等战略领域实施重大科技跨越行动；在现代农业、新型工业、社会发展等事关发展全局领域开展技术集成式协同攻关行动。

（三）将科教资源优势转化为创新驱动优势

湖南省基础教育领先全国，但强于应试教育弱于素质教育。需强化高校"双一流"建设和基础教育。湖南是中部唯一拥有3所"双一流"大学（国防科技大学、中南大学和湖南大学）的省份，全省共有普通高等学校99所。然而高校科教资源优在成果，弱在转化和应用。只有将这种优势转化为创新创业，才能顺利实现湖南省经济发展方式的转变。

（四）促进大众创业、万众创新

湖南省要将创业根植于创新，引导"双创"补齐高新技术产业上的"短板"。在大众创业、万众创新行动计划中，开展的项目包括载体升级发展工程、资源开放共享工程、服务创新拓展工程、素质培育拓展工程、素质培育提升工程和财政金融支撑工程。在构建公众创新平台和开展项目工程时，发挥政府创业投资引导基金作用，提高劳动者技能培训和人才评价标准，加大人才队伍建设，实现创新要素的共享，提高自主创新能力。

第七章

江西省经济发展方式转变现状、瓶颈及对策研究

江西省,地处中国东南长江中下游南岸,东临浙江、福建,南连广东,西靠湖南,北毗湖北、安徽而共接长江;上通武汉三镇,下贯南京、上海,南仰梅关、岭南而达广州。省内除北部较为平坦外,东西南部三面环山,中部丘陵起伏,成为一个整体向鄱阳湖倾斜而往北开口的巨大盆地。江西为环西太平洋成矿带的组成部分,省内地层出露齐全,矿产资源丰富,是中国主要的有色金属、稀有金属、稀土矿产基地之一,也是中国矿产资源配套程度较高的省份之一。近年来,江西经济社会飞速发展,取得一系列重大突破,经济实力实现历史性跃升;优化结构培育新动能取得突破性进展;城乡面貌发生根本性变化;人民生活质量和水平全方位提升。但同时应该清醒地认识到,发展不平衡不充分的一些突出问题尚未解决;面临加快发展与补短板、强弱项的双重任务;创新能力仍然偏弱;产业层次偏低、结构不优;实体经济面临不少困难,发展质量和效益有待提高;制约发展的体制机制障碍仍然存在;生态环境保护任务依然繁重;民生领域存在不少短板,群众在就业、教育、医疗、居住、养老等方面还有不少难题。总之,江西省实现经济发展方式转变还有一段路要走。

第一节　江西省经济发展方式转变能力测度及横向对比

一　江西省经济发展方式转变能力综合得分

利用公式（1.15）计算出 31 个省、市、自治区经济发展方式转变能力的综合得分，再通过简单平均的方法计算江西、中部地区和全国的综合得分，结果见表 1-2 和图 7-1。

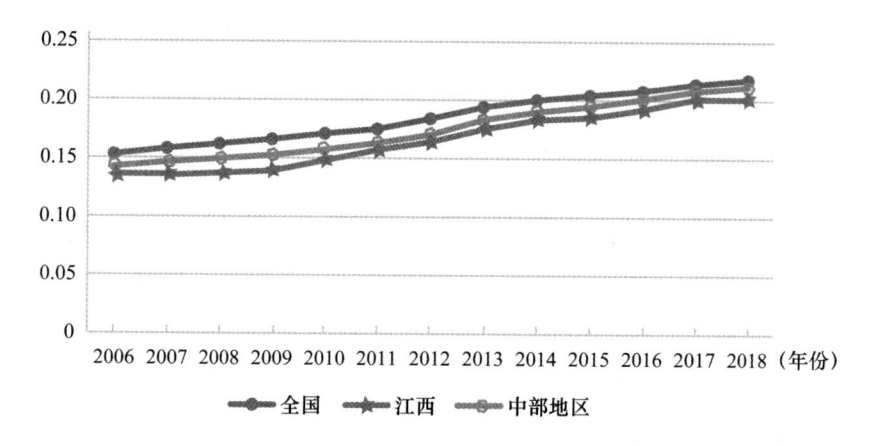

图 7-1　江西省、中部地区及全国经济发展方式转变能力综合得分对比

由图 7-1 可知，2006—2018 年江西省和其所在的中部地区六省市及全国经济发展方式转变能力都处在上升阶段。但江西省经济发展方式转变能力得分在 2006—2018 年始终低于中部地区平均得分，也低于全国平均得分，与中部地区和全国的差距无明显变化。总体而言，江西省的经济发展方式转变能力逐渐增强，但仍居于全国中下水平。

二　经济发展方式转变能力综合得分横向比较的瓶颈分析

根据地区经济发展方式转变能力综合得分情况可知，江西省经济发展方式转变能力居全国中下水平。为进一步深入了解江西省经济发展方式转变情况，准确剖析江西省经济发展方式转变能力制约因素，对一级指标展开分析。根据表7-1可知,2006—2018年,要素系统优化能力、产业系统优化能力、人文社会系统优化能力、资源环境系统优化能力和科教信息系统优化能力的提高幅度分别为0.004072、-0.001232、0.024245、0.000199和0.038391。可见,要素系统、产业系统和资源环境系统是制约江西省经济发展方式转变能力提升的主要因素。2018年江西省经济发展方式转变能力提升的主要贡献是人文社会系统和科教信息系统。

表7-1　　　　江西省经济发展方式转变能力一级指标得分情况

	要素系统	产业系统	人文社会系统	资源环境系统	科教信息系统	总得分
2006年	0.023257	0.036908	0.020491	0.038272	0.017014	0.135943
2007年	0.023222	0.035559	0.022267	0.038377	0.015884	0.135309
2008年	0.023269	0.034060	0.023852	0.037581	0.017876	0.136638
2009年	0.023221	0.032755	0.024462	0.038814	0.020059	0.139311
2010年	0.023629	0.031986	0.026103	0.038709	0.027445	0.147872
2011年	0.023590	0.033363	0.027857	0.037879	0.034153	0.156842
2012年	0.024506	0.033298	0.031017	0.038650	0.036643	0.164114
2013年	0.025045	0.034440	0.034303	0.037637	0.043724	0.175148
2014年	0.024733	0.034017	0.035872	0.038154	0.050079	0.182855
2015年	0.025470	0.034596	0.037537	0.037705	0.050018	0.185326
2016年	0.025849	0.034892	0.040679	0.038018	0.052921	0.192359
2017年	0.026543	0.035089	0.043695	0.037462	0.058182	0.200971
2018年	0.027329	0.035676	0.044736	0.038471	0.055405	0.201617
增幅	0.004072	-0.001232	0.024245	0.000199	0.038391	0.065674

一级指标的分析对剖析经济发展方式转变瓶颈尚不够深入,要素系统优化能力、产业系统优化能力和资源环境系统优化能力中具体哪些因素制约了江西省经济发展方式转变能力的提升尚不明确。因此,需要对二级指标展开分析,以进一步剖析经济发展方式转变瓶颈。根据表1-5可知,2018年江西省要素结构、要素空间、产业结构、民生保障、社会公平、环境污染、教育和技术在全国的排名分别为第17位、第17位、第25位、第26位、第16位、第22位、第28位和第16位,排名较靠后。

因此,江西省要素结构、要素空间、产业结构、民生保障、社会公平、环境污染、教育和技术等方面存在转变瓶颈,需要进一步调整。

第二节 江西省经济发展方式转变能力现状

根据经济发展方式转变能力指标体系中的 5 个一级指标的省级层面对比可以看出,江西省经济发展方式转变能力居全国中下水平。

根据表 7-1 和图 7-2 可知,2006—2018 年,江西省经济发展方式转变能力的 5 个一级指标总体呈上升趋势。科教信息系统优化能力的增长幅度最大,由 2006 年对经济发展方式转变能力最小贡献指标到 2018 年成为最大贡献指标。第二大贡献指标为人文社会系统优化能力,该指标一直稳定在主要贡献指标中,呈稳步上升趋势,上升幅度较大。第三大贡献指标为资源环境系统优化能力,上升速度很慢,由 2006 年经济发展方式第一大贡献指标逐渐落为 2018 年第三大贡献指标。第四大贡献指标为产业系统优化能力,其增长幅度为负,由 2006 年经济发展方式第二大贡献指标逐渐落为 2018 年第四大贡献指标。最后为要素系统优化能力,增长幅度很小,有待进一步提高。

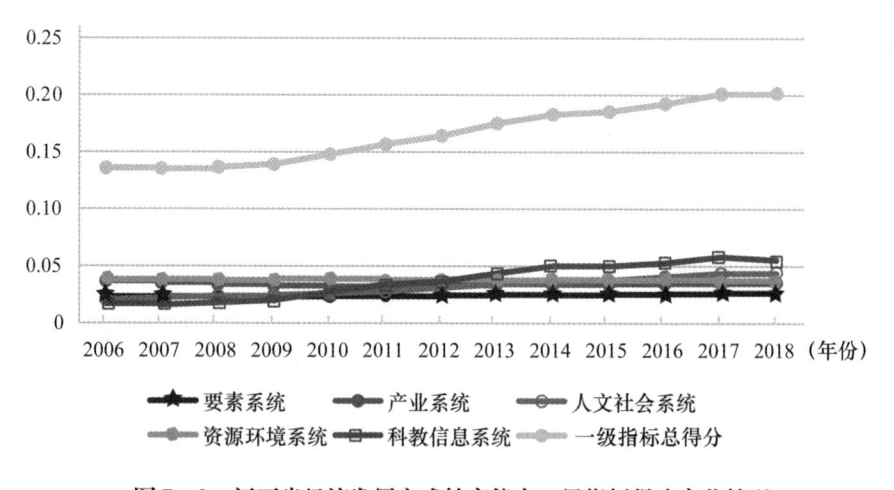

图 7-2 江西省经济发展方式转变能力一级指标得分变化情况

根据表1-3可知，2018年江西省要素系统、产业系统、人文社会系统、资源环境系统和科教信息系统优化能力在全国分别排第17位、第19位、第17位、第12位和第15位，较总体发展方式转变能力得分排名靠前。说明这五大系统与目前江西省经济发展方式相适应，对经济发展方式转变有一定的支撑作用。但要素系统、产业系统和人文社会系统排名仅略靠前，对江西省经济发展方式转变未起到明显的促进作用。

一 江西省要素系统优化能力

根据表7-2可知，江西省要素系统优化能力在2006—2018年总体呈持续上升态势。从增幅来看，要素结构、要素空间和要素流动的增幅都为正，对要素系统优化有一定的促进作用。但要素流动的增长幅度极小，对要素系统起到的支撑作用较小。因此，江西省要素系统优化能力提升的主要瓶颈是要素流动。

表7-2　江西省2006—2018年要素系统优化能力及其二级指标得分

	要素结构	要素空间	要素流动	总得分
2006年	0.007577	0.012801	0.002879	0.023257
2007年	0.007681	0.012894	0.002647	0.023222
2008年	0.007446	0.013199	0.002625	0.023269
2009年	0.007358	0.013119	0.002744	0.023221
2010年	0.007309	0.013451	0.002868	0.023629
2011年	0.007089	0.013825	0.002676	0.023590
2012年	0.007297	0.014494	0.002714	0.024506
2013年	0.007255	0.014760	0.003030	0.025045
2014年	0.007424	0.014838	0.002471	0.024733
2015年	0.007499	0.015254	0.002717	0.025470
2016年	0.007532	0.015698	0.002618	0.025849
2017年	0.007739	0.016129	0.002676	0.026543
2018年	0.007775	0.016660	0.002893	0.027329
增幅	0.000198	0.003860	0.000015	0.004072

由图 7-3 可知，江西省要素系统优化能力增长较为稳定。对江西省要素系统优化能力贡献最大的是要素空间优化能力，其次是要素结构优化能力，最后是要素流动优化能力。其中要素空间优化能力与要素流动优化能力和要素结构优化能力差距较大，要素结构优化能力与要素流动优化能力二者之间差距较小。

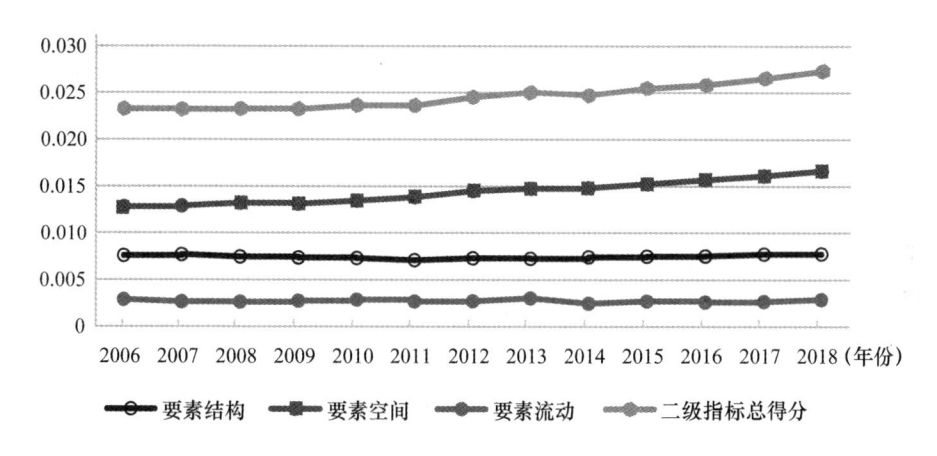

图 7-3　2006—2018 年江西省要素系统优化能力及其二级指标变化情况

由前文可知，2018 年江西省要素系统优化能力在全国排第 17 位，要素结构优化能力在全国排第 17 位，要素空间优化能力在全国排第 17 位，要素流动优化能力在全国排第 3 位。可见，要素结构优化能力和要素空间优化能力未对要素系统优化能力起到明显的促进作用。

（一）要素结构优化能力

2018 年，江西省要素结构优化能力在全国排名第 17 位。其中，要素结构优化能力中要素投入结构在全国排第 15 位，要素动力结构在全国排第 16 位。可见，要素动力结构对要素结构优化能力的提升作用不强。

1. 要素投入结构优化能力

2018 年，江西省要素投入结构在全国排名第 15 位，其下一级指标中单位 GDP 中的资本存量与就业人数比在全国排名第 17 位，单位 GDP 中的单位就业者的农工商业土地使用面积在全国排名第 18 位，单位 GDP 中的单位就业者的能耗节约量在全国排名第 12 位，单位 GDP 中的单位就业者拥有的技术交易金额在全国排名第 15 位,可见拉低要素投入结构优化能力的根本原因在于生产中资本和土地投入过少。

2. 要素动力结构优化能力

2018 年,江西省要素动力结构排在全国第 16 位,其下一级指标中劳动力结构对经济的拉动贡献率排在全国的第 19 位,资本存量结构对经济的拉动贡献率排在全国的第 9 位,技术结构对经济的拉动贡献率排在全国的第 21 位,投资率对经济的拉动贡献率排在全国的第 8 位,消费率对经济的拉动贡献率排在全国的第 19 位。劳动力结构对经济的拉动贡献率和技术结构对经济的拉动贡献率较低是制约要素动力结构优化能力提升的主要因素。

(二) 要素空间优化能力

2018 年,江西省在全国排名第 17 位的要素空间优化能力中,要素城乡结构优化能力在全国排第 20 位,要素区域结构优化能力在全国排第 15 位。要素城乡结构优化能力较弱,是阻碍要素空间优化能力提升的主要因素。

1. 要素城乡结构优化能力

2018 年,江西省在全国排名第 20 位的要素城乡结构中,单位 GDP 中的城镇就业人数占总就业人数的比重在全国排名第 18 位,城镇全社会固定资产投资占全社会固定资产投资比重在全国排名第 13 位,城镇建设用地面积占生产用地面积比重在全国排名第 20 位。城镇建设用地面积占生产用地面积比重对要素城乡结构优化能力提升无明显促进作用。

2. 要素区域结构优化能力

2018 年,江西省要素区域结构对经济的拉动贡献率在全国排名第 15 位,其中劳动力就业占全国劳动力就业量比重在全国排名第 14 位,固定资产投资占全国固定资产投资比重在全国排名第 13 位,土地利用总面积占全国土地利用总面积比重排在全国第 16 位,DEA 技术效率占全国的比重排在全国第 23 位。DEA 技术效率是拉低要素空间优化能力的瓶颈,土地利用总面积占全国土地利用总面积比重也对要素空间优化能力有一定的阻碍作用。

（三）要素流动优化能力

2018 年，全国排名第 3 位的江西省要素流动优化能力中，要素部门间流动、要素城乡间流动和要素区域间流动在全国的排名分别为第 5 位、第 10 位、第 2 位。由此可见制约江西省要素流动能力的主要原因是要素城乡间流动能力较弱，要素部门间流动能力也在一定程度上对要素流动优化能力起到了阻碍作用。

1. 要素部门间流动能力

2018 年，江西省要素部门间流动能力排名全国第 5 位，其下一级指标中劳动力部门间流动能力在全国排名第 12 位，资本的部门间流动能力在全国排名第 4 位。可见，劳动力部门间流动能力对江西省要素部门间流动能力优化具有阻碍作用。

2. 要素城乡间流动能力

2018 年，江西省要素城乡间流动能力在全国排名第 10 位，其下一级指标中劳动力城乡间流动能力在全国排名第 10 位，资本城乡间流动能力在全国排名第 3 位。可见，拉低要素城乡间流动优化能力的主要原因是劳动力城乡间流动能力较弱。

3. 要素区域间流动能力

2018 年，江西省要素区域间流动能力排在全国第 2 位，其下一级指标中劳动力区域间流动能力在全国排名第 12 位，资本区域间流动能力在全国排名第 9 位，技术区域间流动能力在全国排名第 2 位。可见，劳动力区域间流动能力和资本区域间流动能力是江西省区域间流动能力优化的主要瓶颈。

二　江西省产业系统优化能力

由表 7-3 可以看出，江西省产业系统优化能力得分呈波动下降趋势，且降幅较大。其中产业结构的增幅为负，对产业系统优化有阻碍作用。产业空间和产业效益的增幅为正，对产业系统优化具有促进作用。由此可见，江西省产业系统优化的主要瓶颈是产业结构。

表7-3　江西省2006—2018年产业系统优化能力及其二级指标得分

	产业结构	产业空间	产业效益	总得分
2006年	0.017599	0.013123	0.006186	0.036908
2007年	0.016464	0.013146	0.005949	0.035559
2008年	0.015131	0.013083	0.005846	0.034060
2009年	0.014263	0.012611	0.005881	0.032755
2010年	0.013474	0.012556	0.005956	0.031986
2011年	0.014238	0.013230	0.005895	0.033363
2012年	0.013855	0.013537	0.005906	0.033298
2013年	0.014516	0.013856	0.006068	0.034440
2014年	0.013730	0.013944	0.006343	0.034017
2015年	0.013983	0.014051	0.006563	0.034596
2016年	0.014002	0.014146	0.006743	0.034892
2017年	0.013933	0.014185	0.006970	0.035089
2018年	0.014034	0.014357	0.007285	0.035676
增幅	-0.003566	0.001234	0.001099	-0.001232

由图7-4可以看出，在影响产业系统优化能力的二级指标中，第一大贡献为产业空间优化能力，其次为产业结构优化能力，最后是产业效益提升能力。其中，产业结构优化能力与产业空间优化能力差距较小，产业效益提升能力远低于前两者。

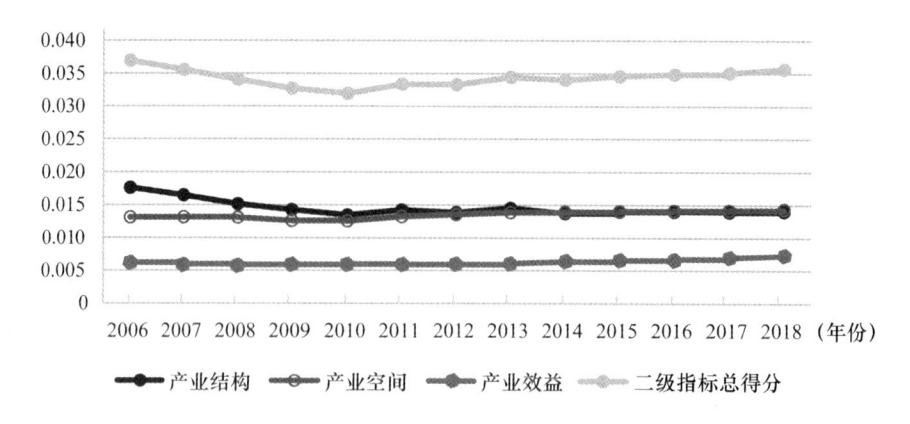

图7-4　2006—2018年江西省产业系统优化能力及其二级指标变化情况

2018年，江西省产业系统优化能力在全国排名第19位，其中产业结构优化能力在全国排名第25位，产业空间优化能力在全国排名第15位，产业效益提升能力在全国排名第15位。拉低江西省产业系统优化能力的瓶颈主要是产业结构。

(一) 产业结构优化能力

2018年，江西省产业结构优化能力在全国排名第25位，包括11个下一级指标，它们在全国的排名：第二产业城镇单位就业人员比重第7名，第三产业城镇单位就业人员比重第23名，第二产业全社会固定资产投资比重第1名，第三产业全社会固定资产投资比重第30名，第二产业土地利用面积比重第16名，第三产业土地利用面积比重第18名，第一产业DEA技术效率第15名，第二产业DEA技术效率第25名，第三产业DEA技术效率第21名，服务业增长率第5名，第三产业增加值占GDP比重第30名。从中可以看出，第三产业全社会固定资产投资比重和第三产业增加值占GDP比重是拉低产业结构优化能力的主要瓶颈。

(二) 产业空间优化能力

2018年，江西省产业空间优化能力全国排名第15位，其下一级指标产业区域布局能力在全国排名第16位，产业城乡布局能力在全国排名第18位，产品市场结构调整能力在全国排名第19位。可见，江西省的产业城乡布局能力和产品市场结构调整能力相对较弱，存在瓶颈效应。

1. 产业区域布局能力

2018年，江西省产业区域布局能力在全国排名第16位，在下一级指标中，江西省GDP占全国GDP份额在全国排名第16位，江西省第一产业增加值占全国第一产业增加值比重在全国排名第16位，江西省第二产业增加值占全国第二产业增加值比重在全国排名第14位，江西省第三产业增加值占全国第三产业增加值比重在全国排名第20位。可见江西省的第三产业增加值占全国第三产业增加值比重排名较靠后，影响了产业区域布局能力。

2. 产业城乡布局能力

衡量产业城乡布局能力可以用农村在国民经济中地位的负向程度表示，于是采用第一产业增加值占地区生产总值（GDP）比重的倒数表示，经计算其2018年在全国排名第18位。

3. 产品市场结构调整能力

产品市场结构调整能力包括负向外贸依存度和负向外资依存度。二者2018年在全国的排名分别为第19位、第20位。

（三）产业效益提升能力

2018年，江西省产业效益提升能力在全国排名第15位，包括物质消耗效益提升能力、劳动消耗效益提升能力和资本消耗效益提升能力3个下一级指标，它们在全国的排名分别为第9位、第20位和第23位。可见，劳动消耗效益提升能力和物质消耗效益提升能力对产业效益提升能力存在拉低作用。

1. 物质消耗效益提升能力

物质消耗效益提升能力用能源产出率——GDP与能源消耗总量之比衡量，江西省2018年的数据显示其在全国排名第9位。

2. 劳动消耗效益提升能力

劳动消耗效益提升能力用劳动生产率——GDP与就业人数之比衡量，江西省2018年的数据显示其在全国排名第20位，存在较大的瓶颈性。

3. 资本消耗效益提升能力

资本消耗效益提升能力用资本产出率——GDP与资本存量的比值衡量，江西省2018年的数据显示其在全国排名第23位。

三 江西省人文社会系统优化能力

根据表7-4可知，2006—2018年人文社会系统优化能力是持续上升的。其下一级指标中人的发展、民生保障和社会公平得分都有所上升。从增幅来看，民生保障能力的增幅最大，其次是人的发展能力，维持社会公平能力的变化较小。

表7-4　　江西省2008—2018年人文社会系统及其二级指标得分

	人的发展	民生保障	社会公平	总得分
2006年	0.010460	0.005257	0.004775	0.020491
2007年	0.011945	0.005822	0.004500	0.022267
2008年	0.012852	0.006465	0.004535	0.023852
2009年	0.013027	0.007258	0.004177	0.024462
2010年	0.013426	0.008848	0.003829	0.026103
2011年	0.014155	0.009330	0.004372	0.027857
2012年	0.015561	0.010280	0.005176	0.031017
2013年	0.015936	0.012880	0.005487	0.034303
2014年	0.016335	0.013767	0.005771	0.035872
2015年	0.016588	0.015083	0.005866	0.037537
2016年	0.017812	0.016948	0.005919	0.040679
2017年	0.018580	0.019044	0.006071	0.043695
2018年	0.019242	0.019390	0.006104	0.044736
增幅	0.008782	0.014134	0.001329	0.024245

由图7-5可以看出，民生保障能力对江西省人文社会系统优化能力的贡献最大，其次是人的发展能力，最后是维持社会公平能力。民生保障能力与人的发展能力差距逐渐缩小，并在2017年赶超人的发展能力，民生保障能力和人的发展能力与维持社会公平能力的差距在不断变大。

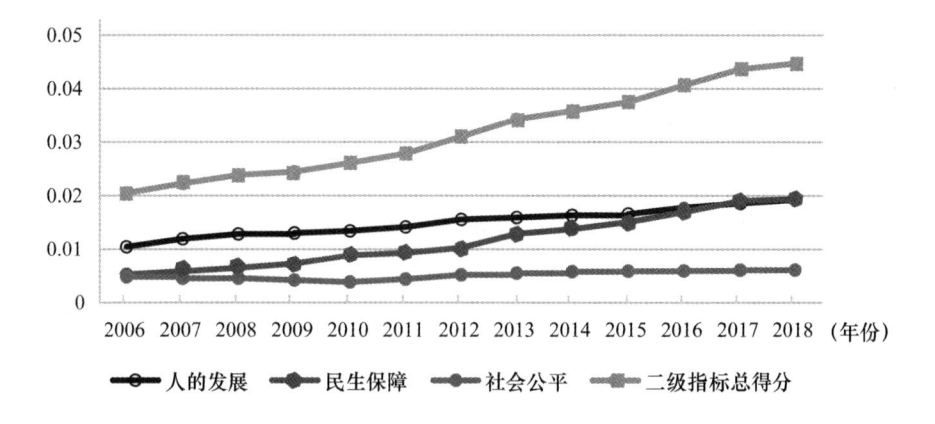

图7-5　2006—2018年江西省人文社会系统优化能力及其二级指标变化情况

（一）人的发展能力

2018年江西省的人的发展能力在全国排名第10位，包括生存条件、生活水平、素质修养和自由发展4个下一级指标，排名分别为第12位、第11位、第6位、第20位。可见，生存条件、生活水平和自由发展未能有效促进人的发展能力。

1. 生存条件

生存条件包括人口自然增长率和人口平均预期寿命，江西省2018年的这两个指标在全国的排名分别为第10位和第24位。

2. 生活水平

生活水平包括个人消费水平、负向的城镇恩格尔系数和负向的农村恩格尔系数表示，江西省2018年的这3个指标在全国的排名分别为第8位、第23位和第25位。

3. 素质修养

素质修养包括识字率、在校高等受教育率和在校高中受教育率3个指标，江西省2018年这3个指标在全国的排名分别为第16位、第10位和第13位。

4. 自由发展

自由发展用广播节目综合人口覆盖率和电视节目综合人口覆盖率表示，江西省2018年的这两个指标在全国的排名分别为第22位和第18位。

（二）民生保障能力

民生保障能力包括就业保障能力、医疗保障能力、住房保障能力和社会保障能力。2018年，江西省的民生保障能力在全国排名第26位，其下的就业保障能力、医疗保障能力、住房保障能力和社会保障能力分别为第17位、第31位、第9位和第30位。医疗保障能力和社会保障能力是江西省民生保障能力提升的主要瓶颈。

1. 就业保障能力

就业保障能力包括劳动力参与能力和工资增长弹性两个指标，江西省2018年的就业保障能力在全国排名第17位，其下的两个四级指标在全国的排名分别为第16位和第17位。

2. 医疗保障能力

医疗保障能力用每万人口拥有的医生数和每万人口拥有的床位数表示，江西省 2018 年的医疗保障能力居全国第 31 位，其下的两个四级指标分别居全国的第 31 位和第 26 位。

3. 住房保障能力

住房保障能力包括城镇住房保障能力和农村住房保障能力两个下一级指标，江西省的住房保障能力居全国第 9 位，其下的城镇住房保障能力和农村住房保障能力分别居全国的第 8 位和 9 位。

4. 社会保障能力

社会保障能力包括城镇职工基本养老保险水平、城镇基本医疗保险水平、失业保险保障水平、工伤保险保障水平、生育保险保障水平、城镇居民最低生活保障水平和农村居民最低生活保障水平 7 个指标，2018 年江西省的社会保障能力在全国排名第 30 位，其下的 7 个四级指标在全国的排位分别为第 29 位、第 29 位、第 29 位、第 20 位、第 27 位、第 22 位和第 14 位。

（三）维持社会公平能力

维持社会公平能力包括削弱分配差别能力、缩小城乡收入差距能力和缩小贫富差距能力 3 个下一级指标。2018 年，江西省维持社会公平能力在全国排名第 16 位，其下的削弱分配差别能力、缩小城乡收入差距能力和缩小贫富差距能力分别排名第 7 位、第 9 位和第 25 位。

1. 削弱分配差别能力

削弱分配差别能力用负向基尼系数表示，2018 年江西省负向基尼系数在全国排名第 7 位。

2. 缩小城乡收入差距能力

缩小城乡收入差距能力由负向的城镇居民人均可支配收入/农村居民人均可支配收入表示，2018 年江西省该指标在全国排名第 9 位。

3. 缩小贫富差距能力

缩小贫富差距能力用正向的相对贫困程度表示，2018 年江西省该指标在全国排名第 25 位。

四 江西省资源环境系统优化能力

从表7-5可以看出,江西省资源环境系统优化能力总体上升,但幅度很小。生态建设2006—2018年增幅为正,对江西省资源环境系统具有支撑作用,资源条件、环境污染和环境治理增幅都为负,拉低了江西省资源环境系统优化能力。

表7-5　江西省2006—2018年资源环境系统及其二级指标得分

	资源条件	环境污染	环境治理	生态建设	总得分
2006年	0.011694	0.002791	0.011927	0.011860	0.038272
2007年	0.011835	0.002797	0.011684	0.012061	0.038377
2008年	0.011906	0.002711	0.010839	0.012126	0.037581
2009年	0.012365	0.002658	0.011378	0.012413	0.038814
2010年	0.012897	0.002679	0.010267	0.012867	0.038709
2011年	0.012410	0.002679	0.009442	0.013348	0.037879
2012年	0.012831	0.002633	0.009632	0.013554	0.038650
2013年	0.012172	0.002608	0.009114	0.013743	0.037637
2014年	0.012180	0.002635	0.009374	0.013965	0.038154
2015年	0.011633	0.002627	0.009445	0.014000	0.037705
2016年	0.012296	0.002669	0.008967	0.014086	0.038018
2017年	0.011802	0.002572	0.009153	0.013936	0.037462
2018年	0.011587	0.002453	0.010515	0.013917	0.038471
增幅	-0.000108	-0.000338	-0.001412	0.002057	0.000199

由图7-6可以看出,对资源环境系统贡献最大的是生态建设,其次是资源条件,再次是环境治理,最后是环境污染。2018年,江西省的资源条件、环境污染程度、环境治理能力和生态建设能力在全国排名分别为第15位、第22位、第7位、第7位。

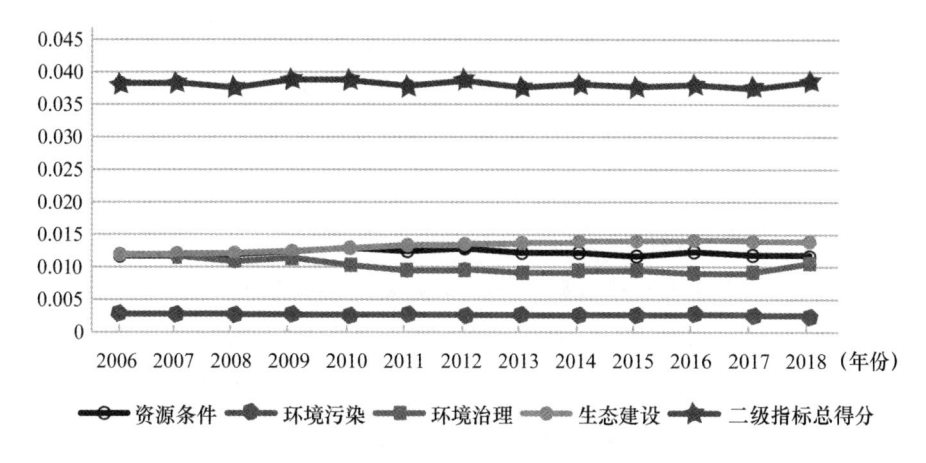

图 7-6　2006—2018 年江西省资源环境系统优化能力及其二级指标变化情况

（一）资源条件

2018 年江西省资源条件在全国排名为第 15 名，包括资源禀赋条件、资源消耗程度和资源利用能力 3 个下一级指标，全国排名分别为第 22 位、第 13 位和第 9 位。可见，拉低江西省资源条件能力的主要是资源禀赋条件。

1. 资源禀赋条件

资源禀赋条件用采矿业城镇单位就业人员比重、采矿业全社会固定资产投资比重和能源产量 3 个指标衡量，2018 年江西省的这 3 个指标在全国排名分别为第 22 位、第 14 位和第 23 位。

2. 资源消耗程度

资源消耗程度采用人均用水量、工业用水量占用水总量比重、农用地面积和建设用地面积 4 个指标衡量。2018 年，江西省的这 4 个指标在全国排名分别为第 8 位、第 11 位、第 15 位和第 16 位。

3. 资源利用能力

资源利用能力采用碳排放率衡量，2018 年江西省该指标在全国排名第 9 位。

（二）环境污染程度

环境污染程度指标包括工业废水排放量、工业废气排放量、工业固体废弃物产生量和人均生活垃圾清运量 4 个下一级指标，2018 年，江西省环境污染程度全国排名第22位，其下一级指标中的工业废水排放量、工业废气排放量、工业固体废弃物产生量和人均生活垃圾清运量在全国排名分别为第25位、第13位、第24位和第3位。

（三）环境治理能力

环境治理能力包括环境治理投资强度、工业污染源治理投资/环境污染治理投资、工业废水排放减少率、工业废气排放减少率、工业固体废弃物综合利用率和生活垃圾无害化处理率6个指标。2018年，江西省环境治理能力排名全国第7位，其6个下一级指标在全国排名分别为第8位、第28位、第1位、第30位、第2位和第21位。

（四）生态建设能力

生态建设能力用人均公共绿地面积、建成区绿化覆盖率、森林覆盖率、湿地面积占辖区面积比重和自然保护区面积占辖区面积比重5个指标描述。2018年，江西省的生态建设能力在全国排名第7位，其下一级5个指标在全国的排名分别为第10位、第2位、第2位、第14位和第14位。

五 江西省科教信息系统优化能力

从表7-6可以看出，江西省的科教信息系统优化能力2006—2018年总体保持稳定上升态势。从增幅来看，教育水平、技术水平和信息化水平的增幅均为正，表明江西省教育水平、技术水平和信息化水平均有所增强。其中增幅最大的是信息化水平，其次为技术水平，最后为教育水平。

表7-6　江西省2006—2018年科教信息系统及其二级指标得分

	教育	技术	信息化	总得分
2006年	0.008372	0.001441	0.007201	0.017014
2007年	0.007846	0.001721	0.006316	0.015884
2008年	0.007814	0.001985	0.008076	0.017876
2009年	0.008679	0.002199	0.009181	0.020059
2010年	0.009200	0.002351	0.015895	0.027445

续表

	教育	技术	信息化	总得分
2011 年	0.009438	0.002748	0.021966	0.034153
2012 年	0.009484	0.002989	0.024171	0.036643
2013 年	0.010127	0.003174	0.030422	0.043724
2014 年	0.010156	0.003640	0.036283	0.050079
2015 年	0.011040	0.004212	0.034766	0.050018
2016 年	0.011021	0.004825	0.037076	0.052921
2017 年	0.011035	0.006540	0.040607	0.058182
2018 年	0.010739	0.008032	0.036634	0.055405
增幅	0.002367	0.006591	0.029433	0.038391

由图 7-7 可以看出，信息化水平提升能力对科教信息系统优化能力贡献最大，第二大为教育水平提升能力，技术水平提升能力对科教信息系统优化能力贡献最小。

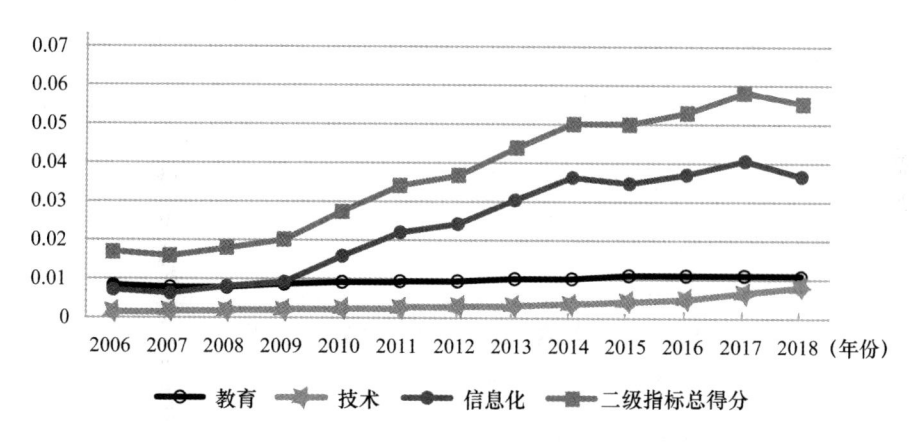

图 7-7 2006—2018 年江西省科教信息系统转变能力及其二级指标变化情况

（一）教育水平提升能力

教育水平提升能力包括教育投入提升能力和教育产出提升能力两个下一级指标。2018 年江西省教育水平提升能力在全国排名第 28 位，教育投入提升能力和教育产出提升能力分别在全国排名第 28 位和第 17 位。

1. 教育投入提升能力

教育投入提升能力采用教育财政投入强度和负向的普通高等学校生师比、普通高中学校生师比、中等职业学校生师比、普通初中学校生师比、普通小学学校生师比6个指标衡量。2018年江西省的这6个指标在全国排名分别为第11位、第27位、第30位、第26位、第30位和第29位。

2. 教育产出提升能力

教育产出提升能力采用大学升学率和高中升学率衡量。2018年江西省的大学升学率和高中升学率分别在全国排名第13位和第19位。

（二）技术水平提升能力

技术水平包括技术创新资源、技术创新投入和技术创新产出3个下一级指标。2018年江西省的技术水平提升能力在全国的排名为第16名，技术创新资源、技术创新投入和技术创新产出分别在全国排名第23位、第19位和第16位。

1. 技术创新资源

技术创新资源指标用科技人员技术创新产出能力投入表示，2018年江西省该指标在全国排名第23位。

2. 技术创新投入

技术创新投入用研发投入强度表示，2018年江西省该指标在全国排名第19位。

3. 技术创新产出

技术创新产出能力用国内三种专利授权数和技术市场成交额表示，2018年江西省这两个指标在全国排名分别为第14位和第18位。

（三）信息化水平提升能力

信息化水平主要从信息技术应用能力和信息产业发展能力两个角度考虑，2018年江西省的信息化水平提升能力在全国排名为第10名，信息技术应用能力和信息产业发展能力在全国排名分别为第23位和第3位。

1. 信息技术应用能力

信息技术应用能力采用城镇电脑拥有量、农村电脑拥有量、电话普及率和网络覆盖率4个指标衡量。2018年江西省这4个指标在全国排名分别为第 15 位、第 20 位、第 31 位和第 24 位。

2. 信息产业发展能力

信息产业发展能力采用信息产业劳动力投入比重、信息产业资本投入比重和信息产业产值比重 3 个指标衡量。2018 年江西省这 3 个指标在全国排名分别为第 12 位、第 3 位和第 3 位。

第三节　江西省经济发展方式转变瓶颈

一　经济发展方式转变能力综合指标情况

江西省经济发展方式转变能力无论在省级层面对比，还是与中部六省份对比，均不具有明显优势。剖析江西省经济发展方式转变能力存在瓶颈需要进一步对一级指标、二级指标、三级指标和四级指标展开分析，以确定瓶颈问题所在。

二　经济发展方式转变能力一级指标情况及瓶颈

由表 1-3 可知，2018 年江西省经济发展方式转变能力一级指标中要素系统优化能力排在全国第 17 位，略低于中部平均水平和全国平均水平；产业系统优化能力排在全国第 19 位，略低于中部平均水平和全国平均水平；人文社会系统优化能力排在全国第 17 位，略低于中部平均水平和全国平均水平；资源环境系统优化能力排在全国第 12 位，高于中部平均水平和全国平均水平；科教信息系统优化能力排在全国第 15 位，略高于中部平均水平和全国平均水平。根据以上分析，江西省经济发展方式转变能力一级指标中要素系统、产业系统和人文社会系统优化能力存在拉低或者未能有效推进经济发展转变的情况。因此，江西省发展方式转变能力的一级指标中的瓶颈主要为要素系统、产业系统和人文社会系统。

三　经济发展方式转变能力二级指标情况及瓶颈

根据表 1-5 可知，2018 年江西省经济发展方式转变能力 16 个二级指标中排名靠后的有要素结构、要素空间、产业结构、民生保障、社会公平、环境污染、教育和技术，在全国的排名分别为第 17 位、第 17 位、第25位、第26位、第16位、第22位、第28位和第16位。因此，在二级指标层面，要素结构、要素空间、产业结构、民生保障、社会公平、环境污染、教育和技术是江西省经济发展方式转变的主要瓶颈。

四 经济发展方式转变能力三级指标情况及瓶颈

根据表1-6可知，2018年江西省38个三级指标中全国排名靠后的有：要素动力结构全国排名第16位，要素城乡分布全国排名第20位，三次产业结构全国排名第25位，产业区域分布全国排名第16位，产业城乡分布全国排名第18位，产品市场结构全国排名第19位，劳动消耗效益全国排名第20位，资本消耗效益全国排名第23位，自由发展全国排名第20位，就业保障全国排名第17位，医疗保障全国排名第31位，社会保障全国排名第30位，贫富差距全国排名第25位，资源条件全国排名第22位，环境污染全国排名第22位，教育投入全国排名第28位，教育产出全国排名第17位，技术创新资源全国排名第23位，技术创新投入全国排名第19位，技术创新产出全国排名第16位，信息技术应用全国排名第23位。江西省这21个三级指标对经济发展方式转变具有制约作用。

因此，从三级指标层面来看，江西省经济发展方式转变瓶颈主要为要素动力结构、要素城乡分布、三次产业结构、产业区域分布、产业城乡分布、产品市场结构、劳动消耗效益、资本消耗效益、自由发展、就业保障、医疗保障、社会保障、贫富差距、资源条件、环境污染、教育投入、教育产出、技术创新资源、技术创新投入、技术创新产出和信息技术应用。

五 经济发展方式转变能力四级指标情况及瓶颈

2018年，江西省经济发展方式转变能力112个四级指标中，要素系统中23个四级指标有9个指标在全国排名靠后，它们分别是：单位GDP中资本劳动比在全国排名第17位，单位GDP中土地劳动比在全国排名第18位，劳动力贡献率在全国排名第19位，技术贡献率在全国排名第21位，消费率在全国排名第19位，劳动力城乡分布在全国排名第18位，土地城乡分布在全国排名第20位，土地区域分布在全国排名第16位，技术区域分布在全国排名第 23 位。上述 9 个四级指标是拉低江西省要素系统优化能力能力的主要瓶颈。

2018 年，江西省经济发展方式转变能力 112 个四级指标中，产业系统中 21 个四级指标有 15 个指标在全国排名靠后，它们分别是：第三产业城镇单位就业人员比重全国排名第 23 位，第三产业全社会固定资产投资比重全国排名第 30 位，第二产业土地利用面积比重全国排名第 16 位，第三产业土地利用面积比重全国排名第 18 位，第二产业 DEA 技术效率全国排名第 22 位，第三产业 DEA 技术效率全国排名第 21 位，第三产业增加值占 GDP 比重在全国排名第 30 位，本省 GDP 占全国 GDP 比重全国排名第 16 位，本省第一产业增加值占全国第一产业增加值比重在全国排名第 16 位，本省第三产业增加值占全国第三产业增加值比重在全国排名第 20 位，农村在国民经济中地位全国排名第 8 位，外贸依存度全国排名第 19 位，外资依存度全国排名第 20 位，劳动生产率全国排名第 20 位，资本产出率全国排名第 23 位。上述 15 个四级指标是制约江西省产业系统优化能力的主要瓶颈。

2018 年，江西省经济发展方式转变能力 112 个四级指标中，人文社会系统中的 26 个四级指标有 17 个指标在全国排名靠后，它们分别是：人口平均预期寿命在全国排名第 24 位，城镇恩格尔系数在全国排名第 23 位，农村恩格尔系数在全国排名第 25 位，识字率在全国排名第 16 位，广播节目综合人口覆盖率在全国排名第 22 位，电视节目综合人口覆盖率在全国排名第 18 位，失业率在全国排名第 16 位，工资增长弹性在全国排名第 17 位，每万人口拥有的医生数在全国排名第 31 名，每万人口拥有的床位数在全国排名第 26 位，城镇职工基本养老保险水平在全国排名第 29 位，城镇基本医疗保险水平在全国排名第 29 位，失业保险保障水平在全国排名第 29 位，工伤保险保障水平在全国排名第 20 位，生育保险保障水平在全国排名第 27 位，城镇居民最低生活保障水平在全国排名第 22 位，相对贫困程度在全国排名第 25 位。上述 17 个四级指标是制约江西省人文社会系统优化能力的主要瓶颈。

2018 年，江西省经济发展方式转变能力 112 个四级指标中，资源环境系统中 23 个四级指标有 8 个在全国排名靠后，它们分别是：采矿业城镇单位就业人员比重在全国排名第22位，人均能源产量在全国排名第23位，人均建设用地面积在全国排名第16位，人均工业废水排放量在全国排名第25位，人均工业固体废弃物产生量在全国排名第24位，工业污染治理在全国排名第28位，工业废气排放减少率在全国排名第30位，生活垃圾无害化处理率在全国排名第21位。上述8个四级指标是制约江西省资源环境系统优化能力的主要瓶颈。

2018年，江西省经济发展方式转变能力112个四级指标中，科教信息系统中19个四级指标有12个指标在全国排名靠后，它们分别是：普通高等学校生师比在全国排名第27位，普通高中学校生师比在全国排名第30位，中等职业学校生师比在全国排名第26位，普通初中学校生师比在全国排名第30位，普通小学学校生师比在全国排名第29位，高中升学率在全国排名第19位，科研人员全时当量在全国排名第23位，研发投入强度在全国排名第19位，人均技术市场成交额在全国排名第18位，农村电脑拥有量在全国排名第20位，电话普及率在全国排名第31位，网络覆盖率在全国排名第24位。上述12个四级指标是拉低江西省科教信息系统优化能力的主要瓶颈。

第四节　对策建议

江西省作为长江经济带中游和全国中部地区的重要省份，其经济发展方式实现转变对长江经济带、中部地区和全国都具有重要意义。然而江西省在提升经济发展方式转变能力方面还存在如下主要瓶颈：（1）各级教育教师数量少，科研人员和资金投入不足，信息化程度低；（2）资源开发不足，工业污染严重，环境污染治理投入不足；（3）劳动力流入本省和城镇的比重低，对经济增长的贡献率低，资本总量少且流入第二产业的比重低，技术拥有量少；（4）第三产业规模小，劳动力和资本投入不足且技术效率较低，第二产业技术效率低；（5）医疗水平、社会保障水平及工资水平较低。上述瓶颈使得江西省在向创新型驱动、可持续发展、建设现代经济体系和实现以人为本的发展方式转变过程中变得困难。为了提升江西省经济发展方式转变能力，针对上文分析的要素优化配置能力、产业优化配置能力、人文社会支撑力、资源环境承载力和科教信息驱动力中存在的具体瓶颈，提出以下几点建议。

一 提升要素优化配置能力的举措

江西省提升要素优化配置能力，要做好以下 4 个方面的工作：(1) 创新政策，吸引劳动力到江西创业；(2) 加快城市化进程，促进劳动力向城镇转移，提高劳动力对经济增长的贡献率；(3) 促进工业发展，加强技术创新，提升技术贡献率；(4) 促进要素在城乡和区域之间的合理分布。而提升要素优化配置能力的重中之重是吸引劳动力到赣发展，不断推进城镇化进程，加大招商引资力度，促进工业快速发展，为此提出以下建议。

(一) 吸引劳动力到江西就业和创业，推动新型城镇化发展

首先，政府可出台一系列引进人才政策，吸引劳动力到赣发展。经济发展最终是要依靠人来推动的，而在中国提前进入老龄化社会的现状下，对人才的竞争十分重要。放宽落户门槛，给予优秀人才创业基金，给予大学生毕业补贴，给回乡创业人才提供场地等优惠政策，吸引各类人才集聚江西。其次，推动新型城镇化发展，促进人口向城镇集聚。新型城镇化是以人为核心的城镇化，那么就要满足人的衣食住行及对环境的要求，因此建设新城要合理规划城市功能分区，促进职住平衡，降低人们的通勤时间，同时注重建成区绿化；改造旧城要引导生产性企业分流，降低城区污染程度。

(二) 加大招商引资力度，创新政府服务方式

江西省经济发展还处于加速工业化阶段，因此要大力进行招商引资，促进工业化进程。首先，加大本省基础设施建设，为企业发展提供良好的公共设施。利用沪昆铁路和京九铁路交叉以及长江航运带来的发展的机会，在此基础上加大公路基础设施建设，使得公路、铁路和水路能够顺利地衔接，提高本省交通通达性。其次，为来赣发展的企业提供土地、税收、利率等方面的优惠，号召在广东等地发展企业回赣创立分公司。最后，政府要筑巢引凤，做好服务工作。建好工业发展园区，做好园区相关配套基础设施建设，便利企业设立流程，建立企业一对一服务模式，

随时为企业解决困难，积极围绕重点企业进行全产业链引进，注重引进企业与重点培养企业的前向和后向关联度，积极打造千亿级产业链。

（三）促进工业快速发展，加强技术创新

工业持续发展需要核心技术的不断发展作为保证，工业发展的过程也是不断创新的过程。首先，注重引进和发展高技术产业和先进制造业，利用这些产业的技术外溢，带动传统产业的技术改进和升级。其次，加强技术引进工作，加强自主创新工作，提高技术市场成交金额。加强与武汉、广东和福建等省份的技术交流与合作，及时更新生产技术，在工业生产中不断积累经验，努力实现自主创新。

二 提升产业优化配置能力的举措

江西省提升产业优化配置能力，要做好以下3个方面的工作：（1）积极提高第二产业DEA技术效率，做强第二产业；（2）增加第三产业全社会固定资产投资，增强第三产业对劳动力的吸引力；（3）促进三次产业之间的协调发展，工业要反哺农业，发展新型现代农业。而提升产业优化配置能力的重中之重是提高第二产业技术效率，发展壮大第三产业，为此提出以下建议。

（一）积极提高第二产业技术效率，做强第二产业

首先，创新管理方式，提高管理效率。推进生产流程标准化和智能化水平，将生产流程进行拆分组合，利用标准化流程降低沟通协调成本，利用智能化计算优化组合方式，缩短生产流程。其次，培养高级管理人才，改革人才评价体系。促进高校与企业合作办学，联合培养高级管理人才；推动人才评价体系改革，注重从一线工人当中选拔优秀管理人才。再次，加强技术创新，不断进行技术积累，提高技术创新的实用性，利用技术提高生产效率或降低污染排放。最后，利用矿产、冶金、建材等传统制造业的优势，积极发展新材料、新能源和先进装备制造业，做强第二产业。

（二）发展壮大第三产业

首先，要促进服务业细化、深化和专业化，通过新技术和新的管理方法改造传统服务业，根据第二产业发展的需求，发展物流业、金融业、

信息服务业、文化创意产业等现代服务业，结合本地区特色产业，提高特色专业服务的附加值。其次，做大做强传统服务业，积极拥抱互联网，提升传统服务业服务质量。积极推动本地优秀传统服务业连锁化和品牌化发展，适时扩大规模，推向全国。利用互联网、大数据、云计算、人工智能等信息技术的发展，改革并完善现有生产流程和管理方法，为生产活动提供前瞻性预测和咨询，开发新的消费需求和新的发展模式，提供便捷高质量的服务。最后，积极发展现代服务，推进物流、金融、信息咨询等生产性服务业发展，促进教育、医疗、休闲、健康、旅游、家政和文化等生活服务业发展。

三　提升人文社会支撑力的举措

江西省提升人文社会支撑力，要做好以下 4 个方面的工作：（1）促进医疗体制改革，提高医疗水平；（2）适当提高养老、医疗、失业、工伤、失业等社会保障水平；（3）稳定就业，提高居民工资收入，缩小贫富差距；（4）进一步丰富人们的文化生活。而提升人文社会支撑力的重中之重是保持就业稳定，提高居民工资收入，适当提高社会保障水平和医疗水平，为此提出以下建议。

（一）保证就业稳定，增加居民工资收入

首先，多方共同努力，保持就业稳定。政府和企业要为工人提供相关的技能培训，给予积极参加培训的工人一定比例的资金支持，提升工人的就业能力，降低工人失业率。工人也要结合产业调整的方向，在各个细分市场中进行创新创业活动，提供个性化和特色化服务，进而实现多种形式的就业。其次，增加居民的教育和健康投资，提高人力资本存量，提高工资收入水平。在知识经济时代，知识的变现越来越普遍，接受更高的教育能获得更多的知识，而拥有健康的身体能够保证工作效率，对自身进行教育和健康投资能获得更高的回报。

（二）适当提高社会保障水平

提高社会保障水平有利于降低居民的后顾之忧，进而增加居民的消费能力，促进消费对经济的拉动。首先，根据经济发展情况，适当调整居民基本医疗保险、社会养老保险和最低工资标准的增幅，切记要量力而行，不可盲目提高。其次，建立灵活的调整机制，根据经济增长的快慢和物价波动情况，适时进行调整，让经济发展的成果及时反馈到居民身上。最后，加大财政转移支付力度，对困难群众直接进行补贴。

四 提升资源环境承载力的举措

江西省提升资源环境承载力，要做好以下4个方面的工作：（1）加大采矿业资本投入，提升资源开发能力；（2）加强工业技术改造，降低工业污染排放；（3）增加环境治理投入；（4）大力发展新能源，改善能源消费结构。而提升资源环境承载力的重中之重是加大采矿业资本投入，提升资源开发能力，重视环境治理投入，降低工业污染排放，为此提出以下建议。

（一）加大采矿业资本投入，提升资源开发能力

江西省拥有非常丰富的矿产资源，因此要利用得天独厚的自然优势，实现采矿业充分发展。首先，加大采矿业资本投入，提升机械化作业水平。其次，加强采矿设备的技术改造，提高采矿效率，增加矿产品产出。再次，加强资源勘探，寻找更多的可利用资源。最后，要改革资源定价机制，利用市场方式决定资源开采权归属。

（二）加强工业技术改造，降低工业污染排放

首先，利用承接产业转移的机会，实现传统产业的转型升级，更新现有生产设备，降低污染的排放量。其次，鼓励企业积极进行技术升级，政府在对污染进行末端治理的同时，不妨将部分资金用于前端治理，直接将部分资金用于奖励节能减排效果明显的企业，这样便能降低污染排放量。最后，防止污染的转移，在引进产业的同时要严格评估可能造成的环境污染情况，超出当地环境承载力的企业坚决不予引进。

（三）增加环境治理财政投入，提升治理效果

首先，保证用于环境治理的财政资金不减少，合理分配资金使用。既要重视源头治理，也要重视末端治理；既要加大对污染行业的改造，也要大力发展环保产业；既要运用好财政补贴手段，也要用好罚金手段。其次，设立环保投资基金，向社会募集资金并投资于环保产业，促进环保产业发展，这既能满足居民的投资需要，又能弥补政府环境治理投资缺口，从而实现政府和居民的双赢。最后，政府既要加强执法监督，也要善于运用市场手段。对于需要关停改造的企业，要严格执行相关改造标准，不达标坚决不准重新生产，要严格执行最严厉的环保措施。鼓励进行污染排放权交易，利用市场手段控制污染的扩大。

五 增强科教信息驱动力的举措

江西省增强科教信息驱动力，要做好以下4个方面的工作：（1）加大各级各类教育师资投入，提高教育质量；（2）增加科研人员和资金投入；（3）加强电信基础设施建设；（4）大力发展电子信息产业，提高城市信息化和智能化程度。而增强创新驱动能力的重中之重是重视教育师资投入，逐步增加研发资金和研发人员，实施研发人员蓄水池计划，不断提升信息化程度，为此提出以下建议。

（一）重视各级各类教育投入，提高教育质量

首先，要增加对基础教育和中等教育的资金投入，提高教师工资待遇。由于基础教育具有公共品属性，因此对于基础教育的资金投入要以政府为主，其他社会办学资金为辅，并保证教师工资不低于当地公务员工资。其次，注重中学教育师资队伍建设。鼓励更多更优秀的本科生进入到中学教师队伍中，将更先进的教育理念和教学方式带到中学，培养学生的学习兴趣，促进中学生全面发展，为国家培养更多的优秀青年。最后，要注重高等教育的师资投入，培养更多的硕士和博士研究生，扩大高校教师的人才选拔队伍，鼓励教师在多个学校兼职授课，提升学术交流频次，碰撞思维的火花，创造更多优秀的学术成果。

（二）逐步增加研发资金和研发人员，实施研发人员蓄水池计划

技术创新是推动经济发展的不竭动力，而研发人员的多寡影响着技术创新能力。首先，确保财政资金用于科研的比重逐年增加，推动企业建立科研准备金制度，将利润的一定比例留存为企业的研发资金，推动企业成为研发投入的主体。其次，坚持引进研发人员和培养人才两条腿走路，实施研发人员蓄水池计划，引进一批高水平科研人才，培养一批优秀科研人员，带动一批科研人员，增加科研人员投入。

(三) 加强电信基础设施建设，提高电话普及率和网络覆盖率

随着智能终端设备和互联网技术的普及，信息流的传播速度越来越快。谁先掌握信息谁就拥有信息优势，谁就掌握了发展的主动权。首先，要加强电信基础设施建设，实现信号全覆盖，尤其是要增加农村地区的电信基础设施投入，避免产生信息孤岛。其次，促进移动终端设备和PC端设备的持有率，争取让每家每户都能实现智能终端的覆盖，加快技术发展，提高信息传输速度，降低信息资费，使得人人都能享受到物美价廉的电信服务，不断提升本省电话、电脑以及互联网的普及率。最后，加强科技信息宣传，提升信息质量，通过制作海报、宣传页、文艺表演等方式提高信息甄别能力，防止上当受骗，自觉接受正能量，宣传正能量，不传播有害信息，自觉维护健康的信息环境。

六 消除五大系统以外瓶颈的举措

(一) 大力发展新材料产业

充分利用好江西省有色金属资源丰富的优势，加强资源勘探，对已探明的矿产资源做好开采规划，在保护环境的前提下，提高有色金属产量，大力发展有色金属冶炼技术，对其进行深加工，大力研发新型材料，为装备制造业提供良好的材料支持。

(二) 利用鄱阳湖生态经济区建设，打造全国著名的生态产业中心

在保护鄱阳湖丰富的生态物种的前提下，推进生态旅游休闲胜地建设。在生态经济区中进行功能分区，开发区中要严禁各类生产活动，在重点开发区中加快产业发展，打造鄱阳湖生态经济区产业发展龙头产业。

(三) 加强革命文化发掘，大力推广红色文化旅游

江西省拥有丰富的红色文化资源，中华苏维埃共和国临时中央政府诞生地瑞金、井冈山革命根据地、庐山会议旧址等都是著名的爱国主义和革命传统教育基地，要深入挖掘背后的红色文化，打造红色旅游精品，带领革命老区脱贫致富。

(四) 加快昌九工业走廊发展

把南昌核心增长极和九江沿江产业带紧密联系起来，积极融入长江经济带建设进程中。积极推进长江经济带中游城市群建设，进一步强化与长珠闽地区的产业对接合作，加强与海西经济区、武汉都市圈、长株潭城市群、皖江城市带、长三角地区、珠三角地区等区域的联动互动，主动融入国家区域发展大格局。

第八章

安徽省经济发展方式转变现状、瓶颈及对策研究

安徽省，位于中国大陆东部，地跨长江、淮河南北，与江苏省、浙江省、湖北省、河南省、江西省、山东省接壤，是中国重要的农产品生产、能源、原材料和加工制造业基地，2015年，安徽省正式进入中等偏上收入的快速发展阶段。过去几年，安徽省经济社会发展取得一系列骄人的成绩，经济结构不断优化；基础设施体系显著改善；创新型省份建设取得重大成果；全面深化改革实现重大突破；生态环境质量持续改善；文化事业和文化产业蓬勃发展；人民生活水平明显提高；脱贫攻坚战取得决定性进展。但同时我们必须清醒地认识到安徽省经济社会发展还面临不少问题，发展质量和效益还不高；创新能力还需大幅提升；生态环境保护任重而道远；实体经济发展活力有待增强；脱贫攻坚任务艰巨；城乡居民收入与全国水平尚有不小差距；群众就业、教育、医疗、居住、养老等方面的现实问题还没有解决到位。总之，安徽省实现经济发展方式转变任重而道远。

第一节 安徽省经济发展方式转变能力测度及横向对比

一 安徽省经济发展方式转变能力综合得分

利用公式（1.15）计算出31个省、市、自治区经济发展方式转变能

力的综合得分，再通过简单平均的方法计算出安徽、中部地区和全国的综合得分，结果见表1-2和图8-1。

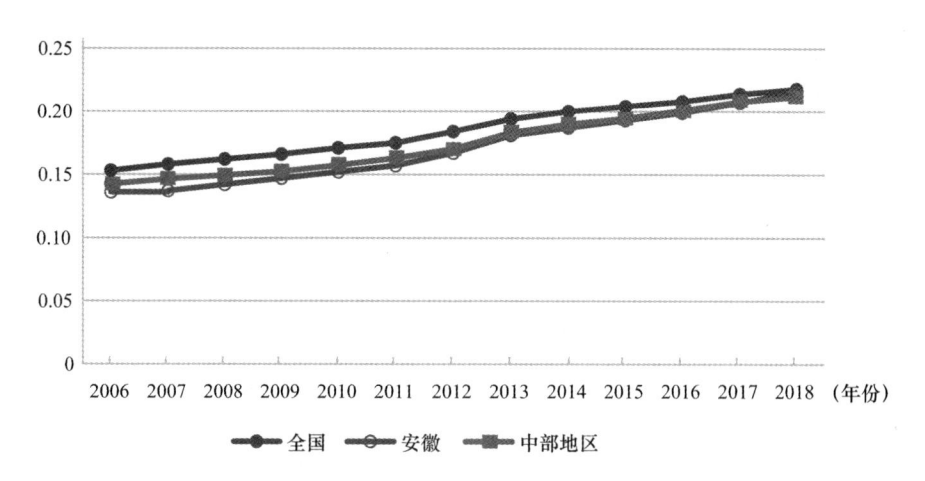

图8-1 安徽省、中部地区及全国经济发展方式转变能力综合得分对比

由图8-1可知，2006—2018年安徽省和其所在的中部地区六省及全国经济发展方式转变能力都处在上升阶段。安徽省经济发展方式转变能力得分在2006—2018年始终低于全国平均得分，在大部分时间内也低于中部地区平均得分，但与中部地区的差距在不断缩小，并最终在2018年超过了中部地区。安徽省经济发展方式转变能力提升明显，后劲十足，尤其是2012年之后提升势头明显，提升速度超过中部地区并在逐步缩小与全国平均得分的差距。2006—2018年安徽省综合得分提高0.08，2018年综合得分为0.215516。总体而言，安徽省的经济发展方式转变能力逐渐增强，现居全国中等水平。

二 经济发展方式转变能力综合得分横向比较的瓶颈分析

通过地区综合得分情况分析，安徽省经济发展方式转变能力处于全国中等水平，发展态势良好。然而和北京、上海两大一线发达城市相比，其转变能力仍存在改善和上升的空间。接下来，通过对一级指标进行分析，对制约安徽省经济发展方式转变能力的因素进行具体化和精确化。根据表8-1可知，2006—2018年，要素系统优化能力、产业系统优化能力、人文社会系统优化能力、资源环境系统优化能力和科教信息系统优化能力的提高幅度分别为 0.004105、-0.003090、0.031727、0.001374、0.045884。可见，要素系统优化能力、产业系统优化能力和资源环境系统优化能力是制约安徽省经济发展方式转变能力提升的主要因素。2018年，安徽省经济发展方式转变能力提升的主要贡献指标是人文社会系统和科教信息系统。

表 8-1　　安徽省经济发展方式转变能力一级指标得分情况

	要素系统	产业系统	人文社会系统	资源环境系统	科教信息系统	总得分
2006 年	0.028435	0.043548	0.019776	0.032669	0.011088	0.135517
2007 年	0.028419	0.043286	0.022145	0.031558	0.011998	0.137407
2008 年	0.029182	0.041090	0.024735	0.033235	0.013579	0.141821
2009 年	0.029546	0.040093	0.026901	0.034750	0.015991	0.147280
2010 年	0.029503	0.039957	0.029367	0.034237	0.018437	0.151502
2011 年	0.029891	0.039237	0.030087	0.034473	0.023142	0.156829
2012 年	0.032035	0.039286	0.033248	0.033840	0.028809	0.167217
2013 年	0.030000	0.040048	0.037206	0.034679	0.039308	0.181242
2014 年	0.030482	0.039772	0.039089	0.034943	0.042357	0.186644
2015 年	0.031183	0.039190	0.040695	0.035989	0.046086	0.193143
2016 年	0.031299	0.039479	0.044377	0.034472	0.049420	0.199048
2017 年	0.032220	0.039652	0.047947	0.033741	0.053199	0.206760
2018 年	0.032540	0.040458	0.051502	0.034044	0.056972	0.215516
增幅	0.004105	-0.003090	0.031727	0.001374	0.045884	0.080000

一级指标的分析对剖析经济发展方式转变瓶颈尚不够深入，要素系统优化能力、产业系统优化能力和资源环境系统优化能力中具体哪些因素制约了安徽省经济发展方式转变能力的提升尚不明确。因此，需要对二级指标展开分析，以进一步剖析经济发展方式转变瓶颈。根据表 1-5 可知，安徽省要素结构、产业结构、产业效益、社会公平、环境治理

和生态建设 2018 年在全国的排名分别为第 19 位、第 17 位、第 18 位、第 18 位、第 22 位、第 25 位，排名较靠后。因此，安徽省要素结构、产业结构、产业效益、社会公平、环境治理和生态建设等方面存在转变瓶颈，需要进一步调整。

第二节　安徽省经济发展方式转变能力现状

根据经济发展方式转变能力指标体系中的 5 个一级指标的省级层面对比可以看出，安徽省经济发展方式转变能力居于我国中等水平。

根据表 8-1 和图 8-2 可知，2006—2018 年，安徽省经济发展方式转变能力的 5 个一级指标总体呈上升趋势。科教信息系统优化能力的增长幅度最大，由 2006 年对发展方式转变能力贡献最小到 2018 年成为最大贡献指标。第二大贡献为人文社会系统优化能力，由 2006 年的第四大贡献指标到 2018 年成为第二大贡献指标。第三大贡献为产业系统优化能力，增长幅度为负，由 2006 年经济发展方式第一大贡献指标逐渐成为第三大贡献指标。第四大贡献为资源环境系统优化能力，但是增长幅度较小。最后为要素系统优化能力，增长幅度不大，有待进一步提升。

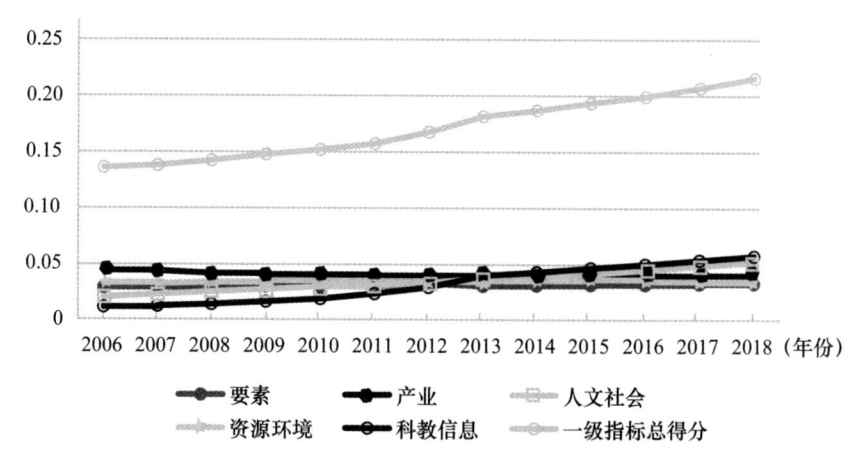

图 8-2　安徽省经济发展方式转变能力一级指标得分变化情况

根据表 1-3 可知，2018 年安徽省要素系统、人文社会系统和科教信息系统优化能力在全国分别排第 13 位、第 7 位、第 12 位，较总体发展方式转变能力排名靠前。说明要素系统、人文社会系统和科教信息系统与目前安徽省经济发展方式相适应，对经济发展方式转变有一定的支撑作用。产业系统优化能力在全国排名第 15 位，与总体发展方式转变能力排名一致，说明产业系统对安徽省经济发展方式转变既不存在促进作用也不存在阻碍作用。资源环境系统优化能力在全国排第 19 位，较总体发展方式转变能力排名靠后，说明资源环境系统对安徽省经济发展方式转变存在阻碍作用。总体来看，5 个一级指标中仅有资源环境系统对安徽省经济发展方式转变能力存在负向作用，说明资源环境条件是安徽省经济发展方式转变的瓶颈所在。

一 安徽省要素系统优化能力

根据表 8-2 可知，安徽省要素系统优化能力在 2006—2018 年呈持续上升态势。从增幅来看，要素空间和要素流动增幅为正，对要素系统优化有促进作用。要素结构增幅为负，对要素系统优化有阻碍作用。可见，安徽省要素系统优化能力提升的主要瓶颈是要素结构。

表 8-2　安徽省 2006—2018 年要素系统优化能力及其二级指标得分

	要素结构	要素空间	要素流动	总得分
2006 年	0.007985	0.018103	0.002347	0.028435
2007 年	0.007922	0.018031	0.002466	0.028419
2008 年	0.007895	0.018476	0.002811	0.029182
2009 年	0.007859	0.018807	0.002880	0.029546
2010 年	0.007724	0.018961	0.002818	0.029503
2011 年	0.007644	0.019326	0.002921	0.029891
2012 年	0.007446	0.020381	0.004207	0.032035
2013 年	0.007308	0.020128	0.002565	0.030000
2014 年	0.007348	0.020466	0.002668	0.030482
2015 年	0.007850	0.020746	0.002587	0.031183

续表

	要素结构	要素空间	要素流动	总得分
2016 年	0.007675	0.021215	0.002409	0.031299
2017 年	0.007805	0.021765	0.002651	0.032220
2018 年	0.007758	0.022169	0.002614	0.032540
增幅	-0.000228	0.004066	0.000267	0.004105

由图 8-3 可知，安徽省要素系统优化能力增长较为稳定。对安徽省要素系统优化能力贡献最大的是要素空间优化能力，其次是要素结构优化能力，最后是要素流动优化能力。其中要素空间优化能力与要素流动优化能力和要素结构优化能力的差距较大，要素结构优化能力与要素流动优化能力二者之间差距较小。

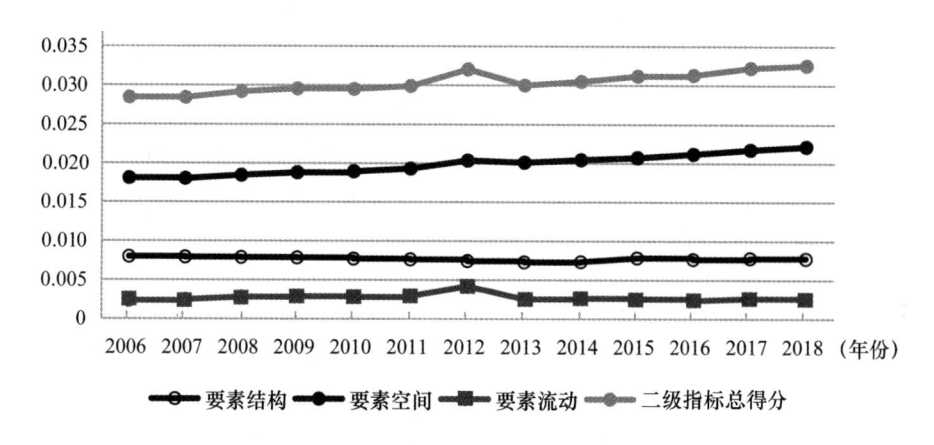

图 8-3 2006—2018 年安徽省要素系统优化能力及其二级指标变化情况

由前文可知，2018 年安徽省要素系统优化能力在全国排第 13 位，要素结构优化能力在全国排第 19 位，要素空间优化能力在全国排第 13 位，要素流动优化能力在全国排第 8 位。可见，要素系统优化能力提升的主要瓶颈为要素结构，要素空间优化能力对要素系统优化能力的提升也无明显的促进作用。

（一）要素结构优化能力

2018年，安徽省要素结构转变能力在全国排名第19位，其下一级指标中要素投入结构在全国排第12位，要素动力结构在全国排第19位。可见，要素动力结构对要素结构优化能力的提升无明显的促进作用。

1. 要素投入结构优化能力

2018年，安徽省要素投入结构在全国排名第12位，其下一级指标中单位GDP中的资本存量与就业人数比在全国排名第11位，单位GDP中的单位就业者的农工商业土地使用面积在全国排名第15位，单位GDP中的单位就业者的能耗节约量在全国排名第7位，单位GDP中的单位就业者拥有的技术交易金额在全国排名第13位，可见拉低要素投入结构优化能力的根本原因在于生产中技术投入过少以及土地利用不合理。

2. 要素动力结构优化能力

2018年，安徽省要素动力结构排在全国第19位，其下一级指标中劳动力结构对经济的拉动贡献率在全国排名第22位，资本存量结构对经济的拉动贡献率在全国排名第14位，技术结构对经济的拉动贡献率在全国排名第15位，投资率对经济的拉动贡献率排在全国第10位，消费率对经济的拉动贡献率排在全国第21位。劳动力结构、消费率对经济的拉动贡献率较低，是要素动力结构优化能力提升的瓶颈。

（二）要素空间优化能力

2018年，安徽省在全国排名第13位的要素空间优化能力中，要素城乡结构优化能力在全国排第26位，要素区域结构优化能力在全国排第8位。要素城乡结构优化能力较弱是阻碍要素空间优化能力提升的主要原因。

1. 要素城乡结构优化能力

2018年，安徽省在全国排名第26位的要素城乡结构中，单位GDP中的城镇就业人数占总就业人数的比重在全国排名第26位，城镇全社会固定资产投资占全社会固定资产投资比重在全国排名第16位，城镇建设用地面积占生产用地面积比重在全国排名第22位。单位GDP中的城镇就业人数占总就业人数的比重对要素城乡结构优化能力的提升无明显促进作用。

2. 要素区域结构优化能力

2018 年，安徽省要素区域结构对经济的拉动贡献率在全国排名第 8 位，其中劳动力就业占全国劳动力就业量比重在全国排名第 7 位，固定资产投资占全国固定资产投资比重在全国排名第 10 位，土地利用总面积占全国土地利用总面积比重排在全国第 5 位，DEA 技术效率占全国的比重排在全国第 12 位。DEA 技术效率是拉低要素空间优化能力的瓶颈，固定资产投资对要素空间优化能力也有一定的阻碍作用。

（三）要素流动优化能力

2018 年，在全国排名第 8 位的安徽省要素流动优化能力中，要素部门间流动、要素城乡间流动和要素区域间流动在全国的排名分别为第 9 位、第 16 位和第 10 位。可见制约安徽省要素流动优化能力的主要原因是要素城乡间流动、要素区域间流动能力较弱。

1. 要素部门间流动能力

2018 年，安徽省要素部门间流动能力全国排名第 9 位，其下一级指标中劳动力部门间流动能力在全国排名第 10 位，资本的部门间流动能力在全国排名第 9 位。可见，劳动力部门间流动能力对安徽省要素部门间流动能力优化具有阻碍作用。

2. 要素城乡间流动能力

2018 年，安徽省要素城乡间流动能力在全国排名第 16 位，其下一级指标中劳动力城乡间流动能力在全国排名第 19 位，资本城乡间流动能力在全国排名第 2 位。可见拉低要素城乡间流动能力的主要因素是劳动力城乡间流动能力。

3. 要素区域间流动能力

2018 年，安徽省要素区域间流动能力排在全国第 10 位，其下一级指标中劳动力区域间流动能力在全国排名第 23 位，资本区域间流动能力在全国排名第 8 位，技术区域间流动能力在全国排名第 9 位。可见劳动力区域间流动能力是安徽省区域间流动能力优化的主要瓶颈。

二 安徽省产业系统优化能力

由表 8-3 可以看出，安徽省产业系统优化能力得分呈缓慢下降趋势。产业空间和产业效益的增幅为正，对产业系统优化都具有一定的促进作用；产业结构增幅为负，对产业系统优化具有一定的阻碍作用。

表8-3　安徽省2006—2018年产业系统优化能力及其二级指标得分

	产业结构	产业空间	产业效益	总得分
2006年	0.020661	0.016836	0.006051	0.043548
2007年	0.020799	0.016565	0.005922	0.043286
2008年	0.018965	0.016366	0.005758	0.041090
2009年	0.018429	0.016041	0.005623	0.040093
2010年	0.018163	0.016241	0.005553	0.039957
2011年	0.016988	0.016788	0.005460	0.039237
2012年	0.016605	0.017194	0.005487	0.039286
2013年	0.016740	0.017628	0.005681	0.040048
2014年	0.016167	0.017777	0.005828	0.039772
2015年	0.015232	0.017890	0.006068	0.039190
2016年	0.015232	0.017946	0.006302	0.039479
2017年	0.015348	0.017746	0.006557	0.039652
2018年	0.015593	0.018001	0.006864	0.040458
增幅	-0.005068	0.001165	0.000813	-0.003090

由图8-4可以看出，在影响产业系统优化能力的二级指标中，2006—2018年，产业空间优化能力得分从第2位上升至第1位，产业结构优化从第1位降至第2位，最后是产业效益提升能力。其中，产业效益提升能力和产业空间优化能力均呈现波动上升趋势，产业结构呈下降趋势。

2018年安徽省产业系统优化能力全国排名为第15位，产业结构优化能力在全国排名第17位，产业空间优化能力在全国排名第11位，产业效益提升能力在全国排名第18位。拉低安徽省产业系统优化能力的瓶颈主要为产业结构和产业效益。

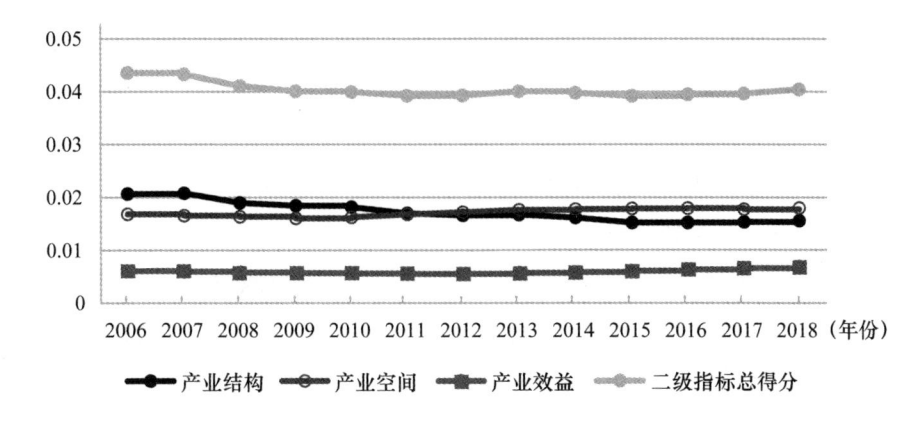

图 8-4　2006—2018 年安徽省产业系统优化能力及其二级指标变化情况

（一）产业结构优化能力

2018 年，安徽省产业结构优化能力在全国排名第 17 位，包括 11 个下一级指标，它们在全国的排名分别为：第二产业城镇单位就业人员比重第 12 名，第三产业城镇单位就业人员比重第 20 名，第二产业全社会固定资产投资比重第 7 名，第三产业全社会固定资产投资比重第 22 名，第二产业土地利用面积比重第 17 名，第三产业土地利用面积比重第 14 名，第一产业 DEA 技术效率第 11 名，第二产业 DEA 技术效率第 21 名，第三产业 DEA 技术效率第 19 名，服务业增长率第 1 名，第三产业增加值占 GDP 比重第 29 名。从中可以看出第三产业城镇单位就业人员比重、第三产业全社会固定资产投资比重、二三产业 DEA 技术效率、第三产业增加值占 GDP 比重是拉低产业结构优化能力的主要瓶颈。

（二）产业空间优化能力

安徽省产业空间优化能力全国排名第 11 位，其下一级指标产业区域布局能力在全国排名第 11 位，产业城乡布局能力在全国排名第 19 位，产品市场结构调整能力在全国排名第 16 位。可见安徽省的产业城乡布局能力和产品市场结构调整能力较弱，存在瓶颈效应。

1. 产业区域布局能力

2018 年，安徽省产业区域布局能力在全国排第 11 位，在下一级指标中，GDP 占全国 GDP 份额在全国排名第 13 位，第一产业增加值占全国第一产业增加值比重在全国排名第 11 位，第二产业增加值占全国第二产业增加值比重在全国排名第 11 位，第三产业增加值占全国第三产业增加值比重在全国排名第 14 位。可见，安徽省的 GDP 在全国的占有份额和第三产业增加值在全国的占有份额比重较低，影响了产业区域布局能力。

2. 产业城乡布局能力

衡量产业城乡布局能力可以用农村在国民经济中地位的负向程度表示，于是采用第一产业增加值占地区生产总值（GDP）比重的倒数表示，经计算其 2018 年在全国排名第 19 位。

3. 产品市场结构调整能力

产品市场结构调整能力由负向外贸依存度和负向外资依存度两个指标衡量。二者 2018 年在全国的排名分别为第 17 位、第 13 位。

（三）产业效益提升能力

2018 年，安徽省产业效益提升能力在全国排名第 18 位，包括物质消耗效益提升能力、劳动消耗效益提升能力和资本消耗效益提升能力 3 个下一级指标，它们在全国的排名分别为第 11 位、第 25 位和第 22 位。可见，劳动消耗效益提升能力和资本消耗效益提升能力对产业效益提升能力存在拉低作用。

1. 物质消耗效益提升能力

物质消耗效益提升能力用能源产出率——GDP 与能源消耗总量之比衡量，安徽省 2018 年的数据显示其在全国排名第 11 位。

2. 劳动消耗效益提升能力

劳动消耗效益提升能力用劳动生产率——GDP 与就业人数之比衡量，安徽省 2018 年的数据显示其在全国排名第 25 位，存在较大的瓶颈性。

3. 资本消耗效益提升能力

资本消耗效益提升能力用资本产出率——GDP 与资本存量的比值衡量，安徽省 2018 年的数据显示其在全国排名第 22 位。

三 安徽省人文社会系统优化能力

根据表 8-4 可知，2006—2018 年人文社会系统优化能力是持续上升的。其下一级指标中人的发展、民生保障和社会公平得分都有所上升。

从增幅来看，民生保障能力的增幅最大，其次是人的发展能力，维持社会公平能力的变化较小。

表 8-4　安徽省 2006—2018 年人文社会系统及其二级指标得分

	人的发展	民生保障	社会公平	总得分
2006 年	0.010672	0.0045904	0.004513	0.019776
2007 年	0.0119127	0.0060881	0.004145	0.022145
2008 年	0.0133462	0.0071224	0.004266	0.024735
2009 年	0.0140112	0.0081985	0.004691	0.026901
2010 年	0.0144698	0.0100347	0.004862	0.029367
2011 年	0.0154379	0.0097379	0.004911	0.030087
2012 年	0.0169133	0.0107361	0.005598	0.033248
2013 年	0.0174594	0.0138362	0.005911	0.037206
2014 年	0.0183117	0.0146798	0.006098	0.039089
2015 年	0.0186534	0.0159033	0.006139	0.040695
2016 年	0.0196189	0.0187044	0.006054	0.044377
2017 年	0.0201276	0.0217341	0.006085	0.047947
2018 年	0.0205398	0.0250491	0.005913	0.051502
增幅	0.0098678	0.0204587	0.001400	0.031727

由图 8-5 可以看出，民生保障能力在 2016 年超过人的发展能力后，其和人文社会总系统趋于同速上升，成为对安徽省人文社会系统优化能力提升贡献最大的指标，其次是人的发展能力，最后是维持社会公平能力。

（一）人的发展能力

2018 年安徽省的人的发展能力在全国排名第 6 位，包括生存条件、生活水平、素质修养和自由发展 4 个下一级指标，排名分别为第 9 位、第 5 位、第 18 位、第 14 位。可见，素质修养和自由发展未能有效促进人的发展能力。

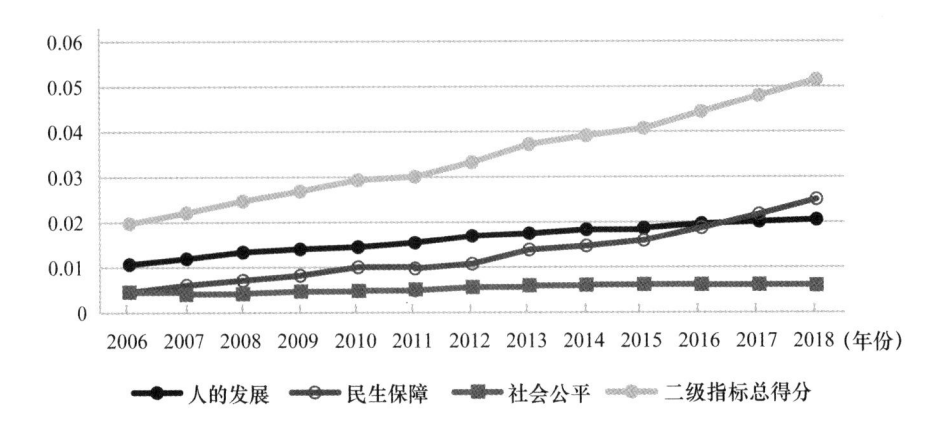

图 8-5　2006—2018 年安徽省人文社会系统优化能力及其二级指标变化情况

1. 生存条件

生存条件包括人口自然增长率和人口平均预期寿命，安徽省 2018 年的这两个指标在全国的排名分别为第 11 位和第 15 位。

2. 生活水平

生活水平包括个人消费水平、负向的城镇恩格尔系数和负向的农村恩格尔系数 3 个下一级指标，安徽省的这 3 个指标在全国的排名分别为第 5 位、第 24 位和第 22 位。

3. 素质修养

素质修养包括识字率、在校高等受教育率和在校高中受教育率 3 个下一级指标，安徽省 2018 年的这 3 个指标在全国的排名分别为第 24 位、第 20 位和第 12 位。

4. 自由发展

自由发展用广播节目综合人口覆盖率和电视节目综合人口覆盖率表示，安徽省 2018 年的这两个指标在全国的排名分别为第 14 位和第 15 位。

（二）民生保障能力

民生保障能力包括就业保障能力、医疗保障能力、住房保障能力和社会保障能力，2018 年，安徽省的民生保障能力在全国排名第 8 位，其下的就业保障能力、医疗保障能力、住房保障能力和社会保障能力分别为第 15 位、第 30 位、第 2 位和第 11 位。就业保障能力和医疗保障能力是安徽省民生保障能力提升的主要瓶颈。

1. 就业保障能力

就业保障能力包括劳动力参与能力和工资增长弹性两个下一级指标，安徽2018年的就业保障能力在全国排名第15位，其下的两个四级指标在全国的排名分别为第13位和第22位。

2. 医疗保障能力

医疗保障能力用每万人口拥有的医生数和每万人口拥有的床位数表示，安徽省2018年的医疗保障能力居全国第30位，其下的两个四级指标分别居全国的第29位和第25位。

3. 住房保障能力

住房保障能力包括城镇住房保障能力和农村住房保障能力两个下一级指标，安徽2018年的住房保障能力居全国第2位，其下的城镇住房保障能力和农村住房保障能力分别居全国第16位和第2位。

4. 社会保障能力

社会保障能力包括城镇职工基本养老保险水平、城镇基本医疗保险水平、失业保险保障水平、工伤保险保障水平、生育保险保障水平、城镇居民最低生活保障水平和农村居民最低生活保障水平7个指标。2018年安徽省的社会保障能力在全国排名第11位，其下的7个四级指标在全国的排名分别为第16位、第20位、第10位、第15位、第16位、第12位和第9位。

（三）维持社会公平能力

维持社会公平能力包括削弱分配差别能力、缩小城乡收入差距能力和缩小贫富差距能力3个下一级指标。2018年，安徽省维持社会公平能力在全国排名第18位，其下的削弱分配差别能力、缩小城乡收入差距能力和缩小贫富差距能力分别排名第13位、第14位和第21位。

1. 削弱分配差别能力

削弱分配差别能力用负向基尼系数表示，2018年安徽省负向基尼系数在全国排名第13位。

2. 缩小城乡收入差距能力

缩小城乡收入差距能力由负向的城镇居民人均可支配收入/农村居民

人均可支配收入表示，2018年安徽省该指标在全国排名第14位。

3. 缩小贫富差距能力

缩小贫富差距能力用正向的相对贫困程度表示，2018年安徽省该指标在全国排名第21位。

四 安徽省资源环境系统优化能力

从表8-5可以看出，安徽省资源环境系统优化能力有所提高，呈现波动上升趋势。对资源环境系统贡献最大的是资源条件，其次是生态建设，再次是环境治理，最后是环境污染。环境治理和生态建设2006—2018年增幅为正，对安徽省资源环境系统具有支撑作用，资源条件和环境污染增幅为负，拉低了安徽省资源环境系统优化能力。

表8-5　安徽省2006—2018年资源环境系统及其二级指标得分

	资源条件	环境污染	环境治理	生态建设	总得分
2006年	0.0177068	0.0028749	0.005825	0.006263	0.0326694
2007年	0.0180669	0.0028627	0.004663	0.005966	0.0315584
2008年	0.0190978	0.0028339	0.005125	0.006178	0.0332349
2009年	0.0189018	0.0028003	0.006426	0.006622	0.0347504
2010年	0.0187394	0.0028209	0.006016	0.006661	0.0342374
2011年	0.0187284	0.0027809	0.005896	0.007067	0.0344727
2012年	0.0187904	0.0027678	0.005298	0.006983	0.0338397
2013年	0.0181011	0.0027269	0.006682	0.007169	0.0346791
2014年	0.0183096	0.0027485	0.006725	0.00716	0.0349433
2015年	0.0166825	0.0027314	0.00827	0.008305	0.0359889
2016年	0.0164825	0.0027401	0.007035	0.008215	0.0344722
2017年	0.0160275	0.0027217	0.006751	0.008241	0.0337412
2018年	0.0150563	0.002702	0.007846	0.008439	0.0340436
增幅	-0.002651	-0.000173	0.002021	0.002176	0.0013742

由图 8-6 可以看出，2018 年对资源环境系统贡献最大的是资源条件，其次是生态建设，再次是环境治理，最后是环境污染。2018 年，安徽省的资源条件、环境污染程度、环境治理能力和生态建设能力在全国排名分别为第 11 位、第 10 位、第 22 位、第 25 位。

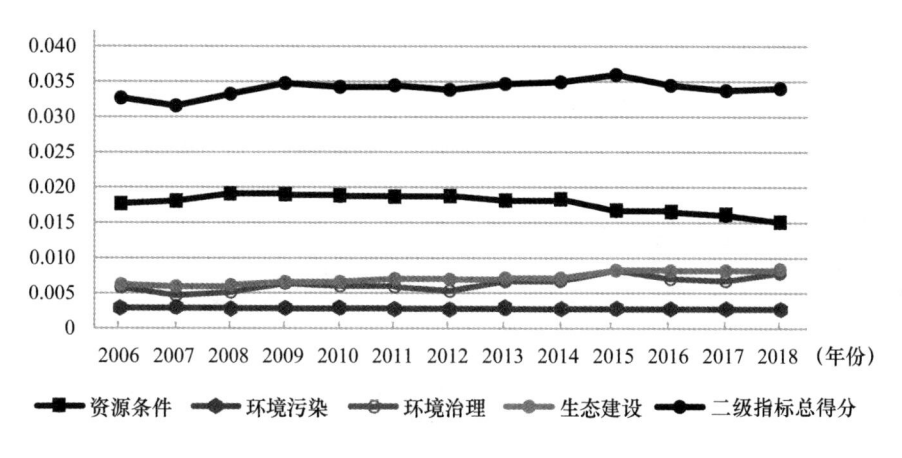

图 8-6 2006—2018 年安徽省资源环境系统优化能力及其二级指标变化情况

（一）资源条件

2018 年安徽省资源条件在全国排名第 11 位，包括资源禀赋条件、资源消耗程度和资源利用能力 3 个下一级指标，全国排名分别为第 14 位、第 10 位和第 11 位。可见，拉低安徽省资源条件能力的主要是资源禀赋条件。

1. 资源禀赋条件

资源禀赋条件用采矿业城镇单位就业人员比重、采矿业全社会固定资产投资比重和能源产量衡量。2018 年，安徽省的这 3 个指标在全国排名分别为第 9 位、第 24 位和第 10 位。

2. 资源消耗程度

资源消耗程度采用人均用水量、工业用水量占用水总量比重、农用地面积和建设用地面积 4 个指标衡量。2018 年，安徽省的这 4 个指标在全国排名分别为第 14 位、第 6 位、第 22 位和第 11 位。

3. 资源利用能力

资源利用能力采用碳排放率表示，2018 年安徽省该指标在全国排名第 11 位。

（二）环境污染程度

环境污染程度包括工业废水排放量、工业废气排放量、工业固体废弃物产生量和人均生活垃圾清运量 4 个下一级指标。2018 年，安徽省环境污染程度排名全国第 10 位，其下一级指标中的工业废水排放量、工业废气排放量、工业固体废弃物产生量和人均生活垃圾清运量在全国排名分别为第 15 位、第 21 位、第 19 位和第 4 位。

（三）环境治理能力

环境治理能力包括环境治理投资强度、工业污染源治理投资/环境污染治理投资、工业废水排放减少率、工业废气排放减少率、工业固体废弃物综合利用率和生活垃圾无害化处理率 6 个下一级指标。2018 年，安徽省环境治理能力排名全国第 22 位，其 6 个下一级指标分别在全国排名为第 7 位、第 16 位、第 10 位、第 23 位、第 25 位和第 6 位。

（四）生态建设能力

生态建设能力用人均公共绿地面积、建成区绿化覆盖率、森林覆盖率、湿地面积占辖区面积比重和自然保护区面积占辖区面积比重 5 个指标描述。2018 年，安徽省的生态建设能力在全国排名第 25 位，其下一级 5 个指标在全国的排名分别为第 11 位、第 7 位、第 18 位、第 12 位和第 29 位。

五 安徽省科教信息系统优化能力

从表 8-6 可以看出，安徽省的科教信息系统优化能力 2006—2018 年总体保持较快上升态势。从增幅来看，教育水平、技术水平和信息化水平的增幅均为正，表明安徽省教育水平、技术水平和信息化水平均有所增强。其中增幅较大的是信息化水平，其次为技术水平，最后为教育水平。

表8-6　安徽省2006—2018年科教信息系统及其二级指标得分

	教育	技术	信息化	总得分
2006年	0.005257	0.001569	0.004262	0.011088
2007年	0.004777	0.001866	0.005355	0.011998
2008年	0.004696	0.002142	0.006741	0.013579
2009年	0.005108	0.002487	0.008395	0.015991
2010年	0.005610	0.003163	0.009665	0.018437
2011年	0.006116	0.004268	0.012758	0.023142
2012年	0.006997	0.005259	0.016553	0.028809
2013年	0.008375	0.007691	0.023241	0.039308
2014年	0.009087	0.009868	0.023401	0.042357
2015年	0.009602	0.011372	0.025112	0.046086
2016年	0.010135	0.011760	0.027525	0.049420
2017年	0.011346	0.013083	0.028770	0.053199
2018年	0.013493	0.013687	0.029792	0.056972
增幅	0.008236	0.012118	0.025530	0.045884

由图8-7可以看出，信息化水平提升能力对科教信息系统优化能力贡献最大，第二大为技术水平提升能力，教育水平提升能力对科教信息系统优化能力贡献最小。

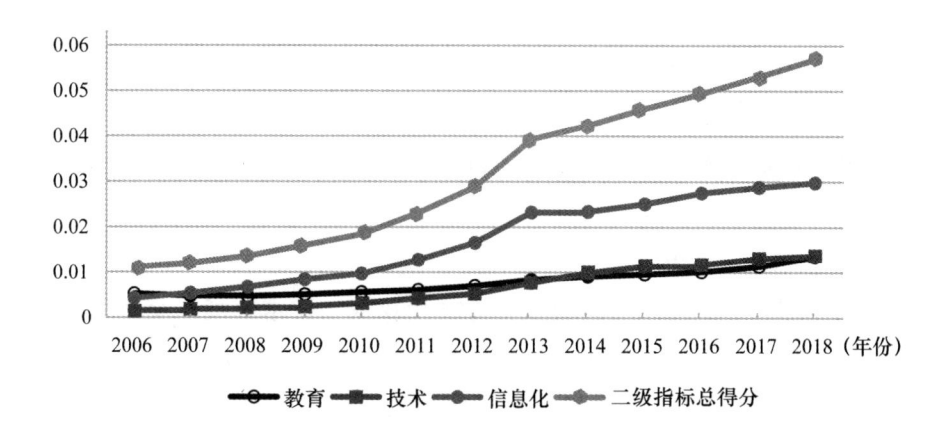

图8-7　2006—2018年安徽省科教信息系统优化能力及其二级指标变化情况

（一）教育水平提升能力

教育水平提升能力包括教育投入提升能力和教育产出提升能力两个下一级指标。2018年安徽省教育水平提升能力在全国的排名为第15名，教育投入提升能力和教育产出提升能力分别在全国排名第26位和第4位。

1. 教育投入提升能力

教育投入提升能力采用教育财政投入强度和负向的普通高等学校生师比、普通高中学校生师比、中等职业学校生师比、普通初中学校生师比、普通小学学校生师比6个指标衡量。2018年安徽省的这6个指标在全国排名分别为第14位、第29位、第23位、第27位、第21位和第23位。

2. 教育产出提升能力

教育产出提升能力采用大学升学率和高中升学率衡量。2018年安徽省的大学升学率和高中升学率分别在全国排名第21位和第1位。

（二）技术水平提升能力

技术水平包括技术创新资源、技术创新投入和技术创新产出3个指标。2018年安徽省的技术水平提升能力在全国的排名为第12名，技术创新资源、技术创新投入和技术创新产出分别在全国排名第12位、第9位和第12位。

1. 技术创新资源

技术创新资源指标用科技人员技术创新产出能力投入（科研人员全时当量）表示，2018年安徽省该指标在全国排名第12位。

2. 技术创新投入

技术创新投入用研发投入强度（研发经费/GDP）表示，2018年安徽省该指标在全国排名第9位。

3. 技术创新产出

技术创新产出能力用国内三种专利授权数和技术市场成交额表示，2018年安徽省这两个指标在全国排名分别为第11位和第16位。

（三）信息化水平提升能力

信息化水平主要从信息技术应用能力和信息产业发展能力两个角度考虑，2018年安徽省的信息化水平提升能力在全国排名为第15名，信息技术应用能力和信息产业发展能力在全国排名分别为第24位和第10位。

1. 信息技术应用能力

信息技术应用能力采用城镇电脑拥有量、农村电脑拥有量、电话普及率和网络覆盖率4个指标衡量。2018年安徽省这4个指标在全国排名分别为第19位、第22位、第30位和第26位。

2. 信息产业发展能力

信息产业发展能力采用信息产业劳动力投入比重、信息产业资本投入比重和信息产业产值比重3个指标衡量。2018年安徽省这3个指标在全国排名分别为第21位、第4位和第9位。

第三节 安徽省经济发展方式转变瓶颈

一 经济发展方式转变能力综合指标情况

安徽省经济发展方式转变能力在全国省级层面处于中等水平，在中部六省偏低。剖析安徽省经济发展方式转变能力存在的瓶颈，需要进一步对一级指标、二级指标、三级指标和四级指标展开分析，以确定瓶颈问题所在。

二 经济发展方式转变能力一级指标情况及瓶颈

根据表1-3可知，安徽省经济发展方式转变能力一级指标中要素系统优化能力排在全国第13位，略高于全国和中部平均水平；产业系统优化能力排在全国第15位，略高于全国和中部平均水平；人文社会系统优化能力排在全国第7位，远高于全国和中部平均水平；资源环境系统优化能力排在全国第19位，略低于全国和中部平均水平；科教信息系统优化能力排在全国第12位，略高于全国和中部平均水平。根据以上分析，安徽省经济发展方式转变能力一级指标中产业系统和资源环境系统存在拉低或者未能有效推进经济发展方式转变的情况。因此，安徽省经济发展方式转变能力一级指标中的瓶颈主要为产业系统和资源环境系统。

三 经济发展方式转变能力二级指标情况及瓶颈

根据表1-5可知，2018年安徽省经济发展方式转变能力16个二级指标中排名靠后的有要素结构、产业结构、产业效益、社会公平、环境治理和生态建设，在全国的排名分别为第19位、第17位、第18位、第18位、第22位和第25位。因此，在二级指标层面，要素结构、产业结构、产业效益、社会公平、环境治理和生态建设是安徽省经济发展方式转变的主要瓶颈。

四 经济发展方式转变能力三级指标情况及瓶颈

根据表1-6可知，2018年安徽省38个三级指标中全国排名靠后的指标有：要素动力结构全国排名第19位，要素城乡分布全国排名第26位，要素城乡间流动全国排名第16位，三次产业结构全国排名第17位，产业城乡分布全国排名第19位，劳动消耗效益全国排名第25位，资本消耗效益全国排名第22位，素质修养全国排名第18位，医疗保障全国排名第30位，贫富差距全国排名第21位，环境治理全国排名第22位，生态建设全国排名第25位，教育投入全国排名第26位，信息技术应用全国排名第24位。安徽省这14个三级指标对经济发展方式转变具有制约作用。

所以，从三级指标层面来看，安徽省经济发展方式转变瓶颈主要为要素动力结构、要素城乡分布、要素城乡间流动、三次产业结构、产业城乡分布、劳动消耗效益、资本消耗效益、素质修养、医疗保障、贫富差距、环境治理、生态建设、教育投入和信息技术应用。

五 经济发展方式转变能力四级指标情况及瓶颈

2018年，安徽省经济发展方式转变能力112个四级指标中，要素系统中23个四级指标有7个指标在全国排名靠后，它们分别是：劳动力贡献率第22位，消费率第21位，劳动力城乡分布第26位，资本城乡分布第16位，土地城乡分布第22位，劳动力城乡流动第19位，劳动力区域流动第23位。上述7个四级指标是拉低安徽省要素系统优化能力的主要瓶颈。

2018年，安徽省经济发展方式转变能力112个四级指标中，产业系统中21个四级指标有8个指标在全国排名靠后，它们分别是：第三产业城镇单位就业人数占比第20位，第三产业全社会固定资产投资比重第22位，第二产业DEA技术效率第21位，第三产业DEA技术效率第19位，第三产业增加值占GDP比重第29位，第一产业增加值占GDP比重第19位，劳动生产率第25位，资本产出率第22位。上述8个四级指标是制约安徽省产业系统优化能力的主要瓶颈。

2018年，安徽省经济发展方式转变能力112个四级指标中，人文社会系统中的26个四级指标有9个指标在全国排名靠后，它们分别是：城镇恩格尔系数第24位，农村恩格尔系数第22位，识字率第24位，每十万人口高等教育在校学生数第20位，工资增长弹性第22位，每万人口拥有的医生数第29名，每万人口拥有的床位数第25位，城镇基本医疗保险水平第20位，相对贫困程度第21位。上述9个四级指标是制约安徽省人文社会系统优化能力的主要瓶颈。

2018年，安徽省经济发展方式转变能力112个四级指标中，资源环境系统中23个四级指标有8个在全国排名靠后，它们分别是：采矿业全社会固定资产投资比重第24位，人均农用地面积第22位，人均工业废气排放量第21位，人均工业固体废弃物产生量第19位，工业废气排放减少率第23位，工业固体废弃物综合利用率第25位，森林覆盖率第18位，自然保护区面积占辖区面积比重第29位。上述8个四级指标是制约安徽省资源环境系统优化能力的主要瓶颈。

2018年，安徽省经济发展方式转变能力112个四级指标中，科教信息系统中19个四级指标有11个指标在全国排名靠后，它们分别是：普通高等学校生师比第29位，普通高中学校生师比第23位，中等职业学校生师比第27位，普通初中学校生师比第21位，普通小学学校生师比第23位，大学升学率第21位，城镇电脑拥有量第19位，农村电脑拥有量第22位，电话普及率第30位，网络覆盖率第26位，信息产业劳动力投入比重第21位。上述11个四级指标是拉低安徽省科教信息系统优化能力的主要瓶颈。

第四节 对策建议

安徽省作为长江经济带下游城市群的重要组成部分，其经济发展方式实现转变有利于促进长三角、长江经济带和全国经济迈向高质量发展阶段。然而安徽省在提升经济发展方式转变能力方面还存在如下 5 个主要瓶颈：（1）第三产业发展不足，第二产业技术效率低，劳动生产率低；（2）工业污染严重，环境治理投资强度弱，资源开发利用程度低；（3）各级教育师资力量薄弱，信息化程度低，尤其是农村；（4）劳动力流出农村、流入城镇的比重低，城镇化发展水平较低，消费动力不足；（5）居民生活质量有待提高，居民素质有待提升，医疗保险和生育保险水平较低。上述瓶颈使得安徽省在向创新型驱动、可持续发展、建设现代经济体系和实现以人为本的发展方式转变过程中变得困难。为了提升安徽省经济发展方式转变能力，针对上文分析的要素优化配置能力、产业优化配置能力、人文社会支撑力、资源环境承载力和科教信息驱动力中存在的具体瓶颈，提出以下几点建议。

一 提升要素优化配置能力的举措

安徽省提升要素优化配置能力，要做好以下 4 个方面的工作：（1）促进劳动力合理流动，提高劳动生产率；（2）继续提升城镇化率，提高城镇化水平；（3）协调"三驾马车"的比例，增强消费动力；（4）加强生产要素之间的协调。而提升要素优化配置能力的重中之重是促进劳动力合理流动，提高劳动生产率，继续提升城镇化率，提高城镇化水平，增强消费动力，为此提出以下建议。

（一）提高农业生产率，促进农业剩余劳动力流入工业和服务业

安徽是我国重要的粮食生产基地之一，农业劳动力数量较多。首先，推动现代农业生产方式，实现规模化和机械化生产。充分发挥小岗村精神，利用土地流转的机会，将土地集中到种粮大户手中，为农业规模化生产奠定基础；提高农业机械化水平，充分利用联合收割机、农业无人机、插秧机等农业机械，将工业化的生产方式运用到农业中，实现工业

反哺农业。其次，培养现代职业农民。随着经济社会发展，新一代年轻人对土地的重视程度在降低，越来越多的年轻人离开了农村，农业劳动力的质量在下降。因此，要加大对职业农民的培养，增加农业院校对农学专业学生的培养，发挥各地区农业技术推广站的作用，加强对现有农民的技术指导，及时协助解决农业生产中的问题。最后，改变传统的农业思维方式，增加农村开放度和包容度。农村是一个相对封闭的熟人社会，对外来思想和外来人口的接纳程度还不是很高，往往一些有想法的年轻人在农村里却没法施展自己的才能。因此村干部等要发挥模范带头作用，积极接纳新思想新知识，创新工作方式，提高农村地区的开放度和包容度。

（二）继续提升城镇化率，提高城镇化水平

安徽省城镇化进程还有很大提升空间。首先，促进劳动力、资本和土地等要素向城镇集聚，促进形成大中小城市合理分布的城市发展体系，推动合肥、芜湖、蚌埠等省内重点城市的发展，适度扩大规模，提升城市的首位度。其次，提高城市管理水平，注重城市发展质量。对城市进行功能分区，划分住宅区、商业区和工业区，引导企业、居民和商超合理分布。抓好城市交通管制，进行道路改造升级，切实保证交通顺畅。做好城市绿化工作和公园等休闲娱乐场所建设，增加城市美感，改善居民生活体验。最后，做好旧城改造和新城建设工作。做好城市功能定位，合理规划城市发展用地规模，旧城改造中要突出旧城特色，避免大拆大建，新城建设在规划阶段就要做好环境保护、职住平衡、交通通畅的工作，避免出现城市病。

（三）协调"三驾马车"的关系，增强消费动力

安徽省经济发展基础相对比较薄弱。短期内，要增加投资，提高生产能力，实行投资驱动。建立工业集聚区，积极进行招商引资，促进相关产业发展，实现地区生产能力和居民收入的双提升，快速改变落后面貌。长期内，利用距离长三角地区近的区位优势，积极发展对外贸易，提升出口比例，不断积累财富，增强居民消费能力。最后，在生产能力和居民消费能力双双增强的情况下，增强居民消费意愿，进而实现消费需求增长驱动企业生产能力提升，企业生产能力提升不断满足消费需求

的内生发展方式。

二 提升产业优化配置能力的举措

安徽省提升产业优化配置能力,要做好以下4个方面的工作:(1)促进第三产业发展,逐步提高第三产业产值;(2)通过产业梯度转移,引进先进制造业,提高第二产业技术效率;(3)发展现代农业,提高农业劳动生产率;(4)提高劳动力技能,促进产业工人生产效率提高。而提升产业优化配置能力的重中之重是通过产业梯度转移,引进先进制造业,提高第二产业技术效率,促进服务业发展壮大,不断提高各产业劳动生产率,为此提出以下建议。

(一) 积极承接产业梯度转移,提高第二产业技术效率

首先,要抓住国内沿海地区"腾笼换鸟"的机遇,积极打造皖江城市带承接产业转移示范区,结合本地产业优势,承接相关产业转移,提升产业竞争力,完善产业链,做大做强省级主导产业和市级首位产业,进一步巩固提升安徽家电、汽车、装备、化工、医药等传统制造业竞争优势,提高第二产业技术水平。其次,在引进外资的过程中,也要注重外资的质量,多引进技术水平和管理水平较高的企业。再次,通过产业工人和管理人员的经验积累,不断改进生产流程和管理方法,多引进专业技术人员,加强学习交流,不断提高技术应用的熟练程度。最后,通过教育培养更多高技能的产业工人和优秀的管理人才,大力弘扬工匠精神,培养精益求精和追求卓越的高级技术人才,不断提高工业机械化水平和智能化水平。

(二) 促进服务业发展,提高服务业产值比重

服务业是吸纳劳动力就业最强的产业,但服务业的发展要依赖工业的发展,只有工业发展带动人民富起来,服务业才能迎来繁荣。首先,在承接产业转移的过程中,还要发展与工业密切相关的物流、金融、工业设计和信息咨询等生产性服务业,促进服务业专业化和精细化发展,追求更高的服务质量。其次,利用工业化思维改造发展传统服务业,将优秀的服务业发展模式推广复制,形成连锁化、品牌化经营。努力扩大批发零售、住宿餐饮、社区服务等生活性服务业,完善服务标准,推动

与互联网技术结合发展，提高现代化水平，满足居民日益增长的消费需求。助力发展农村现代服务业，加快推进"农超对接"和"万村千乡"市场工程，构建适应农民需求的生产和生活服务体系及新型流通体系。最后，利用建设皖南国际文化旅游示范区的机会，结合地方特色，不断挖掘当地优秀文化和特色产品，发展文化创意、特色旅游、创意农业等服务业，深度融合当今科技发展的优秀成果，提升特色服务的科技感，提高服务业附加值。

（三）不断提高各产业劳动生产率

首先，积极发展现代农业，提升农业机械化水平，推广实施土地流转集中，进行适度规模化经营，利用生物科技提高农产品品质，通过发展农村合作社等新型合作方式，提高农民抗风险能力，培养现代职业农民，提高农业生产率。其次，增加产业工人的培训，提高工人操作机器的精准度，降低残次品率，提高工业生产率。最后，提高服务业人员对智能化终端的应用水平，提高服务效率。

三　提升人文社会支撑力的举措

安徽省提升人文社会支撑力，要做好以下4个方面的工作：（1）多方共同努力，增强就业能力，促进居民收入增加；（2）加大教育投入，提高居民识字率；（3）提高医疗等社会保险保障水平；（4）进一步缩小贫富差距。而提升人文社会支撑力的重中之重是增强就业能力，促进居民增收，提高消费水平，增加教育投入，提升居民素质，为此提出以下建议。

（一）多方并举提升就业能力，促进居民增收

随着安徽省积极承接产业转移，大量工人将面临新的职业选择。首先，政府和企业要为工人提供相关的技能培训，给予积极参加培训的工人一定比例的资金支持，提升工人的就业能力，提高应聘成功的概率。其次，个人要积极进行教育投资，不断提升就业能力。自觉接受九年义务教育，积极接受中等职业教育和高等教育，高校也要逐步扩大招生规模，并结合企业需求及时更新课程设置，与企业联合培养能攻克产业发展难题的科学领军人才，提高高校毕业生的就业能力。最后，对于就业

有困难的群体给予一对一的帮扶，通过先富帮后富的方式，保证每个家庭至少有一个劳动力实现就业，保证居民的基本生活需求。

（二）发展多层次和多种形式的教育，提高人口的综合素质

安徽省文盲率相对较高，因此要积极发展多层次和多种形式的教育，不断提高人口的综合素质。在全面落实九年义务教育的同时，还可针对年龄较大的人员开展简易扫盲班、老年人大学等形式的教育。逐步普及高中阶段教育，提高人口中接受高中阶段教育的比重，要坚持把中等职业教育放在和普通高中教育同等重要的地位，加大宣传力度，改变中等职业教育被轻视的局面，扩大中等职业教育的招生规模。逐步扩大大学招生规模，提高进入大学的学生比例。积极鼓励社会力量办学，满足多样化的教育需求。

四 提升资源环境承载力的举措

安徽省提升资源环境承载力，要做好以下4个方面的工作：（1）增加农业用地面积；（2）加强技术改造，降低工业污染；（3）增加环境治理投入，提升环境治理效果；（4）增加生态环境建设，提高生存质量。而提升资源环境承载力的重中之重是加强技术改造，降低工业污染，重视环境治理投入，提升环境治理效果，提高资源开发利用程度，优化能源消费结构，为此提出以下建议。

（一）加强技术改造，降低工业污染

首先，利用承接产业转移的机会，实现传统产业的转型升级，更新现有生产设备，降低污染的排放量。其次，鼓励企业积极进行技术升级，政府在对污染进行末端治理的同时，不妨将部分资金用于前端治理，直接将部分资金用于奖励节能减排效果明显的企业，这样便能降低污染排放量。最后，防止污染的转移，在引进产业的同时要严格评估可能造成的环境污染情况，超出当地环境承载力的企业坚决不予引进。

（二）增加环境治理财政投入，提升治理效果

首先，保证用于环境治理的财政资金不减少，合理分配资金使用。既要重视源头治理，也要重视末端治理；既要加大对污染行业的改造，也要大力发展环保产业；既要运用好财政补贴手段，也要用好罚金手段。

其次，政府既要加强执法监督，也要善于运用市场手段。对于需要关停改造的企业，要严格执行相关改造标准，不达标坚决不准重新生产，要严格执行最严厉的环保措施。鼓励进行污染排放权交易，利用市场手段控制污染的扩大。最后，设立环保投资基金，向社会募集资金并投资于环保产业，促进环保产业发展，这既能满足居民的投资需要，又能弥补政府环境治理投资缺口，从而实现政府和居民的双赢。

（三）提高资源开发利用程度，优化能源消费结构

安徽省拥有丰富的矿产和能源资源，但开发利用效率还比较低。首先，改进生产技术，提高煤化工、石油化工技术水平，提高现有资源的开发利用程度，改革资源定价机制，让资源能够充分反映市场的供需关系。其次，不断开发新能源，降低一次能源使用比重，发展风电、太阳能技术，提高电能和太阳能等清洁能源的使用比重。

五 增强科教信息驱动力的举措

安徽省增强科教信息驱动力，要做好以下 4 个方面的工作：（1）增加各级教育师资力量，提高学生培养质量；（2）提高电话普及率和网络覆盖率，提升信息化水平；（3）加大对农村地区电信基础设施的改造，加强信息知识宣传；（4）大力发展电子信息产业，提高城市信息化和智能化程度。而增强创新驱动能力的重中之重是重视各级教育教师培养，提高教育质量，提升信息化水平，便利信息传播方式，加大农村地区信息知识普及，提高使用信息技术能力，为此提出以下建议。

（一）重视各级教育投入，培养高素质人才

教育水平的提高能培养出更多优秀的人才，优秀人才增加有助于科技创新的发展。首先，要增加对基础教育和中等教育的资金投入，提高教师工资待遇。由于基础教育具有公共品属性，因此对于基础教育的资金投入要以政府为主、其他社会办学资金为辅，并保证教师工资不低于当地公务员工资。其次，要注重高等教育的师资投入，培养更多的硕士和博士研究生，扩大高校教师的人才选拔队伍，鼓励教师在多个学校兼职授课，增加学术交流频次，碰撞思维的火花，创造更多优秀的学术成果。最后，注重中学教育师资队伍建设。中学阶段是人一生中最佳的学

习时期，因此鼓励更多更优秀的本科生进入中学教师队伍中，将更先进的教育理念和教学方式带到中学，培养学生的学习兴趣，促进中学生全面发展，为国家培养更多的优秀青年。

（二）提高电话普及率和网络覆盖率，提升信息化水平

当前信息化程度越来越高，信息的价值也越来越重要，而电话和互联网技术的普及，使得信息流的传播速度呈现爆炸式发展。首先，要加大电信基础设施建设，实现信号全覆盖，尤其是要增加农村地区的电信基础设施投入，避免产生信息孤岛。其次，加快技术发展，提高信息传输速度，降低信息资费，使得人人都能享受到优质的电信服务。再次，促进移动终端设备和PC端设备的持有率，争取让每家每户都能实现智能终端的覆盖，电信企业要注重农村地区的广阔市场，与智能终端设备企业合作，一起推动提升农村地区电话、电脑和互联网的普及率。最后，加强科技信息宣传，提升信息质量，通过制作海报、宣传页、文艺表演等方式提高信息甄别能力，防止上当受骗，自觉接受正能量，宣传正能量，不传播有害信息，自觉维护健康的信息环境。

六　消除五大系统以外瓶颈的举措

（一）破除落后观念，转变思维方式

安徽省要积极引进先进思想，主动融入长三角地区的城市群，改变传统观念，积极学习工业化的生产思维和先进的管理方法。加强与长三角地区城市的合作，开展对口帮扶工作，相互派遣人员到对方城市进行挂职。

（二）充分利用好本省的资源优势

安徽省拥有较为丰富的矿产资源和能源资源，这在长江经济带下游地区有较强的竞争力。因此，要充分利用好资源丰富的优势，发展煤化工、石油化工等产业，为工业发展提供动力。此外还要不断改进技术，提高资源利用效率。

（三）加强体制机制改革，提高政府服务水平

安徽省要加强体制机制改革，不断提升政府服务水平，用制度创新和服务质量为发展赢得红利，通过优惠的政策和便捷的服务降低企业的

生产成本，吸引企业来安徽发展。政府还要做好后续服务工作，避免将企业引进来之后，后续服务跟不上，导致企业家丧失在皖发展的信心。

（四）积极融入到长江经济带建设进程中

区域经济一体化有利于发挥集聚效应，在国家推进长江经济带建设的区域发展战略下，安徽省要找准自身定位，积极参与长三角地区产业地域分工，加快发展的步伐。

第九章

黑龙江省经济发展方式转变现状、瓶颈及对策研究

黑龙江省位于中国最东北部，中国国土的北端与东端均处于省境，因省境东北有黑龙江而得名。黑龙江省东部和北部以乌苏里江、黑龙江为界河与俄罗斯为邻，与俄罗斯的水陆边界长约3045公里，西接内蒙古自治区，南连吉林省。所辖哈尔滨为副省级市，齐齐哈尔为较大的市（拥有地方立法权）。黑龙江省西部属松嫩平原，东北部为三江平原，北部、东南部为山地，多处平原海拔50—200米。黑龙江省是中国重工业基地，工业门类以机械、石油、煤炭、木材和食品工业为主。黑龙江省凭借其独特的地理环境，成为中国和俄国之间贸易的枢纽，并且在我国经济发展中具有举足轻重的地位，对俄贸易也让黑龙江省在地区生产总值增长中具有较大的拉动作用，其中进口比出口具有更大的拉动作用。然而我们通过对黑龙江省经济结构的现状进行实证分析，发现黑龙江省的第一产业发展缓慢，并且发展结构仍然存在一定的问题，第二、三产业的增长速度仍然较快。用于农业基础设施的建设仍然有限，许多农业设施常年超负荷使用。另外，当地的农民对于生产农产品的技术了解仍然相对较少，造成了农业经济效益低下，增产不增收现象普遍。

第一节 黑龙江省经济发展方式转变能力测度及横向对比

一 黑龙江省经济发展方式转变能力综合得分

利用公式（1.15）计算出 31 个省、市、自治区经济发展方式转变能力的综合得分，再通过简单平均的方法计算出黑龙江省、东北地区和全国的综合得分，结果见表 1-2 和图 9-1。

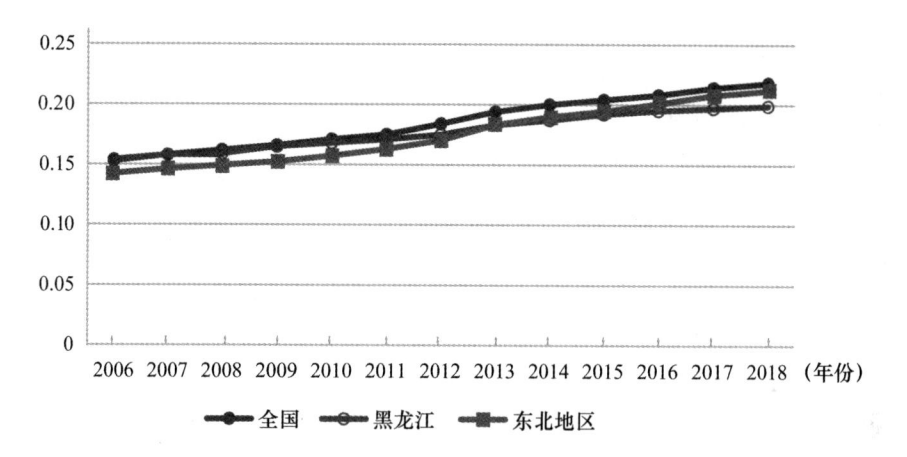

图 9-1 黑龙江省、东北地区及全国经济发展方式转变能力综合得分对比

由图 9-1 可知，2006—2018 年黑龙江省和其所在的东北地区三省及全国的经济发展方式转变能力都处于上升阶段，黑龙江省的经济发展方式转变能力略低于东北地区平均值，但黑龙江省与东北地区一样，明显低于全国平均水平，且差距逐渐增大。总体而言，黑龙江省的经济发展方式转变能力得分不高，目前居全国中等偏下水平和略低于东北三省的平均水平。

二 经济发展方式转变能力综合得分横向比较的瓶颈分析

对一级指标进行分析，以便准确找到制约黑龙江省经济发展方式转变能力的因素。根据表 9-1 可知，2006—2018 年，黑龙江省要素系统优化能力、产业系统优化能力、人文社会系统优化能力、资源环境系统优化能力和科教信息系统优化能力的提高幅度分别为 0.000524、-0.00016、0.018374、0.002748 和 0.024016。可见，产业系统是黑龙江经济发展方式转变的主要瓶颈。

表 9-1　　黑龙江省经济发展方式转变能力一级指标得分情况

	要素系统	产业系统	人文社会系统	资源环境系统	科教信息系统	总得分
2006 年	0.028723	0.037491	0.021315	0.048428	0.017611	0.153567
2007 年	0.027723	0.036811	0.023764	0.051122	0.018256	0.157675
2008 年	0.027679	0.036102	0.024513	0.052139	0.018308	0.158742
2009 年	0.029021	0.035503	0.025839	0.054014	0.020647	0.165024
2010 年	0.031868	0.046119	0.027049	0.036729	0.023878	0.165643
2011 年	0.029338	0.035168	0.029108	0.052147	0.025111	0.170872
2012 年	0.029956	0.035272	0.031297	0.050943	0.027818	0.175285
2013 年	0.030473	0.036107	0.034242	0.051584	0.030318	0.182724
2014 年	0.030696	0.037124	0.034949	0.049761	0.034843	0.187373
2015 年	0.030487	0.036738	0.036490	0.051375	0.036932	0.192022
2016 年	0.029380	0.037478	0.038461	0.051786	0.037755	0.194860
2017 年	0.028756	0.037249	0.040133	0.052123	0.038964	0.197225
2018 年	0.029247	0.037327	0.039689	0.051175	0.041627	0.199065
增幅	0.000524	-0.000164	0.018374	0.002748	0.024016	0.045498

以一级指标分析经济发展方式转变的瓶颈过于粗放，且各省之间存在诸如要素和产业优化不足、资源环境约束等共性问题，而各省面临的重点难点又有所不同。因此，对二级指标进行分析以便针对性地破解发展瓶颈。由表 1-5 可知，黑龙江省要素流动、产业结构、产业空间、人的发展、民生保障、技术和信息化在全国的排名分别为第 20 位、第 26 位、第 17 位、第 30 位、第 28 位、第 19 位、第 25 位，排名较靠后。因此，黑龙江省要素流动、产业结构、产业空间、人的发展、民生保障、

技术和信息化等方面存在转变瓶颈,需要进一步调整。

第二节 黑龙江省经济发展方式转变能力现状

根据经济发展方式转变能力指标体系中的 5 个一级指标的省级层面对比可以看出,黑龙江省的经济发展方式转变能力居全国中下等水平。

根据表 9-1 和图 9-2 可知,2006—2018 年,黑龙江省经济发展方式转变能力的 5 个一级指标总体呈上升趋势。最大贡献指标是资源环境系统,该指标一直稳定在主要贡献指标中,但是增长幅度一般。第二大贡献为科教信息系统优化能力,同时科教信息系统优化能力的增长幅度也是最大的,由 2006 年对经济发展方式转变能力贡献最小到 2018 年成为最大贡献指标。第三大贡献为人文社会系统优化能力,上升速度较快,由 2006 年经济发展方式第四大贡献指标逐渐成为第三大贡献指标。第四大贡献为产业系统优化能力,但是增长幅度为负。最后为要素系统优化能力,增长幅度不大,有待进一步提升。

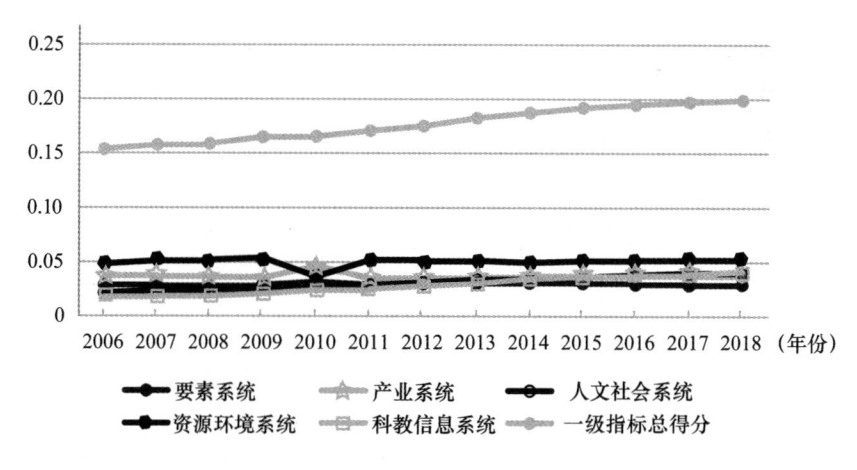

图 9-2 黑龙江省经济发展方式转变能力一级指标得分变化情况

根据表 1-3 可知,2018 年黑龙江省要素系统、产业系统、资源环境系统、科教信息系统优化能力在全国排名分别为第 16 位、第 17 位、第 6 位、第 21 位,较总体发展方式转变能力排名靠前,说明要素系统、产业系统、资源环境系统、科教信息系统与目前黑龙江省经济发展方式相适应，对经济发展方式转变有一定的支撑作用。人文社会系统优化能力在全国排第30位，较总体发展方式转变能力排名靠后，说明人文社会系统对黑龙江省经济发展方式转变存在阻碍作用。

一 黑龙江省要素系统优化能力

由表9-2可以看出，2014—2017年黑龙江省要素系统优化能力略有下降，2018年有所回升。从增幅来看，要素结构优化增幅为正，要素空间和要素流动的增幅均为负，表明黑龙江省要素空间优化能力和要素流动能力在变弱。尽管要素结构优化能力略有增强，但其增强力度被要素空间优化能力和要素流动能力的削弱抵消，以至于黑龙江省要素系统的优化能力在2006—2018年呈小幅度波动上升态势。

表9-2　黑龙江省2006—2018年要素系统优化能力及其二级指标得分

	要素结构	要素空间	要素流动	总得分
2006年	0.008029	0.018133	0.002561	0.028723
2007年	0.007351	0.017793	0.002578	0.027723
2008年	0.007335	0.018112	0.002232	0.027679
2009年	0.007807	0.018855	0.002360	0.029021
2010年	0.007914	0.018683	0.002360	0.028957
2011年	0.008297	0.018700	0.002341	0.029338
2012年	0.008102	0.019266	0.002588	0.029956
2013年	0.007882	0.019252	0.003340	0.030473
2014年	0.008306	0.019664	0.002725	0.030696
2015年	0.008450	0.019680	0.002358	0.030487
2016年	0.008661	0.018806	0.001913	0.029380
2017年	0.008615	0.018065	0.002076	0.028756
2018年	0.008765	0.018128	0.002354	0.029247
增幅	0.000736	-0.000005	-0.000207	0.000524

由图 9-3 可知，黑龙江省发展速度上升幅度较不稳定，尤其是 2014—2017 年有明显的下降趋势。从未来趋势看，黑龙江省应注重经济发展对地方的反馈作用，提高生产质量与效率，积极打破黑龙江省经济发展方式转变的瓶颈。

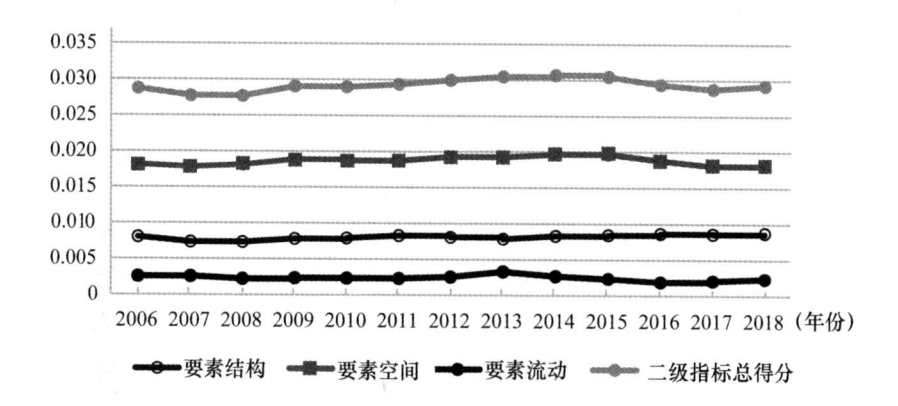

图 9-3 2006—2018 年黑龙江省要素系统优化能力及其二级指标变化情况

虽然黑龙江省要素系统 2018 年在全国排名第 16 位，但要素结构优化能力在全国排名第 9 位，要素空间优化能力在全国排名第 15 位，要素流动能力在全国排名第 20 位。可见，拉低要素系统优化能力的根本原因在于要素流动能力过弱。

（一）要素结构优化能力

2018 年，黑龙江省要素结构优化能力在全国排名第 9 位。其中，要素结构优化能力中要素投入结构在全国排第 11 位，要素动力结构在全国排第 5 位。可见，要素投入结构对要素结构优化能力的提升存在一定的阻碍作用。

1. 要素投入结构优化能力

2018 年，在黑龙江省要素投入结构下一级指标中，单位 GDP 中的资本存量与就业人数比在全国排名第 13 位，单位 GDP 中的单位就业者的农工商业土地使用面积在全国排名第 23 位，单位 GDP 中的单位就业者的能耗节约量在全国排名第 17 位，单位 GDP 中的单位就业者拥有的技术交易金额在全国排名第 12 位。可见，资本投入、农工商业土地使用面积、能耗节约因素全部拉低了要素投入结构优化能力，其中农工商业土地使用面积投入能力最为薄弱。

2. 要素动力结构优化能力

2018年，黑龙江省要素动力结构在全国排名第5位，其下一级指标中劳动力结构对经济的拉动贡献率在全国排名第6位，资本存量结构对经济的拉动贡献率排在全国的第26位，技术贡献率在全国排名第5位，投资率对经济的拉动贡献率在全国排名第17位，消费率对经济的拉动贡献率排在全国第6位。劳动力结构、资本存量结构、投资率和消费率对经济的拉动贡献率较低阻碍了要素动力结构优化能力的提升。

（二）要素空间优化能力

2018年，黑龙江省在全国排名第15位的要素空间优化能力中，要素城乡结构优化能力在全国排名第25位，要素区域结构在全国排名第10位。可见，要素城乡结构优化能力太弱严重削弱了黑龙江省的要素空间优化能力。

1. 要素城乡结构优化能力

2018年，在黑龙江省要素城乡结构中，单位GDP中的城镇就业人数占总就业人数的比重在全国排名第23位，城镇全社会固定资产投资占全社会固定资产投资比重在全国排名第20位，城镇建设用地面积占生产用地面积比重在全国排名第28位。可见拉低黑龙江省要素城乡结构优化能力的根本原因在于城乡建设用地分布不合理。

2. 要素区域结构优化能力

在要素区域结构中，黑龙江省2018年劳动力就业占全国劳动力就业量比重在全国排名第19位，固定资产投资占全国固定资产投资比重在全国排名第22位，土地利用总面积占全国土地利用总面积比重在全国排名第2位，DEA技术效率占全国的比重在全国排名第26位。可见劳动力就业区域结构、固定资产投资的区域结构和DEA技术效率区域结构是拉低黑龙江省要素动力结构优化能力的瓶颈。

（三）要素流动优化能力

2018年，黑龙江省在全国排名第20位的要素流动优化能力中，要素部门间流动、要素城乡间流动和要素区域间流动在全国的排名分别为第4

位、第 11 位、第 28 位。可见制约黑龙江省要素流动优化能力的主要是要素区域间流动优化能力稍弱。

1. 要素部门间流动能力

要素部门间流动能力中黑龙江省 2018 年的劳动力部门间流动能力在全国排名第 1 位，资本的部门间流动能力在全国排名第 12 位。可见拉低要素部门间流动能力的根本原因在于资本的部门间流动性较弱。

2. 要素城乡间流动能力

要素城乡间流动能力中黑龙江省 2018 年的劳动力城乡间流动能力在全国排名第 12 位，资本城乡间流动排名第 1 位，可见劳动力城乡流动能力排名较为靠后。

3. 要素区域间流动能力

要素区域间流动能力中黑龙江省 2018 年的劳动力区域间流动排名第 5 位，资本区域间流动能力在全国排名第 27 位，黑龙江省的技术区域间流动能力在全国排名第 29 位。可见 2018 年黑龙江省的资本区域间流动能力和技术区域间流动能力较弱，以至于拉低了要素区域间流动能力。

二 黑龙江省产业系统优化能力

由表 9-3 可以看出，黑龙江省产业系统优化能力得分稳步略有下降，2006—2012 年一直处于下降趋势，2013—2014 年出现了一次明显提升，2015—2017 年的波动使黑龙江省产业系统优化能力比 2006 年的水平有小幅下降。产业效益提升能力虽然有明显上升，但产业结构优化能力和产业空间优化能力的下降最终使这三个指标每年的得分基本持平。由此可见，黑龙江省的产业结构优化能力和产业空间优化能力不高且趋于下降，阻碍了黑龙江省产业系统的优化。

表 9-3 黑龙江省 2006—2018 年产业系统优化能力及其二级指标得分

	产业结构	产业空间	产业效益	总得分
2006 年	0.013626	0.016609	0.007256	0.037491
2007 年	0.013438	0.015815	0.007558	0.036811

续表

	产业结构	产业空间	产业效益	总得分
2008年	0.012914	0.015422	0.007767	0.036102
2009年	0.012665	0.014888	0.007951	0.035503
2010年	0.012401	0.014852	0.008155	0.035407
2011年	0.012425	0.014552	0.008191	0.035168
2012年	0.012404	0.014657	0.008211	0.035272
2013年	0.012520	0.015201	0.008386	0.036107
2014年	0.013114	0.015570	0.008440	0.037124
2015年	0.012275	0.015583	0.008880	0.036738
2016年	0.013174	0.015242	0.009061	0.037478
2017年	0.013198	0.014627	0.009424	0.037249
2018年	0.013538	0.014081	0.009709	0.037327
增幅	-0.000088	-0.002528	0.002453	-0.000164

由图9-4可以看出，在影响产业系统优化能力的二级指标中，产业空间优化能力一直高于产业结构优化能力和产业效益提升能力，得分排在第一位；其次是产业结构优化能力；最后是产业效益提升能力，产业效益提升能力一直呈现出缓慢提高趋势。

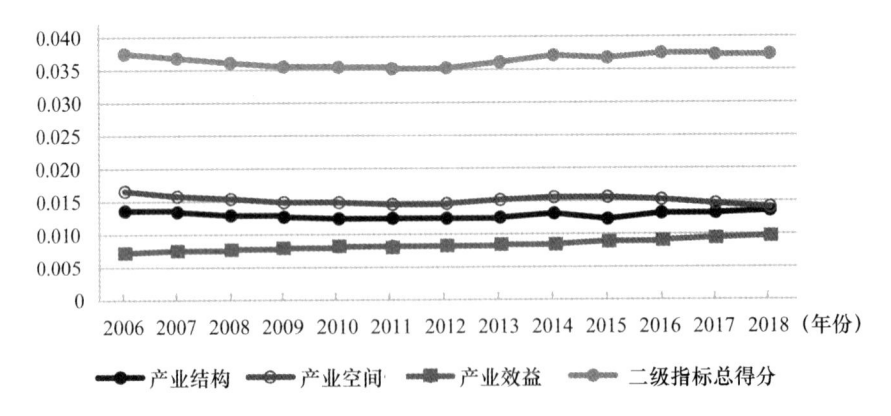

图9-4 2006—2018年黑龙江省产业系统优化能力及其二级指标变化情况

同样地，2018年，虽然黑龙江省产业系统优化能力在全国排名第17位，但产业结构优化能力在全国排名第26位，产业效益提升能力在全国排名第10位，产业空间优化能力在全国排名第17位。可见，拉低产业系统优化能力的根本原因在于产业结构优化能力和产业效益提升能力偏弱。

（一）产业结构优化能力

主要是指三次产业结构的优化能力，2018年，其在全国排名第26位，包括11个下一级指标，它们在全国的排名：第二产业城镇单位就业人员比重第27名，第三产业城镇单位就业人员比重第29名，第二产业全社会固定资产投资比重第13名，第三产业全社会固定资产投资比重第21名，第二产业土地利用面积比重第23名，第三产业土地利用面积比重第31名，第一产业DEA技术效率第28名，第二产业DEA技术效率第28名，第三产业DEA技术效率第9名，服务业增长率第28名，第三产业增加值占GDP比重第5名。从中可以看出，第二产业城镇单位就业人员比重、第三产业城镇单位就业人员比重、第三产业土地利用面积比重、第一产业DEA技术效率以及第二产业DEA技术效率这5个指标排名靠后，说明它们拉低了产业结构优化能力的得分，存在瓶颈效应。

（二）产业空间优化能力

2018年，黑龙江省产业空间优化能力全国排名第17位，其下一级指标产业区域布局能力在全国排名第17位，产业城乡布局能力在全国排名第30位，产品市场结构调整能力在全国排名第7位。可见，黑龙江省的产业城乡布局能力在全国排位十分靠后，存在严重瓶颈效应。

1. 产业区域布局能力

在产业区域布局能力指标中，2018年，黑龙江省GDP占全国GDP份额在全国排名第21位，黑龙江省第一产业增加值占全国第一产业增加值比重在全国排名第10位，黑龙江省第二产业增加值占全国第二产业增加值比重在全国排名第25位，黑龙江省第三产业增加值占全国第三产业增加值比重在全国排名第17位。可见黑龙江省的GDP在全国的份额还不够大，第二产业增加值在全国的占有份额较低，影响了产业区域布局能力。

2. 产业城乡布局能力

衡量产业城乡布局能力可以用农村在国民经济中地位的负向程度表示，于是采用第一产业增加值占地区生产总值（GDP）比重的倒数表示，经计算其2018年在全国排名第30位。

3. 产品市场结构调整能力

产品市场结构调整能力由负向外贸依存度和负向外资依存度这两个指标描述。黑龙江省的计算结果显示前者在全国排名第8位，后者在全国排名第8位。

（三）产业效益提升能力

2018年，黑龙江省产业效益提升能力在全国排名第10位。产业效益提升能力包括物质消耗效益提升能力、劳动消耗效益提升能力和资本消耗效益提升能力，它们在全国的排名分别为第15位、第8位和第4位。

1. 物质消耗效益提升能力

该指标用能源产出率——GDP与能源消耗总量之比衡量，黑龙江省2018年的数据显示其在全国排名第15位。显然该指标具有较大的瓶颈性。

2. 劳动消耗效益提升能力

该指标用劳动生产率——GDP与就业人数之比衡量，黑龙江省2018年的数据显示其在全国排名第8位。

3. 资本消耗效益提升能力

该指标用资本产出率——GDP与资本存量的比值衡量，黑龙江省2018年的数据显示其在全国排名第4位。

三 黑龙江省人文社会系统优化能力

由表9-4反映人文社会系统优化能力的指标中可以看出，人的发展、民生保障和社会公平得分都有所上升。黑龙江省民生保障能力较大，其次是人的发展能力，最后是维持社会公平能力。

表9-4 黑龙江省2006—2018年人文社会系统及其二级指标得分

	人的发展	民生保障	社会公平	总得分
2006年	0.010882	0.005196	0.005237	0.021315
2007年	0.011952	0.006985	0.004827	0.023764
2008年	0.012387	0.007254	0.004872	0.024513
2009年	0.012727	0.008086	0.005027	0.025839
2010年	0.013090	0.009878	0.005310	0.028278
2011年	0.013564	0.010354	0.005191	0.029108
2012年	0.014327	0.011180	0.005791	0.031297
2013年	0.013752	0.014610	0.005879	0.034242
2014年	0.014169	0.014608	0.006172	0.034949
2015年	0.014332	0.015955	0.006202	0.036490
2016年	0.015163	0.017077	0.006222	0.038461
2017年	0.015053	0.018694	0.006386	0.040133
2018年	0.014772	0.018676	0.006241	0.039689
增幅	0.003890	0.013480	0.001003	0.018374

由图9-5可以看出，黑龙江省的民生保障能力一直加速上升，在2013年超过人的发展能力成为得分最高的能力；其次是人的发展能力，呈现出逐年平稳上升趋势；得分最低的是维持社会公平能力，2006—2018年，维持社会公平能力几乎没有变化，该指标可能会制约人文社会系统优化能力的提升。

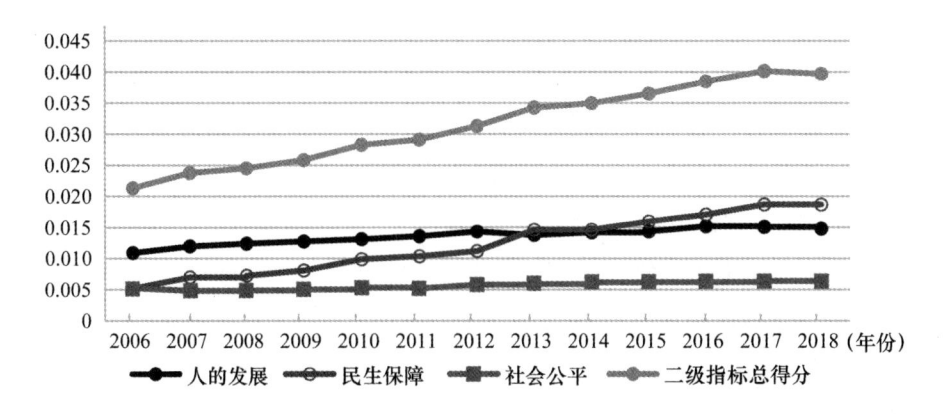

图9-5 2006—2018年黑龙江省人文社会系统优化能力及其二级指标变化情况

（一）人的发展能力

2018年黑龙江省的人的发展能力在全国排名第30位，包括生存条件、生活水平、素质修养和自由发展4个下一级指标，在全国排名分别为第31位、第21位、第27位、第10位。可见，生存条件未能有效促进人的发展能力。

1. 生存条件

生存条件包括人口自然增长率和人口平均预期寿命两个四级指标，黑龙江省的这两个指标在全国的排名分别为第31位和第11位。

2. 生活水平

生活水平用个人消费水平、负向的城镇恩格尔系数和负向的农村恩格尔系数表示，黑龙江省2018年的这3个指标在全国的排名分别为第29位、第9位和第5位。

3. 素质素养

素质修养包括识字率、在校高等受教育率和在校高中受教育率3个四级指标，黑龙江省2018年的这3个指标在全国的排名分别为第9位、第15位和第27位。

4. 自由发展

自由发展用广播节目综合人口覆盖率和电视节目综合人口覆盖率表示，黑龙江省2018年的这2个指标在全国的排名分别为第9位和第16位。

（二）民生保障能力

民生保障能力包括就业保障能力、医疗保障能力、住房保障能力和社会保障能力。2018年，黑龙江省的民生保障能力在全国排名第28位，其下的就业保障能力、医疗保障能力、住房保障能力和社会保障能力分别为第25位、第16位、第30位和第18位。住房保障能力是黑龙江省民生保障能力的主要瓶颈。

1. 就业保障能力

就业保障能力包括劳动力参与能力和工资增长弹性两个四级指标。黑龙江省2018年的就业保障能力在全国排名第25位，其下的两个四级指标在全国的排名分别为第29位和第5位。

2. 医疗保障能力

医疗保障能力用每万人口拥有的医生数和每万人口拥有的床位数表示，黑龙江省 2018 年的医疗保障能力居全国第 16 位，其下的 2 个四级指标分别居全国的第 19 位和第 10 位。

3. 住房保障能力

住房保障能力包括城镇住房保障能力和农村住房保障能力两个四级指标。黑龙江省 2018 年的住房保障能力居全国第 30 位，其下的城镇住房保障能力和农村住房保障能力分别居全国的第 21 位和第 31 位。

4. 社会保障能力

社会保障能力包括城镇职工基本养老保险水平、城镇基本医疗保险水平、失业保险保障水平、工伤保险保障水平、生育保险保障水平、城镇居民最低生活保障水平和农村居民最低生活保障水平 7 个指标。2018 年黑龙江省的社会保障能力在全国排名第 18 名，其下的 7 个四级指标在全国的排位分别为第 20 位、第 12 位、第 11 位、第 8 位、第 29 位、第 20 位和第 20 位。

（三）维持社会公平能力

维持社会公平能力包括削弱分配差别能力、缩小城乡收入差距能力和缩小贫富差距能力 3 个下一级指标。2018 年，黑龙江省维持社会公平能力在全国排名第 14 位，其下的削弱分配差别能力、缩小城乡收入差距能力和缩小贫富差距能力分别为第 4 位、第 3 位和第 30 位。

1. 削弱分配差别能力

削弱分配差别能力用负向基尼系数表示，2018 年黑龙江省负向基尼系数在全国排名第 4 位。

2. 缩小城乡收入差距能力

缩小城乡收入差距能力由负向的城镇居民人均可支配收入/农村居民人均可支配收入表示，2018 年黑龙江省该指标在全国排名第 3 位。

3. 缩小贫富差距能力

缩小贫富差距能力用正向的相对贫困程度表示，2018 年黑龙江省该指标在全国排名第 30 位。

四 黑龙江省资源环境系统优化能力

从表9-5可以看出,黑龙江省的资源环境系统优化能力有所提高,但呈波浪式变化,对资源环境系统贡献最大的是资源条件,其次是生态建设,第三是环境治理,最后是环境污染。

表9-5 黑龙江省2006—2018年资源环境系统及其二级指标得分

	资源条件	环境污染	环境治理	生态建设	总得分
2006年	0.028550	0.002508	0.005409	0.011960	0.048428
2007年	0.030669	0.002482	0.005610	0.012361	0.051122
2008年	0.031049	0.002526	0.005651	0.012913	0.052139
2009年	0.031347	0.002594	0.006674	0.013398	0.054014
2010年	0.031250	0.002611	0.005831	0.013733	0.053425
2011年	0.029219	0.002635	0.006012	0.014280	0.052147
2012年	0.028551	0.002643	0.005202	0.014547	0.050943
2013年	0.027874	0.002586	0.006394	0.014730	0.051584
2014年	0.026549	0.002488	0.005831	0.014894	0.049761
2015年	0.025484	0.002634	0.007614	0.015642	0.051375
2016年	0.025317	0.002690	0.007624	0.016154	0.051786
2017年	0.024170	0.002749	0.009040	0.016164	0.052123
2018年	0.022800	0.002800	0.009333	0.016243	0.051175
增幅	-0.005750	0.000292	0.003924	0.004283	0.002748

由图9-6可以看出,对资源环境系统贡献最大的是资源条件,其次是生态建设,再次是环境治理,最后是环境污染。2018年,黑龙江省的资源条件、环境污染程度、环境治理能力和生态建设能力在全国排名分别为第8位、第7位、第13位和第2位。

(一) 资源条件

2018年,黑龙江省资源条件在全国排名第8位,其包括资源禀赋条

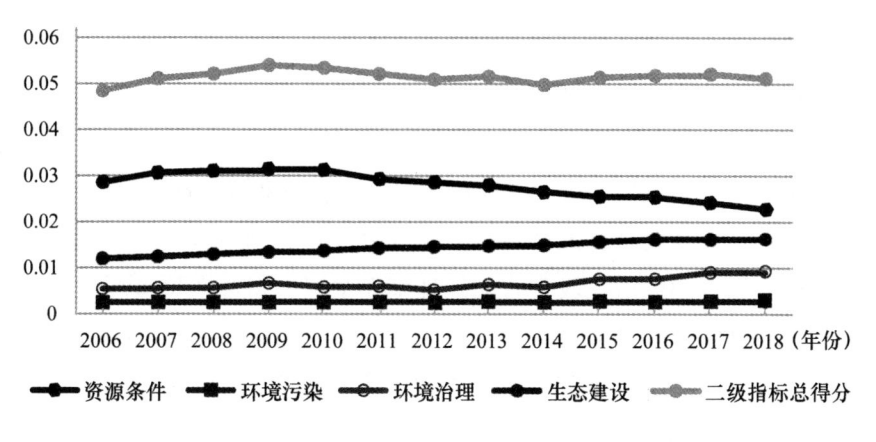

图9-6 2006—2018年黑龙江省资源环境系统优化能力及其二级指标变化情况

件、资源消耗程度和资源利用能力3个下一级指标。2018年，黑龙江省的资源禀赋条件、资源消耗程度和资源利用能力在全国排名分别为第6位、第5位和第15位。

1. 资源禀赋条件

用采矿业城镇单位就业人员比重、采矿业全社会固定资产投资比重和能源产量衡量。2018年黑龙江省的这3个指标在全国排名分别为第4位、第5位和第9位。

2. 资源消耗程度

用人均用水量、工业用水量占用水总量比重、农用地面积和建设用地面积4个指标表示。2018年，黑龙江省的人均用水量、工业用水量占用水总量比重、农用地面积和建设用地面积在全国排名分别为第4位、第29位、第5位和第6位。

3. 资源利用能力

资源利用能力用碳排放率表示，2018年黑龙江省的碳排放率在全国排名第15位。

(二) 环境污染程度

环境污染程度包括工业废水排放量、工业废气排放量、工业固体废弃物产生量和人均生活垃圾清运量4个四级指标。2018年，黑龙江省环境污染程度全国排名第7位，其下一级指标中的工业废水排放量、工业废气排放量、工业固体废弃物产生量和人均生活垃圾清运量在全国排名分别为第6位、第6位、第17位和第14位。

（三）环境治理能力

环境治理能力包括环境治理投资强度、工业污染源治理投资/环境污染治理投资、工业废水排放减少率、工业废气排放减少率、工业固体废弃物综合利用率和生活垃圾无害化处理率6个四级指标。2018年，黑龙江省环境治理能力排名全国第13位，其6个下一级指标在全国排名分别为第16位、第10位、第27位、第6位、第10位和第30位。

（四）生态建设能力

生态建设能力用人均公共绿地面积、建成区绿化覆盖率、森林覆盖率、湿地面积占辖区面积比重和自然保护区面积占辖区面积比重5个指标描述。2018年，黑龙江省的生态建设能力在全国排名第2位，其下一级5个指标在全国的排名分别为第20位、第27位、第9位、第4位和第5位。

五　黑龙江省科教信息系统优化能力

从表9-6可以看出，黑龙江省的科教信息系统优化能力指标是5个一级指标中权重最大的指标，科教信息系统优化能力自2006年至今处于加速发展阶段。其下一级指标教育水平、技术水平和信息化水平对科教信息系统优化能力的贡献：在2013年以前教育大于信息化，信息化大于技术；在2013年以后则是信息化大于教育，教育大于技术。

表9-6　黑龙江省2006—2018年科教信息系统及其二级指标得分

	教育	技术	信息化	总得分
2006年	0.011713	0.002813	0.003085	0.017611
2007年	0.011037	0.003400	0.003819	0.018256
2008年	0.010956	0.003616	0.003737	0.018308
2009年	0.011482	0.004043	0.005122	0.020647
2010年	0.011917	0.004401	0.006061	0.022379

续表

	教育	技术	信息化	总得分
2011 年	0.012033	0.005056	0.008021	0.025111
2012 年	0.012258	0.005560	0.010000	0.027818
2013 年	0.012501	0.006452	0.011365	0.030318
2014 年	0.012873	0.008072	0.013898	0.034843
2015 年	0.013719	0.008015	0.015198	0.036932
2016 年	0.013985	0.007302	0.016468	0.037755
2017 年	0.014399	0.007678	0.016886	0.038964
2018 年	0.014932	0.007646	0.019049	0.041627
增幅	0.003218	0.004833	0.015965	0.024016

由图9-7可以看出，黑龙江省的信息化水平提升能力呈加速上升状态，尤其是2007年之后上升速度更快；2006—2018年黑龙江省的技术水平提升能力处于低水平增长状态，仅2013—2015年增长速度较快；2006—2018年黑龙江省的教育水平提升能力呈平稳上升趋势。2018年教育水平提升能力、技术水平提升能力和信息化水平提升能力分别在全国排名第9位、第18位和第25位。

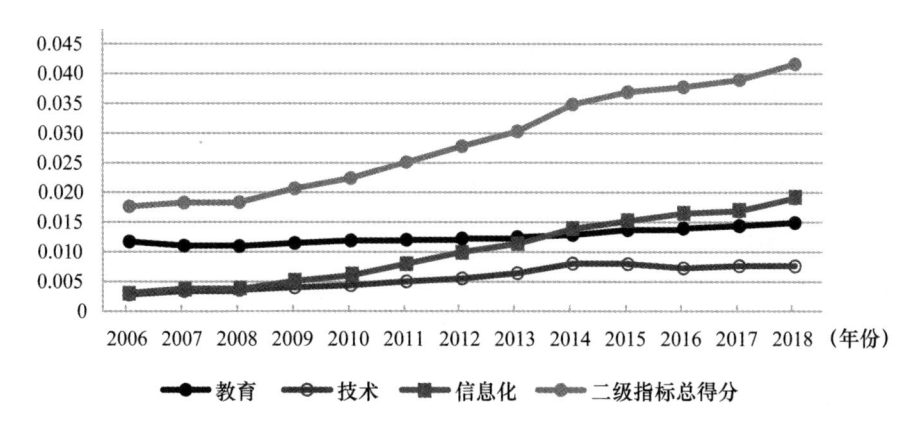

图9-7 2006—2018年黑龙江省科教信息系统转变能力及其二级指标变化情况

（一）教育水平提升能力

教育水平提升能力包括教育投入提升能力和教育产出提升能力。2018年黑龙江省的教育投入提升能力和教育产出提升能力分别在全国排名第8位和第15位。可见黑龙江省的教育投入能力和教育产出能力失衡较为严重。

1. 教育投入提升能力

教育投入提升能力采用教育财政投入强度和负向的普通高等学校生师比、普通高中学校生师比、中等职业学校生师比、普通初中学校生师比、普通小学学校生师比6个指标衡量。2018年黑龙江省的这6个指标在全国排名分别为第13位、第7位、第13位、第9位、第6位和第2位。

2. 教育产出提升能力

教育产出提升能力采用大学升学率和高中升学率衡量。2018年黑龙江省的大学升学率和高中升学率分别在全国排名第8位和第20位。

（二）技术水平提升能力

技术水平包括技术创新资源、技术创新投入和技术创新产出3个四级指标。2018年黑龙江省技术创新资源、技术创新投入和技术创新产出能力分别在全国排名第20位、第21位和第17位。

1. 技术创新资源

技术创新资源指标用科技人员技术创新产出能力投入表示，2018年黑龙江省该指标在全国排名第20位。

2. 技术创新投入

用研发投入强度表示，2018年黑龙江省该指标在全国排名第21位。

3. 技术创新产出

用国内三种专利授权数和技术市场成交额表示，2018年黑龙江省这两个指标在全国排名分别为第18位和第17位。

（三）信息化水平提升能力

信息化水平主要从信息技术应用能力和信息产业发展能力两个角度考虑，2018年黑龙江省的信息技术应用能力和信息产业发展能力分别在全国排名第16位和第27位。

1. 信息技术应用能力

信息技术应用能力采用城镇电脑拥有量、农村电脑拥有量、电话普及率和网络覆盖率4个指标衡量。2018年黑龙江省这4个指标在全国排名分别为第29位、第15位、第20位和第21位。

2. 信息产业发展能力

信息产业发展能力采用信息产业劳动力投入比重、信息产业资本投入比重和信息产业产值比重3个指标衡量。2018年黑龙江省这3个指标在全国排名分别为第18位、第26位和第30位。

第三节　黑龙江省经济发展方式转变瓶颈

一　经济发展方式转变能力综合指标情况

黑龙江省具有一定的经济发展方式转变能力，但也存在一定的问题。剖析黑龙江省经济发展方式转变能力存在的瓶颈，需要进一步对一级指标、二级指标、三级指标和四级指标展开分析，以确定瓶颈问题所在。

二　经济发展方式转变能力一级指标情况及瓶颈

由表1-3可知，黑龙江省2018年的要素系统优化能力排名第16位，高于东北平均值，但略低于全国平均水平；产业系统优化能力排名第17位，略高于东北平均值，也略低于全国平均水平；人文社会系统优化能力排名第30位，既远低于全国平均水平，也低于东北平均水平；资源环境系统优化能力在全国排名第6位，高于全国平均水平，也高于东北平均水平；科教信息系统优化能力在全国排名第21位，既远低于全国平均水平，也低于东北平均水平。可见，一级指标中的人文社会系统优化能力、科教信息系统优化能力对黑龙江省的经济发展方式转变能力具有较强的制约作用。要素系统、产业系统优化能力对黑龙江省的经济发展方式转变能力也有一定程度的影响。可见黑龙江省经济发展方式转变瓶颈主要存在于人文社会系统和科教信息系统中。

三 经济发展方式转变能力二级指标情况及瓶颈

根据表1-5可知，从2018年黑龙江省的经济发展方式转变能力各二级指标在全国的排名来看，要素结构优化能力、产业结构优化能力、产业空间优化能力、人的发展能力、民生保障支持能力、技术、信息化分别排名第20位、第26位、第17位、第30位、第28位、第19位、第25位。这7个指标在全国排名都靠后，说明对黑龙江省经济发展方式转变能力具有制约作用。

四 经济发展方式转变能力三级指标情况及瓶颈

根据表1-6可知，2018年黑龙江省经济发展方式转变能力排名靠后的三级指标有：要素城乡分布在全国排名第25位，要素区域间流动在全国排名第28位，三次产业结构在全国排名第26位，产业区域分布在全国排名第17位，产业城乡分布在全国排名第30位，生存条件在全国排名第31位，生活水平在全国排名第21位，素质修养在全国排名第27位，就业提升能力在全国排名第25位，医疗保障能力在全国排名第16位，住房保障能力在全国排名第30位，社会保障能力在全国排名第18位，缩小贫富差距能力在全国排名第30位，技术创新资源在全国排名第20位，技术创新投入在全国排名第21位，技术创新产出在全国排名第17位，信息技术应用能力在全国排名第16位，信息产业发展能力在全国排名第27位。这18个三级指标明显制约着黑龙江省经济发展方式转变能力的提升。

因此，从三级指标层面来看，黑龙江省经济发展方式转变瓶颈主要存在于要素城乡分布、要素区域间流动、三次产业结构、产业区域分布、产业城乡分布、生存条件、生活水平、人的素质修养、就业提升能力、社会保障能力、医疗保障能力、住房保障能力、社会保障能力、缩小贫富差距能力、技术创新资源、技术创新投入、技术创新产出、信息技术应用能力和信息产业发展当中。

五 经济发展方式转变能力四级指标情况及瓶颈

2018年，黑龙江省的经济发展方式转变能力112个四级指标中，要素系统中的 23 个四级指标有 12 个指标在全国排名靠后，它们分别是：单位 GDP 中的单位就业者使用的农工商业土地使用面积第 23 位，单位 GDP 中的单位就业者的能耗节约量第 17 位，资本存量结构对经济的拉动贡献率第 26 位，投资率对经济的拉动贡献率第 17 位，单位 GDP 中的城镇就业人数占总就业人数的比重第 23 位，城镇全社会固定资产投资占全社会固定资产投资比重第 20 位，城镇建设用地面积占生产用地面积比重第 28 位，劳动力就业占全国劳动力就业量比重第 19 位，固定资产投资占全国的比重第 22 位，DEA 技术效率占全国的比重第 26 位，资本的区域流动能力第 27 位，技术的区域流动能力第 29 位。这些指标是制约黑龙江省要素系统优化能力的瓶颈。

2018 年，黑龙江省的经济发展方式转变能力四级指标（112 个）中，产业系统中的 21 个四级指标有 13 个指标在全国排名靠后，它们分别是：第二产业城镇单位就业人员比重第 27 位，第三产业城镇单位就业人员比重第 29 位，第二产业全社会固定资产投资比重第 17 位，第三产业全社会固定资产投资比重第 21 位，第二产业土地利用面积比重第 23 位，第三产业土地利用面积比重第 31 位，第一产业 DEA 技术效率第 28 位，第二产业 DEA 技术效率第 28 位，服务业增长率第 28 位，GDP 占全国 GDP 份额第 21 位，第二产业增加值占全国第二产业增加值比重第 25 位，第三产业增加值占全国第三产业增加值比重第 17 位，农村国民经济中地位第 30 位，这些指标是制约黑龙江省产业系统优化能力的瓶颈。

2018 年，黑龙江省的经济发展方式转变能力四级指标（112 个）中，人文社会系统中的 26 个四级指标有 14 个指标在全国排名靠后，它们分别是：人口自然增长率第 31 位，个人消费水平第 29 位，在校高中受教育率第 27 位，电视节目综合人口覆盖率第 16 位，劳动力参与能力第 29 位，每万人口拥有的医生数第 19 位，城镇住房保障能力第 21 位，农村住房保障能力第 31 位，城镇职工基本养老保险水平、生育保险保障水平、城镇居民最低生活保障水平和农村居民最低生活保障水平分别为第 20 位、第 29 位、第 20 位和第 20 位，缩小贫富差距能力为第 30 位，缩小贫富差距能力第 30 位。这些指标是制约黑龙江省人文社会系统的瓶颈。

2018 年，黑龙江省的经济发展方式转变能力四级指标（112 个）中，资源环境系统中的 23 个四级指标有 7 个指标在全国排名靠后,它们分别是:工业用水量第 29 位,工业固体废弃物产生量第 17 位,环境污染治理投资占 GDP 的比重第 16 位,工业废水排放减少率第 27 位,生活垃圾无害化处理率第 30 位,人均公共绿地面积第 20 位,建成区绿化覆盖率第 27 位。这些指标是制约黑龙江省资源环境系统协调发展能力的瓶颈。

2018 年,黑龙江省的经济发展方式转变能力四级指标(112 个)中,科教信息系统中的 19 个四级指标有 11 个指标在全国排名靠后,它们分别是:高中升学率第 20 位,科技人员技术创新产出能力投入第 20 位,技术创新投入研发投入强度第 21 位,国内三种专利授权数第 18 位,人均技术市场成交额第 17 位,城镇电脑拥有量第 29 位,电话普及率第 20 位,网络覆盖率第 21 位,信息产业劳动力投入比重第 18 位,信息产业资本投入比重第 26 位,信息产业产值比重第 30 位。这些指标是制约黑龙江省科教信息系统发展能力的瓶颈。

第四节　对策建议

黑龙江省在经济发展方式转变过程中还面临如下主要瓶颈:(1)要素城乡分布;(2)要素部门间流动;(3)要素城乡间流动;(4)要素区域间流动;(5)三次产业结构;(6)产业城乡分布;(7)生存条件;(8)素质修养;(9)就业提升能力;(10)社会保障能力;(11)住房条件;(12)缩小贫富差距能力;(13)教育产出;(14)技术创新资源;(15)技术创新投入;(16)技术创新产出;(17)信息技术应用能力;(18)信息产业发展能力。上述瓶颈引发了黑龙江省经济增长难以持续、城市发展缓慢、能源消耗快、土地利用效率低、城乡收入差距过大、固定资产投资效率低、创新投入不足、废弃物排放及治理等难题。为了顺利实现黑龙江省经济发展方式的转变,针对上文分析的要素系统、产业系统、人文社会系统、资源环境系统和科教信息系统中的具体瓶颈,提出如下几点建议。

一 消除要素系统中瓶颈的举措

黑龙江省消除要素系统中的瓶颈，要做好如下 8 个方面的工作：（1）增加农工商用地面积；（2）提高投资对经济的拉动贡献率；（3）优化资本存量结构，提升资本对经济的拉动力；（4）进一步提升城镇劳动力就业率；（5）增加城镇全社会固定资产投资；（6）扩大城镇建设用地面积指标的投放；（7）提高 DEA 技术效率；（8）提升资本、技术在区域之间的流动性。为此提出如下建议。

（一）合理配置和有效使用资源，提高投资效率

把投资更多地用于传统产业的智能化、信息化和共享化改造升级上，大力改造和提升传统制造业、先进制造业和现代农业的产能；降低社会交易成本，提高资源配置效率，避免大量的资本投资于无效率或者效率低下的"错误"产业和企业。统筹城乡、区域、经济社会协调发展，大力发展主要面向生产者的服务业，特别是金融与物流产业，细化深化专业化分工；优化投资结构，合理分布投资的空间与产业配置，在增强投资集聚效应的同时，要避免投资的"马太效应"。避免投资无效化，强化固定资产管理意识。建立行业的有效评估机制，对风险、流动性和收益进行投资项目评估，确定固定资产投资领域。从固定资产采购、验收、使用、定期盘点等方面着手，制定相应制度。

（二）提高土地利用效率

严格控制建用地标准，建议省发改委和自然资源厅同有关部门研究国家和省内尚未颁布土地使用标准的建设项目、重大战略性新兴产业项目的土地使用标准，制定和完善一批黑龙江省地方用地标准；引导土地立体开发利用，在兼顾国防、人防、防灾等需要的前提下，鼓励合理利用地上地下空间，鼓励既有停车资源开放共享，鼓励社会资本采取多种形式投资建设停车楼、地下停车场、机械式立体停车库等集约化停车设施；强化国有土地资产管理，盘活省直机关和中央在黑单位、省属企事业单位土地资产，优化土地利用结构，加大市场配置土地资源力度，提高国有土地使用效率和节约集约程度；推进城镇低效用地再开发，有效盘活农村建设用地等。

二 消除产业系统中瓶颈的举措

黑龙江省消除产业系统中的瓶颈，要做好如下 5 个方面的工作：（1）增加第二产业和第三产业的用地指标；（2）提高二三产业就业人员比重；（3）加快农业供给侧结构性改革步伐，提高第一产业 DEA 技术效率，提升第一产业增加值占全国第一产业增加值比重；（4）提高二、三产业固定资产投资比重；（5）提高二、三产业增加值占比。而解决这些问题的重中之重是推动产业可持续发展。为此提出如下建议。

（一）持续推动产业项目建设

以体制机制改革与创新驱动结合推动"老字号"改造升级，以精深加工延长产业链推动"原字号"深度开发，以发展战略性新兴产业与创新创业结合推进"新字号"培育壮大。用好产业结构调整资金和各类产业基金。促进互联网、大数据、人工智能与实体经济深度融合，创建《中国制造 2025》哈大齐国家自主创新示范区，建设百家数字化智能制造企业。加快"粮头食尾""农头工尾"，努力推动食品和农副产品加工业成为能源工业下降后的第一支柱产业，推动玉米精深加工，争取玉米燃料乙醇项目建设。推进"油头化尾"，加快大庆石化炼油结构调整转型升级项目建设。推进"煤头电尾""煤头化尾"，落实与神华集团协议，加快宝清电厂建设。推进生物医药、云计算、机器人和清洁能源装备等新兴产业发展。推动鸡西、七台河、鹤岗等石墨生产基地建设，以及万鑫石墨谷、宝泰隆、哈工大等石墨烯重点项目建设。加快乘用车、专用车、客车及其配套产业发展。推动军民融合深度发展，推进军工企业技术溢出，扶持民营企业进入军工产业体系。不断挖掘和培育新增长领域。启动新一轮"科技型企业三年行动计划"，既注重科技成果落地转化生成新的科技企业，更注重培育企业发展壮大，在销售收入 500 万元以上的高新技术企业中培育更多规上企业。加强知识产权保护。推动与资本市场对接，举办第四届高新技术产业创业投资大会。新建一批专业孵化器，提高现有孵化器运营水平，建设好加速器。高校要建设更多的科技园、创业园，为科技人员和大学生创新创业提供载体。开展大规模培训，搭建更多营销平台，提高创业农民进入市场的经营能力。煤城、油城、林区等资源型城市要把农业、林业、生态等优势资源与运用新业态新商业模式相结合，搭建更多创业平台，提供政策支持，推动城镇转移就业职工创新创业。对需要跟上全国创新驱动发展趋势、运用新技术新业态新商业模式的领域要加快学习、应用和普及推广。继续大力推进电商平台建设。推动各类园区转型升级，争创佳木斯、牡丹江国家级高新区。建设哈尔滨北药交易中心、海伦大豆交易中心等专业市场。加快冷链物流体系建设。对有市场需求的高新技术成果，进一步强化成果转化机制，大力促进轻量化制造、增材制造、卫星应用、大数据、人工智能等产业发展和技术应用。办好第五届中国国际新材料产业博览会。

（二）推动第三产业发展方式转变

对近几年已形成规模、应对下行压力发挥重要接续替代作用的产业领域要继续巩固发展。持续推动旅游养老健康体育文化等产业融合发展，推进亚布力、五大连池、镜泊湖、汤旺河等重点旅游度假区建设，创建全域旅游示范区、跨境旅游合作区。在持续营销、提供新产品的同时，面对旅游业快速发展的新要求，教育引导旅游业从业人员珍惜共同努力形成的宝贵旅游品牌，认清共同利益和长远利益，不断提升从业素质，强化旅游市场监管执法，对破坏市场秩序和旅游品牌形象的行为依法严处。办好旅游产业发展大会，举办好第三届"黑马"系列等赛事、与国家体育总局联合推动的"赏冰乐雪"系列活动。发挥昆仑鸿星冰球俱乐部市场化带动冰球运动发展的作用。加快文化产业发展。办好哈尔滨之夏音乐会、黑龙江之冬国际文化艺术节、哈尔滨国际音乐比赛，继续推出哈尔滨大剧院、音乐厅、老会堂等系列演出及重点景区驻场演出。突出历史文化和生态自然元素，运用时尚流行元素、新技术和地方特色材料开发文化产品。加快发展移动多媒体、数字电影、数字出版等新型文化业态。突出森林氧吧、绿色生态食品配餐、老年病防治三大特色发展养老产业，开发"南病北治、北药南用"医养产品。强化养老产业营销，推动天鹅颐养联盟成为国内知名养老品牌。继续大力推进电商平台建设。推动各类园区转型升级，争创佳木斯、牡丹江国家级高新区。建设哈尔滨北药交易中心、海伦大豆交易中心等专业市场。加快冷链物流体系建设。对有市场需求的高新技术成果，进一步强化成果转化机制，大力促进轻量化制造、增材制造、卫星应用、大数据、人工智能等产业发展和技术应用。办好第五届中国国际新材料产业博览会。

(三) 推动农业发展方式转变

对已经出现良好势头、需进一步推动形成蓬勃发展局面的领域要全面加大推进力度,大力发展果蔬、鲜食玉米、北药、汉麻等面向市场的优质高效农业,强化营销,不断提升水稻、大豆、杂粮杂豆、强筋小麦、畜产品等高品质农产品价值链。大力发展林业产业,办好第三届林业产业发展合作大会。对行业已经出现明显需求增长趋势、黑龙江省有一定产业基础和供给优势的领域要加快培育,重点推动通用航空、营养配方食品、康复辅助器具、绿色农产品营销和会展业带动的包装装潢印刷业等发展。对需要跟上全国创新驱动发展趋势、运用新技术新业态新商业模式的领域要加快学习、应用和普及推广。

三 消除人文社会系统中瓶颈的举措

黑龙江省消除人文社会系统中的瓶颈,要做好如下几个方面的工作:加快医疗、养老和康养产业的发展;改善人居环境,提高人口平均预期寿命;加快分配制度的改革,提高劳动者收入;促使城乡居民消费更多地向文化、教育、卫生体育、休闲娱乐等方面的高层转移;改革高等教育办学模式和教学方式,提升高校学生的受教育广度和受教育深度;加大广大农村地区的广播、电视基础设施和网络建设力度,提高广播电视的全社会覆盖率;激发劳动者工作热情,提高劳动参与率;改革薪酬发放细则,设计多层级、多等级的薪资发放体系,提升工资增长弹性;加大社会保障改革力度,全面提高城镇职工基本养老保险水平、城镇基本医疗保险水平、失业保险保障水平、生育保险保障水平、城镇居民最低生活保障水平和农村居民最低生活保障水平;加快社会公平机制建设,消除过大的分配差别、城乡收入差距和贫富差距。

四 消除资源环境系统中瓶颈的举措

黑龙江省消除资源环境系统中的瓶颈,要做好如下4个方面的工作:(1)降低工业废水、废气和废渣的排放量,提高工业固体废弃物综合利用能力,提高工业污染源治理投资。(2)加强对生活垃圾的处理。(3)加大城市公共绿地建设力度,优化城市宜居环境。(4)提高建成区绿化覆盖率,留住整个黑龙江省的青山绿水生态环境。而解决这些问题的重中之重是提高资源利用效率,减少产业耗能,加快污染治理。为此,提出如下几点建议。

(一) 强化绿色发展理念,深入推动生态文明建设

黑龙江省整体生态化是中国经济进入高质量发展阶段极其宝贵的优势资源,要树立"绿水青山就是金山银山、冰天雪地也是金山银山"的理念,深入实施大气、水、土壤污染防治计划,强化生态保护,为黑龙江全面振兴和持久发展提供生态保障和财富源泉,造福子孙后代。

科学界定自然保护区和湿地边界,依法有序推进退耕还林还草还湿,完成营林117万亩。推进东北虎豹国家公园试点。探索生态补偿机制,发展碳汇经济。开展国土、环保、城建等"多规合一"试点。加强环保督察和问责。二氧化硫、氮氧化物排放总量和PM2.5浓度值完成国家考核指标。按照"宜并则并、宜气则气、宜电则电"次序,推进清洁能源取暖。继续推动燃煤小锅炉改造、淘汰和并网工作,现有燃煤锅炉实现达标排放。30万千瓦及以上燃煤发电机组全部完成超低排放改造。加大投入,大力推进秸秆综合利用。全面落实河长制、湖长制,加强松花江污染防治,加大对阿什河、肇兰新河等重点支流综合整治,加强兴凯湖、五大连池等良好生态湖泊保护。国考断面水质优良率达到考核要求。实施饮用水源地专项治理行动。实施国家节水行动。严格保护永久基本农田。全面准确掌握黑土资源现状和变化趋势,通过工程、农艺、农机、生物等手段实施黑土战略性保护。

(二) 深入推进农业供给侧结构性改革

强化水利、农机、科技、生态四条主线,继续提高农业综合生产能力,保障国家粮食安全。推动农业由增产导向转向提质导向,新建生态高标准农田838万亩,绿色、有机食品认证面积增加400万亩,特色作物面积增加300万亩。启动实施千万头生猪养殖基地项目,释放畜牧业新增产能,延伸畜牧业产业链。办好第四届国际乳业合作大会。继续推动农民合作社由生产型向生产经营型全面转变。

(三) 加快美丽乡村建设

促进农业农村绿色发展，进一步扩大农业"三减"示范面积，落实500万亩耕地轮作试点。推进养殖废弃物无害化处理和资源化利用，加快发展有机循环生态农业。开展农村人居环境整治三年行动，推进农村"厕所革命"，加快生活垃圾集中处理和生活污水处理，努力改善村容村貌。

五 消除科教信息系统中瓶颈的举措

黑龙江省消除科教信息系统中的瓶颈，要做好如下4个方面的工作：(1) 提高高中升学率。(2) 加大研发投入力度，提高科技人员创新产出。(3) 加大网络、电视和电话终端基础设施建设力度，提高网络覆盖率、电视收视率和电话使用率。(4) 加大对信息产业的劳动力和资本投入，提高信息产业产值。

(一) 加快发展教育事业

加大基础教育投入力度，巩固提高义务教育普及水平。优化普通高中布局，扩大优质教育资源。实施国家普通高中建设项目，新建、改扩建一批学校，配齐必要的教育教学和生活设施设备，扩大各级学校培养能力；构建现代职业教育体系，加大对职业院校的投入，改善办学条件特别是实习实训条件，加强建设"双师型"教师队伍；创新人才培养模式，加强校企合作、产教融合，选择部分示范性职业院校与重点行业企业合作开展学徒制试点，强化教学、实习、实训的融合。

(二) 推动创新领域的形成

落实"十三五"规划中提出的要求，在生命科学、材料科学、环境科学、现代医学、新一代信息技术等基础领域开展科技前沿推进行动；在粮食安全、网络空间、能源保障、未来制造、生态治理等战略领域实施重大科技跨越行动；在现代农业、新型工业、社会发展等事关发展全局领域开展技术集成式协同攻关行动。

(三) 促进大众创业、万众创新

黑龙江省要将创业根植于创新，引导"双创"补齐高新技术产业链条上的"短板"。在大众创业万众创新行动计划中，开展的项目包括载体升级发展工程、资源开放共享工程、服务创新拓展工程、素质培育拓展工程、素质培育提升工程和财政金融支撑工程。在构建公众创新平台和开展项目工程时，发挥政府创业投资引导基金作用，提高劳动者技能培训和人才评价标准，加大人才队伍建设，实现创新要素的共享，提高自主创新能力。

第十章

吉林省经济发展方式转变现状、瓶颈及对策研究

吉林省地处中国东北中部，东北亚地理中心，位于日本、俄罗斯、朝鲜、韩国、蒙古国与中国东北部组成的东北亚几何中心地带。北接黑龙江省，南邻辽宁省，西接内蒙古自治区，东与俄罗斯接壤，东南部与朝鲜隔江相望。吉林是中国重要的工业基地、教育强省、农业强省，加工制造业比较发达，汽车与石化、农产品加工、商业卫星为支柱产业，航空航天工业装备制造、光电子信息、医药、冶金建材、轻工纺织具有自身优势特色。然而，传统的经济发展方式单纯依赖要素的投入，单位 GDP 能耗高、全要素生产率低，虽然获得了较高的经济增长速度，却对环境造成了巨大的破坏。当前吉林省工业发展对要素投入的依赖十分严重，而且在经营理念、技术水平、发展方式与增长路径等方面均存在一些突出问题，转变经济发展方式势在必行。

第一节 吉林省经济发展方式转变能力测度及横向对比

一 吉林省经济发展方式转变能力综合得分

利用公式（1.15）计算出 31 个省、市、自治区经济发展方式转变能力的综合得分，再通过简单平均的方法计算吉林省、东北地区和全国的综合得分，结果见表 1—2 和图 10 – 1。

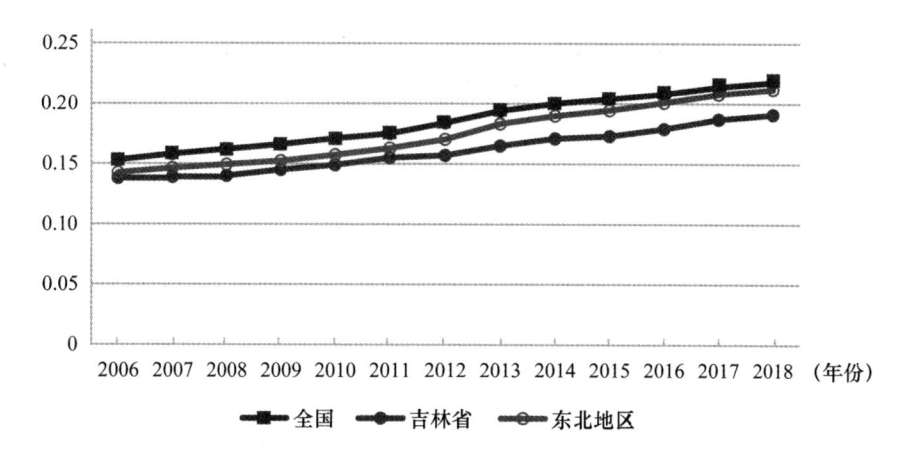

图 10-1　吉林省、东北地区及全国经济发展方式转变能力综合得分对比

由图 10-1 可知，2006—2018 年吉林省和其所在的东北地区三省及全国的经济发展方式转变能力都处于上升阶段。吉林省的经济发展方式转变能力略低于东北地区平均水平，明显低于全国平均水平。总体而言，吉林省的经济发展方式转变能力逐渐增强，但低于东北平均水平，更低于全国平均水平。

二　经济发展方式转变能力综合得分横向比较的瓶颈分析

通过综合得分情况分析我国东北地区省份经济发展方式转变能力不够细致，因此，对一级指标进行分析，以便准确找到制约吉林省经济发展方式转变能力的因素。根据表 10-1 可知，2006—2018 年吉林省要素系统优化能力、产业系统优化能力、人文社会系统优化能力、资源环境系统优化能力和科教信息系统优化能力的提高幅度分别为 0.002069、0.002783、0.021251、0.000166、0.027038，可见制约吉林省经济发展方式转变能力提升的主要因素是要素系统优化能力、产业系统优化能力和资源环境系统优化能力。对 2018 年吉林省经济发展方式转变能力提升作出主要贡献的是资源环境系统和科教信息系统。

表10-1　吉林省经济发展方式转变能力一级指标得分情况

	要素系统	产业系统	人文社会系统	资源环境系统	科教信息系统	总得分
2006年	0.023826	0.031401	0.021776	0.040143	0.020668	0.137814
2007年	0.023001	0.034240	0.022537	0.040343	0.019308	0.139429
2008年	0.022383	0.033604	0.023978	0.039990	0.019882	0.139838
2009年	0.022767	0.033171	0.025825	0.041543	0.022017	0.145324
2010年	0.022998	0.033302	0.027517	0.042070	0.023597	0.149484
2011年	0.023169	0.033115	0.029462	0.042473	0.026687	0.154906
2012年	0.023459	0.032265	0.031228	0.041406	0.028459	0.156817
2013年	0.022786	0.033663	0.034121	0.041160	0.033341	0.165071
2014年	0.023411	0.033881	0.035473	0.041207	0.037066	0.171038
2015年	0.024120	0.033827	0.037893	0.038408	0.038564	0.172812
2016年	0.024168	0.033091	0.039962	0.040677	0.041234	0.179132
2017年	0.024457	0.033320	0.042898	0.041505	0.044760	0.186940
2018年	0.025895	0.034184	0.043027	0.040310	0.047707	0.191122
增幅	0.002069	0.002783	0.021251	0.000166	0.027038	0.053308

以一级指标分析经济发展方式转变的瓶颈过于粗放，且各省之间存在诸如要素和产业优化不足、资源环境约束等共性问题，而各省面临的重点难点又有所不同。因此，应对二级指标进行分析以便有针对性地破解发展瓶颈。由表1-5可知，吉林省在要素结构、要素空间、要素流动、产业结构、产业空间、民生保障、环境污染、技术和信息化等方面存在明显的发展方式转变瓶颈，排名分别为第24位、第20位、第22位、第28位、第22位、第27位、第20位、第18位、第20位，排名靠后，需要引起足够的重视。

第二节　吉林省经济发展方式转变能力现状

根据经济发展方式转变能力指标体系中5个一级指标的省级层面对比可以看出，吉林省的经济发展方式转变能力居全国较为落后的水平，且近年来较为稳定，变动幅度不大。

由表10-1和图10-2可知，在吉林省经济发展方式转变能力一级指标中，近几年要素系统优化能力略有提升，产业系统优化能力略有下降，资源环境系统优化能力略有提升，人文社会系统和科教信息系统优化能力快速提升，尤其是科教信息系统优化能力加速提升。

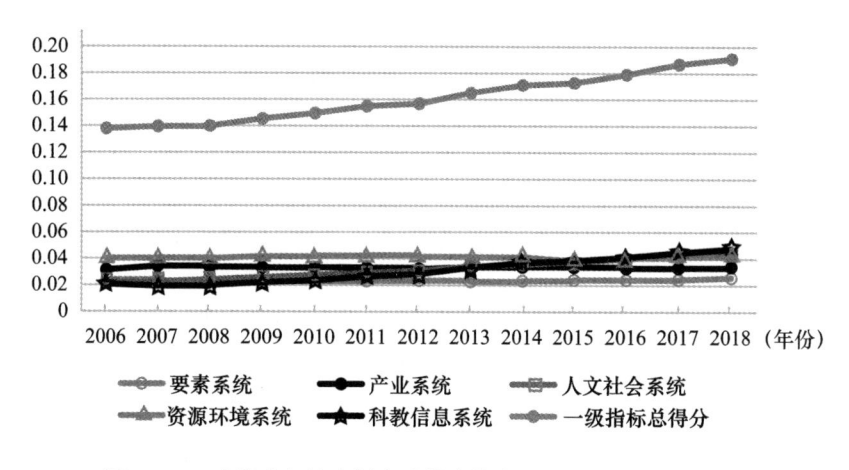

图10-2 吉林省经济发展方式转变能力一级指标得分变化情况

根据表1-3可知，2018年吉林省的要素系统、产业系统、人文社会系统、资源环境系统、科教信息系统优化能力在全国分别排第23位、第24位、第21位、第10位、第18位，较总体发展方式转变能力排名靠前。说明产业系统与目前吉林省经济发展方式相适应，对经济发展方式转变有一定的支撑作用，而其他系统未起到明显的促进作用。

一 吉林省要素系统优化能力

由表10-2可以看出，2006—2018年吉林省要素系统优化能力总体稳定，有小幅度上升。从增幅来看，要素空间增幅为正，要素结构和要素流动的增幅均为负，表明吉林省要素结构优化能力和要素流动能力在变弱，但要素空间优化能力有所增强，其增强程度大于要素结构优化能力和要素流动能力的削弱程度。阻碍吉林省要素系统优化能力提升的主要是要素结构优化能力和要素流动能力较弱。

表 10 – 2　　吉林省 2006—2018 年要素系统优化能力及其二级指标得分

	要素结构	要素空间	要素流动	总得分
2006 年	0.008515	0.012338	0.002973	0.023826
2007 年	0.008020	0.012477	0.002504	0.023001
2008 年	0.007294	0.012640	0.002449	0.022383
2009 年	0.007371	0.012858	0.002538	0.022767
2010 年	0.007029	0.013279	0.002690	0.022998
2011 年	0.006955	0.013644	0.002571	0.023169
2012 年	0.006480	0.014259	0.002721	0.023459
2013 年	0.006265	0.014156	0.002366	0.022786
2014 年	0.006265	0.014686	0.002460	0.023411
2015 年	0.006568	0.015043	0.002509	0.024120
2016 年	0.006304	0.015344	0.002520	0.024168
2017 年	0.006147	0.015822	0.002488	0.024457
2018 年	0.007445	0.016099	0.002350	0.025895
增幅	–0.001070	0.003762	–0.000623	0.002069

由图 10 – 3 可知，吉林省发展速度增幅较小，增长速度较慢。对吉林省要素系统优化能力贡献最大的是要素空间优化能力，其次是要素结构优化能力，最后是要素流动优化能力。其中要素空间优化能力与要素结构优化能力和要素流动优化能力之间的差距正在变大。

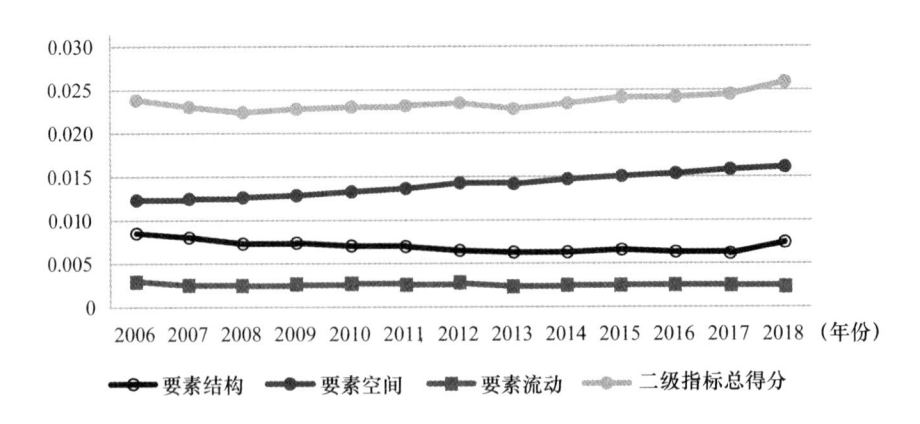

图 10 – 3　2006—2018 年吉林省要素系统优化能力及其二级指标变化情况

2018 年，虽然吉林省要素系统在全国排名第 23 位，但要素结构优化能力在全国排名第 24 位，要素空间优化能力在全国排名第 20 位，要素流动能力在全国排名第 22 位。可见，拉低要素系统优化能力的根本原因在于要素结构优化能力过弱。

（一）要素结构优化能力

2018 年，吉林省要素结构优化能力中的要素投入结构在全国排名第 8 位，要素动力结构在全国排名第 31 位。说明拉低要素结构优化能力的主要原因是要素动力结构优化能力较弱。

1. 要素投入结构优化能力

2018 年，吉林省要素投入结构在全国排名第 8 位，其下一级指标单位 GDP 中的资本存量与就业人数比在全国排名第 24 位，单位 GDP 中的单位就业者的农工商业土地使用面积在全国排名第 22 位，单位 GDP 中的单位就业者的能耗节约量在全国排名第 20 位，单位 GDP 中的单位就业者拥有的技术交易金额在全国排名第 8 位。可见，拉低要素投入结构优化能力的根本原因在于生产中的资本存量投入能力、农工商业土地投入能力较弱和能耗节约量过少。

2. 要素动力结构优化能力

2018 年，吉林省要素动力结构中劳动力结构对经济的拉动贡献率排在全国第 10 位，资本存量结构对经济的拉动贡献率排在全国第 7 位，技术结构对经济的拉动贡献率排在全国第 28 位，投资率对经济的拉动贡献率排在全国第 22 位，消费率对经济的拉动贡献率排在全国第 31 位。可见，消费率对经济的拉动贡献率是要素动力结构优化能力的瓶颈所在。

（二）要素空间优化能力

2018 年，吉林省在全国排名第 20 位的要素空间优化能力中，要素城乡结构优化能力在全国排名第 10 位，要素区域结构优化能力在全国排名第 19 位。可见，要素区域结构优化能力对吉林省的要素空间优化能力无明显促进作用。

1. 要素城乡空间优化能力

2018 年，吉林省在全国排名第 10 位的要素城乡空间结构中，单位 GDP 中的城镇就业人数占总就业人数的比重在全国排名第 7 位，城镇全社会固定资产投资占全社会固定资产投资比重在全国排名第 8 位，城镇建设用地面积占生产用地面积比重在全国排名第 19 位。可见，拉低要素城乡结构优化能力的根本原因在于城镇建设用地面积占比不合理。

2. 要素区域结构优化能力

2018 年，吉林省要素区域结构在全国排名第 19 位，劳动力就业占全国劳动力就业量比重在全国排名第 24 位，吉林省固定资产投资占全国固定资产投资比重在全国排名第 19 位，吉林省土地利用总面积占全国土地利用总面积比重排在全国第 14 位，吉林省 DEA 技术效率占全国 DEA 技术效率的比重排在全国第 13 位。可见，劳动力就业区域结构和固定资产投资是要素区域结构优化能力的瓶颈所在。

（三）要素流动优化能力

2018 年，吉林省在全国排名第 22 位的要素流动优化能力中，要素部门间流动、要素城乡间流动和要素区域间流动在全国的排名分别为第 21 位、第 13 位和第 19 位。可见，要素部门间流动能力和要素区域间流动能力较弱，未能有效提升吉林省要素流动优化能力。

1. 要素部门间流动能力

2018 年，吉林省在全国排名第 21 位的要素部门间流动能力中，劳动力部门间流动能力在全国排名第 8 位，资本部门间流动能力在全国排名第 21 位。可见，拉低要素部门间流动能力的原因是部门间的资本流动性较弱。

2. 要素城乡间流动能力

2018 年，吉林省在全国排名第 13 位的要素城乡间流动能力中，劳动力城乡间流动能力在全国排名第 15 位，资本城乡间流动能力在全国排名第 6 位。可见，拉低要素城乡间流动能力的原因是劳动力城乡间流动能力较弱。

3. 要素区域间流动能力

2018 年，吉林省在全国排名第 19 位的要素区域间流动能力中，劳动力区域间流动能力在全国排名第 11 位，资本区域间流动能力在全国排名第 24 位，技术区域间流动能力在全国排名第 16 位。可见，2018 年吉林省的资本区域间流动能力十分弱小，拉低了要素区域间流动能力。

二 吉林省产业系统优化能力

由表 10-3 可以看出，吉林省产业系统优化能力得分略有上升，2006—2007 年和 2012—2013 年出现明显提升，其余时间波动幅度较为稳定。其中产业结构的增幅为负，对产业系统优化有阻碍作用。产业空间优化能力和产业效益提升能力虽然有上升，但最终这 3 个指标每年的得分基本持平。由此可见，吉林省的产业结构优化能力不高且趋于下降，是阻碍吉林省产业系统优化的因素。

表 10-3 吉林省 2006—2018 年产业系统优化能力及其二级指标得分

	产业结构	产业空间	产业效益	总得分
2006 年	0.014916	0.011120	0.005364	0.031401
2007 年	0.016708	0.011928	0.005603	0.034240
2008 年	0.015942	0.012108	0.005554	0.033604
2009 年	0.015476	0.012115	0.005580	0.033171
2010 年	0.015334	0.012359	0.005609	0.033302
2011 年	0.014665	0.012800	0.005649	0.033115
2012 年	0.013843	0.012680	0.005742	0.032265
2013 年	0.014441	0.012963	0.006258	0.033663
2014 年	0.013996	0.013202	0.006683	0.033881
2015 年	0.013400	0.013176	0.007252	0.033827
2016 年	0.012552	0.013007	0.007531	0.033091
2017 年	0.012606	0.012713	0.008001	0.033320
2018 年	0.013435	0.012289	0.008460	0.034184
增幅	-0.001481	0.001168	0.003095	0.002783

由图 10-4 可以看出，在影响产业系统优化能力的二级指标中，产业结构在 2016—2017 年被产业空间短暂超越后，2018 年得分重新回到第一位，对产业系统优化能力提升贡献最大，其次是产业空间优化能力，最后是产业效益提升能力。产业效益提升能力一直呈现出缓慢提高趋势，但与产业结构、产业空间优化能力之间的差距较大。

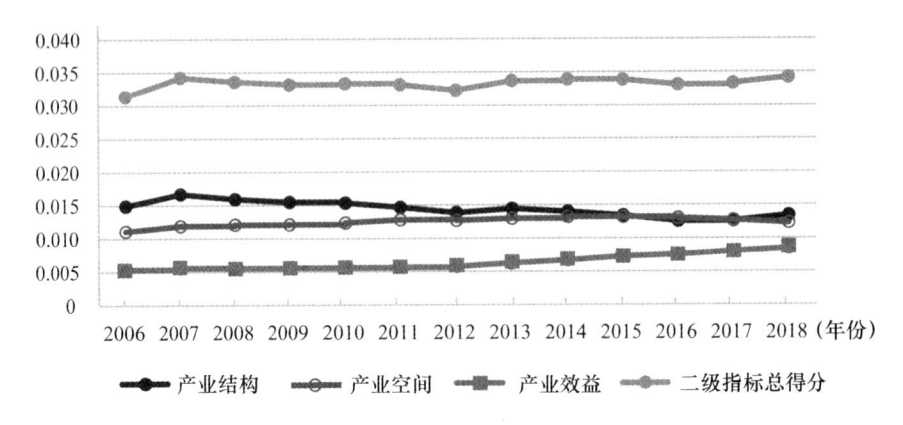

图 10-4　2006—2018 年吉林省产业系统优化能力及其二级指标变化情况

2018 年，吉林省产业系统优化能力在全国排名第 24 位，产业结构优化能力在全国排名第 28 位，产业空间优化能力在全国排名第 22 位，产业效益提升能力在全国排名第 12 位。可见，拉低产业系统优化能力的原因是产业结构优化能力偏弱。

（一）产业结结构优化能力

产业结构优化能力主要是指三次产业结构的优化能力，2018 年，其在全国排名第 28 位，包括 11 个下一级指标，它们在全国的排名：第二产业城镇单位就业人员比重第 13 位，第三产业城镇单位就业人员比重第 22 位，第二产业全社会固定资产投资比重第 2 位，第三产业全社会固定资产投资比重第 31 位，第二产业土地利用面积比重第 13 位，第三产业土地利用面积比重第 21 位，第一产业 DEA 技术效率第 23 位，第二产业 DEA 技术效率第 24 位，第三产业 DEA 技术效率第 11 位，服务业增长率第 2 位，第三产业增加值占 GDP 比重第 26 位。从中可以看出第三产业全社会固定资产投资比重排名靠后，说明第三产业城镇单位就业人员比重、第三产业全社会固定资产投资比重、第三产业土地利用面积比重、第一产业 DEA 技术效率、第二产业 DEA 技术效率和第三产业增加值占 GDP 比重是产业结构优化能力的主要瓶颈所在。

（二）产业空间优化能力

2018 年，吉林省产业空间优化能力在全国排名第 22 位，其下一级指标产业区域布局能力在全国排名第 22 位,产业城乡布局能力在全国排名第 17 位,产品市场结构调整能力在全国排名第 10 位。可见,吉林省的产业区域布局能力在全国排名靠后,体现其产业区域布局能力较弱,存在瓶颈效应。

1. 产业区域布局能力

在产业区域布局能力指标中,2018 年,吉林省 GDP 占全国 GDP 份额在全国排名第 23 位,吉林省第一产业增加值占全国第一产业增加值比重在全国排名第 21 位,吉林省第二产业增加值占全国第二产业增加值比重在全国排名第 20 位,吉林省第三产业增加值占全国第三产业增加值比重在全国排名第 24 位。可见吉林省的 GDP 占全国的份额还不够大,第三产业增加值在全国的占有份额较小,影响了产业区域布局能力。

2. 产业城乡布局能力

衡量产业城乡布局能力可以用农村在国民经济中地位的负向程度表示,于是采用第一产业增加值占地区生产总值(GDP)比重的倒数表示,经计算吉林省产业城乡布局能力 2018 年在全国排名第 17 位。

3. 产品市场结构调整能力

产品市场结构调整能力用负向外贸依存度和负向外资依存度来衡量。吉林省的计算结果显示这两个指标 2018 年在全国排名均为第 10 位。

(三)产业效益提升能力

产业效益提升能力包括物质消耗效益提升能力、劳动消耗效益提升能力和资本消耗效益提升能力,吉林省这 3 项指标在全国的排名分别为第 14 位、第 12 位和第 21 位。

1. 物质消耗效益提升能力

该指标用能源产出率——GDP 与能源消耗总量之比衡量,吉林省 2018 年的数据显示其在全国排名第 14 位,显然该指标具有较大的瓶颈性。

2. 劳动消耗效益提升能力

该指标用劳动生产率——GDP 与就业人数之比衡量,吉林省 2018 年的数据显示其在全国排名第 12 位。

3. 资本消耗效益提升能力

该指标用资本产出率——GDP 与资本存量的比值衡量,吉林省 2018

年的数据显示其在全国排名第 21 位，该指标同样具有较大的瓶颈性。

三 吉林省人文社会系统优化能力

由表 10-4 反映人文社会系统优化能力的指标中可以看出，吉林省人的发展、民生保障和社会公平得分都有所上升。2018 年吉林省民生保障投入能力贡献最大，其次是人的发展能力，最后是维持社会公平能力。

表 10-4 吉林省 2006—2018 年人文社会系统及其二级指标得分

	人的发展	民生保障	社会公平	总得分
2006 年	0.010849	0.005644	0.005283	0.021776
2007 年	0.011954	0.005708	0.004875	0.022537
2008 年	0.012953	0.006129	0.004896	0.023978
2009 年	0.013235	0.007364	0.005227	0.025825
2010 年	0.013300	0.008946	0.005271	0.027517
2011 年	0.014463	0.009699	0.005300	0.029462
2012 年	0.015450	0.009967	0.005810	0.031228
2013 年	0.015700	0.012394	0.006027	0.034121
2014 年	0.015830	0.013413	0.006230	0.035473
2015 年	0.016618	0.014833	0.006441	0.037893
2016 年	0.017386	0.016103	0.006473	0.039962
2017 年	0.017913	0.018369	0.006616	0.042898
2018 年	0.017596	0.018869	0.006562	0.043027
增幅	0.006748	0.013225	0.001278	0.021251

由图 10-5 可以看出，民生保障能力对吉林省人文社会系统优化能力的贡献最大，其次是人的发展能力，最后是维持社会公平能力。2006—2018 年，维持社会公平能力几乎没有变化，该指标可能会制约人文社会系统优化能力的提升。

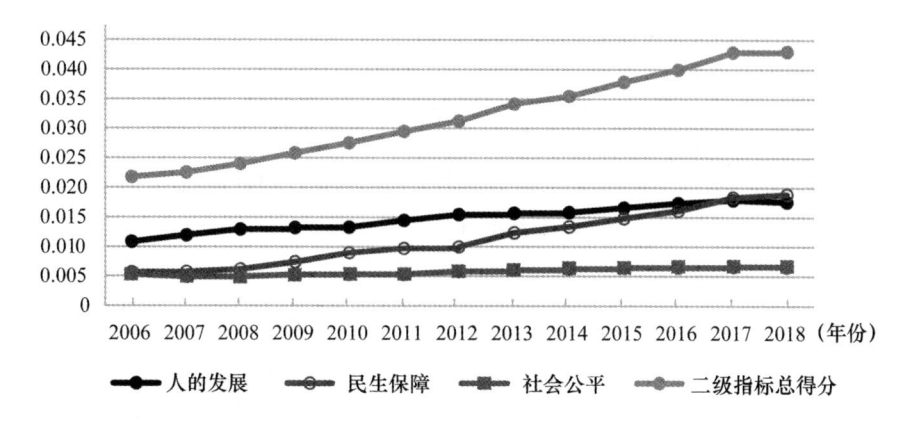

图10-5 2006—2018年吉林省人文社会系统优化能力及其二级指标变化情况

（一）人的发展能力

2018年吉林省的人的发展能力在全国排名第15位，包括生存条件、生活水平、素质修养和自由发展4个方面，排名分别为第29位、第8位、第15位和第17位。可见，生存条件和自由发展是阻碍吉林省人的发展能力提升的主要因素，素质修养也未能有效促进人的发展能力提升。

1. 生存条件

生存条件包括人口自然增长率和人口平均预期寿命，吉林省2018年这两个指标在全国的排名分别为第29位和第10位。

2. 生活水平

生活水平包括个人消费水平、负向的城镇恩格尔系数和负向的农村恩格尔系数，吉林省2018年的这3个指标在全国的排名分别为第9位、第5位和第9位。

3. 素质修养

素质修养包括识字率、在校高等受教育率和在校高中受教育率，吉林省2018年的这3个指标在全国的排名分别为第4位、第6位和第28位。

4. 自由发展

自由发展用广播节目综合人口覆盖率和电视节目综合人口覆盖率表示，吉林省2018年的这两个指标在全国的排名分别为第16位和第19位。

（二）民生保障能力

民生保障能力包括就业保障能力、医疗保障能力、住房保障能力和社会保障能力。2018年，吉林省的民生保障能力在全国排名第27名，其下的就业保障能力、医疗保障能力、住房保障能力和社会保障能力分别为第16位、第12位、第28位和第22位。

1. 就业保障能力

包括劳动力参与能力和工资增长弹性，吉林2018年的就业保障能力在全国排名第16位，其下的两个四级指标在全国的排名分别为第19位和第7位。

2. 医疗保障能力

用每万人口拥有的医生数和每万人口拥有的床位数表示，2018年吉林省的医疗保障能力居全国第12位，其下的两个四级指标分别居全国的第6位和第13位。

3. 住房保障能力

包括城镇住房保障能力和农村住房保障能力。2018年吉林省的住房保障能力居全国第28位，其下的城镇住房保障能力和农村住房保障能力分别居全国的第29位和第26位。

4. 社会保障能力

包括城镇职工基本养老保险水平、城镇基本医疗保险水平、失业保险保障水平、工伤保险保障水平、生育保险保障水平、城镇居民最低生活保障水平和农村居民最低生活保障水平7个下一级指标。2018年吉林省的社会保障能力在全国排名第22名，其下的7个四级指标在全国的排名分别为第18位、第24位、第6位、第10位、第24位、第17位和第22位。

（三）维持社会公平能力

维持社会公平能力包括削弱分配差别能力、缩小城乡收入差距能力和缩小贫富差距能力3个下一级指标。2018年，吉林省维持社会公平能力在全国排名第9位，其下的削弱分配差别能力、缩小城乡收入差距能力和缩小贫富差距能力分别排名第5位、第4位和第26位。

1. 削弱分配差别能力

削弱分配差别能力用负向基尼系数表示，2018年吉林省负向基尼系数在全国排名第 5 位。

2. 缩小城乡收入差距能力

缩小城乡收入差距能力由负向的城镇居民人均可支配收入/农村居民人均可支配收入表示，2018 年吉林省该指标在全国排名第 4 位。

3. 缩小贫富差距能力

缩小贫富差距能力用正向的相对贫困程度表示，2018 年吉林省该指标在全国排名第 26 位。

四 吉林省资源环境系统优化能力

从表 10-5 可以看出，吉林省的资源环境系统优化能力有所提高，但呈波浪式变化，尤其是 2014—2015 年、2017—2018 年下降趋势明显。环境治理和生态建设 2006—2018 年增幅为正，对吉林省资源环境系统具有支撑作用；资源条件和环境污染增幅为负，拉低了吉林省资源环境系统优化能力。

表 10-5　吉林省 2006—2018 年资源环境系统及其二级指标得分

	资源条件	环境污染	环境治理	生态建设	总得分
2006 年	0.017048	0.002584	0.008811	0.011700	0.040143
2007 年	0.017218	0.002477	0.008771	0.011877	0.040343
2008 年	0.019413	0.002510	0.006156	0.011911	0.039990
2009 年	0.019401	0.002498	0.007594	0.012051	0.041543
2010 年	0.019599	0.002514	0.007849	0.012108	0.042070
2011 年	0.020578	0.002539	0.007053	0.012302	0.042473
2012 年	0.020054	0.002527	0.006501	0.012324	0.041406
2013 年	0.019248	0.002470	0.007092	0.012350	0.041160
2014 年	0.020336	0.002431	0.006010	0.012429	0.041207
2015 年	0.017562	0.002476	0.005801	0.012569	0.038408
2016 年	0.017660	0.002471	0.007852	0.012694	0.040677
2017 年	0.017162	0.002513	0.008957	0.012872	0.041505
2018 年	0.015976	0.002530	0.008866	0.012939	0.040310
增幅	-0.001072	-0.000055	0.000055	0.001238	0.000166

由图10-6可以看出，对资源环境系统贡献最大的是资源条件，其次是生态建设，再次是环境治理，最后是环境污染。2018年，吉林省的资源条件、环境污染程度、环境治理能力和生态建设能力在全国排名分别为第9位、第20位、第15位和第12位。

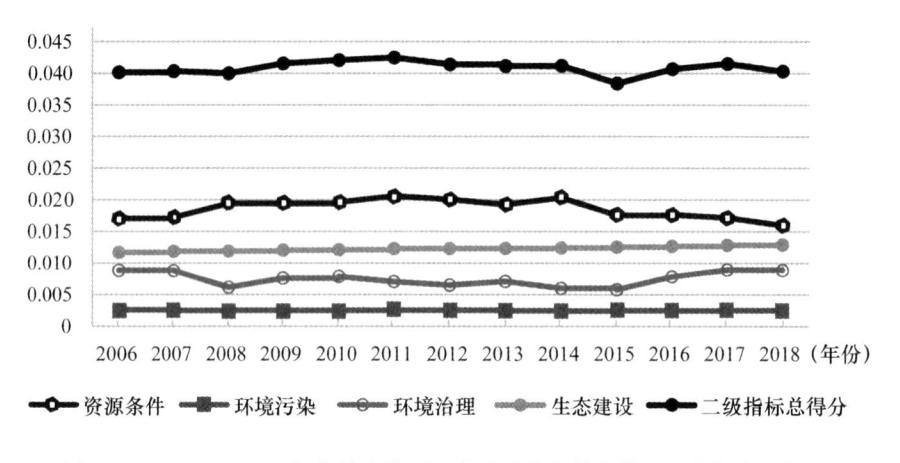

图10-6　2006—2018年吉林省资源环境系统优化能力其二级指标变化情况

（一）资源条件

2018年吉林省资源条件全国排名第9位，包括资源禀赋条件、资源消耗程度和资源利用能力3个下一级指标。2018年吉林省的这3个指标在全国排名分别为第9位、第8位和第14位。

1. 资源禀赋条件

资源禀赋条件用采矿业城镇单位就业人员比重、采矿业全社会固定资产投资比重和能源产量衡量，2018年吉林省的这3个指标在全国排名分别为第13位、第7位和第16位。

2. 资源消耗程度

资源消耗程度用人均用水量、工业用水量占用水总量比重、农用地面积和建设用地面积4个指标表示。2018年，吉林省的人均用水量、工业用水量占用水总量比重、农用地面积和建设用地面积在全国排名分别为第12位、第17位、第8位和第7位。

3. 资源利用能力

资源利用能力用碳排放率表示，2018 年吉林省该项指标在全国排名第 14 位。

（二）环境污染程度

环境污染程度指标包括工业废水排放量、工业废气排放量、工业固体废弃物产生量和人均生活垃圾清运量 4 个下一级指标。2018 年，吉林省环境污染程度全国排名第 20 位，其下一级指标中的工业废水排放量、工业废气排放量、工业固体废弃物产生量和人均生活垃圾清运量在全国排名分别为第 19 位、第 15 位、第 15 位和第 25 位。

（三）环境治理能力

环境治理能力包括环境治理投资强度、工业污染源治理投资/环境污染治理投资、工业废水排放减少率、工业废气排放减少率、工业固体废弃物综合利用率和生活垃圾无害化处理率 6 个指标。2018 年，吉林省环境治理能力排名全国第 15 位，其 6 个下一级指标在全国排名分别为第 29 位、第 8 位、第 20 位、第 31 位、第 14 位和第 28 位。

（四）生态建设能力

生态建设能力用人均公共绿地面积、建成区绿化覆盖率、森林覆盖率、湿地面积占辖区面积比重和自然保护区面积占辖区面积比重 5 个指标描述。2018 年，吉林省的生态建设能力在全国排名第 12 位，其下一级 5 个指标在全国的排名分别为第 13 位、第 28 位、第 11 位、第 16 位和第 6 位。

五　吉林省科教信息系统优化能力

从表 10-6 可以看出，吉林省的科教信息系统优化能力自 2008 年开始一直处于加速发展阶段。其下一级指标教育水平、技术水平和信息化水平增幅均为正。其中增幅最大的是信息化水平，其次为技术水平，最后为教育水平。

表10-6　吉林省2006—2018年科教信息系统及其二级指标得分

	教育	技术	信息化	总得分
2006年	0.012413	0.003347	0.004909	0.020668
2007年	0.011988	0.003366	0.003954	0.019308
2008年	0.011609	0.003444	0.004829	0.019882
2009年	0.011735	0.003827	0.006455	0.022017
2010年	0.012083	0.003601	0.007913	0.023597
2011年	0.012272	0.004594	0.009821	0.026687
2012年	0.012725	0.004782	0.010952	0.028459
2013年	0.013310	0.004904	0.015127	0.033341
2014年	0.013846	0.005552	0.017668	0.037066
2015年	0.014275	0.005593	0.018695	0.038564
2016年	0.014523	0.005787	0.020923	0.041234
2017年	0.015570	0.006328	0.022862	0.044760
2018年	0.016278	0.007759	0.023670	0.047707
增幅	0.003865	0.004412	0.018761	0.027038

由图10-7可以看出，信息化水平提升能力对科教信息系统优化能力贡献最大，第二为教育水平提升能力，技术水平提升能力对科教信息系统优化能力贡献最小。

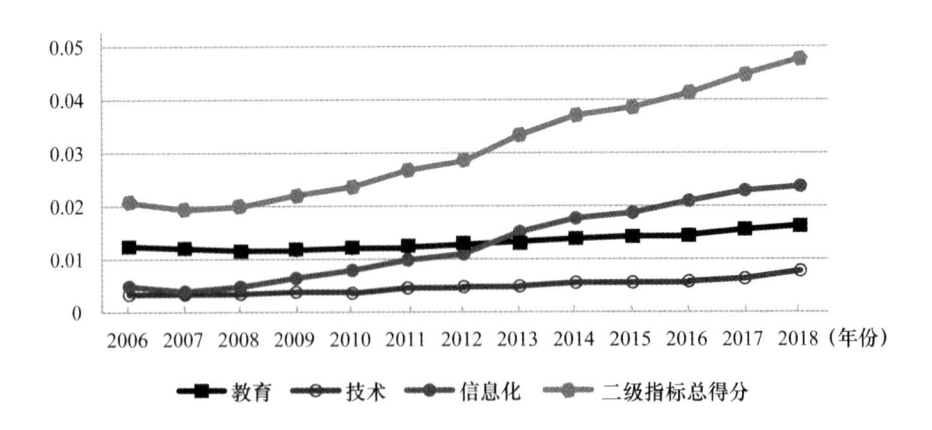

图10-7　2006—2018年吉林省科教信息系统优化能力及其二级指标变化情况

（一）教育水平提升能力

教育水平提升能力包括教育投入提升能力和教育产出提升能力两个下一级指标。2018年吉林省的教育水平提升能力在全国排名第5位，教育投入提升能力和教育产出提升能力分别在全国排名第9位和第7位。可见吉林省的教育投入能力和教育产出能力较为平衡。

1. 教育投入提升能力

采用教育财政投入强度和负向的普通高等学校生师比、普通高中学校生师比、中等职业学校生师比、普通初中学校生师比、普通小学学校生师比6个指标衡量。2018年吉林省的这6个指标在全国排名分别为第20位、第10位、第21位、第1位、第2位和第1位。

2. 教育产出提升能力

采用大学升学率和高中升学率衡量。2018年吉林省的大学升学率和高中升学率分别在全国排名第6位和第7位。

（二）技术水平提升能力

技术水平包括技术创新资源、技术创新投入和技术创新产出3个指标。2018年吉林省的技术创新资源、技术创新投入和技术创新产出分别在全国排名第14位、第23位和第19位。

1. 技术创新资源

用科技人员技术创新产出能力投入表示，2018年吉林省该指标在全国排名第14位。

2. 技术创新投入

用研发投入强度表示，2018年吉林省该指标在全国排名第23位。

3. 技术创新产出

用国内三种专利授权数和技术市场成交额表示，2018年吉林省这两个指标在全国排名分别为第21位和第12位。

（三）信息化水平提升能力

信息化水平主要从信息技术应用能力和信息产业发展能力两个角度考虑，2018年吉林省的信息技术应用能力和信息产业发展能力分别在全国排名第11位和第23位。

1. 信息技术应用能力

采用城镇电脑拥有量、农村电脑拥有量、电话普及率和网络覆盖率4个指标衡量。2018年吉林省这4个指标在全国排名分别为第25位、第11位、第11位和第19位。

2. 信息产业发展能力

采用信息产业劳动力投入比重、信息产业资本投入比重和信息产业产值比重3个指标衡量。2018年吉林省这3个指标在全国排名分别为第23位、第19位和第24位。

第三节 吉林省经济发展方式转变瓶颈

一 经济发展方式转变能力综合指标情况

吉林省具有一定的经济发展方式转变能力，但也存在一定的问题。而存在的问题需要从综合指标下面的一级指标、二级指标、三级指标和四级指标层层细化中找出。

二 经济发展方式转变能力一级指标情况及瓶颈

由表1-3可知，吉林省的要素系统优化能力排名第23位，既远低于全国平均水平，也低于东北平均水平；产业系统优化能力排名第24位，既远低于全国平均水平，也低于东北平均水平；人文社会系统优化能力排名第21位，既远低于全国平均水平，也远低于东北平均水平；资源环境系统优化能力在全国排名第10位，既低于全国平均水平，也低于东北平均水平；科教信息系统优化能力全国排名第18位，既远低于全国平均水平，也略低于东北平均水平。可见，一级指标中的产业系统优化能力对经济发展方式转变具有较强的制约作用，吉林省经济发展方式转变瓶颈主要存在于产业系统中。

三 经济发展方式转变能力二级指标情况及瓶颈

根据表1-5可知，从2018年吉林省的经济发展方式转变能力各二级指标在全国的排名来看，要素结构优化能力、要素空间优化能力、要素流动能力、产业结构优化能力、产业空间优化能力、民生保障能力、降低环境污染能力、技术水平和信息化水平分别排名第 24 位、第 20 位、第 22 位、第 28 位、第 22 位、第 27 位、第 20 位、第 18 位和第 20 位。9 个指标在全国排名都靠后,对吉林省经济发展方式转变能力具有制约作用。

因此,从二级指标层面来看,吉林省经济发展方式转变瓶颈主要存在于要素结构优化能力、要素空间优化能力、要素流动能力、产业结构优化能力、产业空间优化能力、民生保障能力、降低环境污染能力、技术水平和信息化水平这 9 个方面。

四 经济发展方式转变能力三级指标情况及瓶颈

根据表 1-6 可知,2018 年吉林省经济发展方式转变能力排名靠后的三级指标有:要素动力结构在全国排名第 31 位,要素区域分布在全国排名第 19 位,要素部门间流动在全国排名第 21 位,要素区域间流动在全国排名第 19 位,三次产业结构在全国排名第 28 位,产业区域分布在全国排名第 22 位,产业城乡分布在全国排名第 17 位,资本消耗效益在全国排名第 21 位,生存条件在全国排名第 29 位,自由发展能力在全国排名第 17 位,就业提升能力在全国排名第 16 位,住房提升能力在全国排名第 28 位,社会保障能力在全国排名第 22 位,缩小贫富差距能力在全国排名第 26 位,环境污染治理控制能力在全国排名第 20 位,技术创新投入水平在全国排名第 23 位,技术创新产出能力在全国排名第 19 名。这 17 个三级指标明显制约着吉林省经济发展方式转变能力的提升。

因此,从三级指标层面来看,吉林省经济发展方式转变瓶颈主要存在于要素动力结构、要素区域分布、要素部门间流动、要素区域间流动、三次产业结构、产业区域分布、产业城乡分布、资本消耗效益、生存条件、自由发展能力、就业提升能力、住房提升能力、社会保障能力、缩小贫富差距能力、环境污染治理控制能力、技术创新投入水平、技术创新产出能力当中。

五 经济发展方式转变能力四级指标情况及瓶颈

2018 年,吉林省的经济发展方式转变能力四级指标(112 个)中,要素系统中的23个四级指标有12个指标在全国排名靠后，它们分别是：单位GDP中资本劳动比第24位，单位GDP中土地劳动比第22位，单位GDP中能源劳动比第20位，技术贡献率第28位，投资率第22位，消费率第31位，土地城乡分布第19位，劳动力区域分布第24位，资本区域分布第19位，资本部门间流动第21位，资本区域间流动第24位，技术区域间流动第16位。

2018年，吉林省的经济发展方式转变能力四级指标（112个）中，产业系统中的21个四级指标有12个指标在全国排名靠后，它们分别是：第三产业城镇单位就业人员比重第22位，第三产业全社会固定资产投资比重第31位，第三产业土地利用面积比重第21名，第一产业DEA技术效率第23位，第二产业DEA技术效率第24位，第三产业增加值占GDP比重第26位，吉林省GDP占全国GDP比重第23位，第一产业增加值占全国第一产业增加值比重第21位，第二产业增加值占全国第二产业增加值比重第20位，第三产业增加值占全国第三产业增加值比重第24位，农村在国民经济中地位第17位，资本产出率第21位，这些指标是制约吉林省产业系统优化能力的瓶颈。

2018年，吉林省的经济发展方式转变能力四级指标（112个）中，人文社会系统中的26个四级指标有13个指标在全国排名靠后，它们分别是：人口自然增长率第29位，每十万人口高中阶段在校学生数第28位，广播节目综合人口覆盖率第16位，电视节目综合人口覆盖率第19位，劳动力参与能力第19位，城镇居民人均住房面积第29位，农村居民人均住房面积第26位，城镇职工基本养老保险水平第18位，城镇基本医疗保险水平第24位，生育保险保障水平第24位，城镇居民最低生活保障水平第17位，农村居民最低生活保障水平第22位，缩小贫富差距能力第26位。这些指标是吉林省人文社会系统优化能力的瓶颈。

2018年，吉林省的经济发展方式转变能力四级指标（112个）中，资源环境系统中的23个四级指标有10个指标在全国排名靠后，它们分别是：人均能源产量第16位，工业用水量第17位，人均工业废水排放量第19位，人均生活垃圾清运量第25位，环境治理投资程度第29位，工业废水排放减少率第20位，工业废气排放减少率第31位，生活垃圾无害化处理率第 28 位，建成区绿化覆盖率第 28 位，湿地面积占辖区面积比重第 16 位。这些指标是制约吉林省资源环境系统优化能力的瓶颈。

2018 年，吉林省的经济发展方式转变能力四级指标（112 个）中，科教信息系统中的 19 个四级指标有 9 个指标在全国排名靠后，它们分别是：教育财政投入强度第 20 位，普通高中学校生师比第 21 位，研发投入强度第 23 位，人均国内三种专利授权数第 21 位，城镇电脑拥有量第 25 位，网络覆盖率第 19 位，信息产业劳动力投入比重第 23 位，信息产业资本投入比重第 19 位，信息产业产值比重第 24 位。这些指标是制约吉林省科教信息系统优化能力的瓶颈。

第四节 对策建议

吉林省转变经济发展方式尤为重要，然而其在经济发展方式转变过程中还面临如下主要瓶颈：（1）要素动力结构不尽合理；（2）要素区域分布、产业区域分布、产业城乡分布失衡；（3）要素部门间、区域间、城乡间流动不畅；（4）三次产业结构不尽合理；（5）资本消耗效益偏低；（6）生存条件偏低；（7）人的自由发展能力、就业提升能力、住房提升能力、社会保障能力有待提高；（8）缩小贫富差距能力、环境治理能力、技术创新投入强度、产出水平偏弱。上述瓶颈引发了吉林省经济增长难以持续、城市发展缓慢、能源消耗快、土地利用效率低、城乡收入差距过大、固定资产投资效率低、创新投入不足、环境污染治理等难题。为了顺利实现吉林省经济发展方式转变，针对上文分析的要素系统、产业系统、人文社会系统、资源环境系统和科教信息系统中的具体瓶颈，提出如下几点建议。

一 消除要素系统中瓶颈的举措

吉林省消除要素系统中的瓶颈，要做好如下 6 个方面的工作：（1）提高资本、土地和能源的利用率，提升资本、土地和能源对经济的拉动力；（2）提升投资、消费对经济增长的拉动作用；（3）进一步提升技术贡献率；（4）扩大城镇建设用地面积指标的投放；（5）促进劳动力在区域之间合理分布；(6)提升资本在部门、区域之间的流动性。而解决这些问题的重中之重是提高固定资产投资效率和土地利用效率，改进人才引进和利用方式。为此提出如下建议。

(一)合理配置和有效使用资源，提高投资效率

把投资更多地用于传统产业的智能化、信息化和共享化改造升级上，大力改造和提升传统制造业、先进制造业和现代农业的产能；降低社会交易成本，提高资源配置效率，避免大量的资本投资于无效率或者效率低下的"错误"产业和企业。统筹城乡、区域、经济社会协调发展，大力发展主要面向生产者的服务业，特别是金融与物流产业，细化深化专业化分工；优化投资结构，合理分布投资的空间与产业配置，在增强投资集聚效应的同时，要避免投资的"马太效应"。避免投资无效化，强化固定资产管理意识。建立行业的有效评估机制，对风险、流动性和收益进行投资项目评估，确定固定资产投资领域。从固定资产采购、验收、使用、定期盘点等方面着手，制定相应制度。

(二)提高土地利用效率

严格控制建设用地标准，建议省发改委和自然资源厅同有关部门研究国家和省内尚未颁布土地使用标准的建设项目、重大战略性新兴产业项目的土地使用标准，制定和完善一批吉林省地方用地标准；引导土地立体开发利用，在兼顾国防、人防、防灾等需要的前提下，鼓励合理利用地上地下空间，鼓励既有停车资源开放共享，鼓励社会资本采取多种形式投资建设停车楼、地下停车场、机械式立体停车库等集约化停车设施；强化国有土地资产管理，盘活省直机关和中央在吉单位、省属企事业单位土地资产，优化土地利用结构，加大市场配置土地资源力度，提高国有土地使用效率和节约集约程度；推进城镇低效用地再开发，有效盘活农村建设用地等。

(三)重视多种形式的人才引进工作

在大力引进人才的同时，支持企业、园区、学校、科研机构在北上广深、国外人才集中区和其他专业人才集中的地区，建立合作研究机构、研究平台，针对这些高端人才，不一定一步到位为我所有，但能够抢抓机遇为我所用，这也是一个吸引高端人才、有效整合研究力量的好举措。

二　消除产业系统中瓶颈的举措

吉林省消除产业系统中的瓶颈，要做好如下 5 个方面的工作：（1）增加第二产业和第三产业的用地指标；（2）加快发展第三产业，提升第三产业增加值占 GDP 的比重和占全国第三产业增加值的比重；（3）加快农业供给侧结构性改革步伐，提高农业生产效率，提升第一产业增加值占全国第一产业增加值比重；（4）优化外商投资环境，加大外资招商引资力度，提高外资企业数量和生产规模；（5）加快生产技术的更新换代，提升物质消耗效益、劳动消耗效益、资本消耗效益、能源产出率、劳动生产率和资本产出率。而解决这些问题的重中之重是推动产业可持续发展。为此提出如下建议。

（一）深入推进产业转型升级

以建设制造强省、质量强省为引领，重塑产业竞争力，增强实体经济实力。全面落实《中国制造 2025 吉林实施纲要》，争创国家级示范区，拉长补短，延伸产业链条，壮大产业集群，规模以上工业增加值增长 6% 左右。重点实施"四大工程"：一是振兴支柱产业工程。汽车产业加快发展红旗、解放等自主品牌汽车，既加大对传统汽车产业的支持力度，又超常规支持一汽集团等企业发展新能源汽车、智能网联汽车；石化产业深入开展调结构促转型增效益行动，推动发展精细化工、生物化工；农产品加工业重点推进行业整合和差异化、规模化发展，打造品牌绿色食品精深加工产业，支持建设和扩大燃料乙醇生产基地，建立绿色全产业链。二是优势产业发展提速工程。支持医药健康、装备制造、光电信息等产业发展，加快长春装配式建筑产业园、亚泰医药产业园、金赛医药产业园、京东吉林基地等建设，抓好通化医药高新区、航天信息产业园等项目，着力打造一批具有强劲创新能力的龙头企业。三是新增长点培育提高工程。围绕大数据、云计算等，深化互联网与先进制造业融合发展，开展 5G 网络商用试点，建设工业互联网，推动长春等地大数据产业集聚发展。加快高密度 LED 显示等领先技术产业化，构建大数据产业链。四是改造提升传统产业工程。运用高新技术、先进适用技术和信息化技术改造提升冶金、建材、轻工、纺织等传统产业，优化产品结构，增加产品附加值，大力提升传统产业整体竞争力。

（二）大力实施服务业转型提质工程

突出发展研发设计、信息服务、节能环保等生产性服务业，加快欧亚城市汇集商业中心、天都国际商务中心等建设，实施梅河口市现代服务业示范区等项目，增加高端服务供给。坚持把旅游业作为重要增长点，用文化丰富旅游内涵，用旅游兑现文化价值，做大做强冰雪和避暑休闲产业，抓好中国吉林冰雪体育旅游产业基地等项目，办好第三届国际冰雪旅游产业博览会，打造红色、乡村、工业、边境、生态等特色旅游产品，提升客运能力和改善旅游环境。大力发展现代物流、邮政快递、会展经济等业态，打造10个新的服务业名牌，新认定10个省级现代服务业集聚区。服务业增加值占比提高到45%左右。坚定不移扩大消费和有效投资。推动高质量发展，既要优化供给结构，又要适度扩大总需求。既要顺应居民需求升级扩大消费，也要靠创新性和差异化主动引导消费，更要着眼调整结构增加合理有效投资，促进经济稳定增长。增强消费对经济发展的基础性作用。完善消费促进政策，推进新一轮消费升级。大力培育品质消费、服务消费、绿色消费等热点，开展市场化养老、健康等"五大幸福产业"试点。发展新型消费业态，搞好文化消费等试点，促进大数据等信息消费。推进电子商务进农村、进社区"双进工程"，创建"百兆乡村"示范区，启动韵达集团吉林快递电商总部（公主岭）基地等项目，全省电子商务交易额增长30%以上。稳步提升消费能力，完善机关企事业单位职工工资正常增长等机制，推进国企负责人、公立医院薪酬制度改革，合理调整社会保障各项待遇水平，提高退休人员基本养老金、城乡居民基础养老金。开展优化消费市场环境专项行动，全面实施"放心消费在吉林"创建活动，严厉打击制售假冒伪劣商品等违法行为，确保消费者安全放心。

（三）重塑城乡关系，加快农业农村现代化

巩固种植业结构调整成果，籽粒玉米调减面积稳定在550万亩左右，新建标准化棚室面积高于去年。新建成高标准农田200万亩以上。开展农村一二三产业融合发展试点，推动农安、乾安等4个县创建国家农村产业融合发展示范园。大力发展畜牧业和菌业等特色产业，抓好汪清黑木耳、抚松人参中国特色农产品优势区提质扩面，加快白城市等现代畜牧业全产业链建设。加强农业科技创新及应用推广，农作物耕种收综合机械化水平提高1.5个百分点。着力培育新型农业经营主体，启动示范性家庭农场培育计划，土地适度规模经营面积占比提高3个百分点。重点打造吉林大米等六大"吉字号"国家著名品牌，推动创建出口农产品质量安全示范区。出台鼓励城镇居民和农民工等人员下乡返乡创业政策，支持社会力量在农村有序投资创业，带动农民增收。多种形式搞好新型职业农民培训，打造"农村半小时就业服务圈"。抓好省级农村集体产权制度改革试点，鼓励农民盘活土地等资源。深入开展农村人居环境整治，支持有条件的乡村率先建设美丽乡村。完善农村基础设施，坚持不懈搞好"厕所革命"，改造农村危房2.8万户，建设"四好农村路"1500公里。

三 消除人文社会系统中瓶颈的举措

吉林省消除人文社会系统中的瓶颈，要做好如下几个方面的工作：加快医疗、养老和康养产业的发展；改善人居环境，提高人口平均预期寿命；加快分配制度的改革，提高劳动者收入；促使城乡居民消费更多地向文化、教育、卫生体育、休闲娱乐等方面的高层转移；改革高等教育办学模式和教学方式，提升高校学生的受教育广度和受教育深度；加大广大农村地区的广播、电视基础设施和网络建设力度，提高广播电视的全社会覆盖率；激发劳动者工作热情，提高劳动参与率；改革薪酬发放细则，设计多层级、多等级的薪资发放体系，提升工资增长弹性；加大社会保障改革力度，全面提高城镇职工基本养老保险水平、城镇基本医疗保险水平、失业保险保障水平、生育保险保障水平、城镇居民最低生活保障水平和农村居民最低生活保障水平；加快社会公平机制建设，削弱过大的分配差别、城乡收入差距和贫富差距。

四 消除资源环境系统中瓶颈的举措

吉林省消除资源环境系统中的瓶颈，要做好如下5个方面的工作：（1）充分利用矿产资源蕴藏丰富的优势，加快采矿业机械化、机械设备自动化、自动设备的智能化发展步伐，同时要加快采矿业管理机制现代化。(2) 加快生产设备的节能降耗减排的升级改造，提高能源生产效率。(3) 降低工业废水、废气和废渣的排放量，提高工业固体废弃物综合利用能力，提高工业污染源治理投资。(4) 加大城市公共绿地建设力度，优化城市宜居环境。(5) 加大湿地和自然保护区建设力度，留住整个吉林省的青山绿水生态环境。而解决这些问题的重中之重是提高资源利用效率，减少产业耗能，加快污染治理。为此，我们提出如下几点建议。

(一) 落实"绿水青山就是金山银山"的理念

制定实施规划和政策意见，启动污染治理攻坚行动。全面抓好中央环保督察反馈问题整改，带动生态环境整体改善。管住污染源，重点突击，加大力度。

(二) 加强大气污染防治

下大气力治理雾霾，城市环境空气质量优良天数比例超过国家要求77%的目标，建成25个秸秆综合利用重点项目。

(三) 深化完善"河长制""湖长制"

健全配套专业巡检制度和治理举措，推进松花江、东辽河、伊通河、浑江等重点流域治理，确保城镇供水水源地水质达标。

(四) 搞好农业面源污染防治

加快建设18个低碳能源示范县，加强市县天然气储气能力建设，新增电能清洁供暖面积800万平方米。

(五) 推动污水提标改造和生活垃圾无害化处理设施建设

完成生态保护红线划定工作，统筹搞好山水林田湖草生态保护修复国家试点。全面完成国有林场改革主要任务，清收还林25万亩。加快建设东北虎豹国家公园。完成省以下环保机构监测监察执法垂直管理制度改革，启动省级环保督察工作。

五 消除科教信息系统中瓶颈的举措

吉林省消除科教信息系统中的瓶颈，要做好如下4个方面的工作：(1) 加大教育财政投入力度，优化普通高中学校的教师配置，解决当前低师生比的状况。(2) 加大研发投入强度，提高专利授权数。(3) 加大网络、电视和电话终端基础设施建设力度，提高网络覆盖率、电视收视率和电话使用率。（4）加大对信息产业的投入力度，提高信息产业产值比重。而解决这些问题的重中之重是确立创新驱动发展战略。为此提出如下几点建议。

（一）加快科技创新步伐

深化科技体制改革，落实科研机构和高校科研自主权，赋予科研单位及研发人员更大的科研成果收益权和技术路线决策权。实施科研投入提升计划，支持企业提高研发支出占比。有效运用研发费用加计扣除等税收政策，促进企业研发创新活动。充分发挥专利保险功能作用，搞好知识产权保护。推进创新体系建设，科学布局项目和平台，打造一批科技"小巨人"企业，向培育形成"独角兽"企业方向迈进。抓好现有30个省级中试中心，新建8个省重点实验室。

（二）支持长春光机所、应化所创新基地建设

鼓励各级政府与企业联合建设"双创"基地，推动国家自主创新示范区获批。继续抓好重点院校科技成果转化试点，争取长吉图国家科技成果转移转化示范区获批。实施一批重大科技研发项目，推进吉林大学"大科学"工程建设。

（三）深化军民科技协同创新

加快精密仪器与装备、战术车辆、碳纤维等领域军民融合项目建设。推动省内重点创新园区与国内外重点创新园区的长期互动合作，进一步聚合创新要素，让创新发生链式反应。

（四）加强人才队伍建设

实行更加积极、更加开放、更加有效的人才政策，实施重大科技项目研发人才团队支持计划。建设一批高等院校工程创新训练中心，培养高素质应用型人才。开展高层次人才创业基地支持计划，搞好人才管理改革试验。建设留学人员创业园，千方百计吸引域外院士、"千人计划"专家、知名企业家到吉林省发展。加大政策吸引力度，在高端人才薪酬、聘用、落籍等方面研究出台具体举措。弘扬企业家精神，培养一批优秀企业家。建立各级各类人才协调服务机制，形成识才、爱才、用才、容才、聚才的浓厚氛围。

第十一章

辽宁省经济发展方式转变现状、瓶颈及对策研究

辽宁省是中国重要的重工业基地、教育强省、农业强省，是中国工业门类较为齐全的省份，中国最早实行对外开放政策的沿海省份之一。辽宁省也是中国近代开埠最早的省份之一，是中华民族和中华文明的重要发源地之一。新中国工业崛起的摇篮，为中国改革开放做出了贡献，被誉为"共和国长子""东方鲁尔"。2017年3月，辽宁省与江苏省建立对口合作机制全面振兴辽宁新经济。2017年3月31日，国务院批准中国（辽宁）自由贸易试验区在沈阳、大连、营口三市设立片区，标志着辽宁成为国家第三批自由贸易试验区。辽宁省积极参与"一带一路"建设，创建辽宁"一带一路"建设综合试验区和中国—中东欧国家合作示范区。推动综合交通运输国际大通道建设，提升中欧班列影响力，深化沿线大通关合作。推进"一带一路"沿线国家重点工业园区建设，带动更多辽宁装备、技术和服务走出去，对外投资增长幅度高于全国平均水平。但随着市场化进程的加快和改革日益深入，辽宁老工业基地的机制性和结构性等深层矛盾开始显现，诸如国有企业效益总体下滑、下岗失业人员急剧增加、困难群体比例上升、财政负担日趋沉重等难题集中暴露出来，实现经济发展方式转变的任务仍十分艰巨。

第一节 辽宁省经济发展方式转变能力测度及横向对比

一 辽宁省经济发展方式转变能力综合得分

利用公式（1.15）计算出 31 个省、市、自治区经济发展方式转变能力的综合得分，再通过简单平均的方法计算出辽宁、东北地区和全国的综合得分，结果见表 1-2 和图 11-1。

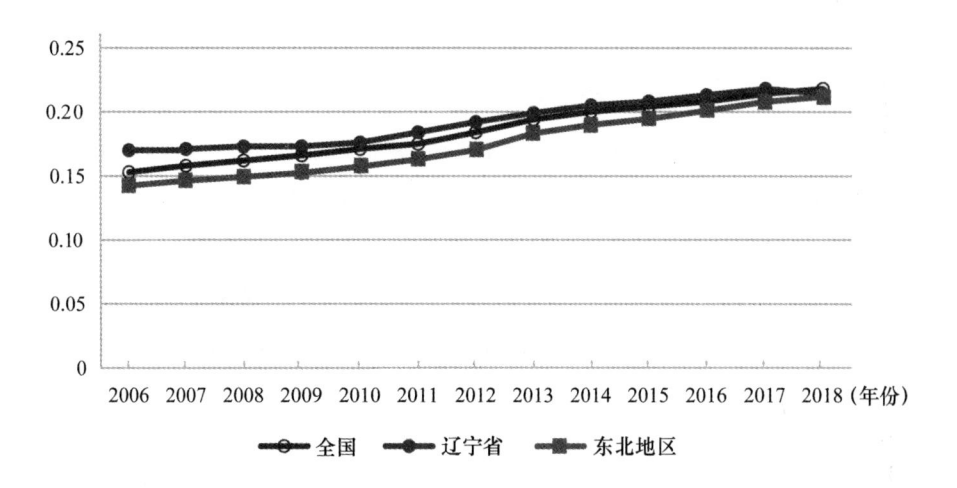

图 11-1 辽宁省、东北地区及全国经济发展方式转变能力综合得分对比

由图 11-1 可知，2006—2018 年辽宁省和其所在的东北地区及全国的经济发展方式转变能力都处于上升阶段。辽宁省的经济发展方式转变能力与全国平均水平较为接近，2006—2009 年，辽宁省经济发展方式转变能力略高于全国平均水平，2010—2018 年几乎与全国平均水平趋同，同时其经济发展方式转变能力明显高于东北地区平均值。总体而言，辽宁的经济发展方式转变能力呈下降趋势，居全国省份的中等偏上水平和明显高于东北三省的平均水平。

二 经济发展方式转变能力综合得分横向比较的瓶颈分析

通过综合得分情况分析我国东北地区几个省份,效果比较好,但要分析辽宁省和全国其他地区发展存在一定困难。因此,对一级指标进行分析,以便准确找到制约辽宁经济发展方式转变能力的因素。根据表11-1可知,2006—2018年,要素系统优化能力、产业系统优化能力、人文社会系统优化能力、资源环境系统优化能力和科教信息系统优化能力的提高幅度分别为-0.0016983、-0.0031706、0.0211766、-0.0019589和0.0299943。可见,要素系统、产业系统和资源环境系统优化能力是制约辽宁省经济发展方式转变能力提升的主要因素。2018年,辽宁省经济发展方式转变能力提升的主要贡献是人文社会系统和科教信息系统。

用一级指标分析经济发展方式转变的瓶颈过于粗放,且各省之间存在诸如要素和产业优化不足、资源环境约束等共性问题,而各省面临的重点难点又有所不同。因此,对二级指标进行分析以便有针对性地破解发展瓶颈。由表1-5可知,辽宁省2018年要素空间、要素流动、人的发展、环境污染排名较靠后,分别排在第19位、第31位、第20位、第26位,存在明显的发展方式转变瓶颈,需要引起足够的重视。

第二节 辽宁省经济发展方式转变能力现状

根据经济发展方式转变能力指标体系中的5个一级指标的省级层面对比可以看出,辽宁省的经济发展方式转变能力居全国中等偏上水平。

表11-1　辽宁省经济发展方式转变能力一级指标得分情况

	要素系统	产业系统	人文社会系统	资源环境系统	科教信息系统	总得分
2006年	0.0286942	0.0484801	0.0245005	0.0412672	0.0266228	0.1695648
2007年	0.0287540	0.0472912	0.0260148	0.0422337	0.0265329	0.1708266
2008年	0.0284646	0.0461837	0.0271674	0.0436905	0.0273097	0.1728159
2009年	0.0286811	0.0449470	0.0284857	0.0403815	0.0306153	0.1731106

续表

	要素系统	产业系统	人文社会系统	资源环境系统	科教信息系统	总得分
2010 年	0.0280860	0.0453129	0.0306097	0.0388565	0.0328070	0.1756721
2011 年	0.0294220	0.0471095	0.0321367	0.0386110	0.0368814	0.1841607
2012 年	0.0302805	0.0473399	0.0341871	0.0396143	0.0410119	0.1924337
2013 年	0.0296956	0.0481446	0.0373147	0.0396106	0.0446830	0.1994484
2014 年	0.0307883	0.0482567	0.0389475	0.0396119	0.0470081	0.2046126
2015 年	0.0304747	0.0491166	0.0400929	0.0394964	0.0486753	0.2078560
2016 年	0.0301715	0.0494611	0.0429738	0.0410434	0.0495456	0.2131953
2017 年	0.0286787	0.0497921	0.0442028	0.0401807	0.0554099	0.2182642
2018 年	0.0269959	0.0453096	0.0456771	0.0393083	0.0566172	0.2139080
增幅	-0.0016983	-0.0031706	0.0211766	-0.0019589	0.0299943	0.0443432

由图11-2可看出，辽宁省经济发展方式转变能力一级指标中，要素系统优化能力、产业系统优化能力和资源环境系统优化能力几乎没有提升，人文社会系统和科教信息系统的优化能力一直快速提升。

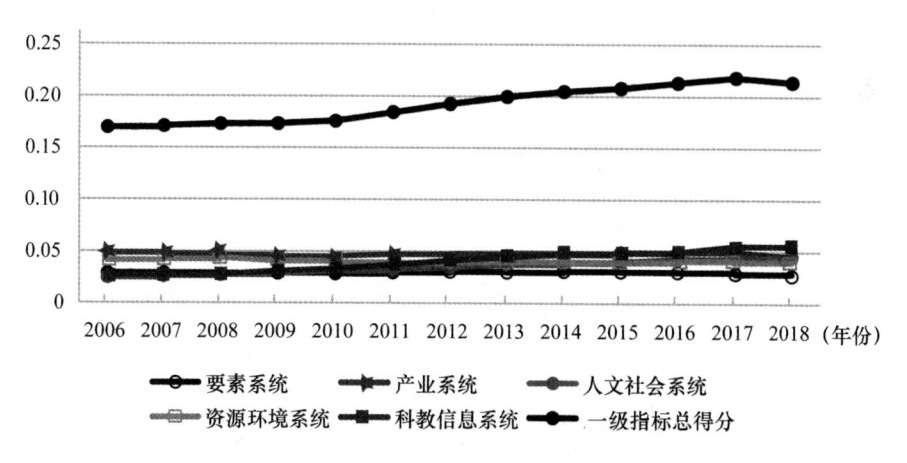

图 11-2 辽宁省经济发展方式转变能力一级指标得分变化情况

2018年，辽宁省的要素系统优化能力在全国排名较总体发展方式转变能力在全国排名靠后，说明要素系统拉低了辽宁省经济发展方式转变能力，这是短板，需尽快补齐。产业系统优化能力在全国排名第 13 位，较发展方式转变能力综合指标的排名靠前，说明产业系统对综合能力具有促进作用，进一步提升辽宁省经济发展方式转变能力可以从产业系统突破。人文社会系统优化能力在全国排名第 13 位，较发展方式转变能力综合得分排名靠前，说明人文社会系统对辽宁省经济发展方式转变能力有一定的促进作用。资源环境系统优化能力在全国排名第 11 位，同样较发展方式转变能力综合得分排名靠前，说明资源环境系统对辽宁省经济发展方式转变能力有一定的支撑作用。科教信息系统优化能力在全国排名第 13 位，较发展方式转变能力综合得分排名靠前，说明科教信息系统对辽宁省经济发展方式转变能力有一定的促进作用。

总体来看，5 个一级指标中产业系统、人文社会系统、资源环境系统和科教信息系统对辽宁省的发展方式转变能力有正向拉动作用，而要素系统对辽宁省的发展方式转变能力有阻碍作用。

一 辽宁省要素系统优化能力

由表 11 - 2 可以看出，近年来辽宁省要素系统优化能力略有下降，2016 年开始下降较为明显。从增幅来看，要素结构增幅为正，要素空间和要素流动的增幅均为负，表明辽宁省要素空间优化能力和要素流动能力在变弱，尽管要素结构优化能力有所增强，但其增强力度不及要素空间优化能力和要素流动能力的削弱，以至于辽宁省要素系统的优化能力在最近几年总体呈下降趋势。

表 11 - 2　　辽宁省2006—2018 年要素系统优化能力及其二级指标得分

	要素结构	要素空间	要素流动	总得分
2006 年	0.008329	0.017341	0.003025	0.028694
2007 年	0.008399	0.017694	0.002661	0.028754
2008 年	0.007787	0.018248	0.002429	0.028465
2009 年	0.007404	0.018618	0.002659	0.028681
2010 年	0.006585	0.019014	0.002487	0.028086
2011 年	0.007202	0.019508	0.002712	0.029422

续表

	要素结构	要素空间	要素流动	总得分
2012 年	0.007008	0.02061	0.002663	0.030281
2013 年	0.006931	0.020465	0.002299	0.029696
2014 年	0.007385	0.020869	0.002534	0.030788
2015 年	0.007091	0.020997	0.002387	0.030475
2016 年	0.007392	0.020643	0.002137	0.030171
2017 年	0.007854	0.018899	0.001925	0.028679
2018 年	0.009451	0.016166	0.001379	0.026996
增幅	0.001122	-0.001175	-0.001646	-0.001698

由图11-3可知，辽宁省发展速度变动幅度较不稳定，尤其是近年有明显的下降趋势。从未来趋势看，辽宁省应注重经济发展对地方的反馈作用，提高生产质量与效率，积极打破辽宁省经济发展方式转变的瓶颈。

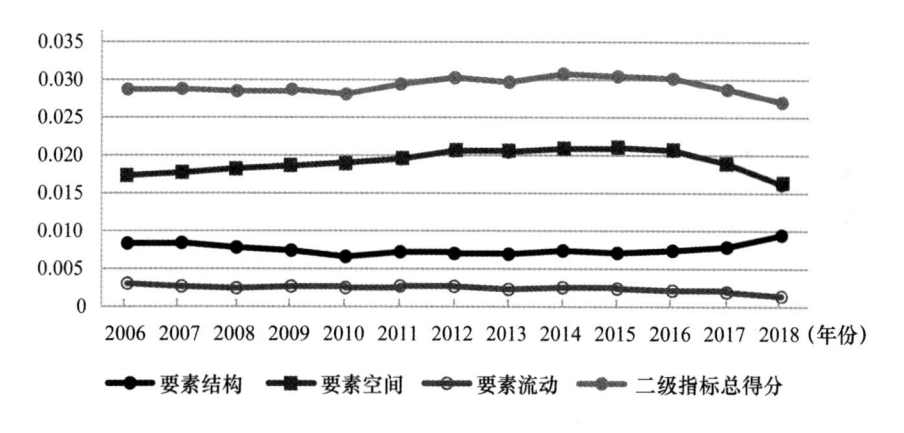

图 11-3 2006—2018年辽宁省要素系统优化能力及其二级指标变化情况

2018年，虽然辽宁省要素系统在全国排名第19位，但要素结构优化能力在全国排名第7位，要素空间优化能力在全国排名第19位，要素流动能力在全国排名第31位。可见，拉低要素系统优化能力的根本原因在于要素流动能力过弱。

（一）要素结构优化能力

2018年，要素结构优化能力中的要素投入结构在全国排名第9位，要素动力结构在全国排名第3位。说明拉低要素结构优化能力的主要是要素投入结构。

1. 要素投入结构优化能力

2018年，辽宁省要素投入结构中单位GDP中的资本存量与就业人数比在全国排名第16位，单位GDP中的单位就业者的农工商业土地使用面积在全国排名第11位，单位GDP中的单位就业者的能耗节约量在全国排名第18位，单位GDP中的单位就业者拥有的技术交易金额在全国排名第10位。可见资本存量、农工商业土地使用面积、能耗节约、技术投入这些因素全部拉低了要素投入结构优化能力。

2. 要素动力结构优化能力

2018年，辽宁省要素动力结构中劳动力结构对经济的拉动贡献率排在全国的第1位，资本存量结构对经济的拉动贡献率排在全国的第23位，技术结构对经济的拉动贡献率排在全国的第30位，投资率对经济的拉动贡献率排在全国第5位，消费率对经济的拉动贡献率排在全国第10位。可见，资本存量结构贡献率和技术结构贡献率是拉低要素动力结构优化能力的主要因素。

（二）要素空间优化能力

2018年，辽宁省在全国排名第19位的要素空间优化能力中，要素城乡结构优化能力在全国排名第8位，要素区域结构优化能力在全国排名第21位。可见，要素区域结构优化能力稍微削弱了辽宁省的要素空间优化能力。

1. 要素城乡结构优化能力

2018年，辽宁省在要素城乡结构中单位GDP中的城镇就业人数占总就业人数的比重在全国排名第11位，城镇全社会固定资产投资占全社会固定资产投资比重在全国排名第31位，城镇建设用地面积占生产用地面积比重在全国排名第7位。可见拉低要素城乡结构优化能力的根本原因在于社会固定资产投资的城乡结构不合理。

2. 要素区域结构优化能力

2018年，在要素区域结构中，辽宁省劳动力就业占全国劳动力就业量比重在全国排名第 15 位，固定资产投资占全国固定资产投资比重排在全国第 27 位，土地利用总面积占全国土地利用总面积比重排在全国第 20 位，DEA 技术效率占全国的比重排在全国第 22 位。可见，DEA 技术效率和固定资产投资的区域结构优化能力拉低了要素区域结构优化能力。

（三）要素流动优化能力

2018 年，辽宁省全国排名第 31 位的要素流动能力中，要素部门间流动、要素城乡间流动和要素区域间流动在全国的排名分别为第 31 位、第 30 位、第 31 位。可见，制约辽宁省要素流动优化能力的主要是要素区域间流动能力和要素部门间流动能力。

1. 要素部门间流动能力

2018 年，要素部门间流动能力中辽宁省的劳动力部门间流动能力在全国排名第 31 位，资本的部门间流动能力在全国排名第 30 位。可见拉低要素部门间流动能力的根本要素在于劳动力部门间流动性较弱。

2. 要素城乡间流动能力

2018 年，要素城乡间流动能力中辽宁省的劳动力城乡间流动能力在全国排名第 29 位，资本城乡间流动能力排在全国第 31 位，两者排位都很靠后。

3. 要素区域间流动能力

2018 年，要素区域间流动能力中辽宁省的劳动力区域间流动能力在全国排名第 31 位，资本区域间流动能力在全国排名第 31 位，技术区域间流动能力在全国排名第 19 位。可见，2018 年辽宁省的劳动力区域间流动能力和资本区域间流动能力较弱，两者严重拉低了要素区域间流动能力。

二 辽宁省产业系统优化能力

由表 11-3 可以看出，辽宁省产业系统优化能力得分略有下降，2006—2009 年出现一次明显下降，2009—2011 年出现了明显上升，之后处于基本稳定状态，但是 2017—2018 年出现了明显下降。产业结构优化能力逐年下降，产业空间优化能力在 2017—2018 年有明显下降，产业效益提升能力有所上升，但最终这 3 个指标每年的得分基本持平。由此可见，辽宁省的产业空间优化能力不高且趋于下降，是阻碍辽宁省产业系统优化的瓶颈。

表11-3 辽宁省2006—2018年产业系统优化能力及其二级指标得分

	产业结构	产业空间	产业效益	总得分
2006年	0.021505	0.020068	0.006906	0.04848
2007年	0.019908	0.020454	0.006929	0.047291
2008年	0.018931	0.020368	0.006884	0.046184
2009年	0.018218	0.019778	0.006952	0.044947
2010年	0.018094	0.020156	0.007063	0.045313
2011年	0.019038	0.020951	0.00712	0.04711
2012年	0.018682	0.021328	0.00733	0.04734
2013年	0.018847	0.02162	0.007678	0.048145
2014年	0.018335	0.022038	0.007884	0.048257
2015年	0.018776	0.021925	0.008415	0.049117
2016年	0.019366	0.021467	0.008629	0.049461
2017年	0.020132	0.02051	0.00915	0.049792
2018年	0.020273	0.015728	0.009308	0.04531
增幅	-0.001232	-0.004340	0.002401	-0.003171

由图11-4可以看出，在影响产业系统优化能力的二级指标中，产业空间优化能力在2007年超过产业结构优化能力之后，到2018年又被产业结构优化能力反超，2018年产业结构优化能力得分排在第1位，其次是产业空间优化能力，最后是产业效益提升能力，产业结构优化能力和产业效益提升能力均呈现出缓慢提高趋势。

同样地，虽然辽宁省产业系统优化能力2018年在全国排名第13位，但产业结构优化能力在全国排名第12位，产业效益提升能力在全国排名第11位，产业空间优化能力在全国排名第12位。可见，拉低产业系统优化能力的根本原因在于产业结构优化能力、产业效益提升能力和产业空间优化能力都偏弱。

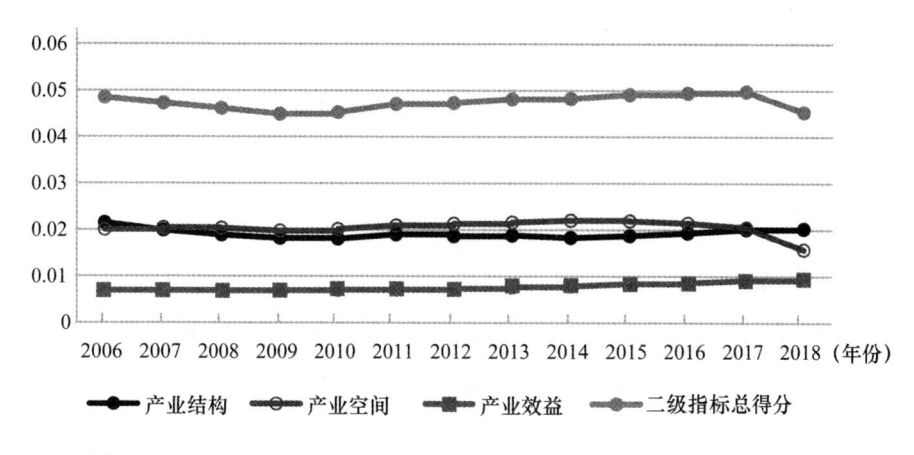

图 11-4　2006—2018 年辽宁省产业系统优化能力及其二级指标变化情况

（一）产业结构优化能力

产业结构优化能力主要是指三次产业结构的优化能力，2018 年，其在全国排名第 12 位，包括以下下一级指标，它们在全国的排名：第二产业城镇单位就业人员比重第 15 名，第三产业城镇单位就业人员比重第 21 名，第二产业全社会固定资产投资比重第 21 名，第三产业全社会固定资产投资比重第 14 名，第二产业土地利用面积比重第 6 名，第三产业土地利用面积比重第 7 名，第一产业 DEA 技术效率第 20 名，第二产业 DEA 技术效率第 29 名，第三产业 DEA 技术效率第 14 名，服务业增长率第 31 名，第三产业增加值占 GDP 比重第 10 名。从中可以看出，第三产业城镇单位就业人员比重、第二产业全社会固定资产投资比重、第二产业 DEA 技术效率、服务业增长率这 4 个指标排名最靠后，说明它们拉低了产业结构优化能力的得分，存在瓶颈效应。

（二）产业空间优化能力

2018 年，辽宁省产业空间优化能力全国排名第 12 位，其下一级指标产业区域布局能力在全国排名第 12 位，产业城乡布局能力在全国排名第 16 位，产品市场结构调整能力在全国排名第 27 位。可见，辽宁省的产品市场结构调整能力在全国排名很靠后，存在瓶颈效应。

1. 产业区域布局能力

在产业区域布局能力的下一级指标中，2018 年，辽宁省 GDP 占全国

GDP 份额在全国排名第 14 位，辽宁省第一产业增加值占全国第一产业增加值比重在全国排名第 14 位，辽宁省第二产业增加值占全国第二产业增加值比重在全国排名第 15 位，辽宁省第三产业增加值占全国第三产业增加值比重在全国排名第 13 位。可见，辽宁省的第二产业增加值在全国的占有份额较小，影响了产业区域布局能力。

2. 产业城乡布局能力

衡量产业城乡布局能力可以用农村在国民经济中地位的负向程度表示，于是采用第一产业增加值占地区生产总值（GDP）比重的倒数表示，经计算其 2018 年在全国排名第 16 位。

3. 产品市场结构调整能力

由负向外贸依存度和负向外资依存度衡量。2018 年，辽宁省的计算结果显示前者在全国排名第 24 位，后者在全国排名第 29 位。

（三）产业效益提升能力

产业效益提升能力包括物质消耗效益提升能力、劳动消耗效益提升能力和资本消耗效益提升能力，2018 年，它们在全国的排名分别为第 20 位、第 4 位和第 14 位。

1. 物质消耗效益提升能力

该指标用能源产出率——GDP 与能源消耗总量之比衡量，辽宁 2018 年的数据显示其在全国排名第 20 位。显然该指标具有较大的瓶颈性。

2. 劳动消耗效益提升能力

该指标用劳动生产率——GDP 与就业人数之比衡量，辽宁 2018 年的数据显示其在全国排名第 4 位。

3. 资本消耗效益提升能力

该指标用资本产出率——GDP 与资本存量的比值衡量，辽宁 2018 年的数据显示其在全国排名第 14 位。该指标同样具有较大的瓶颈性。

三　辽宁省人文社会系统优化能力

由表 11-4 反映人文社会系统优化能力的指标中可以看出，人的发展、民生保障得分有所上升，社会公平得分有所下降。辽宁省在 2012 年以前民生保障能力低于人的发展能力，在 2012 年以后民生保障能力超过人的发展能力成为最大贡献指标,其次是人的发展能力,最后是维持社会公平能力。

表 11-4　辽宁省 2006—2018 年人文社会系统及其二级指标得分

	人的发展	民生保障	社会公平	总得分
2006 年	0.010253	0.007402	0.006845	0.024500
2007 年	0.011263	0.008344	0.006408	0.026015
2008 年	0.012007	0.008949	0.006212	0.027167
2009 年	0.012654	0.009696	0.006136	0.028486
2010 年	0.012623	0.011559	0.006428	0.030610
2011 年	0.013330	0.012375	0.006432	0.032137
2012 年	0.014039	0.013308	0.006840	0.034187
2013 年	0.013993	0.016589	0.006733	0.037315
2014 年	0.014417	0.017893	0.006638	0.038947
2015 年	0.015267	0.018354	0.006472	0.040093
2016 年	0.016620	0.020026	0.006328	0.042974
2017 年	0.016755	0.021076	0.006372	0.044203
2018 年	0.017216	0.022243	0.006218	0.045677
增幅	0.006962	0.014841	-0.000627	0.021177

由图 11-5 可以看出,2012 年以前人的发展能力得分最高,2012 年以后民生保障能力快速发展成为贡献最大的指标;其次是人的发展能力,呈现出逐年平稳上升趋势;得分最低的是维持社会公平能力,2006—2018 年,维持社会公平能力略有下降,该指标可能会制约人文社会系统优化能力的提升。

(一)人的发展能力

包括生存条件、生活水平、素质修养和自由发展 4 个方面,2018 年辽宁省的人的发展能力在全国排名第 20 位,其下一级 4 个指标分别排在第 30 位、第 10 位、第 16 位、第 11 位。

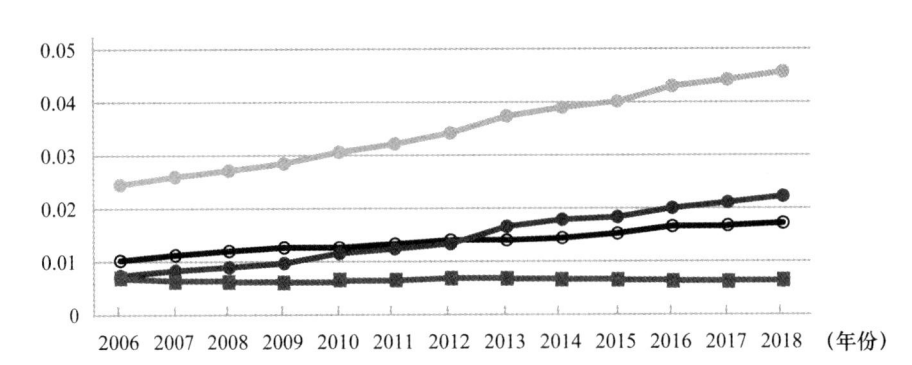

图 11-5　2006—2018 年辽宁省人文社会系统优化能力及其二级指标变化情况

1. 生存条件

包括人口自然增长率和人口平均预期寿命，辽宁 2018 年的这两个指标在全国的排名分别为第 30 位和第 8 位。

2. 生活水平

用个人消费水平、负向的城镇恩格尔系数和负向的农村恩格尔系数表示，辽宁省的这 3 个指标 2018 年在全国的排名分别为第 10 位、第 8 位和第 2 位。

3. 素质修养

包括识字率、在校高等受教育率和在校高中受教育率，辽宁省的这 3 个指标 2018 年在全国的排名分别为第 2 位、第 9 位和第 25 位。

4. 自由发展

用广播节目综合人口覆盖率和电视节目综合人口覆盖率表示，辽宁省 2018 年的这两个指标在全国的排名分别为第 11 位和第 13 位。

（二）民生保障能力

民生保障能力包括就业保障能力、医疗保障能力、住房保障能力和社会保障能力。2018 年，辽宁省的民生保障能力在全国排名第 11 位，其下的就业保障能力、医疗保障能力、住房保障能力和社会保障能力分别为第 31 位、第 3 位、第 23 位和第 9 位。

1. 就业保障能力

包括劳动力参与能力和工资增长弹性，辽宁的就业保障能力2018年在全国排名第31位，其下的两个四级指标在全国的排名分别为第25位和第31位。

2. 医疗保障能力

用每万人口拥有的医生数和每万人口拥有的床位数表示，辽宁省2018年的医疗保障能力居全国第3位，其下的两个四级指标分别居全国的第8位和第2位。

3. 住房保障能力

包括城镇住房保障能力和农村住房保障能力，辽宁2018年的住房保障能力居全国第23位，其下的城镇住房保障能力和农村住房保障能力分别居全国的第27位和第23位。

4. 社会保障

包括城镇职工基本养老保险水平、城镇基本医疗保险水平、失业保险保障水平、工伤保险保障水平、生育保险保障水平、城镇居民最低生活保障水平和农村居民最低生活保障水平7个指标。2018年辽宁省的社会保障能力在全国排名第9位，其下的7个四级指标在全国的排名分别为第14位、第13位、第19位、第14位、第12位、第8位和第18位。

（三）维持社会公平能力

维持社会公平能力包括削弱分配差别能力、缩小城乡收入差距能力和缩小贫富差距能力3个下一级指标。2018年，辽宁省维持社会公平能力在全国排名第15位，其下的削弱分配差别能力、缩小城乡收入差距能力和缩小贫富差距能力在全国的排名分别为第6位、第16位和第27位。

削弱分配差别能力用负向基尼系数表示，缩小城乡收入差距能力用负向的城镇居民人均可支配收入/农村居民人均可支配收入表示，缩小贫富差距能力用正向的相对贫困程度表示。2018年，辽宁省这3个指标在全国的排名分别为第6位、第16位和第27位。

四 辽宁省资源环境系统优化能力

从表11-5可以看出，辽宁省的资源环境系统呈波浪式下降，对资源环境系统贡献最大的是生态建设，其次是资源条件，再次是环境治理，最后是环境污染。

表11-5　辽宁省2006—2018年资源环境系统及其二级指标得分

	资源条件	环境污染	环境治理	生态建设	总得分
2006年	0.015906	0.002244	0.011442	0.011675	0.041267
2007年	0.015948	0.002101	0.012732	0.011453	0.042234
2008年	0.015985	0.002167	0.014140	0.011398	0.043691
2009年	0.015832	0.002172	0.011040	0.011337	0.040381
2010年	0.015860	0.002195	0.009442	0.011359	0.038856
2011年	0.015392	0.002314	0.009185	0.011720	0.038611
2012年	0.015823	0.002336	0.008949	0.012506	0.039614
2013年	0.014707	0.002107	0.010128	0.012668	0.039611
2014年	0.014286	0.002121	0.010642	0.012563	0.039612
2015年	0.013517	0.002205	0.010054	0.013720	0.039496
2016年	0.013849	0.002082	0.011449	0.013664	0.041043
2017年	0.013496	0.002119	0.010891	0.013675	0.040181
2018年	0.012944	0.002221	0.010449	0.013694	0.039308
增幅	-0.002963	-0.000022	-0.000993	0.002019	-0.001959

由图11-6可以看出，资源条件指标2006—2012年变动幅度不明显，但此后下降趋势明显；环境污染指标基本呈水平状，说明辽宁省的环境污染状况处于相对稳定状态；环境治理指标2006—2008年有显著提升，2008—2010年有所下降，此后略有提升；生态建设指标2006—2018年一直处于缓步提升状态。2018年，辽宁省的资源条件、环境污染程度、环境治理能力和生态建设能力在全国排名分别为第14位、第26位、第8位和第9位。

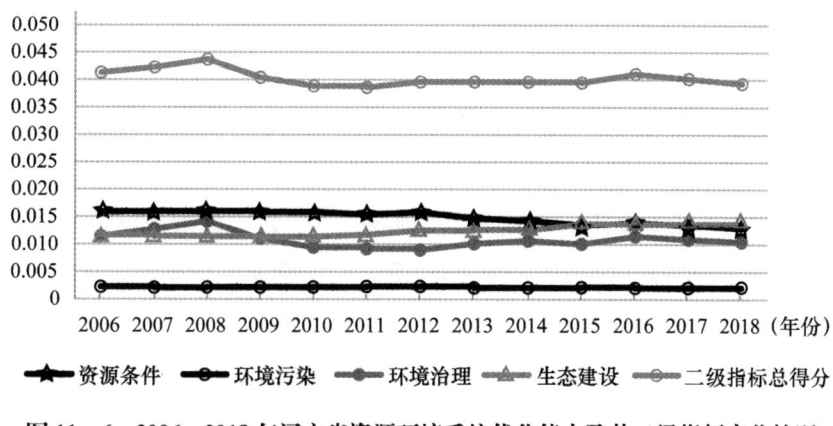

图 11-6　2006—2018 年辽宁省资源环境系统优化能力及其二级指标变化情况

（一）资源条件

资源条件包括资源禀赋条件、资源消耗程度和资源利用能力 3 个下一级指标。2018 年，辽宁省的资源禀赋条件、资源消耗程度和资源利用能力在全国排名分别为第 11 位、第 19 位和第 20 位。

1. 资源禀赋条件

用采矿业城镇单位就业人员比重、采矿业全社会固定资产投资比重和能源产量衡量。2018 年辽宁省的这 3 个指标在全国排名分别为第 10 位、第 11 位和第 13 位。

2. 资源消耗程度

采用人均用水量、工业用水量占用水总量比重、农用地面积和建设用地面积 4 个指标表示。2018 年，辽宁省的人均用水量、工业用水量占用水总量比重、农用地面积和建设用地面积在全国排名分别为第 22 位、第 19 位、第 20 位和第 9 位。

3. 资源利用能力

资源利用能力采用碳排放率表示，2018 年辽宁省的资源利用能力在全国排名第 20 位，碳排放率在全国排名第 20 位。

（二）环境污染程度

环境污染程度指标包括工业废水排放量、工业废气排放量、工业固体废弃物产生量和人均生活垃圾清运量4个下一级指标。2018年,辽宁省环境污染程度全国排名第26位,其下一级指标中的工业废水排放量、工业废气排放量、工业固体废弃物产生量和人均生活垃圾清运量在全国排名分别为第24位、第27位、第27位和第27位。

(三)环境治理能力

环境治理能力包括环境治理投资强度、工业污染源治理投资/环境污染治理投资、工业废水排放减少率、工业废气排放减少率、工业固体废弃物综合利用率和生活垃圾无害化处理率6个指标。2018年,辽宁省环境治理能力排名全国第8位,其6个下一级指标分别在全国排名第24位、第9位、第21位、第17位、第4位和第25位。

(四)生态建设能力

生态建设能力用人均公共绿地面积、建成区绿化覆盖率、森林覆盖率、湿地面积占辖区面积比重和自然保护区面积占辖区面积比重5个指标描述。2018年,辽宁省的生态建设能力在全国排名第9位,其下一级5个指标在全国的排名分别为第23位、第26位、第14位、第9位和第7位。

五 辽宁省科教信息系统优化能力

从表11-6可以看出,科教信息系统优化能力指标是5个一级指标中权重最大的指标,辽宁省的科教信息系统转变能力自2006年开始一直处于加速发展阶段。其下一级指标教育水平、技术水平和信息化水平对科教信息系统转变能力的贡献,在2008年以前教育大于信息化,信息化大于技术,2008年以后则是信息化大于教育,教育大于技术。

表11-6　辽宁省2006—2018年科教信息系统及其二级指标得分

	教育	技术	信息化	总得分
2006年	0.011071	0.005795	0.009757	0.026623
2007年	0.010742	0.006201	0.009589	0.026533
2008年	0.010402	0.006232	0.010676	0.027310
2009年	0.010707	0.006946	0.012962	0.030615

续表

	教育	技术	信息化	总得分
2010 年	0.011218	0.006935	0.014654	0.032807
2011 年	0.011620	0.007664	0.017597	0.036881
2012 年	0.012299	0.008567	0.020145	0.041012
2013 年	0.012792	0.009000	0.022891	0.044683
2014 年	0.013122	0.009884	0.024002	0.047008
2015 年	0.013748	0.009939	0.024988	0.048675
2016 年	0.013717	0.009897	0.025932	0.049546
2017 年	0.014102	0.010136	0.031172	0.055410
2018 年	0.014986	0.011785	0.029846	0.056617
增幅	0.003916	0.005990	0.020089	0.029994

由图 11-7 可以看出，2006—2018 年辽宁省的信息化水平提升能力呈加速上升状态，尤其是 2006 年之后上升速度更快；2006—2018 年辽宁省的技术水平提升能力处于低水平增长状态，2006—2018 年辽宁省的教育水平提升能力处于稳定状态，其间仅有微小的提高。2018 年，教育水平提升能力、技术水平提升能力和信息化水平提升能力在全国排名分别为第 7 位、第 13 位和第 14 位。

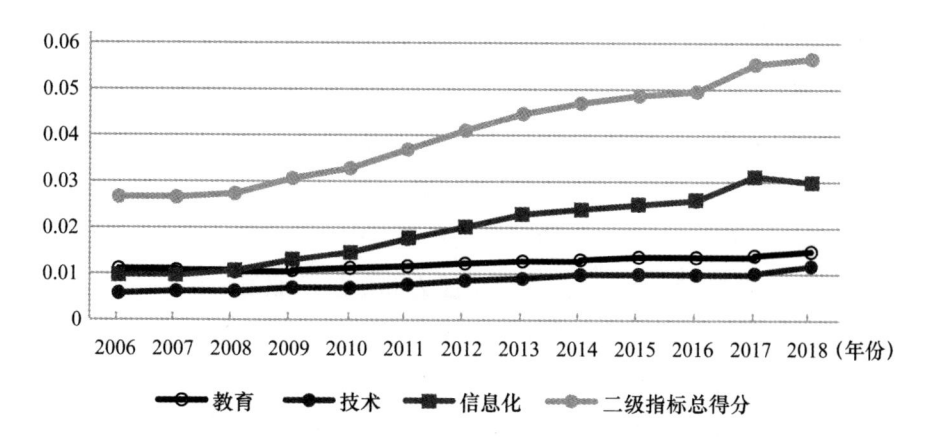

图 11-7 2006—2018 年辽宁省科教信息系统优化能力及其二级指标变化情况

（一）教育水平提升能力

包括教育投入提升能力和教育产出提升能力。2018年，辽宁省的教育投入提升能力和教育产出提升能力分别在全国排名第10位和第9位。

1. 教育投入提升能力

采用教育财政投入强度和负向的普通高等学校生师比、普通高中学校生师比、中等职业学校生师比、普通初中学校生师比、普通小学学校生师比6个指标衡量。2018年，辽宁省的这6个指标在全国排名分别为第23位、第6位、第8位、第10位、第4位和第7位。

2. 教育产出提升能力

采用大学升学率和高中升学率衡量。2018年辽宁省的大学升学率和高中升学率在全国排名分别为第7位和第12位。

（二）技术水平提升能力

技术水平包括技术创新资源、技术创新投入和技术创新产出3个指标。2018年，辽宁省的技术创新资源、技术创新投入和技术创新产出在全国排名均为第13位。

1. 技术创新资源

用科技人员技术创新产出能力投入表示，2018年辽宁省该指标在全国排名第13位。

2. 技术创新投入

用研发投入强度表示，2018年辽宁省该指标在全国排名第13位。

3. 技术创新产出

用国内三种专利授权数和技术市场成交额表示，2018年辽宁省这两个指标在全国排名分别为第15位和第8位。

（三）信息化水平提升能力

信息化水平主要从信息技术应用能力和信息产业发展能力两个角度考虑。2018年辽宁省的信息技术应用能力和信息产业发展能力分别在全国排名第8位和第16位。

1. 信息技术应用能力

采用城镇电脑拥有量、农村电脑拥有量、电话普及率和网络覆盖率4个指标衡量。2018年辽宁省这4个指标在全国排名分别为第18位、第9

位、第 7 位和第 7 位。

2. 信息产业发展能力

采用信息产业劳动力投入比重、信息产业资本投入比重和信息产业产值比重 3 个指标衡量。2018 年辽宁省这 3 个指标在全国排名分别为第 16 位、第 24 位和第 14 位。

第三节　辽宁省经济发展方式转变瓶颈

一　经济发展方式转变能力综合指标情况

辽宁省具有一定的经济发展方式转变能力，但也存在一定的问题。而存在的问题需要从综合指标下面的一级指标、二级指标、三级指标和四级指标层层细化中找出。

二　经济发展方式转变能力一级指标情况及瓶颈

根据表 1-3 可知，辽宁省的要素系统优化能力在全国排名第 19 位，高于东北平均值但低于全国平均水平；产业系统优化能力在全国排名第 13 位，高于东北平均值也略高于全国平均水平；人文社会系统优化能力在全国排名第 13 位，高于东北平均值也略高于全国平均水平；资源环境系统优化能力在全国排名第 11 位，低于东北平均水平，但略高于全国平均水平；科教信息系统优化能力在全国排名第 13 位，略高于全国平均水平，也高于东北平均水平。可见，一级指标中的要素系统优化能力对辽宁省的经济发展方式转变能力具有较强的制约作用。因此，辽宁省经济发展方式转变瓶颈主要存在于要素系统中。

三　经济发展方式转变能力二级指标情况及瓶颈

根据表 1-5 可知，从 2018 年辽宁省的经济发展方式转变能力各二级指标在全国的排名来看，要素空间优化能力、要素流动能力、人的发展能力、环境污染程度分别排名第 19 位、第 31 位、第 20 位、第 26 位，4 个指标在全国排名都靠后，说明对辽宁省经济发展方式转变能力具有制约作用。

因此，从二级指标层面来看，辽宁省经济发展方式转变的瓶颈主要存在于要素空间优化能力、要素流动能力、人的发展能力、环境污染程度当中。

四 经济发展方式转变能力三级指标情况及瓶颈

根据表1-6可知，2018年辽宁省经济发展方式转变能力排名靠后的三级指标有：要素区域分布在全国排名第21位，要素流动分布在全国排名第31位，要素城乡间流动全国排名第30位，要素区域间流动全国排名第31位，产品市场结构调整全国排名第27位，物质消耗效益全国排名第20位，生存条件全国排名第30位，素质修养全国排名第16位，就业提升能力在全国排名第31位，住房保障能力全国排名第23位，缩小城乡收入差距能力全国排名第16位，缩小贫富差距能力全国排名第27位，资源消耗在全国排名第19位，资源利用全国排名第20位，环境污染在全国排名第26位。这15个三级指标明显制约着辽宁省经济发展方式转变能力的提升。

因此，从三级指标层面来看，辽宁省经济发展方式转变瓶颈主要存在于要素区域分布、要素流动分布、要素城乡间流动、要素区域间流动、产品市场结构调整、物质消耗效益、生存条件、素质修养、就业提升能力、住房保障能力、缩小城乡收入差距能力、缩小贫富差距能力、资源消耗、资源利用、环境污染治理能力当中。

五 经济发展方式转变能力四级指标情况及瓶颈

2018年，辽宁省的经济发展方式转变能力四级指标（112个）中，要素系统中的23个四级指标有15个指标在全国排名靠后，它们分别是：单位GDP中的资本存量在全国排名第16位，单位GDP中能源劳动比在全国排名第18位，资本贡献率在全国排名第23位，技术贡献率在全国排名第30位，资本城乡分布能力在全国排名第31位，资本区域分布能力在全国排名第27位，土地区域分布能力在全国排名第20位，技术区域分布能力在全国排名第22位，劳动力部门间流动能力在全国排名第31位，资本部门间流动能力在全国排名第30位，劳动力城乡间流动能力在全国排名第29位，资本城乡间流动能力在全国排名第31位，劳动力区域间流动能力在全国排名第31位，资本区域间流动能力在全国排名第31位，技术区域间流动能力在全国排名第19位。这些指标是制约辽宁省要素系统优化能力的瓶颈。

2018年，辽宁省的经济发展方式转变能力四级指标（112个）中，产业系统中的21个四级指标有8个指标在全国排名靠后，它们分别是：第三产业城镇单位就业人员比重第21位，第二产业全社会固定资产投资比重第21位，第一产业DEA技术效率第20位，第二产业DEA技术效率第29位，服务业增长率第31位，外贸依存度第24位，外资依存度第29位，能源产出率第20位，这些指标是制约辽宁省产业系统优化能力的瓶颈。

2018年，辽宁省的经济发展方式转变能力四级指标（112个）中，人文社会系统中的26个四级指标有10个指标在全国排名靠后，它们分别是：人口自然增长率第30位，在校高中受教育率第25位，失业率第25位，工资增长弹性第31位，城镇住房保障能力第27位，农村住房保障能力第23位，失业保险保障水平第19位，农村居民最低生活保障水平第18位，维持社会公平能力中的缩小城乡收入差距能力第16位，缩小贫富差距能力第27位。这些指标是制约辽宁省人文社会系统优化能力的瓶颈。

2018年，辽宁省的经济发展方式转变能力四级指标（112个）中，资源环境系统中的23个四级指标有14个指标在全国排名靠后，它们分别是：人均用水量第22位，工业用水量第19位，农用地面积第20位，碳排放率第20位，工业废水排放量第24位，工业废气排放量第27位，工业固体废弃物产生量第27位，人均生活垃圾清运量第27位，环境污染治理投资占GDP比重第24位，工业废水排放减少率第21位，工业废气排放减少率第17位，生活垃圾无害化处理率第25位，人均公共绿地面积第23位，建成区绿化覆盖率第26位。这些指标是制约辽宁省资源环境系统优化能力的瓶颈。

2018年，辽宁省的经济发展方式转变能力四级指标（112个）中，科教信息系统中的19个四级指标有4个指标在全国排名靠后，它们分别是：教育财政投入强度第23位，城镇电脑拥有量第18位，信息产业劳动力投入比重第16位，信息产业资本投入比重第24位。这些指标是制约辽宁省科教信息系统优化能力的瓶颈。

第四节 对策建议

辽宁省在经济发展方式转变过程中还面临如下主要瓶颈：（1）要素区域分布；（2）要素部门间流动；（3）要素城乡间流动；（4）要素区域间流动；（5）产品市场结构调整；（6）物质消耗效益；（7）生存条件；（8）素质修养；（9）就业提升能力；（10）住房保障能力；（11）缩小城乡收入差距能力；（12）缩小贫富差距能力；（13）资源消耗；（14）资源利用；（15）环境污染。上述瓶颈引发了辽宁省经济增长难以持续、城市发展缓慢、能源消耗快、土地利用效率低、城乡收入差距过大、固定资产投资效率低、创新投入不足、废弃物排放及环境治理等难题。为了顺利实现辽宁省经济发展方式转变，针对前文分析的要素系统、产业系统、人文社会系统、资源环境系统和科教信息系统中的具体瓶颈，提出如下几点建议。

一 消除要素系统中瓶颈的举措

辽宁省消除要素系统中的瓶颈，要做好如下6个方面的工作：（1）提高资本对经济增长的贡献率；（2）促进技术区域间流动，提高技术交易量；（3）优化劳动力结构，提升劳动力对经济的拉动力；（4）进一步提升城镇劳动力就业率；（5）促进劳动力、资本、土地在区域之间理性流动；（6）提升劳动力、资本在城乡之间的流动性。而解决这些问题的重中之重是提高固定资产投资效率和土地利用效率，改进人才引进和利用方式。为此提出如下建议。

（一）合理配置和有效使用资源，提高投资效率

把投资更多地用于传统产业的智能化、信息化和共享化改造升级上，大力改造和提升传统制造业、先进制造业和现代农业的产能；降低社会交易成本，提高资源配置效率，避免大量的资本投资于无效率或者效率

低下的"错误"产业和企业。统筹城乡、区域、经济社会协调发展，大力发展主要面向生产者的服务业，特别是金融与物流产业，细化深化专业化分工；优化投资结构，合理分布投资的空间与产业配置，在增强投资集聚效应的同时，要避免投资的"马太效应"。避免投资无效化，强化固定资产管理意识。建立行业的有效评估机制，对风险、流动性和收益进行投资项目评估，确定固定资产投资领域。从固定资产采购、验收、使用、定期盘点等方面着手，制定相应制度。

（二）提高土地利用效率

严格控制建设用地标准，建议省发改委和自然资源厅同有关部门研究国家和省内尚未颁布土地使用标准的建设项目、重大战略性新兴产业项目的土地使用标准，制定和完善一批辽宁省地方用地标准；引导土地立体开发利用，在兼顾国防、人防、防灾等需要的前提下，鼓励合理利用地上地下空间，鼓励既有停车资源开放共享，鼓励社会资本采取多种形式投资建设停车楼、地下停车场、机械式立体停车库等集约化停车设施；强化国有土地资产管理，盘活省直机关和中央在辽单位、省属企事业单位土地资产，优化土地利用结构，加大市场配置土地资源力度，提高国有土地使用效率和节约集约程度；推进城镇低效用地再开发，有效盘活农村建设用地等。

（三）重视多种形式的人才引进工作

在大力引进人才的同时，支持企业、园区、学校、科研机构在北上广深、国外人才集中区和其他专业人才集中的地区，建立合作研究机构、研究平台，针对这些高端人才，不一定一步到位为我所有，但能够抢抓机遇为我所用，这也是一个吸引高端人才、有效整合研究力量的好举措。

二 消除产业系统中瓶颈的举措

辽宁省消除产业系统中的瓶颈，要做好如下 5 个方面的工作：（1）增加第二产业和第三产业的用地指标；（2）加快发展第三产业，提升第三产业增加值占 GDP 的比重和占全国第三产业增加值的比重；（3）加快农业供给侧结构性改革步伐，提高农业生产效率，提升第一产业增加值占全国第一产业增加值比重；（4）优化外商投资环境，加大招商引资力度，提高外资企业数量和生产规模；（5）加快生产技术的更新换代，提升物质消耗效益、劳动消耗效益、资本消耗效益、能源产出率、劳动生产率和资本产出率。而解决这些问题的重中之重是推动产业可持续发展。为此提出如下建议。

（一）促进第二产业发展方式转变

1. 坚持工业强省、制造强省，发展壮大新动能，大力振兴实体经济

深入落实新兴产业三年行动计划，运用新技术、新业态、新模式大力改造提升传统产业，推进沈阳创建《中国制造2025》国家级示范区，推进100个智能制造及智能服务试点示范项目，培育10家省级工业电子商务试点企业，做大做强沈阳集成电路、大连应用软件、抚顺石化、本溪生物医药等产业集群。以保障工程质量安全为核心，提高装配式建筑占比，加快建筑业转型发展。弘扬劳模精神、工匠精神，开展质量、品牌提升行动，打造强企名企，叫响"辽宁品牌"。

2. 推进军民融合深度发展

健全办事机构，完善扶持政策，加快推进沈阳、大连、葫芦岛军民融合特色产业基地建设，抓好自主燃气轮机、海洋核动力平台等军民融合示范工程，大力发展民用航空、高技术船舶、卫星应用等军民融合产业。

3. 深入推进农业供给侧结构性改革

坚持质量兴农、绿色兴农、品牌强农，培育壮大优势特色农业。推进农业"三区三园"建设，稳步发展"一乡一业"。大力推进"互联网+农业"，促进农业与旅游、文化、康养等产业融合发展。支持现代农业示范带建设。实施农产品加工业提升行动，农产品加工企业主营业务收入增长7%以上。

4. 努力建设具有国际竞争力的先进装备制造业基地

推进中德高端装备制造园建设，加快民用飞机研发制造平台、海工重型装备产业化建设，装备制造业主营业务收入增长9%。

5. 努力建设国家新型原材料基地

加快沈鞍抚国家产业转型升级示范区建设，推进钢铁、石化、有色金属等行业改造升级，大力发展金属、化工和无机非金属新材料，到

2025年，新材料销售收入占原材料工业的比重达到12%。

（二）促进第三产业发展方式转变

1. 大力推动文化事业和文化产业发展

坚定文化自信，加强思想道德建设。发展哲学社会科学，建好特色新型智库。发展新闻出版、广播影视等事业，加强公共文化设施建设，做好文化惠民工作。支持鞍山岫玉、本溪辽砚、阜新玛瑙、朝阳紫砂等特色产业发展。加强文物保护利用和文化遗产保护传承。

2. 加快发展服务业

努力推进传统服务业模式创新，推进商贸企业连锁化经营，加快沈阳五爱、鞍山西柳、辽阳佟二堡等千亿元市场建设。大力培育港航物流、融资租赁、科技服务等现代服务业。

3. 大力发展旅游业

组建辽宁旅游产业集团，整合旅游要素和资源，加快发展乡村旅游、民宿经济，全域旅游示范区创建单位达到25家，旅游业总收入增长12%以上。用好产业引导基金，吸引带动社会资本，促进产业转型升级。推进企业上市融资，新增本外币贷款2600亿元，实现社会融资3600亿元。支持大连商品交易所发展，切实服务实体经济。

4. 加快网络等基础设施建设

加大网络提速降费力度，加快普及百兆宽带，扩大公共场所免费上网范围。推动电子商务进农村、进社区、进企业，培育20个辽宁特色产业电商平台和运营服务企业。加大政策扶持，破除准入限制，大力促进社会力量提供医疗、养老、教育、文化、体育等服务，组建省健康产业、体育产业集团。

5. 狠抓有效投资，推进重大项目建设

发挥政府投资引导作用，积极争取中央预算内投资，促进民间投资回升向好。实施重大技术改造升级工程，支持企业增加创新投入。开工建设沈白客专，力争京沈客专沈阳至承德、铁岭至本溪高速公路年内建成通车，阜新至科尔沁输变电工程、中石油辽化改造等项目建设完成。积极推进华晨宝马X3、大连恒力石化、抚顺特钢高温合金、兵器集团精细化工及原料工程等重大产业项目建设，加快推进京哈高速绥中至盘锦、沈阳机场二跑道、大连新机场、朝凌高铁、抚顺清原抽水蓄能电站、徐大堡核电一期等重大基础设施项目建设。

（三）促进农业发展方式转变

深入推进农业供给侧结构性改革。坚持质量兴农、绿色兴农、品牌强农，培育壮大优势特色农业。推进农业"三区三园"建设，稳步发展"一乡一业"。大力推进"互联网+农业"，促进农业与旅游、文化、康养等产业融合发展。支持现代农业示范带建设。实施农产品加工业提升行动，农产品加工企业主营业务收入增长7%以上．努力建设现代农业生产基地。坚持农业农村优先发展，推进农业从增产导向转向提质导向，构建现代农业产业体系、生产体系、经营体系。加快建设一批标准化种植、生态化畜禽养殖、绿色化水产养殖、现代化海洋牧场和特色化林下生产示范区，打造具有国际竞争力的优质农产品品牌，努力把辽宁省建设成高标准高质量的绿色粮仓、绿色菜园。

三 消除人文社会系统中瓶颈的举措

辽宁省消除人文社会系统中的瓶颈，要做好如下 6 个方面的工作：（1）鼓励生育，提高人口自然增长率；（2）完善工资增长机制，提高就业率；（3）加大教育事业支持力度，扩大普通高等学校在校人数；（4）加快分配制度的改革，提高劳动者收入；（5）加大保障性住房建设，提高城镇、农村住房保障能力；（6）加快社会公平机制建设，削除过大的分配差别、城乡差距和贫富差距。

四 消除资源环境系统中瓶颈的举措

辽宁省消除资源环境系统中的瓶颈，要做好如下 5 个方面的工作：（1）充分利用矿产资源蕴藏丰富的优势，加快采矿业机械化、机械设备自动化、自动设备的智能化发展步伐，同时要加快采矿业管理机制现代化。（2）加快生产设备的节能降耗减排的升级改造，提高能源生产效率。（3）降低工业废水、废气和废渣的排放量，提高工业固体废弃物综合利用能力，提高工业污染源治理投资。（4）加大城市公共绿地建设力度，优化城市宜居环境。（5）加大湿地和自然保护区建设力度，留住整个辽宁省的青山绿水生态环境。而解决这些问题的重中之重是提高资源利用效率，减少产业耗能，加快污染治理。为此，我们提出如下几点建议。

（一）大力推进污染防治

抓好中央环保督察和国家海洋督察整改落实工作，确保按期完成整改任务。持续打好蓝天保卫战，有序推进煤改气、煤改电，加强各环节衔接，全面取缔县域建成区和工业园区10吨以下燃煤小锅炉。严格管控秸秆焚烧，秸秆综合利用率达到85%以上。全面启动治水工程，积极推行河（湖）长制，集中治理工业园区水污染，加快城市黑臭水体治理和城镇污水处理厂提标改造，推进清洁生产改造和达标排放，单位地区生产总值二氧化碳排放降低3.89%。推进生态建设和保护，加强自然资源资产管理，强化生态功能区保护，完成生态保护红线划定工作，有序推进各类保护区内矿业权退出。加大永久基本农田保护力度，加强水土流失综合治理，全面落实土壤污染防治行动计划。落实自然岸线管控要求，实施围填海限批禁填。推进青山工程，完成人工造林、封山育林和森林抚育303万亩。

（二）着力抓好污染防治

树立和践行绿水青山就是金山银山的理念，统筹山水林田湖草系统治理，推进生产、生活、生态绿色化，深入开展节能减排全民行动，加强重要生态系统保护和修复，推进生态文明体制改革，健全生态文明绩效考核机制。到2025年，全省河流水质优良比例达到55%以上，PM2.5浓度下降到40μg/m³以下，森林覆盖率达到43%以上，让辽沈大地青山常在、绿水长流、蓝天永驻。

五　消除科教信息系统中瓶颈的举措

辽宁省消除科教信息系统中的瓶颈，要做好如下3个方面的工作：（1）加大教育投入力度，优化普通高等学校、普通高中学校、中等职业学校、普通初中学校、普通小学学校的教师配置，解决当前低师生比的状况。（2）加大对信息产业的劳动力投入力度。（3）加大广大农村网络、电视和电话终端基础设施建设力度，提高农村的网络覆盖率、电视收视率和电话使用率。而解决这些问题的重中之重是确立创新驱动发展战略。

为此提出如下几点建议。

(一) 优先发展教育事业

着力解决中小学生课业负担重、"择校热"、"大班额"等突出问题，提高普惠性幼儿园覆盖率，推动城乡义务教育一体化发展，加快普及高中教育。努力提升农村教育、职业教育质量。深入推进高校供给侧结构性改革，加快高校"双一流"建设和职业院校"双高"建设，推进一批地方本科院校向应用型院校转变。

(二) 大力推动文化事业和文化产业发展

坚定文化自信，加强思想道德建设。发展哲学社会科学，建好特色新型智库。发展新闻出版、广播影视等事业，加强公共文化设施建设，做好文化惠民工作。支持鞍山岫玉、本溪辽砚、阜新玛瑙、朝阳紫砂等特色产业发展。加强文物保护利用和文化遗产保护传承。

主要参考文献

一 中文文献

白雪飞：《我国经济发展方式转变协调度研究——基于1995—2010年的数据》，《辽宁大学学报》（哲学社会科学版）2013年第5期。

蔡昉：《中国经济增长如何转向全要素生产率驱动型》，《中国社会科学》2013年第1期。

陈志刚、郭帅：《中国经济发展方式转变的阶段划分与测度》，《中南民族大学学报》（人文社会科学版）2016年第2期。

关皓明、翟明伟、刘大平、王士君：《中国区域经济发展方式转变过程测度及特征分析》，《经济地理》2014年第6期。

何菊莲、张轲、唐未兵：《我国经济发展方式转变进程测评》，《经济学动态》2012年第10期。

李福柱、赵长林：《中国经济发展方式的转变动力及其作用途径》，《中国人口·资源与环境》2016年第2期。

李玲玲、张耀辉：《我国经济发展方式转变测评指标体系构建及初步测评》，《中国工业经济》2011年第4期。

李树、鲁钊阳：《省域经济发展方式转变的测度及影响因素研究》，《云南财经大学学报》2015年第3期。

厉无畏、王慧敏：《创意产业促进经济增长方式转变——机理·模式·路径》，《中国工业经济》2006年第11期。

林卫斌、苏剑、周晔馨：《经济发展方式转变：加快还是减缓——基于能源环境视角的测度与分析》，《经济学家》2016年第2期。

林毅夫、苏剑:《论我国经济增长方式的转换》,《管理世界》2007 年第 11 期。

彭宜钟、童健、吴敏:《究竟是什么推动了我国经济增长方式转变》,《数量经济技术经济研究》2014 年第 6 期。

任保平、郭晗:《经济发展方式转变的创新驱动机制》,《学术研究》2013 年第 2 期。

唐未兵、傅元海、王展祥:《技术创新、技术引进与经济增长方式转变》,《经济研究》2014 年第 7 期。

卫兴华、侯为民:《中国经济增长方式的选择与转换途径》,《经济研究》2007 年第 7 期。

吴树青:《转变经济发展方式是实现国民经济又好又快发展的关键》,《前线》2008 年第 1 期。

吴晓旭、许正中:《基于复杂系统视角的经济发展方式转型评价研究——以上海市为例》,《华东经济管理》2010 年第 9 期。

伍开群:《经济发展方式:政府、市场与制度》,《经济问题探索》2016 年第 6 期。

许端阳、陈刚、赵志耘:《2001—2010 年我国科技支撑经济发展方式转变的效果评价》,《科技管理研究》2015 年第 1 期。

袁富华:《低碳经济约束下的中国潜在经济增长》,《经济研究》2010 年第 8 期。

张德荣:《"中等收入陷阱"发生机理与中国经济增长的阶段性动力》,《经济研究》2013 年第 9 期。

二 英文文献

A. Poças, "Human Capital Dimensions Education and Health and Economic Growth", *Advances in Business – Related Scientific Research Journal*, Vol. 5, No. 2, 2014.

Barry Eichengreen, Donghyun Park, Kwanho Shin, "Growth Slowdowns Redux: New Evidence on the Middle – Income Trap", NBER Working Papers, No. 18673, 2013.

Dic Lo, Yu Zhang, "Making Sense of China's Economic Transformation", *Review of Radical Political Economics*, Vol. 43, No. 1, 2011.

Fernando Gabriel Im, David Rosenblatt, "Middle – Income Traps: A Conceptual and Empirical Survey", World Bank Policy Research Working Paper No. 6594, 2013.

F. Noseleit, "Entrepreneurship, Structural Change, and Economic Growth", *Journal of Evolutionary Economics*, Vol. 23, No. 4, 2013.

Juzhong Zhuang et al., "Growing Beyond the Low – Cost Advantage: How the People's Republic of China Can Avoid the Middle – Income Trap?", Asian Development Bank (ADB), No. PT125023, 2012.

P. Krugman, "The Myth of Asia's Miracle", *Foreign Affairs*, Vol. 73, No. 6, 1994.

Raymond Gradus, Sjak Smulders, "The Trade – Off between Environmental Care and Long Term Growth: Pollution in Three Proto – type Growth Models", *Journal of Economics*, Vol. 58, No. 1, 1993.

Yasheng Huang, Tarun Khanna, "Can India Overtake China", *Foreign Policy*, No. 137, 2003.